하버마스
스캔들

화려한 실패의 지식사회학

하버마스
스캔들

The Habermas Scandal

이시윤 지음

파이돈

이 책의 추천사

우리 학계에 흔치 않은 지식사회학적 성과다. 한국 사회의 하버마스 수용 과정에 예리한 사회학적 메스를 들이댄 저자는 그것이 1990년대의 반짝 유행으로 그치고 만 역사에서 우리 학계의 고질적인 병폐를 짚어낸다. 딜레탕티즘과 학술적 도구주의로 말미암은 안정적 연구집단 형성의 실패가 바로 그것이다. 이는 우리 학계가 "누구도, 누구에 대해서도 제대로 몰입해본 적이 없다는 사실"에 대한 가차 없는 문제 제기로 이어진다. 신진 연구자의 이 패기 넘치는 '내부 총질'은 바람직한 학술장을 구축하기 위해서라면 피해 갈 수 없는 역사적 성찰이며, 외국 사상의 수입을 진지하게 분석하기 위해 반드시 참조해야 할 이론적 작업이기도 하다.

이상길 _ 연세대학교 커뮤니케이션대학원

이 책은 1990년대 중반 한국에서 하버마스 연구자들의 네트워크의 형성과 해체라는 한국 인문사회과학계의 '영웅적이고도 비극적인 사건'을 그리고 있다. 1996년 4월 말 독일 프랑크푸르트학파 2세대의 비판이론가 위르겐 하버마스가 한국을 방문했다. 그 자신도 어리둥절해할 정도로, 그리고 아직도 한국을 방문

한 외국 학자 가운데 그만큼 스포트라이트를 받은 학자가 없을 정도로, 한국의 학계와 언론이 하버마스에 대해 보인 반응은 폭발적이었다. 그리고 그러한 관심의 이면에는 다름 아닌 하버마스를 중심으로 뭉친 철학자, 사회학자, 정치학자들의 네트워크와 그들이 출간한 수많은 책과 논문이 있었다.

한 명의 이론가에 대한 깊이 있는 관심을 중심으로 하는 이론집단의 형성, 그리고 그들이 불러일으킨 한 명의 추상적 사회이론가에 대한 크나큰 사회적 관심은, 이론적 학파라는 것을 제대로 형성해 본 적이 없는 한국 인문사회과학계에서 매우 드물고도 위대한 사건이었다.

그러나 아이러니하게도 하버마스 열풍이 식기 시작한 것은 바로 그 순간이었다. 하버마스가 한국을 떠나자마자 하버마스 네트워크는 보다 심도 있는 연구와 논쟁의 공동체로 발전하지 못하고 불과 수년 만에 와해되어 버렸다. 한국 인문사회과학계를 강타했던 하버마스 열풍은 어떻게 그렇게 허망하게 꺼져버렸을까?

이 질문에 답하기 위해 저자는 하버마스 열풍을 주도했던 학자들의 궤적을 하나하나 세세히 추적한다. 그리고 거기서 한국의 학계 저변에 깔려 있는 딜레탕티즘과 도구주의를 발견한다. 한국의 인문사회과학계가 왜 유행하는 이론에는 민감하지만 이론에 대한 깊이 있는 연구는 부족한지, 왜 독자적인 이론을 발전시키지 못하는지, 왜 사회를 설득하고 위기를 극복하는 데 실패하고 있는지 묻고자 하는 독자라면, 이 책의 도발적인 문제제기를 결코 그냥 지나칠 수 없을 것이다.

지주형 _ 경남대학교 사회학과

이 책에서 언급된 학회들에서 활동하고, 저자가 언급하는 연구자들과 안면이 있는 나로서는, 책을 읽는 내내 발가벗겨진 느낌이 들었다. 아직 살아있을 뿐 아니라 여전히 현직에서 활동하는 학자들의 실명을 드러내며 그들의 연구 활동을 낱낱이 추적하는 이 시도는 도발적이고 매섭고 날카롭다. 지식사회학 영역에서 이 책이 분석하는 냉철한 시각은 한편으로 왜 철학계 스스로 이러한 내부 평가를 하지 못했는지 자성하게 만든다. 이러한 시도가 계속 이어진다면 90년대 마르크스주의 연구자 그룹에서의 알튀세르 수용에 관해서도 비슷한 추적이 이뤄질 수 있을 것 같다.

한상원 _ 충북대학교 철학과

이 책은 한국 인문사회학계에서 쉽게 찾아볼 수 없는, 진정으로 도발적인 작업이다. 저자는 1990년대 한국의 하버마스 수용과정을 "실패"로 규정할 뿐만 아니라, 그것이 어떻게 실패했는가를 학문적으로 설명하고자 한다. 한국 인문사회과학장이 전문학술장으로 진화하지 못한 이유를 따져 물을 때 드러나는 냉철한 분석 아래에는 지금도 우리를 구속하는 어떤 한계를 직시하지 않으면 안 된다는 다급한 요청이 있다. 하버마스와 부르디외의 이론에 대한 간결하고 명료한 설명을 제외하더라도, 이 책은 '오늘날 한국에서 사상은 어떻게 가능한가'를 고민하는 독자라면 진지하게 대면할 가치가 있는 책이다.

이수창 _ 서울대학교 영어영문학과 박사, 『지성사란 무엇인가?』 번역자

90년대 하버마스 열풍의 사회학적 조명

이 책은 나의 서강대학교 사회학과 박사학위 논문 「하버마스 네트워크의 형성과 해체: 딜레탕티즘과 학술적 도구주의는 어떻게 하버마스 수용을 실패하게 만들었는가?」를 수정 · 보완한 것이다.

하버마스와 비판이론을 주제로 한 학위논문을 모색하고 있던 2017년 무렵, 뉴캐슬 대학교의 윌리엄 오스웨이트(William Outhwaite)가 지도교수인 김경만 선생님께 위르겐 하버마스의 90회 생일을 기념하여 전 세계에서 이뤄진 그의 이론 수용을 종합하는 내용을 담아 헌정하는 책의 필진 참여 요청을 했다. 평소 하버마스 관련 국내 학자들의 논의에 많은 관심을 가지고 있던 터라 자료 수집 등의 기초작업을 돕게 되면서* 선생님과 나눈 대화들이 자연스럽게 박사학위 논문 기획으로 발전되었다.

나의 연구는 하버마스의 국내 수용이 많은 학자들의 지대한 관심에 의해 열정적으로 이뤄졌음에도 그것이 생산적인 발전으로 이어지지 못했다는 선생님의 기본적인 진단, 그리고 한국 학술장에 대한 지식사회학적인 문제의식에서 출발한다. 여기에 연구의 넓이와 깊이를 더하고 역동적인 '스토리텔링'을 가미하려고 했다. 그러나 이 책이 주는 어떠한 통찰력이 있다면 그것은 거의 대부분 선생님으로부터 온 것이고, 흠결은 나의 몫이다.

이 책의 핵심 내용은 하버마스 이론의 국내 수용과정에 참여한 학자들의 집합적인 열정이 만들어 냈지만 결국 실현하지 못한 어떠한 가능성을 피에르 부르디외의 장이론에 의거하여 성찰적으로 평가하는 것이다. 제목에 담긴 "화려한 실패"라는 말은 책의 내용을 집약하고 있다.

나는 1980년대로부터 출발하여 1990년에 들어가며 진행된 국내 인문사회과학 학술장의 구조적 변동의 과정에서 부르디외가 말하는 모종의 '장의 진화'의 가능성이 창출되었지만, 이 가능성이 학자들의 집합적 몰입을 방해하는 구래의 학술적 습속인 딜레탕티즘과 학술적 도구주의의 유인력을 이겨내지 못해 이내 사그라들었음을 밝히고, 하버마스 이론의 본격적인 수용과 인기의 고조, 그리고 쇠퇴 현상은 바로 이 과정의 최전선에서 설명될 수 있음을 기술했다. 1996

---

* 2019년 *Habermas glabal* 이라는 제목으로 발간된 이 책에는 선생님의 글 "Habermas in der Republik Korea: Leidenschaftliche Begeisterung ohne kritische Auseinandersetzung(한국에서 하버마스 수용: 비판적 논쟁 없는 열정)"이 수록되었다.

년 방한 시기 일었던 '하버마스 열풍'은 정확히 정점의 순간에 퇴조를 맞을 수밖에 없음이 예고된 상징적인 사건이었다. 이 책을 통해 내가 말하고자 하는 핵심은 90년대 하버마스 인기의 부침을 살펴보는 것은 국내 인문사회과학장의 구조변동 과정이 다름아닌 지금 우리가 알고 있는 바로 그 모습을 향해 경로지어지게 되었음을 이해할 수 있는 방편이 된다는 것이다.

책의 구성은 다음과 같다. 1부에서는 1990년대에 고조되었던 하버마스 열기와 빠른 냉각에 주목하여 이를 연구자들의 망이 결집된 '하버마스 네트워크'의 형성과 그 와해로 규정하고 이 현상이 어떻게 연구되어야 할지에 대한 기초적인 구도를 설정한다. 이어 한국에서 이뤄진 서구 이론 수용 과정에서 집합적 행위자들의 상호작용을 설명하는 데 피에르 부르디외의 장이론이 유용함을 2부에서 논의한다. 부르디외의 '친밀한 적대자 공동체' 개념과 그가 68혁명 시기 프랑스 학술장의 구조변동 과정을 설명하면서 사용한 딜레탕티즘과 (학술적) 도구주의 개념은 우리의 상황을 설명하기 위한 준거점이 되어줄 것이다. 3부에서는 본격적으로 프랑스 상황과 비견되는 80~90년대 한국의 인문사회과학장의 구조변동 과정을 스케치하고, 그 안에서 이뤄진 하버마스 초기 수용 과정의 문제점을 비판적으로 고찰한다. 이어 4부에서 90년대 고조된 하버마스의 인기 현상이 연구자 네트워크의 광범위한 완성, 즉 주류 이론가-변혁주의-하버마스 신진 연구집단의 일시적 연대의 결과였음을, 이들이 각각 딜레탕티즘과 도구주의의 실천 성향하에서 상이한 목적을 추구하면서 상호 연결되는 과정을 통해 설명한다. 5부에서는 세 집단의 연대가 깨지면서 하버마스 네트워크가 급속히 해체되는 과정을 분석한다. 이는 우선 각 집단의 성격과 실천 성향이 상이한 탓이었지만, 그러면서도 이 성향이 친밀한 적대자 형성을 어렵게 한다는 점에서는 동일한 것이었기 때문이었다. 나는 세 집단의 핵심 성원들이 설정하고 있는 이론적 탐색의 목적과 이로부터 비롯된 그들의 학술적 궤적을 분석함으로써 약한 연대가 곧 깨어질 수밖에 없었음을, 그들을 연대하게 만든 원인이 결국 분기의 원인이 되었음을 보여주려 했다.

글을 쓰면서 나는 30년 전 학술장의 '가상참여자(virtual participant)'가 되어 그 현장의 일원이 되기 위해 노력하고, 다시 현실로 돌아와서는 객관적 관찰자로서 분석하기를 반복했다. 연구의 특성상 이 책에는 지금도 활발히 활동하고 있는 많은 학자들이 등장한다. 매우 비판적으로 다룬 부분이 적지 않지만, 사실 학계의 선배이자 선생이기도 한 그들과 머릿속으로 수없이 많은 대화를 시도했다. 그리고 연구를 마친 후에는 언제든 어떤 방식으로든 그들과 만나야 한다고, 만날 수밖에 없다고 생각하곤 했다. 그런데 그 기회는 생각보다 이르게, 예상하지 못한 방식으로 찾아왔다.

한창 논문이 모양을 갖춰가던 2021년 1월, 『의사소통행위이론』의 번역자이자 국내 대표 하버마스 연구자로 알려진 장춘익 선생님의 급작스러운 부고가 들려왔다. 이 사실을 알고도 나는 논문을 완성하는 데 몰두할 수밖에 없었다. 그런데 이후 2022년 2월 11일, 1주기를 기념한 학술대회 '사회철학의 길을 묻다: 장춘익의 사회철학'이 열리면서 뜻밖의 인연이 시작되었다. 때마침 우연히 나의 박사 논문을 알게 된 추진위원회에서 고인의 학술적 여정을 평가하는 데 그를 한 번도 만나본 적 없는 한 신진학자의 도발적인(!) 논의를 들어봐야 한다는 취지로 나를 초청한 것이다. 그리고 이 인연은 '신진 하버마스 연구자 그룹'이라는 이름으로 이 책에서 가장 중요한 수용 행위자 집단으로 다룬 '사회와철학연구회'로 이어졌다. 6월 18일에 열린 정기학술대회에서 나는 학위 논문을 두고 신진 연구자 그룹의 당사자들, 신진 연구자들, 그 밖에 여러 사회철학자들과 열띤 토론을 주고받는 행운을 누릴 수 있었다.* 놀랍고도 흥미로운 이 인연에서 오간 이야기는 책의 후기에 담았다.

마지막으로, 논문을 쓰고 분에 넘치는 많은 관심을 받았다. 책으로 나오기까지 도움을 받은 분들께 인사를 전하고자 한다. 가장 먼저 은사 김경만 선생님께 깊이 감사드린다. 고(故) 장춘익 선생님과 기념 학술대회에 초대해 주신 탁선미, 장은주, 정성훈, 강병호 선생님 외 추진위원회 분들께도 감사의 인사를 드린다. 또한 사회와철학연구회에서 발표할 기회를 주신 김광식 선생님과 패널로 참여해 비

---

* 여기에서 발표한 글은 학술지 2022년 제43집 『사회와철학』에 「1990년대 학술장의 구조변동 속에서 한 하버마스주의 철학자의 궤적: 장춘익의 지적 여정의 의의와 한계」라는 제목으로 실렸다.

판적 논의를 이끈 홍윤기, 문성훈 선생님께 감사드리고 싶다. 특히 선우현 선생님은 누구보다 열린 마음으로 갑작스레 나타난 후배 학자의 비판을 수용하고 격려해 주셨을 뿐 아니라 글의 개선을 위한 좋은 조언들을 해주셨다.

연구가 책이 되어 세상에 선보일 수 있도록 제안해 주신 파이돈의 김일수 대표님은 많은 관심과 애정으로 하나부터 열까지 애쓰셨다. 학위논문을 심사하고 논문이 발전될 수 있도록 조언과 격려를 해 주신 김영수, 김동일, 지주형 선생님께도 감사드린다. 선배이자 동료, 심사자까지 모든 일을 맡아 함께해 준 민병교 선배, 이 공부의 시작에서 눈과 귀를 열어준 선내규 선배에 대한 고마움을 표현할 길이 없다. 후배 이용승에게도 감사와 격려를 전한다. 아내 예원에게는 앞으로 더 좋은 모습으로 계속 보답하겠다는 말로 마음을 대신하고 싶다.

2022년 10월
이시윤

차례

1부

1990년대 하버마스 신드롬

1

하버마스 열기의 부상과 소멸

    한국 인문사회과학 영역에서 수많은 서구산 수입 이론들이 명멸해 갔지만, 위르겐 하버마스(Jürgen Habermas)만큼 전면적이고 광범위한 수용은 존재하지 않았다. 하버마스가 집필한 거의 모든 단행본이 한국어로 번역 출간됐고 연구서와 소개·개론서 또한 20여 종이 나왔다. Keris(학술연구정보서비스)를 기반으로 조사해 보면 오늘날까지 하버마스를 주제로 하거나 하버마스를 중심이론으로 활용한, 또는 하버마스의 이론·개념을 지적 자원으로 동원한 학술지 논문은 681건에 달하고*,

---

* 학술연구정보서비스(www.riss.kr)에서 2018년 8월 조사 기준. '하버마스'를 키워드로 검색한 논문 914건 중에서 중복되거나 전산화 오류로 포함된 것, 그리고 실제로는 하버마스와 관련이 없는 논문을 제외한 결과이다. 단순 검색량만 비교해 봐도 하버마스 검색량과 견줄 수 있는 것은 들뢰즈(1,378건), 푸코(1,150건), 벤야민(774건), 데리다(740건), 롤스(422건)/롤즈(366건) 정도이다.

관련 석박사 논문 또한 수백 건이다.* 피에르 부르디외(Pierre Bourdieu)의 개념을 빌면, 학술공간 성원 대다수가 그의 이론을 연구하고 다루려고 했거나 최소한 중요한 연구대상으로 여겼다는 점에서 하버마스는 한국에서 최고의 상징폭력(symbolic violence)을 행사해 왔다고 해도 과언이 아니다.

1996년 한국 방문을 전후한 기간은 하버마스 인기의 절정이었다. 2주간의 일정을 소화하는 동안 강연장과 행사장마다 1,000~2,000명의 청중이 구름떼처럼 몰려들었으며 언론들은 하버마스의 동정을 전하느라 바빴다. "신흥종교"집회나 "이상열기" 등의 단어로 묘사되기도 한 이 행사는 통상 해외 유명 학자가 한국을 방문할 때 나타나는 높은 관심, 그 이상을 보여줬다. 무엇보다도 이 분위기는 표면적인 대중열광이 아니라 학술적 실천과 병행된 것이었다. 1990~1999년 사이에만 175편의 하버마스 연구논문이 발표됐는데, 이는 1980년대에 발간된 논문(25편)의 7배에 이르는 것이었고, 그중 거의 절반이 1995~1997년 사이에 집중되어 있다. 이 기간에는 하버마스 관련 역서·연구서도 다수 발행됐다. 1980년대 출간된 책은 역서 8종뿐이었지만, 1990년대에만 16권의 역서와 13권의 연구서가 나왔다. 국내에서 이처럼 모든 면에서 이뤄진 집중연구는 하버마스 이전에도, 이후에도 없었다.

---

* 같은 기간 하버마스를 중심 주제로 한 석사학위 논문은 218편(단순검색량 384건), 박사학위 논문은 40여 편(단순검색량 115건)으로 조사됐다.

그러나 이 시기가 중요한 이유는 이때 '연구집단'이라 할 만한 학자들의 집합적 실천이 존재했기 때문이다. 〈그림 1〉에 나타나는 집중된 학술출판은 당시 하버마스 수용을 주도했던 일련의 학자들에 의한 것이었다. 1993~1998년 사이 하버마스 관련 논의에 참여한 학자의 수는 70여 명에 이르고, 이중 3종 이상의 학술저술을 발표한 학자는 30명가량이다. 이들 중 20명 안팎의 핵심 학자들은 연구모음집들을 공동 출간하면서 긴밀한 연결망을 구축하게 되는데(이진우 편, 1996: 장춘익 편, 1996: 정호근 편, 1997: 한상진 편, 1996: Han, 1998), 1993년에 하버마스-비판이론 전문연구단체를 표방하며 결성된 학회인 '사회와철학연구회'는 분명히 그 중심에 있었던 연구집단이자 수용집단이었다. 1990년대 하버마스 열기는 이처럼 학회와 학술공간들을 중심으로 동심원을 그리며 그 영역을 넓혀가는 연구자들의 망에 의해 고조된다.

하버마스는 마르크스나 베버, 칸트나 니체 같은 고전사상가가 아닌 동시대에 활동한 학자로서 그에 대한 열기는 국내에서 매우 예외적인 현상이다. 예를 들어 비슷한 시기에 수입되고 크게 유행한 미셸 푸코(Michel Foucault)의 경우 연구논문이나 번역서 등 출판물의 양은 하버마스에 견줄 만하지만,* 푸코 연구자들이 모여서 만든 공동

---

* 하버마스와 푸코 관련 서적의 종류와 양은 비슷한 규모다. 동일 기간(~2018년) 푸코를 주제로 한 연구논문 단순 검색량은 1,150건, 석사학위 논문과 박사학위 논문의 단순 검색량은 각각 445건과 141건으로 조사됐다. 단행본의 경우 번역서가 25종(중복, 개정판 포함)이고, 해외 연구자들에 의한 연구서를 번역한 것이 십여 종, 국내연구자들에 의한 연구교양서가 20여 종 있다.

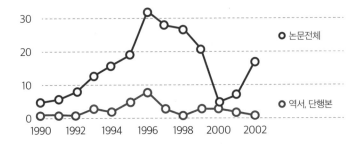

그림 1 1990년대 하버마스 관련 학술 출판물 발행 추이

연구서는 단 한 권뿐이고(한상진·오생근 편, 1990) 푸코 전문 연구를 표
방하는 학회는 만들어지지 않았다. 즉 푸코 연구는 한국에 수입된
다른 동시대 학자들과 마찬가지로 개별 학자들에 의해 산발적으로
"전공자의 절대적 양적 결핍"(허경, 2010a: 443) 하에 주로 "주석이나
해석을 시도"하는(진태원, 2012: 424) 맥락에서 이뤄졌다. 이것이 한국
에서 이론 수용의 대체적인 패턴이었다. 데리다·들뢰즈·벤야민 또
한 시대를 풍미한 학자들이었지만 이들의 수용도 개인 연구자들에
의한 것이었을 뿐, 관련 전문 학회도 연구논문집도 만들어지지 않았
다. 요컨대, 한국사회에서의 서구 이론 수용은 서로 유리된 연구자
들에 의해 산발적으로 이뤄지는 것이 보통이었다. 그러나 하버마스
의 경우에는 독특하게 전문연구자들이 다수 존재했고, 이들은 상호
교류와 공동연구를 통해 상대적으로 밀도 있는 연구를 이뤄냈다. 이
처럼 일종의 수용자 연구집단이 존재했다는 점은 하버마스 수용 과
정에서 주목할 차별점이었다. 한국 인문사회과학장의 풍토 속에서

하버마스 사례는 매우 중요한 경험으로서 주의 깊게 살펴야 한다는 것이 이 책의 출발점이다.

그러나 더 중요한 문제는 오늘날 더 이상 90년대의 영광의 흔적을 찾아볼 수 없다는 사실이다. 〈그림 1〉에서 볼 수 있듯, 1990년대 후반으로 넘어가면 하버마스 관련 연구출판물의 양은 급격히 줄어든다. 번역서는 2000년대까지 꾸준히 출간됐지만 90년대만큼의 반응은 얻지 못했고, 이마저 2010년대에 들면 주춤해져 더 이상 하버마스 본인의 저작 발표 시점을 따라가지 못하고 있다. 공동 연구모음집은 96년 전후 이후 더 이상 나오지 않았으며 박사학위 논문이 이따금 책으로 나온 것 외에 전문 학술연구서도 발행되지 않았다. 2000년대 이후가 되면 하버마스 관련 서적이 간혹 나오기는 하지만, 이는 대체로 연성화된 '교양 개론서' 출간 수준이다.

연구논문의 경우, 〈그림 2〉에서 보이는 것처럼 그 수가 1990년대 후반에 급격히 하락하다가 2000년대 중반에 들면 다시 출판량이 증가한다(그래프: 논문 전체). 이는 표면상 하버마스에 대한 재주목이 이

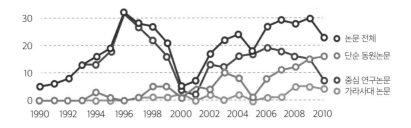

그림 2　1990~2010년 하버마스 관련 논문 출판량 추이

뤄진 것처럼 보이는 듯하다. 그러나 다음의 세 가지 사항을 고려하면 상황은 정반대임을 알 수 있다.

첫째, 2000년대 들어 국내 학술영역이 연구논문 중심으로 재편되면서 학술지의 종류와 숫자, 그리고 발표된 학술논문의 수가 대폭 증가했다.* 따라서 1990년대 발표된 논문 수와 2000년대의 숫자를 단순 비교하는 것은 의미가 없다. 둘째, 우리가 봐야 하는 것은 논문의 질적 구성이다. 〈그림 2〉에서 중심 연구논문과 단순 동원논문 그래프는 각각 하버마스를 중심 주제로 삼은 밀도 높은 연구논문과 하버마스가 이론적 자원들 중 하나로 동원되는 논문의 개수를 뜻한다.[1] 1990년대의 경우, 관련 논문은 거의 예외 없이 하버마스를 중심 탐구 주제로 다루는 연구들이었다. 반면 2000년대의 전체 논문 중 적지 않은 수가 하버마스가 단지 등장할 뿐 별다른 중요도를 갖지 않는 것들(그래프: 단순 동원논문)로 채워져 있다. 중심 연구논문으로 분류된 그래프 또한 하버마스가 주제이긴 하지만 사실 이론적·경험적 심층 탐구라기보다는 단순 소개 혹은 다른 학자와의 단순 비교 또는 병렬인 경우가 대부분이다. 또한 2000년대에 들면 하버마스의 이름이나 주요 개념, 혹은 저술명이 단순 등장하는 논문들

---

* 단적인 예로, 1998년 학술진흥재단의 등재지 제도가 시작된 이래 첫 해에 57개였던 등재지가 2001년에는 등재지 109개·등재후보지 428개로 늘어났고, 2006년이 되면 등재지 902개·등재후보지는 533개로 "25배가량 폭증"했다(김원, 2008: 44). 이는 등재지 제도 시행과 함께 2000년대 들어 정부의 지원을 받고 학자 개인의 실적을 평가하기 위한 수단으로 학술지 창간이 '붐'을 이뤘음을 보여주는 수치다.

(그래프: 가라사대 논문) 또한 늘어나기 시작한다. 이처럼 2000년대 단순검색량을 끌어올린 것은 사실 단순 동원 혹은 '하버마스 가라사대'식의 이용 논문들이었고, 이것은 1990년대와 2000년대 연구들의 질적인 차이가 매우 컸음을 의미한다. 즉 〈그림 2〉가 말해주는 것은 2000년대 들어 하버마스 관련 연구논문의 성격이 질적인 변화, 더 정확히는 연성화(軟性化)를 겪었고 이 추세는 점점 심화되어 갔다는 사실이다.

이러한 급격한 관심의 이탈은 분명 한국에서 독특한 것이다. 같은 기간 해외에서 하버마스에 대한 주목은 계속 상승 중이었다. 하버마스는 1981년 『의사소통행위이론』을 완성한 후 80년대 말~90년대 초 사이에 이를 도덕이론, 정치·법이론으로 확장한 『도덕의식과 소통행위』, 『담론윤리의 해명』, 『사실성과 타당성』 등의 저작들을 연달아 발표하며 논의의 영역을 더욱 확장시켰다. 이와 함께 푸코·데리다·롤스·로티 등 세계 최고의 지성인들과의 논쟁을 계속한 행보는 자연스럽게 그를 90년대 내내 가장 논쟁적이고 중요한 인물로 만들었다. 이러한 주목은 이후에도 계속됐다. 2000년을 전후해 독일의 생명공학 논쟁 참여, 9/11 테러에 대항한 자크 데리다와의 2002년 대담과 공동 선언, 2004년 라칭거 추기경(전 교황 베네딕토 14세)과의 대담과 대화를 전후로 잇따라 발표한 종교 관련 담론들, 그리고 같은 주제로 찰스 테일러·주디스 버틀러·코넬 웨스트와 나눈 심포지엄 등을 통해 오늘날까지도 숱한 화제를 뿌려 왔다. 이처럼 2000년대 하버마스의 세계적 명성은 더욱 높아지고 있었다. 급격한 인기의 추락은 유독 한국에서 일어난 현상이다.*

"요즘 누가 하버마스를 하나요?" 하버마스에 관한 연구를 기획하고 있다는 내 소개에 한 중견 사회학자가 되물었던 사례는 단순한 사적인 경험만을 의미하지 않는다. 이는 90년대에 폭증했던 하버마스에 관한 연구가 2000년대 들어 사실상 실종됐다는 표면 현상에 깔린 보다 근본적인 사실을 내포하고 있다. 즉 오늘날 한국 인문사회과학 영역 안에서 하버마스가 더 이상 중요한 주제가 아니라는 사실이다. 1990년대 하버마스는 분명 최고의 인기 학자였고, 국내 인문사회과학도들에게 필수 학습 대상이었다. 그러나 오늘날 하버마스 연구자는 찾아보기 어렵고 대학교 강의실에서 하버마스는 진지하게 다뤄지지 않고 있다. 자연스럽게 오늘날 학술후속세대에게도 하버마스를 깊게 공부하는 것은 의미가 없다. 그는 통상 '지나치게 이상적인, 비현실적인' 이론가로 짧게 언급될 따름이다. 학술적 지식의 의미가 학술공간 성원들에 의해 연구될 만한 가치가 있는지에 달려 있다

---

* 단적인 예로, 각종 조사들이 발표하는 '가장 영향력 있는 학자' 순위에서 하버마스는 언제나 최상위권에 자리한다. 세계사회학회(International Sociological Association)는 투표를 통해 1998년 사회학에 가장 큰 영향을 미친 책 8위에 하버마스의 『의사소통행위이론』을 선정했다(1위는 막스 베버의 『경제와 사회』). 영국의 *Prospect*, 미국의 *Foreign Policy*는 2005년 하버마스를 세계 100대 지성인 7위로 꼽았다(1위는 노엄 촘스키). 인용 수치와 패턴을 분석해 분과별 학자들의 영향력을 평가하는 *Academic Influence*는 사회학에서 하버마스를 지난 50년간(1970~2020년) 가장 영향력 있는 학자 2위(1위는 부르디외, 3위는 미셸 푸코), 20년(2000~2020년)간 가장 영향력 있는 학자 3위(1위는 마이클 부라보이, 2위는 오마 리자도)로 평가했다.

할 때, 오늘날 한국에서 하버마스를 읽는 것은 의미 없는 일이 된다. 한마디로 오늘날 한국 공론장에서 공론장 이론가의 자리는 없다.

따라서 우리는 외산 이론 수용의 결과라는 보다 근본적인 문제와 그 일환으로서 하버마스 수용 과정을 평가해야 할 필요성에 마주하게 된다. 그간 수많은 학술적 실천이 하버마스를 소재로 이뤄져 왔지만 정작 하버마스 수용이 우리에게 남긴 것은 무엇인가? 즉 한국에서 하버마스 수용의 결과는 무엇인가? 수용은 얼마나 성공적이었는가? 물론 이 질문에 명쾌하게 답하기는 어렵다. 이론 수용의 성패 여부와 그 기준에 대한 합의도 존재하지 않고, 그 판단은 다양한 기준에 따라 다르게 내려질 수 있기 때문이다.

그럼에도 불구하고 이 책에서 나는 한국에서 하버마스 수용이 결과적으로 실패했다는, 다소 과격한 전제로부터 출발할 것이다. 큰 틀에서 봤을 때, 이론 수용의 성공 기준이 그 이론이 수용 공간에서 담론의 일부로 흡수되고, 그리하여 적절한 해석과 이를 통한 변형이 이뤄지고, 궁극적으로는 새로운 이론으로 갱신되는 것에 있다면 (Cusset, 2008: 267), 하버마스의 경우는 그 어떤 면에서도 좋은 평가를 내릴 수 없기 때문이다. 단적으로 이는 위에서 본 것처럼 하버마스에 대한 관심의 냉각이 그것의 가열만큼 지나치게 빠르고 급격하게 이뤄졌다는 데에서 잘 드러난다. 급격한 쇠락은 한국 학술공간에서 하버마스가 사라진 상황이 그의 이론의 설명력이 부족한 데 따른 것이 아니었고, 논쟁에 의해 반증되거나 패퇴되고, 그의 자리가 다른 지배적 이론에 의해 대체된 결과도 아니었음을 의미한다. 또한 이는 지식사회학 연구들에서 흔히 볼 수 있는 사례에서처럼 그를 지지하는 학자들이 어떠한 이유로 학술장에서 축출된 결과에 따른 것도 아니었다. 쇠락은 불과 몇 년 사이에 갑작스럽고 전면적으로 이뤄졌고, 그것도 하버마스의 수용을 주도했던 학자들 자신이 스스로 포기함으로써 이뤄졌다. 요컨대, 한국에서 하버마스 수용은 어떠한 '이유'로 도입과 소비의 단계에서 조기에 중단됐다. 따라서 그에 대한 해석과 비판, 변용과 갱신이 이뤄지지 않았다는 점에서 분명한 실패였다.

그렇다면 다음과 같은 질문을 제기하는 것이 정당할 것이다. 한국에서 하버마스 수용을 실패하게 만든 그 이유는 무엇인가?* 90년

---

* 하버마스의 국내 수용과 관련해 기존의 학술적 접근이 없었던 것은 아니다. 주로 한국 철학사 혹은 서양 철학 수용사에 대한 사상적 접근에서 하버마스의 수용이 자주 언급되어 왔는데, 공통으로 지적되는 두 가지 중요한 내용은 80년대에 마르크스가 금지된 상황에서 '우회로'로서 도입됐다는 점, 그리고 90년대 초반 동구권의 붕괴와 함께 마르크스주의가 위기에 처하면서 그 대안으로 하버마스가 재부상했다는 점이다(장춘익, 1994a; 장춘익 편, 1996; 백종현, 1997; 김재현, 2002; 2015; 홍영두, 2004; 김석수, 2008). 이러한 접근은 하버마스 수용의 중요한 측면을 알려주기는 하지만, 지식사회학적 관점 없이 단순한 사상적 흐름에 대해서만 언급하고 있기 때문에 다음과 같은 중요한 질문들에 대해 답하지 못한다. 1) 수용자들은 정확히 누구였으며 그들은 왜 하버마스를 수용하고자 했는가? 2) 대안으로 가능한 많은 이론들 중에서 왜 하버마스가 가장 주목받았는가? 3) 90년대 중반 하버마스 열기는 어떻게 가능했으며, 왜 급격히 냉각되었는가?
다른 한편, 하버마스 수용을 주제로 한 석사학위 논문들도 존재하는데(백승욱, 2002, 「번역의 정치: 하버마스의 수용과 다시 쓰기」, 서울대학교 대학원 언론정보학과 석사학위논문; 이수엽, 2009, 「한국 인터넷 공론장 연구의 하버마스 수용에 대한 비판적 연구」, 서강대학교 대학원 신문방송학과 석사학위논문), 명확한 이론적 설명틀이 부재하고 시기(90년대)와 범위(언론-신문방송학 분야)가 협소해 전반적인 흐름을 포착할 수 없다는 판단하에 이 책의 논의에서는 배제했다.

대 하버마스의 인기는 (매우 예외적으로 높은 생산성을 지닌 전문연구집단이 존재했음에도 불구하고) 왜, 그것도 그토록 갑작스럽고 급격하게 퇴조했나? 위에 언급한 어떠한 '이유'란 과연 무엇인가? 이 질문은 분석적으로 다음과 같이 전환될 수 있다. 하버마스를 중심으로 한 연구자들의 집합 행동은 왜 와해되었나? 그 전에, 애초에 이 공동의 실천은 어떻게 형성될 수 있었나? 90년대 하버마스의 인기를 가능케 한 것이 바로 이들의 집합적 실천, 곧 연구의 망이었기 때문에 이 실천이 어떠한 이유로 어떠한 과정을 거쳐 가열됐고 또한 조기에 중단됐는지를 살펴보는 것은 하버마스 인기의 부침을 설명하기 위해 필수적이다. 즉, 하버마스 연구자들은 어떻게 모여들었고 어떻게 흩어지게 되었나? 이 책은 바로 이 지점에서 출발한다.

2

하버마스 네트워크 단계의 형성

이 책은 90년대 하버마스 이상열기의 고조와 급격한 쇠퇴현상을 수용집단의 형성과 해체 현상을 통해 규명한다. 여기에서 나는 가장 먼저 니콜라스 멀린스(Nicholas Mullins)의 개념틀을 빌려 90년대 하버마스 인기를 가능케 한 집합적 실천을 이론그룹 성장 과정에서 네트워크 단계(network stage)*의 달성으로 정의하려 한다. 이렇게 보면 앞

---

* 이 책에서 '네트워크' 개념은 '연결망 분석(network analysis)'과 다른 맥락에서 사용됐다. 연결망 분석 연구법에서는 주로 행위자들 사이의 연결에 대한 정량적 관계 분석이 이뤄지지만, 이 책에서의 네트워크는 동일한 상징자본(symbolic capital)의 획득과 생산을 추구하는, 동일한 연구 관심(research interest)을 공유하는 학자들 사이의 공동의 상징 활동을 뜻한다. 또한 이 책의 네트워크 개념은 브뤼노 라투르(Bruno Latour)의 행위자연결망(actor network)이론에서의 용법과도 다르다. 이는 행위자연결망에서는 '물질적인(material) 것'을 행위자에 포함시키는 것을 핵심으로 하는 반면, 이 책의 대상은 온전히 '인간' 행위자들 사이의 상징세계만을 대상으로 하기 때문이기도 하다. 또한 라투르가 철저히 인과적 설명을 거

에서 제기한 질문은 곧 분석적으로 네트워크 단계의 형성·와해 과정에 대한 추적으로 전환된다.

멀린스는 미국에서 다양한 사회학 그룹들의 부침 과정을 분석하기 위해 이론그룹의 성장단계에 관한 일반 모델을 제시했다. 이 모델은 때로 비판을 받기도 했지만 과학사회학적 관점에서 이론집단의 형성과 해체, 주목과 잊혀짐을 경험적으로 설명하고자 한 흥미로운 시도라는 데에는 이견이 없다(Collins, 1975; Lawler, 1975; Oromaner, 1975; Truzzi, 1975; Snizek et al, 1981; Snizek and Hughes, 1983; Mullins, 1983). '학파'라는 주제가 지식인들에게 매우 중요한 관심사였고 관련해 많은 서적들이 존재함에도 불구하고 그 동학에 관한 사회학적 연구가 거의 없는 상황에서(McLaughlin, 1998: 113) 멀린스의 모델은 우리의 논의를 위한 좋은 출발점이 될 것이다.

멀린스에 따르면, 이론그룹의 발전은 최초 정상 단계(normal stage)로부터 출발해 네트워크 단계(network stage)와 클러스터 단계(cluster stage)를 거쳐 전문연구집단 단계(specialty stage)를 거친다. 우리가 통상 '학파'라 부르는 것이 바로 클러스터-전문연구집단 단계를 지칭하는 것이라 할 수 있는데, 이러한 집단의 진화 과정이 이론 내적인 발전단계에 상응한다는 것이 멀린스의 과학지식사회학적 주장이다. 〈표1〉은 멀린스가 제시한 이론그룹의 성장단계별 일반 특성에 관한

부한 반면, 이 책은 반대로 일정 수준의 인과성 분석을 목표로 한다는 점에서도 그러하다.

것으로(Mullins, 1973: 28), 여기에 1990년대 하버마스 연구자들의 상호
작용 정도가 각각 어떠한 특성에 해당되는지를 추가한 것이다.

이 표는 하버마스 연구자 집단의 특성이 멀린스의 모델에 부합하

표 1   멀린스의 이론그룹 발달단계 모델에 따른 90년대 중반 하버마스 연구의 특성

	정상 단계	네트워크 단계	클러스터 단계	전문연구집단 단계
지적 리더	개창자들 출현	개념 등의 개략적 통합이 이뤄짐	고도로 생산적인 연구자 그룹 보유	리더 중 일부는 떠날 수 있음
조직 리더	–	연구센터 조직화 시작	성원들의 일자리, 출판물, 모임을 관리함	관련 활동 지속
연구센터	–	통상 대학 내에서 공동연구 개시	한두 개의 센터가 생기며, 적어도 한 곳은 강력한 훈련기관이 됨	특별한 중심점 없이 연구가 확산됨
지적 성취	단계 말 최초의 성공적 문헌이 나타남	외부 학자와 연구자들을 매혹함	다수의 성취들이 부속연구로 이어짐	그룹이 제도화됨에 따라 더 이상 중요하지 않음
연구의제 제안	–	단계 기간 동안 제시됨	혁신그룹에게 "중심 도그마" 형성됨	루틴화된 작업
2차 문헌	–	–	이곳에서 나타남	이론적 종합에 한정됨
내부 비평	나타날 수 있음 (혁신적)	나타날 수 있음 (혁신적)	이곳에서도 나타날 수 있음 (혁신적)	–
그룹 간 비평	–	–	이곳에서 나타남 (혁신적)	루틴화됨
교과서	–	–	–	이곳에 나타남
그룹 규모	특정되지 않음	(비공식 관계) 40명 이내	(보다 공식적 관계) 클러스터 내 실질적으로 7~25명	20~100인 이상

▨ 어느 정도 나타남, ▨ 전형적으로 나타남, ▨ 강하게 나타남

는 정도를 세 가지 음영으로 표현하고 있다.* 표에서 한 눈에 알 수
있는 것처럼, 90년대 하버마스 현상은 이론 연구에 관한 '네트워크
단계'가 대부분 달성되고 다시 '클러스터 단계'로 진화하려는 도상에
서 나타난 것으로 파악될 수 있다. 구체적인 면면을 통해 이를 확인
해 보기로 하자.

지적 리더 & 조직 리더　멀린스는 독창적 아이디어를 제시해 집단
연구의 형태를 갖추고 연구 프로그램을 제시해 네트워크 단계를 거
쳐 클러스터 단계로의 진화를 이끄는 지적 리더의 존재를 강조한다.
특히 클러스터 단계로 넘어가면서부터 안정된 연구기반을 확립하는
조직 리더의 역할이 한층 중요해진다(Mullins, 1973: 28~29).

　90년대 하버마스 네트워크의 지도자는 서울대 사회학과의 한상
진, 계명대 철학과의 이진우, 한림대 철학과의 장춘익으로, 이들은
하버마스를 한국에 본격적으로 수입·유통하는 데 결정적인 역할을
수행했다. 한상진은 일찍이 80년대에 하버마스에 관한 연구논문들
을 국내에 발표하면서 (주로 사회학계에서) 하버마스 초기 유통의 중요
한 통로가 됐다. 또한 90년대 초반부터 한상진은 방한 행사를 주도

---

* 멀린스가 각 단계와 그 정도에 관해 정량적 지표를 구체적으로 제시하지는 않았
기 때문에, 이 부분에 대한 판단은 멀린스의 해설을 기반으로 그가 설명하는 기
준을 넘어선 경우 '강하게 나타남'으로, 기준을 충족하는 경우 '전형적으로 나타
남'으로, 비록 기준에는 못 미치지만 해당 단계의 특성을 일부 보여주는 경우(분
명히 이전 단계를 넘어서는 진전이 드러나는 경우에만) '어느 정도 나타남'으로 표현
했다.

하고 세 권의 연구모음집 출간을 기획하는 등 하버마스에 대한 국내 학술영역의 주목을 활용하고 더욱 확장하는 적극적인 임무를 수행했다. 이진우는 90년대 하버마스 주요 저술의 번역 공급을 주도했다. 『현대성의 철학적 담론』, 『새로운 불투명성』, 『담론윤리의 해명』, 『탈형이상학적 사유』 등이 그의 손을 거쳐 한국에 번역 소개됐다. 또한 그는 계명대학교 철학연구소를 중심으로 연구모음집 『하버마스의 비판적 사회이론』을 기획·출간하는 등 철학계에서 지적·제도적 리더십을 발휘했다. 한상진과 이진우가 기성 '주류 학자'들을 대변한다면, 장춘익은 (일시적이지만) 비판적이고 변혁적인 '비주류' 신진 철학자들을 규합하는 리더였다. 그는 한림대학교 철학과를 기반으로 한국철학사상연구회와 사회와철학연구회의 젊은 학자들과 독일 유학 출신 신진 학자들을 연결해 연구모음집 『하버마스의 사상』을 출판했고, 스스로가 90년대 가장 강한 하버마스를 옹호자로서 폭넓은 활동을 전개했다.

이처럼 한상진, 이진우, 장춘익은 '하버마스 연구학자'로서 하버마스를 국내 학술영역에 공급하면서 그의 이론의 우수성과 도입 필요성을 지적으로 관철시키는 역할을 수행했고, 하버마스 현상의 중심에 있었다. 세 사람에 의해 하버마스의 특정 개념들에 대한 완전한 통합이 이뤄졌다고 보기는 어렵지만, 이들의 리더십은 네트워크를 지탱하는 주요한 동력이었다.

연구센터 한상진, 이진우, 장춘익은 또한 각각 서울대학교, 계명대학교, 한림대학교라는 제도적 기반을 토대로 학자들을 규합해 공동연구모음집을 출간하면서 인적 '네트워킹'을 주도했다. 멀린스는 이론집단의 발달 과정에서 제도화된 공간으로서 연구센터의 형성을 그룹의 발전, 나아가 이론의 지적 혁신을 위한 중요한 토대로 꼽는다. 연구소는 복수의 학자들이 공동작업을 수행하는 기반으로서, 네트워크 단계에서 클러스터 단계를 거쳐 전문연구집단 단계로 발전하게 되는 핵심적 조건이 된다. 특히 이곳은 일군의 학문후속세대를 끌어들임으로써 이론 연구의 생존과 성장에 결정적으로 기여한다(Mullins, 1973: 29). 하버마스 네트워크의 경우, 세 리더들의 제도적 근거인 세 곳의 대학에서 연구센터가 구체화되진 않았다. 하지만 각 대학은 학자들의 네트워킹 노력을 가능하게 한 분명한 인적·물적 토대였다.

서울대학교의 한상진은 하버마스 방한 행사를 기획하면서 교내 사회학과와 철학과, 정치외교학과 등 유관 분과를 잇는 네트워킹을 시도했다. 그러나 그가 추진한 다학제간 공동연구 기획은 하버마스 방한 시기에 일시적으로만 실현됐고 더 이상 진전되지는 못했다. 하지만 방한 행사의 기획 주최, 그리고 각종 학술행사 진행의 대부분은 서울대학교를 중심으로 이뤄졌고, 이곳의 인적·제도적 기반을 토대로 했다. 이진우는 계명대학교 철학연구소를 공동연구의 근거지로 활용했다. 계명대학교 철학과는 이미 중견 독일 철학자들, 특히 비판이론 관련자들이 자리잡은 좋은 토대였기 때문에, 이곳을 하버마스 연구공간으로 활용하는 것은 한층 쉬웠을 것이다. 한림대학

교는 앞의 두 곳과 다른 성격을 지닌다. 한상진의 서울대와 이진우의 계명대가 이미 제도권에 안착한 기성 학자들 사이의 네트워킹 장소였던 반면, 장춘익은 한림대학교를 사회비판적 성향을 가진 신진 학자들의 규합 장소로 활용했다. 한림대 인문학연구소에 신진 학자들의 모임인 한국철학사상연구회, 그리고 사회와철학연구회 성원들이 참여해 하버마스 특집 학회가 열리고, 이것이 『인문학연구』지 특집호 "하버마스 사상의 성과와 한계"로 구성되어 나온 것은 그 일례다. 한림대에서도 연구센터가 추진되진 않았지만, 젊은 학자들은 처음에는 주류 학술공간의 외곽, 주로 마르크스주의 철학 연구집단인 한국철학사상연구회를 중심으로 활동하다가, 차제에 하버마스-비판이론 연구집단을 표방하는 사회와철학연구회를 창립했다. 비록 대학 기반의 안정적 연구센터가 정립된 것은 아니지만 이 모임은 중요한 의미가 있다. 각자 활동하던 연구자들이 이 학회를 중심으로 결집해 하버마스 집합 연구 기획이 천명됐으며, 독립 학술지 창간이 추진되는 등 연구센터에 비견할 만한 제도적 장치가 만들어졌기 때문이다.

연구프로그램, 지적 성취들, 2차문헌 멀린스에 따르면 연구집단이 발전함에 따라 이와 병행해 단계별로 가시적인 지적 성취들이 발견된다. 네트워크에서 클러스터로 진화하면서 공동연구의 준거점이 될 연구 프로그램이 제시되고, 이것이 지적 성취물로 이어지면서 그룹 외부의 학자들을 끌어들이고 내부의 학자들을 결속시킨다. 이렇게 이론그룹의 발전이 일정 수준에 이르면 전문연구집단 단계에서는 선집·평론·에세이 모음집·교과서 등 2차문헌들이 활발히 생산돼 그룹 재생산의 선순환이 이뤄진다(Mullins, 1973: 29).

1990년대 하버마스 네트워크에서 세 곳의 거점과 세 명의 리더들의 주도하에 다수의 연구성과물이 생산됐다. 앞서 본 것처럼 90년대 출간된 16권의 역서, 13권의 연구서는 인문사회과학 공간에 동시대에 수입된 다른 서구 학자들을 압도하는 성과다. 이 중에서 한상진, 이진우, 장춘익과 세 곳의 거점, 그리고 사회와철학연구회 관련자들이 생산한 서적은 역서 6권(이진우 역 3권, 하석용·이유선 역 1권, 장은주 역 1권, 김선욱 역 1권), 전문연구서 6권(한상진 편 2권, 정호근 외 1권, 이진우 편 1권, 장춘익 편 1권, 선우현 1권), 외산연구서 번역서 1권(선우현 역)으로, 양과 질 면에서 단연 뚜렷한 업적이 이들에게서 나왔다.

이진우가 번역한 저술들, 특히 『현대성의 철학적 담론』은 하버마스에 대한 주목도를 높인 중요 저작이다. 하버마스가 당대를 풍미한 최고의 사상가(특히 '포스트모던 이론가')들을 섭렵해 비판한 이 책은 90년대 인문사회과학자, 그리고 학생들에게 필수 학습 도서 중 하나가 되면서 학술 영역에서 하버마스가 반드시 연구돼야 하는 학자로 인지되는 데 결정적 역할을 수행했다. 주요 역서들이 하버마스가 연구돼야 할 대상으로 여겨지는 데 기여했다면, 다섯 권의 연구모음집, 즉 『하버마스의 비판적 사회이론』, 『하버마스: 이성적 사회의 기획 그 논리와 윤리』, 『하버마스의 사상』, 『현대성의 새로운 지평』, *Habermas and the Korean Debate*는 보다 전문적인 차원에서 학자들에게 하버마스의 중요성을 각인시키고 이로부터 한국에서 이뤄져야 할 기초적 '연구프로그램'을 제시하는 등 그 자체로 한국에서 발견하기 드문 지적 성취물로서의 '2차 문헌'이었다. 이곳에서 세 명의 리더는 그간 준비되어 온 하버마스 관련 연구들의 연결과 종합의 필요성을 역설하면서 "우리의 하버마스 사상의 수용의 단계는 단순한 소개를 지나, 우리의 필요로부터 하버마스 자신의 과제를 같이 고민하고 그의 작업을 비판적으로 검토하는 시기에 진입"(장춘익 편, 1996: 10)했으며, "하버마스의 최근 작업에서 이전 저작들에서처럼 비판이라는 관념이 생동하고 있는지, 한국의 발전을 이해하기 위해 비판이론이 어떻게 전유되고 적용되어야 하는지"(Han, 1998: iii) 등과 같은 주제 탐구를 통해 "하버마스의 사상을 이해하고 발전시키는 퍼즐작업"(이진우 편, 1996: 19~20)을 심화해야 한다고 역설했다. 실제 세 책은 공히 철학적으로 하버마스의 화용론·의사소통이론을 정리 소개하고 비판적 지점을 탐색하는 파트, 생활세계−체계론과 법이론을 통해 정치·사회학적 통찰력의 유용성을 탐색하는 파트, 사회운동·젠더·생태 문제 등을 사례로 한국에서 경험적 사회현상에의 적용 가능성을 따져 묻는 파트로 구성되어 있는 등 연구 초점의 공유·집중화가 일정 수준 이뤄졌다고 평가할 수 있다.

기타 특성들 이상의 연구성과들은 주요 리더와 연구자들이 인적·제도적으로 결집했을 뿐 아니라 이와 함께 지적인 결집도 이뤄 학술적 진일보를 이뤘음을 상징적으로 보여준다. 이는 하버마스 연구자 집단이 멀린스의 '네트워크 단계'를 상당부분 성취했으며, 이를 넘어 '클러스터 단계'로 이행의 조짐도 나타냈음을 보여준다.

마지막으로, 멀린스는 네트워크 단계에서 연구자 **집단의 규모**가 통상 비공식 관계를 포함, 40여 명에 이른다고 보고한다. 하버마스 네트워크에서 학자들의 숫자 또한 넓게 잡아 이와 비슷하다 할 수 있다. 그러나 멀린스 본인이 밝히고 있는 것처럼 적당한 수의 학자들이 '규모의 경제'를 이루는 것이 중요하지, 숫자 자체에 의미가 있는 것은 아니다. 여기에 한국 학술공간의 상대적으로 작은 규모 또한 고려돼야 한다. 하버마스 연구 네트워크의 발전 과정에서 멀린스가 강조하는 **교과서**는 생산되지 않았다. 그러나 교과서는 클러스터 단계—전문연구집단 단계에서 이론그룹의 발전이 성숙하고 안정적인 재생산 주기에 들어갔을 때 발견되는 지표이므로, 그 이전 단계까지 진행된 하버마스 연구집단의 경우 교과서의 부재는 평가기준에 포함되지 않는다. 대신 유력 외국학자들의 번역서가 하버마스 '개론서'들을 대체했다는 점이 언급될 수 있을 것이다. 반면, 하버마스 연구집단에서 **내부 비평**과 **그룹 간 비평**의 빈약함이나 부재는 심각한 문제가 된다. 이 문제는 잠시 뒤에 논하기로 하자.

지금까지 살펴본 것처럼, 1990년대 하버마스 현상은 멀린스의 이론그룹 발달 모델로 볼 때 네트워크 단계에서 클러스터 단계로의 이행 도상에서 나타났다고 할 수 있다. 세 곳의 거점을 중심으로 다양한 관심의 참여자가 점점 더 넓은 동심원을 그려나가는 거대한 망이 형성됐고 90년대 하버마스 현상은 바로 이들 연구자 그룹의 네트워킹의 성공의 결과였다.

이러한 설명은 하버마스 현상을 사회학적으로 설명하고자 하는 우리의 목표를 1차적으로 충족시켜 준다. 멀린스의 이론그룹 발달 모델은 새로운 이론의 형성과 발전 과정을 그 이론을 생산하는 학자들의 집합적 실천, 즉 네트워크의 밀도로 설명하려는 과학사회학적 시도다(Lawler, 1973: 278; Mullins, 1983: 320). 여기에서 이론의 발전은 연구집단의 형성·발전단계에서 상호작용의 심화, 그리고 이들 그룹이 학술공간 내에서 받는 주목과 상호 불가분의 관계를 갖는다. 즉 학술공간 내에서 특정 이론에 대한 주목은 곧 그 이론에 관한 학술지식을 생산하는 생산자들의 집합적 상호작용의 결과이자, 그 학술적 성취들의 인정의 결과이다. 하버마스 현상 또한 그 중심에 전문 학자들의 집합적 학술 실천이 있었고, 이들이 생산한 학술적 성취물들이 장 내에서 인정받지 못했다면 결코 이뤄질 수 없었을 것이다.

그러나 멀린스의 모델을 토대로 하는 경우, 하버마스의 수용 과정에 대한 우리의 관심 측면에서 아직 너무 많은 것이 설명되지 못한다. 만일 하버마스 네트워크가 성립되었다면, 이것은 어떻게 가능했을까? 이곳으로 모여든 연구자들은 왜 하버마스에 주목했는가? 이들은 왜, 무엇을 위해 연구자들의 연결망을 형성했는가? 무엇보다, 하버마스 네트워크는 왜 클러스터 단계로 이행하지 못하고 조기에 와해되었는가? 사실 이론의 수용 과정과 부침 현상을 다루면서 가장 중요하다 할 수 있는 이러한 질문들은 멀린스의 모델에서 답변될 수 없는데, 그 이유는 이 모델이 이론그룹의 성장과정에 대한 인과적 설명틀을 결여하고 있기 때문이다. 랜들 콜린스(Randall Collins)의 서평은 바로 이 지점을 지적하고 있다.

> 멀린스의 모델은 새로운 이론 패러다임의 밑에 깔린 사회적 네트워크
> 의 존재를 드러내고 무엇보다 이들의 연쇄적 발전 과정에서 어떠한 반
> 복되는 **패턴**이 있음을 지적해주는 이점이 있다. 하지만 몇몇 질문들
> 이 아쉬움으로 남는다. 구조주의적 모델의 일환으로서 멀린스의 책은
> 이론그룹 발달의 형식적 특성들과 그 연쇄적 이행에 대한 진술을 담
> 고 있다. 여기에서 빠져 있는 것은 ⋯ 어떠한 그룹이 실제로 네 단계
> 를 거쳐 진전될 것인지 아닌지, 혹은 아예 이행에 실패할지 여부를 설
> 명해 주는 **일련의 변수들**이다. 그리고 비록 이 모델이 혁신적 이론그
> 룹과 그렇지 않은 그룹을 구별하고는 있지만, 양자가 등장하는 **조건**
> 에 대해서는 아무런 설명도 제공해 주지 않는다. (Collins, 1975: 589; 강조
> 는 인용자)

멀린스가 '발견'한 것은 (미국에서) "2차대전 이후 모든 자연과학 · 사회과학에서 과학 패러다임의 발전을 촉진한 지적 네트워크의 밑바탕에 깔린 구조적 발전단계"(1983: 321)의 전형적인 '패턴'이다. 따라서 여기에서 단계별로 발견되는 특성들은 각 단계가 달성됐음을 보여주는 표식이지, 각 특성이 그 단계를 달성하도록 해주는 인과적 요인에 해당하는 것은 아니다. 예를 들어 연구센터가 추진되고, 연구 프로그램이 제안되고, 지적 성취물들이 생산됐다는 것은 '네트워크

단계'가 질적으로 달성된 결과물이지, 이것들의 양적 존재가 네트워크 단계로의 이행을 보장해 주는 것은 아니다. 마찬가지로, 네트워크 단계가 완성돼 그 특성들이 나타나고 뒤이어 연구센터의 확립과 2차문헌의 생산과 같은 클러스터 단계의 특성들이 나타나기 시작하는 것은 그 연구그룹이 다음 단계로 질적인 이행을 겪고 있음을 보여주는 표식일 뿐, 이 특성들의 존재가 네트워크 단계의 그룹을 클러스터 단계로 자동 진화시키는 것은 아니다. 즉 콜린스의 지적처럼 멀린스의 모델에는 단계의 이행을 가능케 하는 인과적 변수들에 대한 분석이 부재하기 때문에 우리는 하버마스 네트워크가 클러스터 단계로 이행할 가능성이 있었음을, 그것이 실제로 어느 정도 일어났음을 사후적으로 알 수 있을 뿐, 이 가능성을 만든 요인이 무엇이었는지, 그리고 무엇보다 다음 단계로의 이행이 좌절된 이유가 무엇이었는지 알 수 없다.*

---

* 이러한 인과적 변수 문제, 이행의 성공 여부와 이에 관한 요인 분석에 대한 멀린스의 입장은 분명치 않다. 그는 단지 간단히 언급할 뿐이다. "모든 그룹이 성공적으로 모든 단계를 거쳐 발전하는 것은 아니다. 일부는 지적인 이유로(아마도 리더십의 실패 또는 방법론적 문제를 해결하지 못해서), 다른 일부는 외적 압력(경쟁그룹 혹은 사회환경의 격변과 같은 압력)에 의해 이를 달성하지 못한다"(Mullins, 1983: 321). 여기에서 멀린스는 이론그룹의 발전이 실패한 일부 사례들을 들면서, 자신이 제시한 요인들 중 몇몇의 결여가 그 이유일 것이라 추정할 따름이다. 이 말은 자신의 모델에서 단계별 일부 특성들이 그룹의 진화를 보장하는 인과적 역할을 수행할 수 있음을 의미한다. 그러나 멀린스는 이 문제를 상세히 다루지도 않았고, 어떨 때는 요인들 중 일부에만 특별한 설명 없이 중요성을 부여하기도 하는 등 불분명한 자세를 취했다. 특정 변수의 인과적 역할을 강조하려면 이에 대한 추가적 분석이 필요하지만, 이 부분에 관한 논의는 없다.

그렇다면 우리의 관심은 하버마스 연구집단을 네트워크 단계에서 클러스터 단계의 초입으로 견인했던 동력은 무엇이었는지, 그리고 끝내 이 진화를 성취하지 못하게 된 까닭이 무엇이었는지로 모아진다. 이 책의 목표는 바로 이런 문제를 지식사회학적으로 설명하는 것이다. 이를 위해서는 근본적으로 연구집단의 집합적 실천의 인과적 동학을 설명해 줄 또 다른 이론적 자원이 요구된다. 이때 콜린스가 멀린스를 비판하면서 제안한 다음의 사항들은 중요한 길잡이가 된다.

여기에서 요구되는 것은 멀린스의 작업을 과학사회학에서 여타의 작업들, 특히 그룹 내·외부에서 일어나는 **경쟁구조(structure of competition)**와 지식인들이 자신에 대한 지지를 이끌어 내는 상이한 종류의 조직적 토대에 관심을 기울이는 작업들과 통합시키는 것이다. 그 실마리는 이미 멀린스 자신의 작업에서 발견할 수 있다. 그러므로, 비록 멀린스가 SAS(Standard American Sociology, 파슨스–머튼의 기능주의 사회학을 지칭함—인용자), SI(Symbolic Interactionism, 상징적 상호작용론), 소집단이론(small-group theory) 등을 각자 독립된 동시대 집단으로 취급하고 있지만, 이들 집단의 발전의 상당 부분이 집단들 사이 경쟁에 대한 응답이었음은 명백하다 … (중략) 그의 구조주의는 그룹들이 단계별로 다른 경로로 이행하게 하는 조건에 관한 인과적 분석을 보완하고, 그룹들이 동시에 상호 영향을 주고받는 경쟁자들의 존재에 주목해야 할 필요가 있다. (Collins, 1975: 589~591: 강조와 삽입은 인용자)

여기에서 콜린스가 제안하는 것은 멀린스의 분석이 학술영역 내에서 다른 그룹들과 맺는 유기적 관계에 대한 관점으로 확장돼야 한다는 것이다. 이 유기적 관계에서 핵심은 학술적 행위자들과 집단들 내부에서, 그리고 집단 사이에서의 경쟁의 논리다. 진화의 성패를 결정하는 데 이론그룹이 학술영역 내에서 다른 집단들과 갖는 경쟁구조가 중심적 역할을 수행하리라는 것이다. 예를 들어 파슨스는 (미국 사회학의 시초라 불리는) 1930년대 토머스와 파크의 '사회문제 해결 지향적' 사회학에 대항해 유럽산 이론을 수입해 사회학의 틀을 '이론 지향적'으로 바꿨고, 다시 이에 대항해 미드의 이론을 발전시킨 블루머의 '시카고 학파'가 탄생했다는 것이다(같은 곳). 요컨대, 각 이론그룹들의 발전 혹은 퇴조에 영향을 미친 인과적 요인은 멀린스가 제시한 단계별 특성들이 아니라, 이들이 속한 학술영역 내에서의 경쟁과 극복의 노력에서 찾을 수 있으며, 이 동학에 대한 체계적 설명틀이 필요하다는 것이 콜린스의 제안이다.

콜린스의 제안은 이론집단의 성장과 퇴조를 인과적으로 설명하는 데 통찰력을 제공한다. 그러나 멀린스는 물론 콜린스 자신도 이 경쟁구조에 대한 구체적인 설명, 즉 이론집단 간 경쟁이 추동하는 학술적 발전의 문제를 더 심화하진 않았다. 이러한 이론집단 내 구조화된 경쟁 문제를 심화·확장시킨 사람은 다름 아닌 피에르 부르디외였다. 다음 장에서 상세히 논하겠지만, 학술영역을 상징투쟁의 공간으로 정의해 그 안에서 이뤄지는 집합적 경쟁 논리를 정교화하고, 이를 경험적으로 프랑스 학술장에 적용해 설명하고 다시 국제 학술장으로 확장시키려 했던 부르디외의 작업들은 콜린스가 지적한 문제들을 해결할 수 있는 좋은 본보기가 된다.

나는 이러한 관점에서 하버마스 수용 과정에서 연구집단의 생성과 발전, 그리고 퇴조 양상을 멀린스의 모델을 토대로 하버마스 네트워크의 형성과 해체의 문제로 정의하고, 이를 부르디외의 관점에서 90년대 한국 학술영역에서 이뤄졌던 다양한 성원들의 상징투쟁의 결과로 설명할 것이다.

3

'차가운 열기' 현상의 해부

이 책이 주장하려는 바는 다음과 같다. 하버마스 네트워크의 성취를 가능하게 했던 원인은 바로 급격한 해체의 원인이기도 했다는 것, 그리고 이것이 하버마스 수용과정에서 근본적인 역설이었다는 것이다. 하버마스 네트워크는 단일하고 균질한 연구집단이 아니라, 급변하는 1990년대 한국 인문사회과학 학술공간의 상황에서 각자의 방식으로 '상징투쟁'을 수행했던 핵심 세 집단, 곧 주류 이론가 집단, 비주류 변혁주의 집단, 그리고 신진 하버마스 전문연구집단의 일시적인 연대의 결과였다. 이 '동상이몽'은 쉽사리 깨어졌다. 이들 세 집단의 학술적 성향과 지향, 그리고 실천 성향이 본래 상이했고, 이들의 연결망이 단단하게 결속되지 못한 채 조기에 와해됐기 때문이다.

그렇다면 이들 세 집단의 실천 성향은 어떻게 달랐는가? 주류 이론가 집단은 기성 학술영역의 중심부에서 다양한 주제에 대해 '넓고 얕은' 지식을 생산하면서 자신의 지위를 재생산하려는 딜레탕티즘(dilettantism)을 핵심 특성으로 한다. 변혁주의 집단 내에는 학술 실천의 목표를 정치적 목적에 종속시키고, 이론을 통해 사회를 변혁하려는 학술적 도구주의(instrumentalism)의 습성이 지배적이었다. 양대 집단은 각자 상이한 상징자본(symbolic capital)을 취득하려는 목적하에 일시적으로 하버마스에 주목했고, 그래서 머지않아 서로의 이질성을 확인한 채 분기했다. 그 사이 신진 하버마스 전문연구집단은 하버마스 인기의 핵심 축으로 한때 양자의 매개자 역할을 수행했으나, 연합의 이완 과정과 양측의 성향 사이에서 좌표를 잡지 못하고 부유했다.

그러나 세 집단이 네트워크를 발전시키지 못한 이유가 단지 이들이 서로 다른 성향을 가지고 있다는 점 때문만은 아니었다. 이들을 지배했던 딜레탕티즘과 학술적 도구주의는 서로 상이한 목표를 추구하는 성향에 따른 차이였다. 그러나 '좁고 깊은' 주제를 배타적으로 탐색하려는 밀도 있는 연구공동체(이를 테면 클러스터 단계나 전문연구집단 단계)를 형성하는 데 방해가 된다는 점에서는 성향의 공통점이 있었다. 딜레탕티즘은 학자들로 하여금 장 내 지위를 재생산하는 데 도움이 되는 다른 이론적 자원을 찾아 쉽게 떠나게 만든다는 점에서, 도구주의는 장 내에서 추상적인 이론의 해석과 비판, 갱신에 몰입하기보다 장 외부의 사회현상에 개입하게 만든다는 점에서 집합적 상징투쟁을 저해하기 때문이다.

결국 딜레탕티즘과 도구주의 성향이 초래한 것은 하버마스 네트워크 안에서 질적 네트워킹의 '성김', 그러니까 연구자들 사이에서 이뤄지는 상호작용의 낮은 밀도였다. 이는 겉보기와 달리 하버마스 네트워크 내에 지식의 성장과 그룹의 발전을 위한 동력이 될 수 있는 집합적 상징투쟁이 빈약했음을 의미한다. 그리고 이것이 앞서 언급한 네트워크 내에서 '내부 비평'과 '그룹 간 비평'이 발견되지 않았던 상황에 담긴 의미이다. 하버마스 연구망이 외견상 네트워크적 특성을 넘어 클러스터의 조짐까지 보였음에도 실제 상호작용의 밀도는 높지 못했고, 이것이 내·외부에서의 상호 비판의 부재로 나타난 것이다. 간단히 말해, 하버마스 네트워크의 가장 큰 문제는 안팎으로 이론그룹의 발전에서 중핵을 이룰 상호 비평과 검증체계를 실질적으로 안착시키지 못했다는 데 있었다.

이처럼 이 책에서는 1990년대 학술영역의 상황과 그 속에서 일어난 다양한 행위자들의 상징투쟁, 그리고 하버마스 연구집단들 사이의 성향의 차이와 공통점이 낳은 밀도 높은 연구집단 형성의 실패가 하버마스 연구그룹의 형성과 해체를 설명해 줄 수 있는 핵심 설명요인이 된다. 이러한 접근은 우리로 하여금 다음과 같은 보다 거시적인 문제에 도달하도록 해 준다. 그것은 바로 한국 인문사회과학 학술장이 지닌 낮은 자율성의 문제이다.* 부르디외의 장이론에서 높은

---

* 한국 인문사회과학의 "구조적 위기"(김원, 2008; 강수돌, 2010)에 대한 담론에서 소위 서구 이론에 대한 (비자율적) '종속성' 문제를 지적하는 것에는 이견이 없다. 즉 문제 해결을 위한 대안으로 "한국적 전통 이론의 발굴"(강정인, 2004), "주체적

밀도의 학술적 상호작용과 장의 상대적 자율성(relative autonomy)은 동전의 양면을 이룬다. 장의 자율성이 높다는 것은 장 내 성원들이 문제시된 주제에 대해 독점적이고 배타적으로 더 나은 답을 제공하려는 상징투쟁에 몰입하고 있음을 가리키고, 장 내 상징투쟁이 치열하다는 것은 그 장이 장 외부의 요구들로부터 상대적으로 자유로움을 나타낸다. 그리고 이것은 낮은 자율성을 지닌 학술공간이 그 전형적인 실천 성향인 딜레탕티즘과 학술적 도구주의를 극복해 전문화된 아카데미즘의 제도화로 이행함으로써 결국 높은 자율성을 지닌 장의 아비투스를 갖게 되는 장의 진화 여부와 관련되어 있다. 이렇게 보면 하버마스 네트워크의 실패는 한국 인문사회과학 학술공간이 낮은 자율성의 상태에 있었기 때문에 일어난 일이었고, 또한 그 실패로 인해 고질적인 낮은 자율성의 문제가 고착화된 것이라 할 수 있다. 따라서 하버마스 수용 과정을 살펴보는 것은 곧 1990년대를 거치며 한국 인문사회과학장이 어떻게 구조화됐는지를 성찰적으로 되짚어 보는 일이 된다.

읽기"(조혜정, 1995), 혹은 "현실 참여적 사회과학"(강수택, 2001; 김경일 외, 2006; 정태석, 2010; 윤상철, 2010), "자율적 학술장 구축"(김경만, 2004; 2005; 2007; 선내규, 2010; 김현준·김동일, 2011), "이론적 발전"(김우식, 2014) 등 무엇을 강조하건 간에, 한국 사회과학이 서구에서 생산된 이론을 무분별하게 수입해 오기만 했을 뿐, 제대로 된 국내 연구 전통의 확립이 이뤄지지 못하고 의존도만 심화됐다는 기본적 문제의식은 동일하다. 그러나 문제는 이러한 성찰적 목소리들이 구체적인 경험 연구로 뒷받침되지 못한 채 각자의 주장만 제기되고 있다는 점에 있다. 단적으로, 한국에서 유행한 사상에 대한 도입, 확산, 퇴조 과정 전반을 다룬 집중적인 경험 연구는 아직까지 수행된 바 없다.

그러면 이제 부르디외의 장이론이 어떻게 이론의 집합적 수용과 네트워크의 형성−해체를 설명해줄 수 있는지의 문제로부터 출발하여 '차가운 열기' 현상을 해부해 보기로 하자.

2부

딜레탕티즘과
학술적 도구주의를 넘어서:

프랑스 포스트모던 그룹의 교훈

이 책은 하버마스 연구그룹의 형성과 해체 과정을 분석하기 위해 피에르 부르디외의 장이론(field theory)을 활용한다. 우선 2부에서는 친밀한 적대자 공동체 형성을 중심으로 하는 부르디외의 학술장 진화 기획의 핵심을 살펴본 뒤, 여기에서 그가 진화를 저해하는 실천 습속으로 문제시하는 딜레탕티즘과 학술적 도구주의 개념을 고찰한다. 이 과정에서 부르디외의 장이론이 한국에서 이론 수용 과정과 그 안에서 이론그룹의 부침을 인과적으로 설명해 줄 자원이 될 수 있음이 논의될 것이다. 특히 68혁명 시기 프랑스 학술장의 구조변동과 이른바 '포스트모던' 그룹의 부상에 대한 부르디외의 비판적 고찰은 우리의 논의를 위해 좋은 참고점이 되어줄 것이다.

부르디외에게 학술장의 발전이란 지식인들이 외부로부터 정치·경제·사회적으로 필요한 지식의 공급을 요구받게 되는 타율성을 극복하고, 내부에서 고도로 전문화된 자신들만의 상징투쟁, 즉 '그들만의 게임'을 벌이는 공간을 문화적·제도적으로 확립하는 과정이다. 이것이 바로 부르디외의 자율적 학술장 개념이다. 이 과정에서 성원들은 주어진 특정한 학술적 주제야말로 자신들이 풀어야 할 가장 시급한 문제임을 인식하고 이를 위해 열정적으로 몰입하는 한편, 지적 동료로서 함께 협력하는 동시에 또한 서로가 가장 엄격한 비판자가 되기를 마다하지 않는다. 부르디외는 이러한 크고 작은 '친밀한 적대자' 공동체들의 형성이 학술장의 발전을 이끄는 핵심 동력이라 설명한다. 그렇다면 이론 수용의 성공을 결정적으로 좌우하는 연구집단의 형성 또한 일종의 작은 단위의 친밀한 적대자 공동체의 형성 과정에 해당하며 이는 곧 큰 단위에서 자율적인 학술장을 구축하는 문제와 불가분의 관계를 맺고 있음을 알 수 있다. 다시 말해, 우리가 관심을 기울이고 있는 주제인 이론 수용그룹과 이들의 상호작용의 질적인 밀도를 부르디외의 용어로 옮기면, 외산 이론의 도입 과정에서 수용자들이 상호 배반적인 가치를 동시에 추구하는 친밀한 적대자 공동체를 구축하는 일이 된다. 멀린스의 모델이 1차적으로 정교화하지 못한 것이 바로 이 문제라 할 수 있다. 공동의 학술적 이해관심을 공유하고 외부의 그룹과 함께 논쟁하지만, 아니 바로 그렇기 때문에 또한 서로에게도 엄격한 비판자가 되는 상호관계를 구축하는 것이 연구집단의 네트워킹의 질, 즉 밀도의 실체인 것이다.

그러면 이제부터 부르디외 이론에서 이론 수용집단의 성장을 설명해 줄 수 있는 해석틀을 추출해 보기로 하자.

1

부르디외의 장이론과 친밀한 적대자 공동체

　우리는 앞에서 니콜라스 멀린스의 이론그룹 발달모델을 살펴보면서 이 모델에 성장과 쇠퇴에 관한 인과적 설명 기제가 없는 문제를 확인했다. 그런데 사실 하버마스 네트워크의 형성과 해체 과정을 분석하기 위해서는 한 가지 더 고려돼야 할 점이 있는데, 그것은 바로 이론의 수용이라는 특수한 실천 양식에 관한 문제다. 멀린스의 모델이 대부분 미국에서의 자생적인 이론의 출현과 성장을 다루고 있는 반면, 우리의 관심사는 이미 '완성되어' 있는 하버마스의 이론을 수용하고, 이를 적용·발전시키고자 했던 학자집단의 실천을 규명하는 것이다. 따라서 우리에게 필요한 것은 이론 수용과 이것을 토대로 이론그룹을 질적으로 발전시켜 나가는 특수한 이중의 실천을 적절히 분석해줄 수 있는 설명틀이다.

　부르디외의 장이론은 이러한 이중의 실천을 효과적으로 설명해줄 수 있다. 장이론에서 이론을 수용하는 것과 이론그룹을 형성하는 것은 어려움 없이 연결되는데, 그 이유는 두 가지 실천이 결국 동일한 본질, 즉 상징투쟁이라는 개념 아래에서 묶이기 때문이다. 학술장 성원들은 장 내 상징투쟁을 성공적으로 수행하기 위해 같은 이해관계에 따라 서로 경쟁과 협력을 반복하며, 이 과정에서 자신들이 속한 장 외부로부터 투쟁의 상징적 자원, 이를테면 다른 분과학문 혹은 다른 국가에서 생산된 이론지식을 적절히 동원한다. 그러면 이러한 동시적 실천에는 구체적으로 어떤 내용이 담기는가?

집합적 상징투쟁과 일루지오:
늪에 말뚝을 박으려는 '그들만의 게임'

후기경험주의 과학철학에 의해 이제까지 신봉되어 온 자연세계를 투명하게 비춰 주는 객관적 과학지식의 가능성은 부정됐고, 이에 따라 과학적 지식의 누적적·단선적 발전의 상 또한 기각됐다(Morick, 1980: 15~24; Habermas, 1983: 252~253; 김경만, 2004: 143~145). 부르디외의 과학사회학은 가스통 바슐라르를 따라 이러한 후기경험주의 철학의 관점에 깊이 공감하지만, 그러면서도 과학적 지식의 누적과 발전의 가능성을 모색하는것으로부터 출발한다. 이는 어떻게 가능한가? 부르디외의 답은 학술 실천 외부의 요구와 단절하고 철저히 치열한 '그들만의 게임'이 이뤄지는 사회적 공간을 구축하는, 자율적 학술장을 만드는 것이며 이는 친밀한 적대자 공동체의 구축 기획에 집약되어 있다.

그렇다면 서로 동일한 대상에 '친밀하게(friendly)' 몰두하면서 동일한 관점을 공유하고, 그러면서도 서로를 '적대(hostile)'한다는 것 (Bourdieu, 2004: 82~83), 혹은 "갈등적이지만 정돈된 협동(conflictual but regulated cooperation)"(2000: 120)을 이룬다는 것은 무엇을 의미하는가? 일견 모순적으로 보이는 두 상호작용이 어떻게 병립할 수 있는가? 이 상호작용은 왜 중요한가? 자연과학장에 대한 다음의 언급은 부르디외의 관점을 잘 보여준다.

> 이성의 초월적 특성에 대한 몇몇 혹은 다른 형태를 데우스 엑스 마키나(deus ex machina)로서 도입하지 않고서도 이성을 구원하는 일은 가능하다. 이는 어떠한 우주, 즉 누군가가 '옳기' 위해서는 이성, 그러니까 일관성 있는 것으로 여겨지는 설명을 앞세워야만 하고, 권력관계의 논리와 이해관계들의 투쟁이 '(하버마스가 말하는 것과 같은) 더 나은 논증의 힘'이 승리할 타당한 기회를 갖는 방식으로 규제되는, 그러한 우주의 점진적 발생을 묘사함으로써 가능해진다. 과학장들은 그 안에서 상징적 권력 투쟁과 자신들이 우선순위를 두는 것들을 둘러싼 이해관계의 투쟁이 '가장 좋은 논증의 힘'이 도출되도록 돕는 추동력이 되는 우주이다. (Bourdieu, 2004: 82)

여기에서 부르디외가 말하는 것은 우리가 후기경험주의 관점이 초래한 이른바 '재현의 위기'의 함의를 충분히 받아들인다 하더라도, 반드시 이성 자체의 위기를 논할 필요는 없다는 것이다. 지금까지 자연세계에 대한 객관적 지식의 획득은 칸트적 관점에서 인간 이성 내부에 갖춰진 선험적·초월적 능력에 힘입어 가능하다고 믿어져 왔지만, 오늘날 이러한 전통적 인식론은 붕괴했다. 하지만 그럼에도 우리는 여전히 '객관성'과 '발전'에 대해 말할 수 있는데, 이는 지식의 속성과 이것이 얻어지는 원리에 대한 재규정을 통해서만 가능하다. 그것은 칸트의 개인의 초월적 선험능력을 "집합적인 초자아(collective super ego)"(Bourdieu, 2004: 83)로 대체하고, 이것이 산출되는 공간으로서 장의 조건을 탐색하는 것이다. 부르디외가 지지하는 것은 객관적 지식은 고독한 개인이 선험적 이성 능력을 사용해 자연세계로부터 '간취'되는 것이 아니라, 상징투쟁의 장인 학술장에서(33~35) 성원들의 집합적 상징투쟁을 통해 간주관적으로, 그리고 역사적으로 '산출'되는 결과물이라는 관점이다. 그리고 부르디외 자신이 말하고 있듯이 이는 하버마스가 칸트에 토대해서 구축한 '진리이론'의 관점을 일부분 공유하는 것이다.* 한마디로, "단 하나의 진리가 있다면, 그

---

* 부르디외는 다음과 같이 말한다. "칸트주의적 관점에서 객관성은 간주관성이자 간주관적 인증(intersubjective validation)이고, 따라서 진리를 '정신을 사물에 합착시키는(adequation)' 것으로 토대지으려 하는 어떠한 형태의 사실주의도 반대한다. 그러나 칸트는 사람들이 간주관적 합의에 당도하게 하는 경험적 절차에 대해서는 기술하지 않았다. 칸트에게 그것은 인정되는 것, 혹은 (초월과 경험의 분할이라는 이름하에) 보편적으로 동일한 우주에 대응하는 초월적 의식에 동의하는 것에 토대를 둔 선험적인 것으로 선언되는 무엇이다"(Bourdieu, 2004: 78). 이러한 맥락에서 부르디외는 칸트, 그리고 그를 이어받은 하버마스가 "정치적 관

것은 진리가 투쟁의 내깃물이라는 점뿐이다"(Bourdieu, 2000: 118). 이로부터 그에게 객관성은 더 이상 맥락초월적·선험적인 것이 아니라 성원들 사이 공동의 인정을 통해 성립되는 사회적인 것이 된다. 나아가 이렇게 보면 객관적 지식의 산출이란 곧 그것을 산출하는 장의 정립 그 자체가 된다. 객관적 지식이 존재한다는 것은 장의 존재를 전제로 하고, 장이 존재한다는 것은 다시 객관적 지식이 존재함을 의미하기 때문이다. 이 점은 앞으로 우리의 논의에서 핵심적인 지점이 될 것이다.

그런데 먼저 주목해야 할 점은 부르디외가 학술장 내 성원들 사이에 간주관적으로 형성되는 객관성이 자연세계와는 아무런 관계 없는, 학자 공동체 성원들 사이에서만 유효한 '특수한' 것이 아니라, 자연세계의 비밀을 밝혀주는 '보편적' 객관성을 담지할 수 있다고 주장한다는 점이다. 장 내 성원들 사이 성립된 객관성은 또한 이들과

계를 소통의 관계로 축소시키고", "경제적·사회적 조건들의 문제를 엄폐시키는"(2000[1997]: 65) 것에 대해 비판적이다. 그러나 궁극적으로 부르디외와 하버마스에게 방법은 달라도 목적지는 같아 보인다. 부르디외는 하버마스의 공론장 개념에 공감하면서 자신의 하버마스 비판이 그를 반대하기보다 더 밀고 나가는 것, "칸트의 합리주의가 지닌 비판적 의도를 연장하고 급진화하는 것"(120)에 있음을 분명히 한다. 칸트와 하버마스에 관한 부르디외의 비판적 고찰은 『파스칼적 명상 (Pascalian Meditations)』 3장 "이성의 역사성", 『성찰적 사회학으로의 초대』(이상길 역, 2015)에서 제2부 "성찰적 사회학의 목적(시카고 워크숍)"의 6장 "이성의 현실 정치를 위하여"를 참고할 것. 원래 영문판으로 출간된 An Invitation to Reflexive Sociology(1992)는 재감수를 하고 누락분을 복원해 2014년 프랑스어로 재출간됐다. 영문판 6장에서 부르디외가 하버마스를 논급하는 내용 중 일부 누락된 부분이 이곳에 포함됐다.

자연 세계 사이의 객관성을 보장해 준다는 것이다. 이러한 일이 어떻게 가능한가? 이는 다름 아니라, 장과 그 안에서의 상징투쟁이 가진 독특한 이중적 성격 덕분이다.

부르디외는 학술장을 다른 여타의 장처럼 상징자본의 소유량에 따라 성원들의 위치가 차등적으로 분배되어 있는 사회공간으로 규정한다. 이 안에서 성원들은 공동으로 추구할 만한 가치가 있다고 믿어지는 상징자본의 획득과 축적을 목표로 투쟁하고, 그 성공 정도에 따라 배분받은 자본의 양에 의해 각자 장 내 위치를 점유하게 된다(Bourdieu, 1975: 27; Swartz, 1997: 303). 이 정의는 장 개념의 핵심 특성을 암시하는데, 그것은 바로 장의 성원들은 동일한 상징적 주제에 대해 그것이 탐구되어야 마땅할 것으로 여기면서 그들만의 게임에 몰두한다는 점, 그리고 이것이 하나의 장인 이유는 다름 아니라 동일한 대상이 장 밖의 성원들에게는 몰입할 게임의 내깃물(stake)로 여겨지지 않는다는 점이다. 예를 들어, 과학자들이 가지고 있는 매우 특수한 이론적 관심, 혹은 미술가들이 몰두하는 특수한 양식의 중요성에 대해 장 밖의 성원들은 많은 경우 동의하지도 않고 이해하지도 못할 뿐 아니라, 애초에 관심도 별로 없다. 그것은 오로지 그 장에서 통용되는 게임에 대한 특별한 관심이기 때문이다.

부르디외는 이것을 장이 행사하는 상징폭력에 의해 성원들이 집단적 '환상', '집단적 오인', 즉 일루지오(illusio)에 빠지는 것이라 말한다. 일루지오란 "게임의 이해관계에 대한, 그리고 이 게임에 참여하는 성원들의 내면에 깔린 내깃물이 지닌 가치에 대한 근본적인 믿음"(Bourdieu, 2000: 11)이다. "각각의 장은 특수한 목적을 추구한다는 점에 의해 특징지어"지기 때문에 "일루지오에 빠진다는 것은 과학, 문학, 철학 등 각 장의 참여자들이 … 일반인 혹은 다른 분야의 참여자들에게는 무관심하거나 의미 없는 것으로 보일지라도 자신의 내깃물을 … (때로 생과 사의 문제로 받아들일 정도로) 심각하게 받아들이게 됨을 뜻한다(왜냐하면 각 장들의 독립성은 장들 사이에 소통불가능성을 수반하기 때문이다)"(같은 곳). 요컨대, 장의 성원들이 장 밖에서는 그 중요성을 알 수 없는, 오로지 자신들 사이에서만 유의미한 상징자본을 획득하는 것에 몰입하고 이를 위해 상징투쟁을 벌인 결과, 그 성공 정도에 따라 취득되는 (장 내에서 인정되는) 자본의 양은 달라지고, 이것이 장 내에서 각 성원들의 위치를 결정한다.

이러한 장의 속성은 성원들의 상징투쟁 행위에 독특한 이중적 성격을 부여한다. 한편에서 장 내 상징자본 획득을 위한 상징투쟁은 학술영역의 경우 그 장 안에서 더 인정받는, 더 객관적으로 여겨지는 지식을 획득하기 위한 투쟁이 된다. 예컨대 과학장에서의 학술활동은 자연세계를 더 잘 묘사해 줄 수 있는 지식의 산출을 목표로 해서 그 객관성을 따져 묻는 형태를 띠게 되고, 그 결과 투쟁이 치열할수록 산출되는 지식은 상호 검증의 필터를 거치며 점점 더 자연세계를 '잘 설명'할 수 있게, 더 정확히는 잘 설명할 수 있다고 '믿어지게' 된다. 다른 한편에서, 장 내 상징투쟁은 다른 성원보다 지배적 자리를 차지해 타인에게 상징폭력을 행사하기 위한 시도라는 점에서 항상 정치적 성격*을 갖는다. 과학장의 경우 장 내에서 지배적 위치가 된다는 것은 다수의 성원들에게 자신의 학술적 성취가 더 객관적이라 믿게 한다는 의미에서 상징폭력을 행사하는 것이고, 이러한 위계질서 내 상위의 지배자는 상징폭력의 형태로 권력을 행사하게 된다.

여기에서 중요한 것은 부르디외가 상징투쟁의 양면성이 동시적이고 관계적인 실천임을 강조한다는 것이다.

> 과학장에서 지배적 위치를 향한 투쟁을 순수하게 "정치적" 차원과 분리시키려는 분석은 완벽히 잘못된 것인데, 과학적 논쟁에서는 "순수한", 곧 순수하게 지성적인 측면과 결정들이 아닌, 정반대의 경로가 (보다 빈번한) 사실이기 때문이다. 예를 들어, 오늘날 연구비와 설비를 따내기 위한 상이한 전문가들 사이의 투쟁은 결코 단순히 엄격한 의미의 "정치적인" 권력 투쟁으로 환원될 수 없다. 사회과학의 경우를 들면, 미국에서 (컬럼비아 응용사회조사연구소와 같은) 최고의 과학 기관 지위에 도달한 사람들은 … 과학에 대한 정의를 부과하는 일에 또한 성공하지 않는 한, 그리고 … 자신들의 사적 혹은 제도적 능력에 가장 유리한 기준을 모든 과학적 실천의 수단으로 확정하지 않는 한, 자신들의 승리

---

* 물론 여기에서 부르디외가 말하는 '정치적'이라는 용어는 일반적으로 사용되는 정치영역에서 국가 통치와 관련된 실천보다 광의의 것으로, 인간의 상호작용에서 일체의 지배−피지배적 관계 형성을 지칭한다. "정치적 투쟁은 사회세계에 대한 타당한 관점을 부과하기 위한 권력을 향한, 또는 더 정확히는, 악평과 존경이라는 상징자본의 형태로 축적된, 사회세계에 대한 감각, 현재의 의미와 그것이 나아가는 방향과 나아가야 할 방향에 대한 타당한 지식을 부과하기 위한 권위를 부과하는 인정을 획득하기 위한 (실천적이고 이론적인) 인정 투쟁이다"(Bourdieu, 2000: 185).

를 다른 사람들에게 과학의 승리로 인정하도록 강제할 수가 없다. 반대로, **인식론적 갈등은 항상 분리 불가능하게 정치적 갈등인 것이다.** 그래서 과학장에서의 권력관계를 조사하는 것은 외견상 인식론적인 것으로만 보이는 질문을 완벽하게 잘 포괄할 수 있다. (Bourdieu, 1975: 21; 강조는 인용자)

위 글은 부르디외의 장이론에서 인지적 측면과 정치적 측면이 분리 불가능한 동전의 양면을 이룸을 잘 보여준다. 더 좋은 지식을 얻으려는 학자들의 인식론적 노력은 '동시에' 타인에게 상징폭력을 행사해 지배적 위치에 오르려는 정치적 실천이고, 반대로 사회제도적 권력을 독점해 장 내 지배자가 되려는 정치적 노력은 또한 '동시에' 더 객관적이라 여겨지는 지식을 산출하고 궁극적으로는 학문에 대한 정의 자체를 재규정해 이를 '인정받으려는' 인식론적인 실천 형식을 띠게 된다. 이러한 상징투쟁의 양 측면은 서로 보완적인 동력을 공급해 준다. 인식론적 투쟁은 동시에 과학자들로 하여금 다른 이를 과학적으로 지배하려는 정치적 동기를 제공하고, 다시 타인보다 지배적 위치에 오르고 싶다는 욕망이 더 나은 과학 지식을 생산하게끔 과학자들을 추동한다. 즉 학자들은 장에서 "지배하고자 하는 욕망(libido dominandi)을 학문적 욕망(libido sciendi)으로 승화(sublimate)시키도록 의무지어진다"(Bourdieu, 2000: 111). 결과적으로 과학자들의 "시니컬하고 계산적인 전략들의 집합"들이 "과학자들이 체화하고 있는 아비투스를 통해서 제한·여과되도록 함으로써"(김경만, 2008: 50) 장의 투쟁은 점점 더 객관적 지식을 산출하는 방향으로 진행된다. 그러므로, 학술장의 본령이란 "가장 좋은 논증의 힘"을 작동시키고, 그리하여 "자기 자신만의 논리를 갖는, 급진적 관점주의들의 무한한 거울놀이를(the infinite play of mirrors of radical perspectivism) 장려하는"(Bourdieu, 2000: 118) 것이고, 합리적 변증(Kim, 2009: 50)의 원리를 구현하는 것이다. 이제 부르디외는 다음과 같이 결론 내린다.

> 따라서 우리는 칸트주의적 간주관성에 그 밑에 깔려 있으면서 특별히 과학적 효율성을 부여해 주는 사회적 조건을 재도입했다. **객관성은 과학장의 간주관적 산물이다.** … 각 장들(즉 분과)은 특정한 합법성(하나의 노모스; nomos)의 영역이자 장의 기능에 대한 객관적 합법성 안에 담지된 **역사의 산물**이다. 더 정확히 이는 정보의 순환을 지배하는 메커니즘 안에, 보상 등에 관한 분배 법칙 안에, 장을 기능하게 하는 조건인 장 내에서 생성된 과학적 아비투스 안에 담지되어 있다. (Bourdieu, 2004: 83; 강조는 인용자)

눈치챘겠지만, 객관성을 간주관적인 것으로 만들면서 또한 이 전제에 진리에의 접근 가능성을 병립시키려는 이러한 시도는 "늪에 말뚝을 박으려는" 칼 포퍼의 기획과(Popper, 2002[1959]: 94) 공명하는 것이다. 결국 객관성이란 학술공간에서 학자들의 상호작용이 얼마나 엄밀한 규칙성을 완성했는지에 따르는 역사적인 산물이고, 그래서 부르디외에게 이는 역사적이고 경험적인 분석의 대상이 된다. 그리고 그 핵심은 공동의 일루지오를 공유하면서 동일한 대상을 연구할 만한 가치가 있는 것으로 여기고, 이해관심을 달리하는 이들과 함께 싸우면서도 또한 더 나은 지식을 생산하기 위해 내부에서 서로 경쟁하는, 이율배반적인 관계를 적극적으로 형성하는 것이다. 따라서 부르디외가 포퍼의 용어를 빌려오는 것은 이상한 일이 아니다.

> 무척이나 아이러니하지만, 과학과 과학의 객관성이 "객관적"이고자 하는 개별 과학자들의 시도가 아니라 다수 과학자들의 친밀하게 적대적인(friendly-hostile) 협력으로부터 결과한다는 점에서, 객관성이란 과학적 방법의 사회적 측면과 밀접히 관련되어 있다. 과학적 객관성은 과학적 방법의 상호주관성으로 기술될 수 있다. (Popper, 1945: 217; Bourdieu, 2004: 82~83에서 재인용)

이제 친밀한 적대자 공동체 개념의 의미가 분명해졌을 것이다. 부르디외에게 친밀한 적대자 공동체라는 상은 결코 불가능한 형용모순이 아니라 오히려 실제로 이뤄지고 있는, 과학 실천과 발전을 위해 필수 불가결한 이중성을 포착해 줄 수 있는 핵심 개념이다. 따라서 그 이상적인 상태를 과학장을 예로 들어 이론적으로 재구성하고, 이곳에 도달하려는 규범적 노력은 정당성을 획득하게 된다(Swartz, 1997: 249). 그리고 이것이 부르디외 자신이 프랑스에서 장의 진화를 위해 수행했던 집합 연구의 이론적 토대이기도 하다. 집합 연구의 필수불가결함을 역설하는 다음의 언급은 연구집단에 관한 부르디외의 관점을 잘 보여준다.

연구의 논리란, 이처럼 연구자를 사로잡고 그들을 때로 자신도 모르게 서로 끌어당기는 **문제들의 톱니바퀴 작용**이다 … 명석한 에세이 작가들의 나라이자 독창성과 지성을 숭배하는 집단의 땅 프랑스에서 이해되지 못하고 있는 점은, 연구 작업의 방법과 **집합적 조직이** 연구자 개인의 것보다 더 지성적인 지성을, 그리고 문제와 방법론들의 톱니바퀴를 생산해낼 수 있다는 사실이다 … 과학적으로 명석하다는 것은 진정한 문제와 진정한 어려움을 만들어내는 상황 속에 자신을 위치시키는 것이다. 이것이 나 자신이 내가 운영해 온 연구그룹과 함께 이루기 위해 노력해온 바이다. **잘 작동하는 연구그룹이란 사회적으로 제도화된 연구질문들의 연쇄와 그것을 풀기 위한 방법들, 곧 상호 검증의 연쇄망이며**, 동시에 어떠한 규범이나 이론적 정치적 정통성도 부과하지 않는, 가족유사성을 갖는 모든 **문제들의 집합**이다. (Bourdieu, 1993: 29~30: 강조는 인용자)

주변부 도전자의 전복전략:
외산 이론의 수용과 장의 진화

이러한 부르디외의 친밀한 적대자 공동체 개념은 멀린스가 규명하지 못한 학술장 내 배태된 유기적 집합 실천으로서 이론그룹의 개념화는 물론, 이들에 의한 외산 이론의 수용 현상 또한 적절히 포착해 줄 수 있다. 장이론을 통해 보면 장 내 행위자와 연구그룹은 진리를 생산하기 위해, 또한 그렇게 함으로써 보다 지배적인 지위를 차지하기 위해 다양한 장의 전략을 구사하게 되는데, 이때 특히 장 주변부의 도전자들은 기성 장의 게임 구조 자체를 뒤집는 전복전략을 채택할 수 있고, 그 과정에서 공인된 외부 상징 자원을 동원하는 일은 지극히 자연스러운 일이다.

앞서 살펴본 것처럼 부르디외에게 밀도 높은 이론그룹은 장 내에 배태된 행위자 집단이면서 장의 진화를 이끌어 가는 핵심 주체이다. 이들은 인식론적이고 정치적인 차원에서 그룹 내부에서 상호 경쟁과 협력을 수행하고, 또한 장 내에서 다른 연구그룹과 그렇게 한다. 이렇게 다수의 이론그룹들이 상호 경쟁과 협력을 계속하면서 장 내 위계 구조는 지속적으로 재편되고 역동적으로 변화한다. 부르디외는 이처럼 변화하는 장 내 위계구조 속에서 각 개인 또는 집단이 자신이 속한 위치에 따라 택하게 되는 전형적인 전략들을 크게 유지(conservation), 계승(succession), 전복(subversion)으로 일별한다(Swartz, 1997: 125; Bourdieu, 1988: 239~240; 1993: 73; 2005: 75~83).

장의 지배자, 즉 중심부의 행위자들은 흔히 기성 질서를 유지함으로써 자신들의 지위를 재생산하려는 유지전략을 취한다(Bourdieu, 1993: 73). 이들이 장의 지배자라는 의미는 다름이 아니라 그들이 장에서 통용되는 '게임'을 지배하고 있음을 뜻한다. 지배자들은 그 장의 참여자들로 하여금 무엇이 중요한 상징투쟁의 주제이고 어떻게 하면 그 투쟁을 잘 수행할 수 있는지, 나아가 그 장의 규정 자체가 무엇인지를 결정하는 '규칙의 지배자'이고, 장의 참여자들로 하여금 자신들이 설정한 규칙이 중요하고 옳고 계속되어야 한다는 집단적 오인(collective misrecognition), 곧 상징폭력을 행사하는 존재다. 따라서 장의 지배자들은 자신들이 설정한 규칙 자체를 보존함으로써 손쉽게 상징자본을 축적하고 지배적 위치를 공고화할 수 있다.

계승전략은 주로 장의 중간적 위치를 차지한 행위자들에 의해 선택된다. 사실상 잘 정립된 장을 지탱하는 다수에 속하는 이들은 장의 지배자들이 설정한 주제를 이어받고 지배자들이 설정한 게임의 규칙에 따름으로써 상징자본을 획득해 장의 주요 위치에 올라올 수 있었다. 따라서 이들은 새롭고 혁신적인 방법에 도전하기보다 기성 장의 규칙을 준수하고, 기성 지배자들의 상징폭력을 스스로 감수하면서 이를 성공적으로 따를 때 획득되는 상징자본의 축적을 통해 장의 중심부로 진입하려 분투한다.

전복전략은 장의 주변부 행위자들이 시도하는 경향이 있다. 이 전략은 말 그대로 장의 기성 지배자들이 설정한 게임의 규칙을 완전히 새로운 것으로 대체함으로써 자신들이 새로운 규칙의 설정자, 곧 장의 지배자가 되려 함을 뜻한다. 이때 장의 새로운 진입자나 주변부 도전자들이 통상 처한 이중의 어려움은 이들로 하여금 자주 전복전략으로 향하도록 이끈다. 왜 그런가? 이들은 많은 비용을 지불하고 (학위나 교수·연구원 등의 직위 취득 등을 통해) 장의 진입장벽을 넘어 이제 막 게임의 참여자가 됐다. 그런데 이들은 보유한 상징자본이 부족한 상태에서 장의 중심부와 주류 성원들이 지속적으로 부과하는 게임의 규칙들을 일방적으로 따르면서 또한 이들보다 많은 자본을 축적해 그들을 넘어서야 하는 난망한 과제를 떠맡게 된다(Bourdieu, 1993: 73; 2005: 77). 이때 장의 전복전략은 확률은 매우 낮지만 성공할 경우 기성 분배구조를 완전히 뒤바꿔 빠르게 지배자가 될 수 있는 매력적인 선택지가 된다(Bourdieu, 1988: 239). 이에 따라 장의 주변부 신참자들은 새롭고 혁신적인 시도를 지속적으로 시도하는 주요 주체가 되는데, 그러면서 많은 경우 실패로 귀결되지만, 때로 이 시도가 성공할 경우 장의 질서는 급격히 재편되기도 한다(Bourdieu, 1993: 135; 2005: 75~83). 학술장에서 외산 이론의 수용 현상은 이와 같은 장 주변부로부터의 전복전략의 일환으로 설명될 수 있다. 한편에서 장의 전복을 꿈꾸는 신입자들에게 다른 사회와 국가 또는 다른 분과에서 이미 이룩된 학술적 성취들, 즉 축적된 자본은 빠르고 손쉽게 장의 전복을 수행할 수 있는 자원이 될 수 있기 때문이다. 다른 한편에서, 외산 상징자본들의 수입은 그 상징자본의 소비자로서 새로운 청중들을 장에 유입시키면서 이들을 우군으로 삼아 전복의 가능성을 한층 높인다.

사실 부르디외는 이러한 관점에서 수용 개념을 직접 정교화하지는 않았다. 하지만 외곽으로부터 성공적인 장의 전복이 이뤄지는 도상의 도전자들이 펼치는 장 외부로부터의 이론 수용 전략은 그의 다양한 장 분석들에서 빈번하게 언급되고 있다.* 그러나 장 외부 자원

---

* 예를 들어, 문학장과 미술장을 분석하면서 부르디외는 장의 혁명적 변혁의 성공

의 동원을 통한 전복전략의 전형이 가장 흔하게 발견되는 곳은 바로 학술장이다. 68혁명 시기를 전후한 프랑스 학술장의 변동 시기에 장의 급진적 재편을 수행했던 구조주의–후기구조주의(포스트모던) 학자들이 이러한 사례에 속한다. 예를 들어, 끌로드 레비스트로스(Claude Lévi-Strauss)는 외부이론의 동원을 통해 1960년대 학술장의 주변부에서 중심부로 진출한 대표적인 사례에 해당한다. 부르디외는 외부 이론의 동원을 통한 전복과 관련해, "대학의 주변부 혹은 외부에서 이러한 학술적 궤적의 전형적인 사례는 끌로드 레비스트로스에서 찾을 수 있다"면서(Bourdieu, 1988: 108), 레비스트로스가 회고 인터뷰에서 자신이 철학 교수직에서 학술 이력을 시작해 브라질에서 인류학적 체험을 거치고, 전쟁에 참여한 뒤 미국에서 집필활동을 벌인 후 1959년 콜레주 드 프랑스에 취임하기까지 학술 이력의 "가장 충격적

요인으로 "보수주의자들과 혁신주의자들, 정통파와 이단자들, 구파와 신파(혹은 근대파) 사이의 힘의 관계는 외적 투쟁의 상태에, 그리고 어느 쪽이든 외부에서 찾아낼 수 있는 원군에 매우 강력하게 달려 있음"(Bourdieu, 2005: 79)을 반복해서 강조한다. 모네와 인상주의 화가들, 혹은 아방가르드나 전위적 문학 장르 등 "문학이나 회화에서 성공한 혁명은 장의 안과 밖에서 일어나는 상대적으로 독립적인 두 과정의 만남의 산물"(Bourdieu, 1996: 252~253)이다. 즉 "단순 재생산의 고리 속에 들어가기를 거부하는 … 새로운 이단적 진입자들은 통상 외적 변화의 힘으로만 자신의 생산물의 인정을 부과하는 데 성공할 수 있다"(253). 여기에서 말하는 외적 힘이란 기존 상징질서를 급진적으로 전복하는 (인상주의와 같은) 상징물이며 또한 (주로 정치적 변화의 와중에서) 그 상징물을 선호하는 "새로운 생산자와 친화성을 갖고 그들의 생산물의 성공을 보장하는 새로운 소비자 집단의 등장"을 말한다(같은 곳). 그 결과 장의 경계를 넘어 "[문학—인용자] 작가는 자신의 독립성을 위해 화가의 전리품으로부터 이익을 취할 수 있고, 화가 또한 작가를 이용"(Bourdieu, 1988: 132)하는 일이 예술에서는 자연스럽게 일어난다.

특성은 의심 없이 대학 밖에서 성취됐다"고 술회하는 부분에 주목한다(같은 곳). 레비스트로스는 1960년까지 프랑스 학술장의 주변인이자 이단아에 불과했다. 그러나 그의 인류학적 경험과 미국에서 습득한 기호학과 언어학, 정신분석학과 경제학은 전복전략의 핵심 자원이 됐다(같은 글, 121). 즉 레비스트로스가 장의 주변에서 학술장의 기성 지배자인 철학에 대항하는 사유양식으로서 과학적 구조주의라는 발상을 무기로 장의 전복전략을 수행했고, 주변부의 사회과학 분과를 자신의 전략의 중요한 터전으로 삼았다는 것이다.

> 이른바 '구조주의'의 사회적 성공은 의심의 여지없이 … 그들이 철학과 문학, 사학처럼 대부분 외부세계에 열려 있었던 정전화된 분과는 물론, 사회과학에도 소속됐던 모든 교수와 학생 세대들이 마주했던 모순점에 대해 그들이 '과학'이라는 차원에 남을 수 있게끔 해줄 **기적적인 해결책**을 가져다주는 듯 보이는 공통점이 있었다는 사실에 의해 설명될 수 있다. 구조주의 언어학과 기호학으로부터 **잘 소화해 빌려온** 개념들이 (특히 젊고 더 세련된 교수들에게) 교육 영역에서 절망적 상황에 대한 마지막 성벽 역할을 수행하고, 마찬가지로 문화생산 영역에서 기대되는 원가 절감적 전환을 가능하게 해 줬던, 이들 학문들의 사회적 효용을 분석하면 그 증거로서 충분할 것이다. (Bourdieu, 1988: 122; 강조는 인용자)

스위스 학자 페르디낭 드 소쉬르(Ferdinand de Saussure)가 제안하고 러시아와 미국 등에서 이뤄지던 구조주의 언어학과 기호학은 50년대까지 프랑스에 잘 알려져 있지 않았다. 이들 이론을 프랑스에 도입해 보급하고, 나아가 여기에 다시 영미권의 인류학 개념 자원들을 결합해 창안한 레비스트로스의 구조주의 인류학은 외산 이론의 수용과 생산적 변용, 갱신의 모범 사례였다. 또한 이는 주변부 도전자의 성공적인 장의 전복전략의 모범이다. 사회경제적 구조변동이 초래한 프랑스 학술장의 위기 상황에서* 레비스트로스가 도입한 '외산 이론'은 과학적이고 체계적인, 대안적 사유체계를 가능케 하는 자원으로 받아들여졌고, 지적 정당성을 상실한 기성 학술장의 게임의 규칙을 빠르게 대체할 수 있었다. 나아가 레비스트로스는 이것들을 토대로 설계한 자신의 구조주의 인류학 프로그램을 제안함으로써 이론의 성공적 수용은 물론 변용과 갱신까지 이뤄냈다. "잘 소화된" 이들 외산 이론들은 구조주의자들로 하여금 "과학성"을 통해 전복전략을 수행할 수 있게 해 준, 이미 축적된 효과적 상징자본이었다.

레비스트로스의 성공 도식은 이후 포스트모던 이론가들에 의해 계승·확대된다. 부르디외에게 이른바 바르트, 데리다, 푸코 등 포스트모던 혹은 후기구조주의 학자들의 '유행'은 이들이 레비스트로스가 세운 모델을 따라 장의 전복전략을 수행한 결과로 해석된다 (Bourdieu, 1988: 115; 117). 한편에서 그들은 이미 축적된 외산 이론을

---

* 1960년대 전후 프랑스 인문사회과학장은 '위기'에 처해 있었다. 전후 경제 부흥이 이뤄지고 베이비부머 세대에게 교육의 기회가 확대되면서 전통적 엘리트 중심 학술장은 변화에 직면했다. 이때 기성 체제에 안주하는 전통 인문학은 점점 더 권위를 잃고 자연과학에게 주도권을 내어주고 있었다(Bourdieu, 1988: 122).

적극 도입해 상징자본으로 삼아 자신의 과학성을 주장하고, 다른 한편에서 장 외부의 청중들을 우군으로 동참시키면서 상징투쟁을 수행했다. 이들의 성공과 포스트모던 이론의 대유행은 곧 이러한 외부로부터 장의 전복전략이 성공한 결과이다. 그리고 데리다의 해체주의 철학, 푸코의 고고학과 계보학 등은 레비스트로스의 수용과 변용·갱신 작업을 극한까지 밀고 나감으로써 이뤄진 지적 성취물이다. 프랑스에서 학술장 변동의 핵심은 "아카데믹한 반복으로부터 단절하고 교육적·학술적 혁신에 정향된 외부 기관의 이단적 전통들이 그 성원들로 하여금 모든 연구 가치와 담장 너머를 향한 포용성, 그리고 학술적 현대성의 가장 열렬한 옹호자가 되게끔 이끌었"(같은 글, 111)다는 데 있다.

2부 3장에서 우리는 『호모 아카데미쿠스』, 『문제의 사회학』, 『파스칼적 명상』 등 학술장 관련 부르디외의 저작들에서 나타나는 68혁명 시기 전후 프랑스 학술장에서 레비스트로스와 포스트모던 이론가들의 집합적 상징투쟁의 성공, 그리고 그 이면에서 초래된 부정적 효과들에 대해 자세히 살펴본다. 그전에 우선 강조되어야 하는 것은 레비스트로스와 포스트모던 이론의 성공, 그리고 우리의 관점에서 외산 이론의 수용과 개량을 통한 이론적 혁신이 장 내에서의 집합적 상징투쟁의 결과이자 이론 수용그룹의 성공이었다는 점이다. 즉 레비스트로스에 의한 외산 이론들의 수용은 그 자체로 하나의 장의 전략이었고, 레비스트로스 개인이 아닌 그를 따르는 구조주의자들의 연결망의 구축이었다. 그리고 여기에서 구조주의자들이 내세운 '과학성'의 성공은 곧 이들의 집합적 상징투쟁을 통한 상징폭력의 성공이었다.

이는 앞서 본 것처럼, 부르디외에게 지식의 객관성이란 간주관적인 것이기 때문이다. 다시 말해 구조주의 언어학과 기호학의 과학성이란 이것이 실재를 객관적으로 재현한 결과로서 주어진 것이 아니라, 이미 축적된 상징자본을 토대로 구조주의자들의 집합적 상징투쟁에 의해 산출된, 아니 관철된 결과물이고, 이는 프랑스 학술장에서 이들에 의한 상징폭력이 성공적으로 행사된 것이라 할 수 있다. 위에서 부르디외가 이들 외산 이론이 다수의 성원들에게 "기적적인 해결책"으로 "보였다"고 말한 것의 의미가 바로 이것이다.* 그리고 이것은 프랑스 학술장에 구조주의자들을 핵으로 해서 점차 외부로 확산하는 거대한 담론의 망이 완성됐음을 의미하는 것이기도 하다.

구조주의 언어학과 기호학·인류학, 그리고 이들을 결합한 구조주의 인류학의 과학성이 학술장에 받아들여졌다는 것은 경쟁적인

---

* 이러한 상징폭력으로서 '과학성' 문제에 대한 부르디외의 평가는 긍정적이지만 다른 한편에서 문제점도 있다. 그는 다음과 같이 언급한다. "대부분의 주요 저작들 사이, 그리고 사회과학의 상이한 어휘들 사이, 언어학과 정신분석학 사이, 정신분석학과 경제학 사이 사이 환상적 조합에서 전형적으로 나타나는, 1970년대 널리 퍼진 **과학주의 열풍**이라 불릴 만한 이 현상은 다음과 같이 이해될 수 있다. 이것은 (인문학도 아니고 과학도 아닌) 이중으로 소외된 분과들이 자신들에게 씌워진 기호를 뒤집고, 이제껏 양립 불가능한 것이라 여겨졌던, 과학적 엄격성의 외양과 문학적 우아함 또는 철학적 심오함의 외양의 기적적인 결합을 통해 문학적인(또는 철학적인) 아방가르드주의의 위신과 효용을 과학적 아방가르드주의의 위신·효용과 통합시키려는 시도였다"(Bourdieu, 1988: 121; 강조는 원문).

학술장에서 이들 이론의 설명력에 동의하는 다양한 개인과 집단들이 상호 연결됐고, 이 중심에는 레비스트로스와 후기구조주의자들을 정점으로 하는 집합 연구집단이 존재했음을 의미한다. 부르디외의 관점에서 객관적 이론의 존재는 곧 자율적인 장의 존재와 동전의 양면을 이루기 때문이다.

이처럼 부르디외의 장이론은 이론그룹의 형성과 발전 과정 전반에 대한 인과적 설명의 가능성을 제공해주지만 단지 여기에 그치지 않는다. 장이론의 강점은 무엇보다 발전의 실패 상황과 그 요인에 대한 분석도 가능하게 해 준다는 데 있다. 특히 이론 수용 주체로서 친밀한 적대자 그룹의 형성을 난망하게 하는 요인들에 대한 개념화와 비판적 접근이 중요한데, 그것은 바로 적대적 공동체를 형성해 보다 발전된 학술장을 만들어 가는 기획을 저해하고 학술장을 타율적인 상태에 머무르게 속박하는 구습(舊習), 곧 딜레탕티즘과 학술적 도구주의라는 아비투스다. 이제 이 문제로 넘어가도록 하자.

2

친밀한 적대자 공동체 구축의
실패 요인

딜레탕티즘과 학술적 도구주의는 부르디외 자신이 명시적으로 제시한 개념은 아니다. 그러나 이 개념들은 다양한 이름으로 불리면서 그의 학술장 관련 논의들에서 반복해 등장한다. 여기에서 나는 당대 프랑스를 중심으로 학술장 일반(특히 인문사회과학)의 성찰적 탐색을 시도한 부르디외의 논의로부터 그가 비판의 주요 표적으로 삼은 두 실천 성향을 추출해 딜레탕티즘과 학술적 도구주의로 규정하고, 이를 중심으로 논의를 재구성하려고 한다.

아비투스(habitus)가 "구조화된 구조"이자 "구조화하는 구조", 그리고 지속적인 성향체계로 정의된다 할 때(Bourdieu, 1990a: 53), 부르디외의 학술장 관련 논의에서 낮은 자율성의 결과이자 다시 낮은 자율성을 산출하는 아비투스는 분석적으로 두 가지 요소를 가진다.

먼저 딜레탕티즘이란 학술적 탐색의 대상을 선택하는 장 내부의 문제인데, 자율성이 낮은 학술장의 중심부에서 주로 나타나는 성향에 해당한다. 이는 학술장의 주류 엘리트들이 '좁고 깊은' 학술적 탐구를 수행하기보다 '얇고 넓은' 지식을 생산함으로써 손쉽게 취득한 상징권력으로 장 내 자신들의 지배적 위치를 재생산하는 데 안주하려는 성향을 뜻한다.

학술적 도구주의란 장과 장 외부의 관계설정에 관한 것으로, 학술지식 생산의 목적을 학술 외적인 것, 주로 사회변혁적인 요청에 부응해 그 실현에 봉사하는 것에 두면서 장 외부로부터 인정을 얻으려는 성향을 의미한다.

딜레탕티즘과 학술적 도구주의의 두 실천양식은 학자들로 하여금 각각 한정된 주제에 대한 공통의 몰입을 방해하고, 또한 아카데믹한 상징투쟁보다 학술 외적 문제해결에 관심을 기울이게 함으로써 자율적인 적대적 공동체 구축을 저해한다. 부르디외는 장 중심부 기성 엘리트와 주변부 신진 학자들을 동시에 비판하면서 각각 딜레탕티즘과 학술적 도구주의의 개념을 사용한다. 하지만 다양한 장의 맥락에 따라 딜레탕티즘과 학술적 도구주의는 겹쳐서 나타나기도 하고 내·외부에서 반대로 나타날 수도 있다. 그렇다면 이제부터 두 아비투스를 더 구체적으로 살펴보고, 이것이 장 내·외부에서 어떠한 다양한 조합으로 나타날 수 있는지를 차례대로 펼쳐보자.

장 내부의 지배적 위치를 재생산하려는 딜레탕티즘

학술적 탐색에서 주제의 범위와 관련해 부르디외는 사르트르나 졸라처럼 모든 종류의 일들에 두루 식견을 갖춘 "총체적(total)" 지식인 상을 거부한다(Swartz, 1997: 265). 딜레탕티즘이란 독일어 dilettantismus에서 유래한 용어로, 주로 문학이론에서 통용되는 개념이다. 사전적 의미는 "반(半) 도락적 예술(취미), 예술 애호; 별난 성미, 어설프게 아는 지식, 아마추어 기예(技藝)", 혹은 그것을 추구하려는 성향을 뜻한다. 부르디외가 비록 자신의 이론 세계를 구축하기 위해 유럽 어족 내 다양한 언어권 용어들에서 차용한 개념어, 이를테면 아비투스(habitus), 독사(doxa), 헥시스(hexis), 일루지오(illusio) 등을 독특한 용법으로 사용하기는 하지만, 딜레탕티즘은 특별히 독립적 의미로 사용되는 것은 아니다. 부르디외는 문학이론에서 사용되는 맥락을 거의 그대로 따라 이 개념을 사용하는데 여기에서 잠시 문학이론에서의 용법을 살펴보자.

일찍이 볼프강 괴테는 「딜레탕티즘에 관하여」라는 제목의 글에서 당대 예술의 경향성을 신랄하게 비판한다. 괴테가 비판의 대상으로 삼는 동시대 예술의 핵심은 "소재를 자유롭게 다루는 대신에, 오히려 전적으로 소재를 위해 자기 자신을 희생" (괴테; 주일선, 2010: 66에서 재인용)하는 것으로 요약된다. 여기에서 소재에 매몰된다는 것은 예술가가 자신만의 독특한 예술적 양식을 구축하기 위해 전력하기보다는 기존에 주어진 양식을 모방하면서 단지 다양한 소재 개발을 통해 예술활동의 생명력을 유지하려는 경향, 그러다가 아예 새로운 소재를 찾아다니는 일에 몰두하는 '소재의 노예'가 되어버린 상황을 뜻한다. 이러한 지향은 다양한 소재를 그때그때 바꿔가면서 '넓고 얕게' 다루는 딜레탕티즘이 되기 쉽다. 즉각적인 "감정과 느낌에 몰입"하면서 당대의 예술이 "모방하고 흉내 내고 또한 자신의 공허함을 임시방편으로 수정하면서, 각각의 원래의 아름다움을 언어와 생각 속에서 약화시켜버리고 파괴해 버리는", "시문학 정신"의 상실이 괴테가 비판하고자 하는 대상이다(같은 글, 66~67). 그에게 진정한 예술이란 주어진 양식을 단순 모방하면서 수평적으로 소재를 확장하는 것이 아니라, "자기 자신에게 스스로 법칙을 부여하고 그 시대를 향하여 법칙을 촉구하는"(괴테; 주일선, 2010: 65에서 재인용) 수직적인 것, 그러니까 주어진 양식의 단순 모방이 아닌 새로운 양식을 창조하려는 지난한 투쟁 그 자체에 있다.

궁극적으로 "모든 것은 일정한 법칙에 따라 진행되며", "자신만의 고유한 법칙에 의해 판단하며, 자신만의 고유한 특성에 따라 느껴지는", "하나의 독자적인 작은 세계"로서 "진정한 예술"(같은 곳, 76~77)이 달성되어야 한다.

배타적으로 고유한 법칙에 의해 지배받는 심오한 (예술)세계의 구축을 촉구하는 괴테의 입장이 부르디외의 기획과 공명할 것임은 쉽게 예상할 수 있다. 부르디외는 괴테의 비판과 같은 맥락에서 딜레탕티즘 개념을 비판적으로 사용하되, 그 대상을 학술장 일반에서의 문제적 실천경향으로 확장한다. 그는 딜레탕티즘적 실천과 그 산물, 그리고 그 실행자를 "총론"·"전공교과서"·"백과사전적 지식"(1988: 102), "지적 지평의 무한한 퇴행적 확장"(1979: 57), "대학자본"(1988: 109), "렉토르(rectore)"(116), "글쓰기가 회고록 쓰기이거나 취미생활인 부르주아 딜레탕트"(1996: 268) 등* 다양한 이름으로 표현하지만, 그 핵심은 동일하다. 즉 치열한 상징투쟁을 멀리하고 소재만 달리한 동일한 논의를 반복함으로써 기존의 학술장 상황과 그곳에서 자신의 지위를 반복 재생산하려는 태도이다. 부르디외에게 이제 괴테의 딜레탕티즘 비판은 주어진 이론 지식을 심화·갱신하려 하지 않고 '얕고 넓게' 그 적용 대상만을 연장하면서 이를 통해 학자들이 자신의 지위를 안정적으로 재생산하려는 학술적 실천에 대한 비판으로 확장된다. 왜냐하면 분화된 현대사회에서 모든 것을 설명하는 "총체적 지식"은 애초에 불가능하며, 오직 "상대적으로 자율적인 생산 장과 그 안에서 생산된 특수한 이해관계들만이 과학적 생산물의 공급의 권위를 인정하고 고무할 수 있"기 때문이다(Bourdieu, 1990: 188).** 반

---

* 혹은 다음과 같이 표현되기도 한다: "움직이는 모든 표적을 겨냥하고 참고문헌, 각주, 색인도 사양하면서, 거대한 문제들에 겁도 없이 접근하는 즉석으로 포장된 생산품"(1988: 120), "아무도 돌보지 않고, 본거지도 집도 없으며, 신념과 법칙도 없는, 사회적 제약으로부터 잠정적으로 자유로운 부르주아적 유년 기질"(1996: 27), "글쓰기가 시간 보내기나 취미생활인 부르주아 딜레탕트"(1996: 268), "누구나 언제든지, 교체할 수 있는 존재로서 공적 인간, 즉 보통인(das Man)들이 언제나 도달할 수 있는 지식"(2000: 26).

** 그러한 의미에서 부르디외는 "총체적 지식인"의 전형으로서 "예언자적이고 메시

대로 "사회철학의 야망과 에세이 쓰기의 유혹을 물리치는 데 실패하면서, 언제나 손쉬운 해답의 만병통치약을 원하는 어떤 이들은 주어진 현재 상태에 만족하는, 과학적 발전에 실패한 곳에서 자신의 위치를 차지하며 전 생애를 보내게 된다"(186). 하지만 진정한 장의 관념은 라이프니츠의 말처럼 "점점 좁혀진 개념과 이론적 가설들로 점점 확장된 수의 대상을 설명하는 것"(1990: 192), 즉 "공들여 파편화된 질문을 제기하고, 이것에 대해 완벽히 대답하는 … 지적 탐구에 대한 최소주의적 재규정"을 요한다(Bourdieu & Chartier, 2015: 6~7).

이처럼 부르디외에게 딜레탕티즘이 학술장 내에서 특히 중심부 엘리트 학자들의 학술적 아비투스를 지칭하는 것으로 사용된다 할 때, 그 핵심은 학술장의 분화와 전문화의 견지에서 보다 근대적·현대적인 학술적 실천, 즉 특정한 분야에 한정된 '좁고 깊은 지식'을 추구하려는 경향에 대비되는 전근대적인 실천양식, 즉 '넓고 얕은 지식'을 추구하는 경향에 있다. 이를 다르게 표현하면, 부르디외에게 학술적인 의미에서 딜레탕티즘이란 보다 과학적이고 발전된 학문이 극복해야 할 전근대적인 아비투스인 것이다. 우리의 관심에서 이 실천 습속은 이론그룹의 형성을 저해하는 요인이 된다. 왜냐하면 이론 그룹이란 기본적으로 동일한 관심사에 대한 동일한 방법론의 상징폭력을 기꺼이 감수하는 이들의 네트워크이기 때문이다. 딜레탕티즘

아적이며 고발자적인"(Bourdieu & Chartier, 2015: 5~6) 사르트르의 지식인 상에 비판적이며, 사르트르를 거부한다는 점에서는 푸코와 완전히 일치한다(같은 곳).

은 학술장의 성원들로 하여금 매번 새로운 소재를 찾아 각자 나서게 하면서 정작 학자들 사이에서는 서로 등을 돌리게 만든다.

정전화된 분과에서 정전의 스승들은 자신들의 작업의 상당부분을 [진정한—인용자] 학술적 몰입을 영리하게 거부하는 어떠한 작업물을 생산하는 데 바친다. 그 작업물은 그것이 지식을 규정하고 합법화된 유산을 정전화하는 업적인 한에서 특권화되고 때로는 경제적으로 이득을 가져오는 것이며, 동시에 문화적 권력의 수단이 된다. 이 작업물들로는 특히 역사 분야에서 번창하는 전공 교과서, '크세주'[Que Sais-Je, 나는 무엇을 알고 있는가—인용자]란 이름하에 출간되는 시리즈물, 그리고 또한 셀 수 없이 많은 '조사' 결과물들, 마찬가지로 사전이나 백과사전류를 들 수 있다. [진정한—인용자] 교육을 제공하고 다수의 의뢰인을 만족시키는 것으로부터 멀리 이탈한, 자주 공저로 쓰인 이러한 '총론 조사'들은 그것들이 만드는 선별작용을 통해 상이한 교육단계들마다, 곧 처음에는 교육기관 내에서, 그리고는 이곳을 거쳐 학생들에게서 작동하는 세례(혹은 인기순위, hit-parade)의 효과를 갖는다. 교실에서 태어나고 다시 돌아와 교실에서 안식을 맞도록 예정된 이러한 연구들은 대부분, 오직 대학적으로 객관화되고 강의계획서 안에 새겨진 관성 속에서만 존재하는 유효한 문제와 논쟁들을 제도화하고 정전화하면서, 자주 철 지난 상태의 지식을 영속화시킨다. 그것들은 새롭고 심지어 이단적인 지식의 형체, 혹은 그러한 지식을 만들 능력과 성향을 생산하기보다, 정당한 대중화로서 '박사들의 공통의견'이 수용하고 존경받을 만한 지혜로서 승인한 것을 주입시키고, 그럼으로써 이를 학술적으로 비준받고 공인된, 그래서 가르치고 배울 만한 진정한 지식으로 확립하는, 거대한 교육 재생산의 자연스러운 연장이다. (Bourdieu, 1988: 101~102)

여기에서 부르디외는 20세기 중반 인문사회과학 관련 프랑스 학술장의 중심부가 소르본 등 명문대학을 정점으로 해서 그 중심부를 차지한 전통적 엘리트 학자들의 '딜레탕트한' 아비투스에 의해 지배받게 되는 핵심 고리에 대해 말하고 있다. 근대적 학술장이 자리를 잡으면서 (주로 정치·종교적 영향으로부터) 독립된 전문 학술공간이 성립됐고, 철학·인문학·정치학·예술 등의 현대적 장들이 대학이라는 제도를 통해 안정적인 기반을 획득했다(Bourdieu, 1988: 37; 2000: 16~28). 그러나 20세기 프랑스 인문사회 학술장은 (과학장이 경험한 것과 같은) 그 이상의 발전을 이룩하지 못한 채 정체되어 있었는데, 그 이유는 학술장 중심부의 지식인들이 괴테가 비판한 것과 정확히 동일하게, 치열한 투쟁을 통한 이론적 지식을 갱신하기보다는 새로운 소재 적용을 통해 얕고 넓은 지식을 반복 재생산하는 데 머무르고 있었기 때문이다. 1960년대 딜레탕트한 주류 엘리트 학자들은 새로운 지식의 가능성을 검증하고 보다 전문화된 깊은 지식을 추구하기보다 "교과서", "총론", "사전", '백과사전' 류의 지식을 생산하고, 이것에 대학에서 가르치고 배울 만한 '진정한 지식'의 권위를 부여함으로써 자신들의 지위를 영속화하고 있었다.

이처럼 프랑스 인문사회과학장에서 딜레탕티즘 경향이 강하게 나타났던 것은 역설적이게도 학술장의 독립을 가능하게 했던 제도적 조건, 곧 대학 제도의 정립으로부터 기인하는 것이었다. 대학은 학문장이 학문 외의 영향력으로부터 독립된 지성 활동을 가능하게 해 주었지만, 이제는 지식인이 보다 전문화된 그들만의 상징투쟁을 치열하게 벌이는 것을 방해하는 장애요인이 됐다. 부르디외가 딜레탕트한 엘리트를 자주 "대학학자"로, 이들의 권위의 원천을 "대학자본"이라 부르면서 날카롭게 비판하는 것은 바로 이 때문이다(Swartz, 1997: 309). 대학이 지식 생산과 교육을 독점하는 사회영역으로 분화되면서 이곳에서 지식의 공급자인 지식인과 수요자인 학생 사이에 공모가 일어나게 된 것이다.

한편에서 학자들이 얕고 넓은 교과서 지식을 생산하면서 대학 권력을 재생산할 수 있는 까닭은 딜레탕트한 지식이 그러한 지식을 필요로 하는 부르주아 계급 출신 엘리트 학생들의 수요를 충족시켜 주기 때문이다. 주류 엘리트 학자들의 딜레탕트한 지식은 부르주아 학생들 특유의 기질, 즉 물질적 필요로부터 자유롭고 박학다식한 교양인의 문화적 삶과 친화성을 갖는다. 당대의 인문학은 입학과 수학이 가능한 자질을 갖춘 부르주아 학생들만의 전유물이었고, 엘리트 학자들은 "소르본 철학 학위"와 같은 사회적 영예를 부여해 줌으로써 이들의 지배계급 재생산 기획에 공모한다. 반면, 주로 신흥 중산층 출신의 학생들은 대부분 사회과학 같은 주변부 "망명지 분과"에 진학할 수밖에 없는데, 왜냐하면 물질적 필요에 강하게 제약당하는 이들의 성장과정과 태도는 딜레탕트한 인문학보다는 사회적 필요에 긴요하게 부응하는 것처럼 여겨지는 "응용적" 학문으로 정의되는 분과에 어울리기 때문이다.

부르주아 엘리트 학생과 달리 다시 졸업 이후 실용적 · 직업적 "필요와 불안"에 강하게 속박되는 이들 중산층 학생들은 대학 생활을 전문 · 행정직을 위한 "자격증 시험의 노예"로 보낼 수밖에 없다. 그리고 이 시험의 내용은 전문지식을 표방하지만 사실 사회 다방면에 대한 딜레탕트한 내용으로 채워지기 마련이다. 부르디외에게 이러한 자격시험은 베버의 개념을 빌려 목적 없는 수단 추구에 대한 맹목적 몰입으로 묘사된다. 결국 중산층 학생들 또한 딜레탕티즘을 거부하지 못하고 오히려 순응하면서, 겉보기에 상이한 각 학생 그룹의 대학생활은 공히 인문사회학장의 얕고 넓은 지식을 생산하고 학습시키면서 기존의 장의 위계 구조를 재생산하는 데 공모한다(Bourdieu, 1979: 15~17, 57; Swartz, 1997: 326; Lane, 2000: 61~65; Smith, 2001: 138~139).

결과적으로 이러한 1960년대까지 프랑스 인문사회과학 학술장의 상황은 장의 발전을 스스로 제약하고 있었다. 특히 학자와 학생들 사이 공모는 상징투쟁을 통한 상징자본의 배분, 이를 통한 장의 구조화를 교란했다. 지식장은 오로지 상징투쟁을 통해서만 서열화가 진행될 때 가장 이상적 상태에 도달하지만, 대학 제도는 학자들이 다른 종류의 자본(제도자본)을 통해 장의 중심부를 차지할 수 있게 만듦으로써 학술장의 본원적 동학이 더 이상 작동할 수 없게 방해하고 있었던 것이다. 그 결과는 소재의 수평적 확대를 통해 장 내 지배적 위치를 항구화하려는, 딜레탕트한 아비투스만을 반복하는 엘리트에 의해 점령된 인문사회과학 학술장의 정체 현상이었다.

장 외부에 학문을 종속시키려는 학술적 도구주의

이처럼 딜레탕티즘이 주로 중심부에서 작동하면서 학술장의 진정한 발전에 장애가 된다면, 학술적 도구주의는 주로 장의 주변부에서 학문의 발전을 저해하는 성향으로 작동하면서 부르디외에게 비판의 대상이 된다. 딜레탕티즘이란 용어는 부르디외가 종종 사용했지만, 도구주의라는 용어를 스스로 사용한 바는 없다. 그럼에도 내가 이 용어를 사용하려는 이유는 그가 메타적 차원에서 학문을 장 외부에서 주어지는 요구에 대한 수단으로 종속시키려는 모든 시도, 즉 사회를 어떠한 방향으로든 '개혁'하고자 하는 목표를 위해 학문을 수단으로 삼으려는 모든 시도를 비판적으로 바라보고 있기 때문이다. 그는 사회과학(특히 사회학)이 특히 이 문제에 취약함을 다음과 같이 지적한다.

> 사회과학에서 공인된 엄청나게 많은 주제와 다수의 연구 제목은 사회학으로 슬그머니 들어온 사회문제에 다름 아니다. … 여기에서 사회학과 사회학자는 이 목적을 위해 이용된다. 다른 누구보다도 사회학자들이,

자신의 사유를 **사유되지 않은 상태**(impensé)에 내버려 두는 것은, 그들이 직접 생각한다고 주장하는, 다른 누군가의 **도구**라고 스스로 선고하는 것과 다르지 않다. (Bourdieu and Wacquant, 1992: 237~238; 강조는 원문)

사회과학은 자주 학술공간 외부의 "사회세계"에 존재하는 비학술적 외부 행위자들이 자신을 재현하는 데, 즉 사회과학적 지식을 "스스로 구성"하는 데 "이용"된다. 예를 들어 부르디외가 비판하는 것은 다음과 같은 상황이다. 한 사회에서 사회 '양극화'가 심화되고 있다. 그런데 이것은 사회과학자가 만든 개념이 아니라, 학술장 외부의 생활인들이 스스로 체감하고 문제를 느끼는, 그들 스스로의 자기규정이다(그렇다고 해두기로 하자). 학술 도구주의적 습성의 학자는 사회세계의 심각한 문제를 해결해야 한다는 일념하에 이런 양극화 문제를 '그들'의 언어로 다루기 시작한다. 그러나 부르디외가 보기에 이는 학술공간 외부의 세계가 자신의 상태를 자신들 스스로 규정한 언어, 즉 그들의 '자기주장'의 내용을 사회과학자가 '받아쓰는' 일일 뿐이다. 따라서 학술장 내부의 집합적 논의를 거치지 않고 외적 요구를 단지 받아들여 문제의 설정, 상황의 개념화를 수행한다는 점에서 이것은 학자들이 사유의 주제를 스스로 발굴하지 않고 "무사유에 내버려 두는 것", 스스로 사회세계의 "도구"가 되어버리려는 것이다. 이를 학술적 도구주의라 할 수 있다면, 이것이 문제인 이유는 학문장을 외적인 필요에 종속적으로 만들고 장 내부에서 행해지는 치열한 그들만의 게임을 교란하는 외적 유인력이기 때문이다. 심지어 외부 사회가 제공한 주제, 문제의식, 외부사회인이 스스로 만든 자기 규정은 예를 들어 양극화에서 교육 문제로, 다시 가족 문제와 젠더 문제로 시간과 맥락에 따라 시시각각 변화한다. 따라서 시급한 사회 문제 해결을 목표로 하는 이들이 실제로 하는 것은 유감스럽게도* 문제의 진정한 해결이 아니라 계속 변화하는 외적 요구, 그리고 그들의 '자기 주장'에 대한 끝없는 '받아쓰기'일 뿐이다. 요컨대, 학술적 도구주의는 학술장 성원들을 계속해서 (장 내부의 상징세계가 아닌) 장의 외부로 향하게 함으로써 밀도 높은 이론그룹의 형성을 방해한다.

그런데 본래 근대 학술장의 출현은 장 외부의 요구에 부응함으로써 가능한 것이기는 했다. 즉 모든 학문은 본래 정치·경제·종교적 '도구'였다. 그러나 발전된 학술장들, 특히 자연과학장은 외부로부

---

* 그런데 여기에서 주의해야 할 점은 부르디외가 사회를 변혁하려는 해방적인 시도 그 자체를 문제 삼는 것이 아니라, 학술적 실천이 사회변혁적 목표에 종속되어서는 안 된다고 말하고 있다는 것이다. 잘 알려져 있듯 부르디외는 변혁적 실천, 특히 신자유주의에 저항한 지식인으로 잘 알려진 인물이다. 그러나 부르디외는 학술적 탐구와 사회 개입적 실천 사이에 분명한 선후관계를 설정하고 있다. 개입을 하지 말란 것이 아니라, 그것이 학술 실천의 선행 목표여서는 안 된다는 것이다. 즉 수단과 목적의 전치 현상이 문제다. 오히려 사회·정치적 개입은 학술적 전문화가 충분히 이뤄질 때, 그 집합적 자율성을 바탕으로만 실현될 수 있다(Bourdieu and Wacquant, 1992: 554~557; Lane, 2000: 187~188). 이는 부르디외가 천명한 보편적인 것을 위한 조합주의(corporatism of the universal) 개념에 잘 드러난다. 그는 인문사회과학장의 성원들이 각자 전문화된 과학적 연구를 심층 탐구하고, 이들이 조합주의적으로 연대했을 때에만 이로 인해 축적된 연구 성과의 객관성, 그리고 외부를 향한 장의 '상징폭력' 효과에 의해 변혁적 목표가 실현 가능해짐을 역설했다. 이에 관해서 김현준·김동일(2011), 이상길(2018: 419~438)의 논의를 참조하라.

터의 요구에 부응하면서 축적된 자율성을 바탕으로 이내 그들과 단절하고 오로지 자신들만의 '노모스'를 구축하는 데 성공했다는 사실이다. 부르디외는 근대세계에서 새로이 출현한 엔지니어·기술자·회계원·법률가·의사와 같은 실천적 지식의 전문가들, 그리고 문인 지식인 단체들의 도래와 이들에 의한 독립된 장들의 형성에 대해 다음과 같이 말한다.

직접적인 물질적 염려로부터, 특히 상업적 과업이나 국가에 직간접적으로 실천적 지식을 판매하면서 획득된 자산의 원조로부터 자신을 스스로 자유롭게 하면서, 그리고 자신들에 의한, 자신들을 위한 과업을 통해 문화자본으로 기능할 수 있는 (기본적으로 교육을 통해 획득된) 축적된 능력을 획득하면서, 그들은 그들의 봉사를 필요로 하는 정치권력과 경제권력에 대항해 자신들의 개인적이고 집합적인 자율성에 점점 더 이끌리고 그것을 주장할 수 있게 됐다(그리고 출생 성분에 기초한 귀족제에 맞서 자신들의 장점과 '재능'의 타당성을 주장했다). 그러나 이내 경제와 실천 세계의 우주로부터의 **사회적 단절**로 인해 가능해진 학술장의 등장과 그 내적 경쟁의 논리는, 그들의 과거 모든 투쟁의 순간들을 통해 축적된 특별한 자원들을 자신의 현재 투쟁으로 동원하도록 강제하면서, 그들로 하여금 체계화와 합리화에 가치를 두는 사회적 논리에 의해 지배받는 특별한 규칙과 규제들을 창안하도록 만들었고, 다양한 형태의 (법적, 과학적, 예술적 등등의) 합리성과 보편성을 발전시키도록 했다. (Bourdieu, 2000: 20; 강조는 인용자)

여기에서 부르디외가 말하고 있는 것이 바로 앞의 절에서 논한 학술장의 합리적 변증의 역사적 전개과정이다. 근대적 학술장들은 모두 경제적·정치적(혹은 종교적) 요구에 봉사하면서 비로소 출현할 수 있었다. 그러나 이들은 그 봉사를 통해 축적된 자신들의 역량(상징지식과 문제해결 능력)을 토대로 일정 수준의 자율성을 획득할 수 있었고, 이내 그 자율성을 토대로 해서 외부로부터 제기되는 요구들을 차단하고 "특별한 규칙과 규제들"에 의한 온전히 자신들만의 세계를 만들었다. 즉 장의 발전이란 곧 "물질적 가능성의 조건들을 거부하면서 … 자신들의 실천을 순수하게 상징적 활동으로 주장함으로써 이뤄지는 느리고 고통스러운 승화의 과정"을 거친다(20~21).

이렇게 보면 장 외부의 요구로부터 벗어나지 못하고 심지어 이용하면서 그 타당성을 주장하는 학술적 실천은 그것의 선의와 관계없이 장의 진화 과정이 보다 진전된 단계로 이행하지 못하게 하는 원인이 된다. 그들만의 게임이 철저히 학술장 성원들 사이에서 중요시되는 문제를 풀기 위한 상징투쟁이고, 그래서 오로지 상징자본을 다량 소유한 성원들만이 이 문제풀이에 뛰어들 수 있다는 점에서 장이 생산하는 지식이 보다 '진리에 가까워지게 하는' 합리적 변증의 동학을 작동시키는 일인 반면, 학술적 도구주의는 학술장에서 중요시하는 상징자본이 적거나 없는 외부인에게 학술활동의 문제설정을 맡겨 버리거나 "도구"로서 "이용당한다"(Bourdieu and Wacquant, 1992: 236~237). 또한 시시각각 변화하는 사회적 맥락하에서 제기되는 장 외부로부터의 개혁적 요구는 학술적 논의를 유행에 종속시키고, 단지 스스로 자신의 목적을 즉흥적 지식 생산에 머무르게 하기 때문에 합리적 변증의 작동은 요원한 일이 된다.

이처럼 학술적 도구주의는 장의 자율성을 저해하는 문제적인 아비투스로, 부르디외의 비판 대상은 진보와 보수, 혹은 "좌편향적 지식인"과 보수적인 "지배그룹에 봉사하는 전문직 지식인"(Swartz, 1997: 263)에 관계없이 학술적 지식을 수단 삼아 사회를 어떠한 방향으로 변형시키려는 모든 시도를 포괄한다.

> 그리고 두 가지 권력에[사회경제적 권력과 지식장의 권력을 뜻함—인용자] 의해 (상대적으로) 지배받는 상황에 있는 것, 그러니까 주어진 시점에 지식장의 특정한 기준의 관점에서 **2류 지식인**의 상황은 어떻게 그들이 개혁주의 또는 혁명운동에 이끌리고 빈번하게 자신들을 주다노비즘* 류의 반지성주의적 형태에 몰입시키는지를 설명해 준다. 그러나 또한 이것은 예를 들어, 보수 혁명적인 폴키쉬(Völkisch)[포퓰리즘: 원문]의 반동으로 현실화되어 온 것이기도 하다. 그러므로 우리는 지배자와 피지배자의 대립을 문화적 능력의 타당한 차이 탓으로 귀속시키는 불평등한 접근이 이뤄지는 [사회경제적—인용자] 장에서 특정적으로 나타나는 위기의

---

* Zhdanovism은 주다노비즘 또는 즈다노비즘으로도 불린다. 본래의 뜻은 소련의 안드레이 즈다노프가 천명한 문화정책으로, 모든 예술활동을 반자본주의적 목표 하에 두려는 것을 뜻한다. 여기에서 부르디외는 심오하고 추상적인 예술 그대로의 예술을 거부하고, 그것을 러시아 사회주의의 목적에 종속시키는 한편, 고유한 지성적 실천을 쓸모 없는 것으로 치부하는 반지성주의의 맥락에서 주다노비즘을 사용하고 있다.

식이, '만다린 룰(mandarin rule)'과 학술적으로 보증된 능력에 토대한 모든 형태의 상징적 권위를 맹렬히 비난하는 것과 같은 **전복적 이데올로기**식의 주제의 급증에 대한 선호 경향으로 나타날 수밖에 없는 이유를 이해할 수 있다 … 따라서 이는 다시 말해, 대부분의 혁명 운동에서 예술가들과 지식인들, 더 정확히는 종속적 지식인과 예술가들 같은 '상대적으로' 억압받는 사람들이 상동성(homology)의 위치를 통해, 자신이 다른 종속적 집단과 동일한 상태라고 특징짓기 쉬운 인식, 그리고 표현의 형태를 생산하는 경향이 있다는 것이다. (Bourdieu, 1988: 178~179; 강조는 인용자)

여기에서 부르디외가 말하는 것은 1960년대 당대 일견 정반대의 관점으로 보이는 지식인 그룹들, 즉 극단적으로 좌파적인 사회변혁적 실천 지향(주다노비즘), 그리고 정반대편의 나치즘과 같이 반동적이고 보수적인 포퓰리즘(폴키쉬)이 사실은 장의 논리하에서 동일한 원리를 반영하고 있다는 것이다. 이는 다름 아니라, 이들 지식인이 학술장 내 상징투쟁에서 "2류 지위"에 머무르고 있음을 고백하는 것이다. 이것은 부르디외가 말하는 장의 '상동성'의 논리가 학술영역에서 특유하게 나타나는 것인데, 즉 부르주아-주류 엘리트들에 의해 점령된 학술장에서 주변부 분과 학자들은 그들이 중산층 혹은 피지배층 출신이라는 점에서, 그리고 자신들이 선택할 수밖에 없었던 분과가 주변부에 속해 있다는 점에서 학술세계 안과 밖에서 "이중적 피지배"의 입장에 놓여 있다. 그런데 주변부 학자들은 자주 자신들의 피지배 위치를 극복하기 위해 장을 전복하고 중심부로 향하는 아카데믹한 투쟁을 수행하기보다, 장 외부 다른 피지배자들과 자신을 동일시하고, 그들에게 실천의 논리를 제공하는 선택을 취하려 한다. 심지어 이들 주변부 '2류' 학자들은 공히 자주 자신들의 피지배적 상황을 투쟁을 통해 극복하기보다 추상적 이론 탐색의 무용성과 즉각적인 실천의 우선성을 주장하는 반지성주의로 기운다(Swartz, 1997: 317). 결국 부르디외가 보기에 2류적 상징자본을 소유한 데 만족해 얕은 지식을 토대로 사회적 변혁을 부르짖는다는 점에서 좌파와 우파에는 차이가 없다(Swartz, 1997: 263~264).

정리하면, 부르디외 당대의 다수 프랑스 좌우파 지식인들이 공유하는 것은 학술적 이론 탐구를 '그들만의 게임'으로 인정하지 않고 학술장 외부의 사회적 목표에 대한 수단으로 삼는 학술적 태도, 나아가 배타적 학술적 세계의 구축을 도덕적으로 비난하고 외면하는 반지성주의이다. 동시에 이러한 반학술주의는 장의 전복을 도모하기보다 장 외부의 자원을 동원하면서 사실은 그저 자신이 속한 장 주변부 위치에 만족하고 이를 재생산하려는, 적응주의적이고 패배주의적인 아비투스다(Swartz, 1997: 317).

3

—

68혁명 시기 프랑스 학술장의 구조변동

딜레탕티즘과 도구주의가 낳은 결과는 작게는 소규모 이론그룹의 미형성이고, 크게는 학술장의 저발전이다. 따라서 부르디외에게 학문장에서 딜레탕티즘과 학술적 도구주의는 장 내부와 외곽에서 합리적 변증 기능을 작동시키기 위해 성찰적으로 극복해야 할 대상이다. 두 아비투스는 각각 저발전된 학술장의 안팎에서 흔히 발견되는 것으로, 이 성향들이 성공적으로 극복됐을 때 우리는 학술장의 발전에 대해 말할 수 있다. 이 사실이 뜻하는 것은, 부르디외가 자율적이고 발전된 학술장에서 각각 딜레탕티즘과 이론적 도구주의에 대응하는 이상적인 학술적 아비투스를 상정하고 있다는 것이다. 즉 장의 내부에서 '얕고 넓은 학술적 탐구'를 수행하는 딜레탕티즘은 반대편에서 '좁고 깊은 학술적 탐구'라는 아비투스와 대칭을 이룬다. 이를 앞으로 전문주의(professionalism)라 부르도록 하자.* 한편, 학술적 실천의 목표를 장 외부의 요구에 부응해 사회를 개조하려는 것에 두는 학술적 도구주의는 학술 실천의 목적을 오직 철저히 내적이고 추상적인 논의에 두려는 이상적 성향, 이 책에서 아카데미즘(academism) 으로 지칭할 아비투스와 대칭을 이룬다. 이를 이념형적으로 유형화 하면 다음과 같다.

표 2 장의 자율성에 따른 내·외부 학술적 아비투스의 유형화

	장 내부에서 탐구의 범위	장 외부와의 관계
이상적 실천	전문주의	아카데미즘
문제적 실천	딜레탕티즘	(학술적) 도구주의

　이렇게 보면 다양한 학술장에서 성원들이 실천하는 다양한 학술적 성향을 안과 밖, 낮은 자율성과 높은 자율성 사이 네 가지 유형의 아비투스로부터 발생하는 조합으로 설명할 수 있다. 우선 한쪽 극단에서, 문제의 딜레탕티즘-학술 도구주의의 조합이 있다. 이것은 학술장의 안팎에서 이뤄지는 가장 문제적인 실천 경향으로, 한 학술장의 성원들이 안팎에서 학술 실천의 목표를 장 외부의 요구에 부응하

---

*　예를 들어, 부르디외는 영미권의 '전문가·전문직(profession)' 개념을 비판하면서 그것이 자신의 장이론을 통해 재규정돼야 한다고 말한다(Bourdieu and Wacquant, 1992: 242). 그것은 전문성의 개념이 제도적 차원에서의 '직업'과 관련된 것이 아닌, 장 내 상징자본의 좁고 깊은 집중 축적의 여부 문제로 바뀌어야 함을 의미한다.

는 것에 두고 시시각각 변화하는 요구에 맞춰 얇고 넓은 즉흥 지식을 반복 공급하려는 것(Swartz, 1997: 318)이다. 이 성향이 지배적일 경우 장의 자율성의 정도는 매우 낮은 단계에 머무르며 학자들은 각자의 방식으로 장의 안팎에 적응해 원자화된다. 이때 딜레탕티즘과 도구주의는 쉽게 '선택적 친화성'을 발휘하며 서로를 강화하는데, 왜냐하면 급속히 변화하는 장의 외부 환경으로부터 제기되는 요구에 즉흥적으로 얇게 답하는 일은 저발전된 학술장에서 학자들이 쉽게 상징자본을 획득할 수 있게 해주기 때문이다.

반대쪽 극단에 전문주의-아카데미즘의 조합이 있다. 전문주의와 아카데미즘이 친화성이 있는 까닭은 특정한 주제가 '연구되어야 할 가치가 있다고 믿는' 일루지오와 상징폭력이 장 외부로부터의 요구와 단절하고 이해관심을 공유하는 학자들 사이 좁은 범위의 학술적 실천을 장려하기 때문이다. 이것이 부르디외가 가장 이상적인 상태로 삼는 실천으로, 성원들이 분야별로 각각 좁고 깊은 문제를 다루면서 동시에 이들이 철저히 장 내 게임에 몰두하는 크고 작은 친밀한 적대자 공동체들의 망을 유기적으로 구축하게끔 이끈다. 그리고 이 실천이 안착될 경우 합리적 변증의 원칙이 이상적으로 작동하는, 높은 자율성을 향유하는 장이 완성된다. 이러한 이상적 아비투스의 안착상태를 부르디외는 "진지하게 놀이하는 것", 바로 호모 아카데미쿠스(Homo Academicus), 혹은 호모 스콜라스티쿠스(Homo Scholasticus)의 완성이라 부른다(Bourdieu, 1998: 128).

이렇듯 딜레탕티즘과 도구주의는 낮은 자율성의 장에서, 전문주의와 아카데미즘은 높은 자율성의 장에서 서로 높은 친화성을 발휘하면서 자주 동전의 양면처럼 분리 불가능한 모습으로 나타난다. 이를 각각 딜레탕트한 도구주의와 전문화된 아카데미즘이라 칭하도록 하자. 그러나 우리의 관심을 끄는 것은 양 극단의 상황보다 그 사이에서 나타나는 다양하고 복잡한 조합에 있을 것이다. "위치들의 공간인 장 안에서 성향들 사이"에는 언제나 "불일치"가 존재하기 마련이다(Bourdieu, 2000: 157~158). 즉 경험세계에서는 아카데미즘과 딜레탕티즘이 짝을 이뤄 친화성을 발휘해 짝을 이루기도 하고, 반대로 도구주의가 전문주의와 결합할 수도 있다. 예를 들어, 〈그림 3〉과 같이 장 내 엘리트들이 지배적인 딜레탕티즘 성향하에 있더라도, 이들이 사회적 요구를 거부하고 철저히 추상적인 논의를 학술적 실천으로 정의하면서 딜레탕트한 아카데미즘을 채택할 수 있다. 혹은 장의 주변부 성원들이 학술적 도구주의를 채택하더라도, 이것이 때로 좁고 깊은 분야에 천착하는 전문주의적 성향을 띠면서 전문화된 도구주의로 나타날 수도 있다.

학술적 아비투스들 사이의 선택적 친화성:

〈그림 3〉에서 이념형적으로 크게 네 개의 분면을 차지하는 각각의 실천 성향의 조합은 학술장의 자율성을 구체적으로 측정할 방법론적 기준이 되어줄 것이다. 부르디외의 이론을 기준으로 연역적으

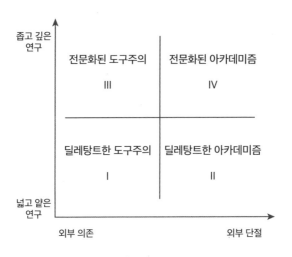

좁고 깊은
연구

전문화된 도구주의	전문화된 아카데미즘
III	IV
딜레탕트한 도구주의	딜레탕트한 아카데미즘
I	II

넓고 얕은
연구

외부 의존   외부 단절

그림 3 학술적 아비투스의 네 가지 조합

로 볼 때 잘 발달된 높은 자율성의 학술공간, 그리고 그곳의 중심부
에서는 우측 상단의 전문화된 아카데미즘이, 반대로 낮은 발달단계
의 학술공간과 특히 장의 주변부에서는 좌하단의 딜레탕트한 도구
주의적 성향이 지배적일 것으로 예상할 수 있다. 그리고 때로 아카
데미즘을 성취했지만 전문주의가 부족하거나, 반대로 전문화가 진
전됐지만 도구주의가 여전한 학술실천의 공간들을 상정할 수 있다.
여기에서 장의 발전은 주로 좌하단으로부터 우상단으로 진행된다.
그런데 이때 우리가 염두에 둬야 할 점은, 이러한 딜레탕트한 도구
주의로부터 전문화된 아카데미즘으로의 진화 과정에서 전문화된 도
구주의와 딜레탕트한 아카데미즘의 조합은 단지 일시적으로만 나타
나기 쉽다는 사실이다. 특히 딜레탕트한 아카데미즘보다 전문화된

도구주의의 연결이 더 불안하다고 할 수 있는데, 왜냐하면 전문주의와 아카데미즘, 그리고 딜레탕티즘과 도구주의 사이에 선택적 친화성이 높을 것이기 때문이다. 이 문제는 앞으로 생각보다 매우 중요한 문제가 될 것이므로, 여기에서 조금 더 구체적으로 규명할 필요가 있다.

예를 들어 전문화된 도구주의를 추구하는 어떠한 학술공간이 있다 할 때 이곳의 성원들에게서 (여러 이유로 인해) 특히 전문화된 연구가 강조될 경우, 이는 그 '좁고 깊은' 논의에 참여할 수 있는 상징자본의 소유자들만의 투쟁, 즉 아카데미즘(전문화된 아카데미즘 조합)으로 성원들을 이끌 것이다. 혹은 반대로 도구주의의 측면이 강조될 경우, 시시각각 변화하는 사회적 이슈에 부응해 그에 걸맞은 해답을 제공하려는 강한 정치적 동기는 쉽게 딜레탕티즘(딜레탕트한 도구주의)으로 인도될 것으로 생각해 볼 수 있다. 이처럼 전문화된 도구주의 조합의 연결은 양자의 이질성에 의해 전자가 강조될 경우 보다 발전된 성향으로 이행하거나 혹은 후자가 강조될 경우 오히려 쉽게 퇴보할 수 있다. 또 다른 이념형인 딜레탕트한 아카데미즘의 경우 또한 아카데미즘이 강조될 경우 논의의 심화를 거쳐 전문화된 아카데미즘으로 발전하거나, 딜레탕티즘이 강조될수록 장 외부의 다양한 사회적 해석을 시도하는 가운데 그 해석의 유용성을 부각시키며 딜레탕트한 도구주의로 퇴보할 가능성이 있지만, 그 결합의 정도는 상대적으로 더 강할 수 있다. 앞으로 보겠지만, 이 조합의 생명력은 특히 중심부 엘리트들이 학술적 논의의 의미를 외부와 단절시키면서도 이론과 소재를 넓혀가면서 계속해서 상징자본을 생산하면서 학술공간, 특히 대학에서의 권위를 유지할 수 있기 때문에 지속될 수 있다.

이러한 선택적 친화성의 비대칭적 문제들은 우리의 논의에 어려움을 야기하지만, 이 자체가 경험적 연구의 중요한 자원이 될 수 있다. 나는 잠정적으로 제시된 이러한 개념틀을 기반으로 이제부터 부르디외의 경험 연구를 재구성하고, 뒤이어 한국에서 하버마스 수용 과정에 대한 분석을 통해 그 타당성을 간접적으로 검증해 보려 한다. 실제로 부르디외는 자신의 학술적 여정에서 인문사회 학술장·예술장·과학장·언론장 등 다양한 사회공간들에 대해 광범위한 장 분석을 시행하면서 암묵적으로 이러한 도식을 사용했다. 이때 부르디외는 가장 이상적인 형태의 공간, 즉 높은 자율성을 향유하는 곳으로 과학장과 예술장을, 그에 준하는 성공적인 경우로 경제학장을 분류한다. 반면, 매우 낮은 자율성의 문제적 장으로서는 인문사회과학장이, 문제적 공간으로서는 언론장이 제시되고 있다(2000: 17~32). 이것은 그가 장의 발전 과정과 그 안에서 지식 생산들을 장의 상대적 자율성의 성취 정도에 따라 '역사적'이고 '비판적'으로 분석한 결과이다. 이로부터 낮은 자율성의 공간들을 비판하고 과학장을 이상으로 하는 보다 자율적인 공간으로의 발전을 촉구하는 부르디외의 규범적 기획이 성립된다(Swartz, 1997: 249).* 그리고 우리의 관점에서

---

* 부르디외는 다음과 같이 말한다. "… 어떻게 과학장의 보다 발전된, 보다 자율적

이는 적대적 협력자 공동체 망의 구축, 그리고 이를 지탱하는 학술적 아비투스가 제도적·문화적으로 얼마나 안착되었는지에 따른 것이라 할 수 있다.

이렇게 보면 우리는 부르디외의 다양한 장분석을 전문화된 아카데미즘과 딜레탕트한 도구주의, 그리고 그 사이의 조합을 기준으로 재구성할 수 있다. 자연과학장과 경제학, 예술장 등은 딜레탕트한 도구주의(I)로부터 전문화된 아카데미즘(IV)으로 성공적으로 이행한 경우로, 가장 이상적인 상대적 자율성의 성취 과정이자 크고 작은 적대적 협력자 공동체의 광범위한 연결망의 완성이 성취된 경우다. 반면, 우리가 주목하는 인문사회과학장, 특히 68혁명 시기 프랑스의 경우는 매우 복잡한 양상을 띠었다. 부르디외는 68혁명 시기 프랑스 인문사회과학장의 구조변동, 특히 '포스트모던' 이론그룹의 유행 현상을 절반의 성공으로 평가하는데, 바로 여기에서 복잡한 아비투스들의 조합과 이로 인한 다양한 결과들이 존재함을 확인할 수 있다. 60년대까지 프랑스 학술장은 구래의 인문학자들이 주어진 전통을 수호하며 자신의 지위를 재생산하는 아카데믹한 딜레탕티즘(II)의 정체기였다. 68혁명을 기점으로 전문화된 변혁주의를(III) 내세운 포스

인 상태에 대한 기술이 (이것이 진정 바람직하다는 것을 가정하면) 덜 발전된 상태의, 특별히 사회과학장에 대한 비판을 잉태하는 것으로 보인다는 사실을 막을 수 있겠는가?"(Bourdieu, 2000: 117). 즉 부르디외는 '비판'을 통해 인문사회과학 또한 장의 자율성을 높임으로써 보다 높은 상태의 지적 권위를 행사하는 것이 가능하는 입장이다(Bourdieu, 2004: 85~94).

트모던 이론가들은 마르크스주의적인 변혁적 이해관심을 기호학과 인류학 등 장 밖에서 누적된 성과로 변주해 이론적 혁신을 이룸으로써 성공할 수 있었다. 그러나 이들이 다시 기성 주류 학자들의 실천을 답습하면서 프랑스 학술장이 퇴행하고 있다는 것, 다시 딜레탕트한 도구주의(1)의 상황이 도래했다는 것이 부르디외의 프랑스 학술장 비판의 핵심이라 할 수 있다. 그리고 이러한 일련의 이행은 이론그룹들의 형성과 해체−재원자화 과정과 병행한다. 우리가 볼 이와 같은 프랑스의 사례는 앞으로 1990년대 하버마스 수용 양상을 분석하는 데 도움을 줄 것이다.

아카데믹한 딜레탕티즘 vs. 전문화된 변혁주의

아카데미아 문제를 장이론을 사용해 분석한 저작들에서 부르디외는 1960년대 프랑스 인문사회과학 학술장이 처한 독특한 상황의 핵심을 "교수집단의 재생산 수단에 대한 권력과 연계된 대학자본(academic capital; 제도자본)"과 "과학적 명성과 연계된 지적 자본(intellectual capital)" 사이의 대립으로 규정한다(Bourdieu and Wacquant, 1992: 76). 즉 학술영역의 물질적·제도적 지배자와 과학적·상징적 지배자의 불일치가 68혁명을 앞둔 시기 프랑스 학술장의 구조적 상황이었다. 당시 장의 중심부는 학술장이라는, 외부와 단절된 세계를 제도적으로 향유하지만 실질적인 과학적 명성을 상실한 학자들의 '딜레탕트한 아카데미즘'이 지배적이었다. 전통적 철학을 정점으로 문학, 역사학, 그리고 미학 등 전통 엘리트 학문이 최상위 지배력을 행사하면서 위계질서를 이루고 있는 이곳에서, 중심부 엘리트들은 자신들 외에는 접근이 불가능한, 철저히 추상적이고 현학적인 그들만의 상징지식을 다뤘다는 점에서 '아카데믹'했지만, 이 학술활동의 대상은 분화·전문화되지 못하고 (괴테가 비판했던 것처럼) 소재를 중심으로 널리 퍼져 있었다는 점에서 '딜레탕트'한 특성을 띠고 있었다. "예수회 시절부터 이어진 … 내용보다 껍데기를 강조하고, 수사적 기교와 딜레탕티즘이 보상받는 … 프랑스 교육체계의 특수성"이 교육을 통해 나름의 "상대적 자율성"을 발휘하고 있었던 것이다 (Lane, 2000: 68).

이곳에서 지적·과학적 자본의 소유자는 오히려 장의 주변부로 밀려나 있었다. 부르디외는 이러한 당대의 딜레탕트한 아카데미즘 성향을 포괄적으로 비판하고 있는데, 이른바 '바르트-픽카드 논쟁 (Barthes-Picard affair)'에서 구체제의 수호자인 픽카드와 같은 인물을 그 대표 표적으로 들 수 있다.

> 제도적 측면에서, [픽카드 같은—인용자] 렉토르(lectore)는 자신이 정통, 신앙의 명확한 공언, 박사들의 독사(doxa), 정당화가 필요 없는 자신들의 고요한 신념을 대변하는 의무를 진 것으로 여긴다. 그는 '참을성 있고 겸손한' 자이며, 그러한 모습을 지향한다 … 그는 '필수적이고 난해한 작업, 텍스트를 교정하는 일에 만족'하고, '라신(Racine)에 관한 아주

사소한 사실을 믿을 만하게 결정하는' 일의 중요성을 주장한다. 매일 예배를 올리는 사장된 작업으로, 그리고 사장시키는 작업으로 치달으면서, 그는 자신의 유일한 권리를 '설명하고 사람들이 좋아하게 만드는' 데 두는 일을 과업으로 하고, 그 앞에서 자기 자신을 한껏 낮춘다.

(Bourdieu, 1988: 116)

프랑스 문학비평장의 지배자이자 라신의 해석자인 픽카드는 프랑스 인문학장 주류 엘리트의 상징적 인물이다. 그는 괴테가 비판했던, 전형적으로 '소재에 매몰된' 사람이었다. 왜냐하면 그가 스스로를 라신의 '주석가'로 명명하고 라신의 전기적 배경을 알려주는 잡다한 텍스트의 해석에 매달렸기 때문이다. 그의 과업은 과거의 형식을 비판적으로 성찰함으로써 새로운 형식과 방법을 개발하는 것이 아니라, 라신의 텍스트들을 순례하면서 주어진 형식을 계속해서 발굴하고 그 형식의 당위성을 매번 확인할 뿐이다. 그는 주어진 전통, 즉 이론적 틀을 혁신하기보다는 그것에 예배를 올린다. 한없이 인내하는 자신의 작업이 신중하고 겸손한 일이라고 말하지만, 사실 그가 수행하는 것은 주어진 전통에 기대어 그것을 정당화하고, 그러면서 자신이 그 전통의 일원이 됨으로써 장 내 지배적인 역할을 재생산하는 일이다. 즉 픽카드의 학술적 실천은 전통의 권위를 옹호하고 높은 교양수준을 지닌 이들에게만 접근 가능한 현학적 지식을 다루면서도, 그 지식을 심화시키고 갱신하기보다는 다양한 소재를 찾아 적용시키는 데 목표를 두고 있다는 점에서 아카데믹한 딜레탕티즘의 성격을 띠는 것이었다.

픽카드의 아카데믹한 딜레탕트 아비투스는 1960년대 인문학장 엘리트들의 전형을 보여준다. 부르디외는 제도상 소르본을, 분과로는 철학과 문학을 정점으로 당대 학술장의 핵심을 차지하는 "대학학자"들의 아비투스를 분석하는 데 『호모 아카데미쿠스』의 많은 부분을 할애하고 있다. (우리는 그 일부를 앞서 보았다). 이는 딜레탕트한 아카데미즘으로 정의되는 1960년대 프랑스 인문사회과학장이 점진적으로 상대적 자율성을 획득해 나가는 도상에 있었으나 그 정도가 아직까지 불완전한 상태에 있었음을 뜻한다. 인문사회학은 오랫동안 정치·사회·종교적 요구하에 종속되어 있었으나, 이제 이들 요구와 단절된 상태에서 '그들만의 리그'를 만드는 데에는 성공했다. 그러나 이것의 이면에 상징투쟁의 대상이 좁고 깊은 전문화로 나아가지 못하고 얕고 넓은 관심사에 걸쳐 퍼져 있음으로써 인문사회과학장에서 더 이상의 혁신은 기대하기 어려운 지적 정체현상이 일어나고 있었다.

이러한 현상은 학술장의 이원화 현상을 낳았다. 엘리트 중심부가 구축한 성채를 무너뜨릴 장의 재구조화와 전복의 길이 보이지 않는 상황에서 장의 주변부에는 제도권 학계의 권위를 인정하지 않고 새롭고 과학적이며 보다 사회변혁적인 학문을 추구하려는 젊은 학자들이 모여들고 있었고, 학생과 교양 대중 사이에서 이들의 지적 권위가 정통 엘리트를 능가하는 일들이 심심찮게 일어났다. 이로써 1960년대에 들면 프랑스 인문사회학 학술장은 주류 엘리트 대학 학

자들과 이에 대항해 새로운 학문을 관철시키려는 신진 학자들 사이
의 대립구도가 무르익고 있었다(Lane, 2000: 74~75).* 그리고 이 대립
은 동시에 분과상으로는 철학·문학·사학·미학 등 중심부 '제왕의
학문'과 인류학·사회학·심리학 등 '주변부 학문' 사이의 대립으로
나타나고 있었으며, 제도상으로는 소르본-그랑제콜을 중심으로 하
는 명문 엘리트 학교와 콜레주 드 프랑스 혹은 사회과학고등전문학
교(EHESS) 등의 연구기관 사이의 대립으로 표현됐다.** 비록 제도권의

---

* 예를 들어, 사회학의 경우 이 구도는 "주로 분과의 역사에 대해 가르치고, 연구는
거의 하지 않는 교수들로 이뤄진 A그룹"과 "교수자격을 거의 가지지 못하고 다
양한 학문적 토대에서 모여든 거대 다수로 이뤄진 B그룹"(Bourdieu, 2004: 99)으
로 나타났다. 마찬가지로, 부르디외는 학술장의 곳곳에서 벌어진 당시 학술장의
대립 상황을 "문화의 재생산과 재생산자 그룹의 재생산에 기본적으로 정향된 렉
토르"와 "연구에 기본적으로 헌신하는 … 장 내 반대편에 위치한 이들"(Bourdieu,
1988: 105), "대학 장의 한계 안에서 교육에 대부분 정향된 교수들"과 "연구 지
향과 문화생산 축의 교수들", "[현학적인] 작가"와 [연구하는] 교수" 혹은 "예
술가적 삶의 자유-방종"과 "엄격하고 통제된 철저함의 호모 아카데미쿠스"
(Bourdieu, 1988: 109), "문학연구와 사회과학의 대립" 혹은 "소르본 대학과 고등
연구원 등과 같은 곳의 대립"(같은 곳), "작품에 겸손하게 봉사하는 고전적 비평
가" 대 "작자와 대등하거나 더 우월한, 그리고 자신의 임무에 있어 창조적인 비평
가, 작품을 완성하기 위해, 완벽하게 만들기 위해, 변모시키고 일그러뜨리기 위해
작품에 덧칠하는 바로크적 비평가"(Bourdieu, 1988: 117) 등의 개념쌍의 용어로
기술하고 있다.
** 휴즈 또한 다음과 같이 적는다. "붕괴 혹은 혼란 속에서[세계대전을 뜻함—인용
자] 지성인들은 전래의 힘으로 공공에 대해 예외적인 우위를 차지했으며, 그들의
말 한마디가 무시무시한 의미를 띠고 있는 것처럼 보였던 것이다. 그러나 이들은
보편적인 책임성이란 교의에 걸맞은 내용을 찾아내는 데 실패했다 … 1960년대에
는 이러한 설교들이 그 현란한 호소력을 잃고 있었다. 젊은 프랑스 지식인들 —
특히 젊은 사회과학자들 — 은 그들의 '과도한 야심'을 비난했다. 이들의 연구는
'보다 실증적이고 누적적으로' 되고 있었고 이들은 '**한꺼번에 모든 것을 다루기**'를

질서는 강고했지만 동시에 과학과 엄밀성을 무기로 한 젊은 학자들이 상징자본을 축적하면서 실질적인 장의 주인이 새로 교체될 기운이 감지되고 있었던 것이다.* 그리고 이들의 역량의 원천은 전문화된 지식을 바탕으로 하는 '과학적 자본'이었다.

1960년대 말, 프랑스 인문사회학장에 이윽고 지각변동이 일어난다. 그 계기는 바로 이른바 '68혁명'이라는 이름하에 유럽사회 전반에 걸쳐 일어났던 정치·사회의 급진적 재편이라는 외적 변화였다. 이는 '지적·과학적 자본'을 소유한 학술장의 주변부 학자들, 즉 데리다·푸코·바르트·보드리야르 등 이른바 '포스트모던' 인물들이 장의 중심부로 진입하면서 일어나게 된 지각변동으로 이어졌다. 그리고 일찍이 이 변동을 예고한 것이 앞서 본 클로드 레비스트로스의 구조주의였다(Bourdieu, 1988: 108, 122; 2000: 28). 레비스트로스의 '상징투쟁'은 1950년대 후반에 이미 시작됐다. 그러므로 1950~1960년대 레비스트로스의 부상은 개인적 차원에서는 장의 주변부로부터 중심부로의 진입과정이었지만, 거시적 차원에서 이는 장의 전복과 재구

더 이상 선언하지 않으면서 자신들의 연구와 실제 행동 간의 관계에 대해서는 전보다 훨씬 더 의식적이었다"(Hughes, 2007: 289; 강조는 인용자).

* 1960년대 당시 콜레주 드 프랑스, 사회과학고등전문학교를 포함하는 고등연구원(Ecole des Hautes Etudes) 등 전문연구기관들의 제도적 지위는 지금과는 달리 주변적인 것이었다. 그럼에도, 이들 '주변부' 전문연구기관들은 기성 대학 질서에 반하는 새로운 역량을 축적하고 있었다. "콜레주 드 프랑스에서 가장 유명한 몇몇 교수들이 오랜 동안 소르본에서 환영받지 못한 사람들(personae non gratae)이었음은 잘 알려진 이야기다"(Bourdieu, 1988: 108). 그러나 "조사시점, 즉 1968년 직전 이들은 주변부 기관이었지만, 위신 있고 역동적이었다"(Bourdieu, 1988: 110).

조화의 서막을 여는 것이었다.

레비스트로스는 자신의 상징투쟁의 표적을 기성 철학자·인문학자들로 맞추고 이들의 사변적 성격을 집중적으로 비판하면서 그 반대편에 구조주의 인류학(structural anthropology)이라는 이름의 자신의 새로운 학문을 위치시켰다. 그리고 이때 그가 영미권의 최신 인류학과 소쉬르 언어학을 앞세워 내세운 것이 바로 현장의 경험 조사와 관찰에 토대를 두고서 한 사회의 심층에 위치한 '구조'를 밝혀내는, "사회과학의 최신 기술"을 추구하는(Hughes, 2007: 290) 신학문이었다. 즉 레비스트로의 상징투쟁 전략의 핵심은 현학적이고 현실과 유리된 낡은 학문적 유산을 최신 이론(누적된 상징자본)의 '수용'을 통해 과학적인 이론으로 대체한다는 것에 있었다. 그가 내세운 구조주의 인류학은 부르디외의 관점에서 바로 얕고 넓은 딜레탕트한 학문 실천을 좁고 깊은 전문가주의로 혁파하려는 장의 전복전략, "과학으로서 인정을 위한 투쟁"(Bourdieu, 2004: 98)이었다. 이 전략은 구조주의 열풍과 함께 상당한 성공을 거뒀다. 그리고 이는 장의 주변부 후속 세대들의 전복전략의 수행을 자극하게 된다.* 중심부와 주변부가 단

---

* "혹자는 레비스트로스가 만들고 편집한 저널, *L'Homme*를 들 수도 있을 것이다. 그는 비록 인류학에 완전히 헌신하기는 했지만, 그가 수많은 새로운 진입자들에게(여기에는 나 자신도 포함된다) 끼친 매혹은 엄청난 것이었다. 이를 통해 학술분과들의 공간 안에서 인류학의 높은 지위를, 사회학의 피지배적 위치를 볼 수 있다 … 반면, 인류학은 레비스트로스를 통해 과학으로서 자신의 권리를 인정받기 위해 싸우고 있었다. 특히 언어학에 준거를 두고, 이내 언어학의 정점에 서서 말이다. 그리고 또한 많은 철학자들이 여전히 자기 확신의 업적에 도취되어 있는 문학장에서 '인문과학'은 신입 성원과 침입자들에게 활기를 불어넣고 있었

절된 상태로 재구조화의 가능성이 없어 보였던 프랑스 학술장에서 레비스트로스는 새로운 학술적 실천의 전범을 제시했다. 이제 그의 성공과 함께 주변부 학자들에게는 새로운 '가능성의 공간'들이 시야에 들어오기 시작했다.

데리다·바르트·푸코 등 이른바 '포스트모던' 이론가들은 구조주의적 발상을 이어받되, 이를 각자의 방식으로 다시 해체―재구성함으로써 레비스트로스의 지적 혁신을 다시 혁신하고자 했다. 이들의 실천은 레비스트로스가 균열을 일으킨 프랑스 인문사회학 학술장 전반에서 강한 파괴력을 발휘했고, 이들은 빠른 속도로 장 내에서 지배적 위치로 진입할 수 있었다. 무엇보다 포스트모던 이론가들의 성취는 기존의 프랑스 인문사회학이 보여주지 못한 이론적 혁신의 실현이자, '좁고 깊은' 전문주의적 학술 실천을 수단으로 한 것이었고, 전문주의적 실천이 아니면 불가능했을 성취였다. 부르디외는 포스트모던 이론가들의 장 내 중심부 진입을 "현대화(aggiornamento)"라 칭하면서(Bourdieu, 1988: 118) 기회가 있을 때마다 이전의 엘리트 학자들과 대별되는 이들의 실천을 긍정적으로 평가하고 이들이 프랑스 인문사회과학 학술장의 발전을 견인했음을 언급한다.*

다"(Bourdieu, 2004: 98~99).

* 예를 들어, 부르디외는 미셸 푸코가 구조주의자들 중에서는 거의 유일하게, 상징세계 의미들의 망을 관계론적으로 엄격하게 규명해 낸 업적을 달성했다고(Bourdieu, 2005: 68) 평한다. 또한 데리다의 해체주의는 사실 바슐라르가 말한 과학적 "단절"의 철학적 표현이자, 당대 과학주의의 변형된 표출이었다(2000: 38).

앞서 언급했던 부르디외가 68혁명 구조변동의 "축소판"으로 봤던 '바르트-픽카드 논쟁'을 예로 들면(Lane, 2000: 72), 픽카드가 '딜레탕트한 아카데미즘'의 전형이었던 반면, 바르트는 전문가주의를 표방하는 학술장 주변부 도전자의 표상이었고, 그의 무기는 다름 아닌 엄격함과 '과학성', 그리고 '전문성'이었다(Lane, 2000: 75).

> 그리고 사실 롤랑 바르트가 제창한 것은 진정 예언가적 역할이었다. 반복과 편찬에 매몰된, 대학 기구들이 제공하는 지루하고 무미건조한 '문헌 주해'를 거부하면서, 그는 '문학 국가'의 수호자가 안내하는 권위를 고발하기 위해 정치의 언어를 채용한다. 의도된 밀교적 성격으로, 모든 과학성의 외적 기호들을 과시하고, 자주 언어학과 정신분석학 그리고 인류학의 용어들을 자유롭게 조합 차용하여 사용하면서, 그는 자신의 궁극적 목표가 '전복하는 것'에 있음을, 그의 관점이 '현대성' 문제에 쏠려 있음을 주장한다. 대학 '성직자'의 겸손함과 이중으로 단절하면서, 그는 과학의 최신 무기들을 적용하여 텍스트의 의미를 해명할 능력을 지닌 해석학적 현대주의자로 … 자신을 설정한다. (Bourdieu, 1988: 117)

여기에서 부르디외가 말하고 있는 것은 픽카드와 같은 기성 엘리트들의 학술 실천과 차별화된, '과학성'으로 무장한 바르트의 전략에 관한 것이다. 바르트는 당시 가장 주목받는 '좁고 깊은' 연구 성과들, 즉 소쉬르의 언어학과 레비스트로스의 인류학, 그리고 프로이트와 (동시대) 라캉의 정신분석학을 자유자재로 구사하면서 새로운 조합의 지적 개념틀을 제공했다.* 앞으로 보겠지만, 부르디외는 포스트모던 이론가들의 과학성을 궁극적으로는 그때그때 모습을 바꾸는 "카멜레온 전략"(Bourdieu, 1988: 117)이라 폄하하면서 이를 다시금 극복해야 한다고 천명한다. 그러나 지금 이 시점에서 분명한 것은 포스트모던 이론가들의 학술 실천이 부르디외가 생각하는 "문예 문화(literary culture)의 성채로부터 과학적 문화(scientific culture)로의"(Lane, 2000: 75) 이상적인 실천의 진화를 향해 한 단계 다가가 있었다는 사실이다. 바르트는 전통을 숭상하는 "대학 성직자"의 "문헌주해", 즉 픽카드의 딜레탕티즘을 거부하면서, 자신을 과학적 개념들로 무장한 '전복자'로 자리매김했다. 다시 말해 바르트의 역할은 전문성을 무기로 한 기성 질서의 파괴와 재구축이었다. 그리고 이러한 전문화된 언어의 상징투쟁 전략이 바르트 외에도 다수의 포스트모던 그룹 이론가들에 의해 표방되고 하나의 흐름을 형성하면서 점점 더 많은

---

* 간략히 설명하면, 당시 픽카드가 대변하는 주류 문학비평의 방법은 한 작가의 작품의 의미를 그의 전기적 맥락 속에 위치시켜 작품의 진정하고 객관적 의미를 밝혀낼 수 있다는 것이었다. 따라서 이 방법은 비평 대상자의 매우 지엽적이고 구체적인 삶의 맥락들을 세밀하게 추적하는 일에 매몰되고 만다. 반면 바르트는 기호학과 구조주의, 정신분석학의 용어들을 무기로 작품의 의미란 표면적 기호들 밑에 감추어진 심층의 의미를 발굴하는 것이고, 이 과정에서 해석자가 능동적으로 개입해 작품을 적극적으로 해체하고 재구성하는 작업이다. 바르트의 이 방법은 최신 이론 자원들을 총동원해 전통적인 객관주의적 전통을 깨뜨리고 보다 진전된 상대주의·구성주의적 인식론으로의 전환을 이끌었다는 것이 부르디외의 평가이다. 픽카드-바르트 논쟁에 관해서는 송기정(2017)을 참고할 것.

이들의 호응을 얻어가고 있었다는 것 자체가 장의 진화를 예시하는 것이었다.

그런데 포스트모던 이론의 성공은 전문가주의의 산물만은 아니었다. 이들은 한편에서 전문가주의적 측면에서 인식론적으로 더 정교한 이론을 제시하면서도, 다른 한편으로는 정치적이고 전략적으로 장 내 투쟁의 성공을 도모하는 이중의 실천을 수행했다. 후자 중에서 가장 중요한 전략은 이들이 장 외부의 요구에 부응함으로써 외부 성원과 이들로부터 제공되는 사회경제적 자본들을 상징투쟁의 우군으로 삼았다는 점이었다. 즉 포스트모던 이론의 장 내부 진입은 행위자 측면에서 중산층 학생집단, 매체 측면에서 저널리즘, 사상 측면에서는 정치적 변혁주의, 곧 마르크스주의 사조라는 학술장 '외부 세력'의 상징적 · 물질적 · 인적 동원과 병행해 이뤄졌고, 그렇게 함으로써만 성공할 수 있었다. 따라서 "대학장 내부 상징권력의 진화" 과정은 그 장의 자율성의 약화와, 외부로부터 세례라는 권력의 증가로 이어진 일련의 과정에 대한 분석, 특히 "특정한 생산자들과 그들의 생산물의 훨씬 빠르고 광범위한 보급과 대중적 인기를 보장해 주는 문화 저널리즘"과 함께 분석되어야 한다(Bourdieu, 1988: 119). 그 과정의 핵심을 다음과 같이 요약할 수 있다.

먼저 매체 측면에서, 포스트모던 이론가들은 엘리트 학자들이 구축해 둔 기성의 담론장에 참여하지 않고 학술장의 외곽에 아예 새로운 담론 공간을 창출하는 전략을 취했다. 이것이 시대를 풍미한 비학술적, 혹은 반(半)학술적 문학비평 '잡지'들로, 이들이 상징자본을 축적할 수 있는 핵심적 토대였음은 잘 알려져 있다(Lamont, 1987, 597; Kauppi, 1996: 115; Cusset, 2008: 59~65). 또한 언론은 이들 학자들의 명성이 확장되는 중요한 공간이었다.

그러나 부르디외가 보기에 이는 장이론의 관점에서 한층 입체적인 의미를 가진다. 기성 엘리트 학술장에서 모든 상징적·인적·제도적 자원을 독점하고 있는 기성 엘리트들의 담론 공간에 참여해 그 내부에서 자신들의 관점을 관철시키는 것은 어쩌면 불가능에 가까웠다. 그래서 포스트 모던 이론가들은 레비스트로스의 교훈을 더욱 급진화해 아예 담론 공간을 새로이 만들고, 그곳에서부터 공간을 넓혀가는 정반대의 전복전략을 취한 것이었다.

다음으로 행위자 측면에서, 이 공간에서 포스트모던 이론의 독자이자 소비자는 바로 일반 대중, 무엇보다 중산층 학생집단, 그리고 대학원생이나 교수 자리를 얻지 못한 비주류 신진 학술성원들이었다. 이들은 포스트모던 이론의 열렬한 신봉자이자 소비자가 되면서 포스트모던 이론가들이 장의 외곽에서 상징자본 역량을 축적하는 핵심 지지세력이 됐다.

마지막으로 사상 차원에서, 중산층과 준 학술성원들에게 가장 강력한 호소력을 발휘한 것이 바로 좌파적 변혁주의 혹은 마르크스주의였고(Bourdieu, 2004: 111), 포스트모던 이론가들의 새로운 이론은 변혁주의를 절묘히 변주함으로써 이들의 사상적 요청에 부응했다. 1960년대 프랑스 교육현장에는 인구학적인 변화로 인해 중산층 학생집단의 불만과 모순이 누적되고 있었다. 즉, 대학교육을 이수하고도 사회적 신분 상승은 물론 취업에까지 어려움을 겪는 다수의 중산층 학생들의 계급적 위치는 이들로 하여금 변혁주의를 핵으로 하는 사회변혁적인 사상에 심취하고 계급과 젠더를 주제로 급진화되고 있었다(Lane, 2000: 62~66). 포스트모던 이론가들은 바로 이들의 욕구를 적극 반영해 사회변혁을 위한 학술적 토대, 즉 변혁주의 · 도구주의적 이론을 제공했다. 이른바 후기구조주의, 혹은 탈구조주의의 '해체적' 성격은 신진 세대의 변혁주의와 친화성이 높았고 포스트모던 이론은 이들의 욕구를 학술적으로 '해소'해 준 것이었다.

이처럼 학술장의 외곽에서 마르크스주의에 심취한 변혁주의적 신진 학자 · 학생집단이 잡지시장 · 언론을 기반으로 기성 학술장에 독립적인 별도의 상징자본의 생산과 분배 공간, 즉 '유사 학술장'이라 부를 만한 공간을 형성했고, 이곳이 포스트모던 이론가들의 핵심 터전이 됐다. "학술장에 결박되었어야 할" 이들 포스트모던 이론가들은, "현세적 필연성으로부터 지적인 덕목을 이끌어 내고, 한 세대의 집합적 운명을 취사 선택으로 바꾸어 내는 오묘한 위치"에서 다수 청중의 "반제도적 성향"을 상징투쟁의 도구로 활용했다(Bourdieu and Wacquant, 1992: 63~64). 여기에서 포스트모던 이론가들의 사상은 기성 사회질서와 학문장에서의 분배구조를 전복하려는 변혁주의적 성향의 이론적 번역물이었다는 지식사회학적 사실은 충분히 강조될 필요가 있다. 예를 들어, "푸코는 … 자신의 가족 그리고 여러 제도와 갈등을 겪고 있는 젊은이의 반항을 이론화한다"(Bourdieu and Wacquant, 1992: 195). 포스트모던 이론 특유의 "모든 것을 해체해 버리려는" 해체적 성격은 학술장에서 피지배적 위치를 극복하려는 포스트모던 학자들의 이해관심과 사회경제적 피지배 현실을 변혁하려는 중산층 학생과 신진 학술세대의 관심을 이어주고 서로를 번역하는, "새로운 문화적 매개물"(Swartz, 1997: 320)이었던 것이다.

이처럼 포스트모던 이론가들은 68혁명의 전운이 감도는 분위기에서 보수적이고 기득권적인 기성 사회구조 전반을 보다 평등하고 대중적인 것으로 전환하려는 장 주변부와 외부 학생집단의 요구를, '갱신된 구조주의', '갱신된 마르크스주의'를 매개로 해서 자신들의 이론 내에 통합시켰고, 이를 통해 학술장의 재편을 이뤘다. 그리고 이러한 이론적 혁신은 기호학과 언어학·인류학 등 외산 이론을 전유·심화한 구조주의 이론의 정립, 그리고 이 같은 이론의 좁고 깊은 심화를 통한 해체라는 전문주의 연구의 토대 위에서 가능한 것이었다.

정리하면, 포스트모던 이론가들의 상징투쟁은 한편으로 인식론적으로 수입된 이론 속에 축적된 상징자본이 기존의 보수적 학술담론을 혁파하는 파괴력을 발휘하면서(전문주의), 다른 한편으로, 정치적으로는 마르크스주의적 문제의식을 도입해 장 외부 성원들의 지지를 파괴력으로 전환하는(변혁주의) 과업의 동시적 수행, 즉 전문화된 변혁주의(도구주의)의 실천이었다. 그리고 이는 독립된 학술공간에서 형성된 이론그룹들이 밀도 높은 학술적 상호작용의 망을 통해, 즉 적대적 협력자 공동체들을 구축하고 서로 연대함으로써 이룩한 전복전략이 성공한 결과였다.

포스트모던 그룹의 한계:
딜레탕트한 도구주의로의 퇴행

이처럼 부르디외가 『호모 아카데미쿠스』를 중심으로 분석한 68혁명 시기 프랑스 인문사회과학 학술장의 구조변동과 포스트모던 이론의 유행 현상은 우리의 관점에서 한 마디로 전문화된 변혁주의를 무기로 행해진 아카데믹한 딜레탕티즘의 혁파로 요약될 수 있다. 이때 우리가 특히 주목해야 할 점은 두 세력들 사이 형성된 대결 전선에서 크고 작은 격렬한 '논쟁'들이 벌어졌다는 사실이다. 위에서 본 바르트-픽카드 논쟁에서 각각을 대변하는 전통의 수호자와 새로운 과학의 사도의 대결은 이들 사이에, 이들의 옹호자들 사이에, 그리고 나아가 이들의 대결을 관전하는 학술장의 성원들 사이에 고도로 추상적인 '상징투쟁'의 공간을 산출했다. 이는 두 가지 의미에서 중요하다.

첫째, 이들의 격렬한 논쟁은 논의의 맥락을 이루는 배경 지식(즉 상징자본)을 가지지 못한 사람들은 결코 참여할 수도, 옳고 그름을 판단할 수도 없는 배타적인 상징 공간을 형성했다. 이때 비록 바르트의 성향은 학술장 외부의 변혁주의 세력의 정치성을 학술 언어로 번역한 '도구주의'였지만, 이 도구주의는 픽카드와의 대결 과정에서 논쟁의 승리를 위해 매우 강한 '아카데미즘'으로 전이됐다. 그리고 이는 바르트가 가진 풍부한 과학적 자본과 그것의 멈춤 없는 심화, 즉 '전문주의'가 없었으면 불가능한 일이었다. 즉 바르트의 '전문화된 도구주의'는 중심부 수구세력과 대결 과정에서 그 도구주의적 측면이 점차 희석되고 아카데미즘의 측면이 부각되면서 '전문화된 아카데미즘'으로 변모했다. 앞서 언급한 것처럼 전문화된 도구주의 조합은 일시적이고 불안정할 수밖에 없고, 전문주의는 좁고 깊은 그들만의 대화를 촉진함으로써 아카데미즘과 깊은 친화성을 갖기 때문이다. 논쟁의 목적은 사회변혁이라는 '도구주의'였어도, 대화의 순간을 지배한 것은 학술장 외부인이 결코 참여할 수 없는 '아카데미즘'이었고, 이것이 없었으면 바르트는 승리할 수 없었다.

둘째, 논쟁의 광범위한 전개가 이뤄지고 그 결과 바르트를 지지하는 청중이 수적 우위를 점하면서 프랑스 학술장 성원들은 다음과 같은 '상징폭력'을 겪게 됐다. 이들 사이의 논쟁이 매우 중요한 주제라는 것, 이들의 논쟁 과정에서 바르트의 논증 과정이 더 정교하다는 것, 그러므로 바르트가 더 많은 상징자본을 축적할 자격이 있다는 '믿음'이 그것이다. 이는 이전까지 중심부 명문대학 학자들과 주변부 전문연구소 혹은 독립 연구집단 학자들로 이원화되어 있었던 프랑스 학술장의 상황이 논쟁을 거치며 균질한 논의의 공간으로 탈바꿈하는 '장의 효과'를 겪게 됐고, 이로 인해 장의 진화가 이뤄졌음을 뜻한다. 여기에 바르트뿐 아니라 다수의 포스트모던 학자들이 가세하면서 프랑스 학술장은 비로소 전복되고 새롭고 균질한 규칙을 갖는 장으로서 재구조화될 수 있었다. 이제 프랑스 인문사회과학 학술장에서 포스트모던 이론가들이 던진 질문은 모두의 관심사가 됐고, 그들의 해체적 언어는 공용어가 됐다. 만일 이것이 완전한 장의 재편까지 추진됐다면, 다시 말해 과학성으로 무장한 주변부 학자들이 동시다발적으로 더 깊은 논쟁의 전선을 펼치고, 이곳에서 승리하면서 각 논쟁의 순간마다 더 나은 논증의 제공자가 더 많은 상징자본을 획득하고, 논쟁의 참여자와 관전자 또한 논쟁에 참여할 수 있을 만큼의 상징자본을 가진 것에 따라 위계화됐다면 프랑스 학술장은 (거의) 완전히 일원화됐을 것이다.

하지만 이러한 이상적인 장의 재구조화가 완성되는 일은 실현되지 못했다. 딜레탕티즘-학술적 도구주의를 극복하고 전문화된 아카데미즘으로 전환함으로써 장의 자율성이 완성되는 과정이 학술장의 발전이라고 보는 부르디외의 관점에서 68혁명 시기는 절반의 성공, 혹은 미완의 기획, 혹은 결과적인 퇴보로 평가된다. 이는 그가 포스트모던 이론가들을 "축복받은 이단아(consecrated heretics)"라 칭한 관점에 집약되어 있다. 이 형용모순이 뜻하는 바는, 외견상 급진적 사상에 의한 전복적 장의 재편이 사실은 장의 진정한 진화로까지 이어지지 못하고 '중심부와 주변부를 뒤집은' 기성 장의 재생산으로 귀결됐음에 대한 조소이다.*

----

* 실제로 부르디외는 68혁명 이후 프랑스 학술장 재편의 결과를 다음과 같이 말한다. "그러나 1950년대의 지배적 사상가들이 … 그들의 삶과 작업에서 지배적인 철학 모델에 굴복한 수많은 단서를 보여준 것과 정확히 동일하게, 1970년대의 새로운 지배적 인물들은 전체 철학자들의 지배의 토대에 대항하여 자신들이 천착한 혁명을 아마도 그 마지막까지 밀고 가지는 않았다. 그리고 아카데미아의 손아귀로부터 가장 많이 해방된 그들의 작업물은 여전히 제도들의 객관적 구조 — 예를 들어 이는 가장 용감하고 독창적이며 '명석한' 발전의 매개물인 주요 학위 논문과, 라틴어로 쓰이고 박식함 혹은 인문과학의 겸손한 생산물에 헌신하는 비주류

70년대의 지배자였던 포스트모던 이론가들은 비록 장 외부로부터의 전복을 성공적으로 수행했지만 그들은 자신들의 기획을 결코 끝까지 밀고 나가지는 않았다. 아니, 오히려 그들은 구체제와 암묵적으로 "동맹을 맺은", "적대적 공범"이며, 이 꼬리표는 "푸코, 들뢰즈, 데리다 같은 … 모든 축복받은 이단자들"에게 동일하게 붙여질 수 있다(Lane, 2000: 78~79). 이 시기의 상황을 우리의 언어로 표현하면, 68혁명은 고전적 딜레탕티즘을 과학적 전문주의로 대체하려 한 것, 그러나 그 기획이 중도에 멈춰버린 미완의 기획이라 할 수 있다.* 그 결과 70년대 프랑스 학술장은 단지 안과 밖을 뒤집은 상태로, 즉 "라틴어를 사용하는 박식한 인문과학"인 고전적 철학 분과를 주변부로 밀어내고 "명석한 발전물"인 포스트모던 이론이 보다 중심부를 차지하나(앞 페이지 주석 참조) 동시에 이들이 학술장 내에서 공모하며 공존하고 있다는 것, 다시 말해 사실상 이전의 대립구도를 재현하고 있다는 것이 부르디외의 판단이다.

학위 논문들 사이의 [역전된—인용자] 대립으로 나타난다 — 속에, 그리고 이론과 경험연구 사이, 일반연구와 전문연구 사이의 대립이라는 형태의 인지적 구조 속에 각인된 위계질서의 흔적을 품고 있다 … 나는 이 개인적이지 않은 고백을 내게는 가장 중요한 것으로 보이는, 그러나 그 순간 그 곳에서의(그리고 아마도 모든 시간 모든 나라의) 철학적 우주에서 가장 찾아볼 수 없었던 특성을 언급하지 않고서는 마무리지을 수 없다. 이름하여 학술적 닫힘이라는 특성의 중요성에 대해서 말이다"(Bourdieu, 2000: 40).

* 예를 들어, 부르디외는 데리다가 "'해체'와 관련해 정확히 사회학적 분석의 문턱으로 넘어가기 직전에, 어떻게 그것을 속류 '사회학적 환원'으로 치부하면서 멈춰버리는지 잘 아는 인물이며, 그럼으로써 철학자로서(qua philosopher) 자기 자신을 해체하는 일을 모면한다(Bourdieu, 1988: xxiv)"고 비판한다.

무엇보다 큰 문제는 포스트모던 이론가들이 자신들의 상징투쟁의 수단으로 저널리즘과의 긴밀한 관계를 형성한 결과 학술장이 장외부의 요구에 취약한, 학술적 도구주의가 심화됐다는 점이다. 전통적 딜레탕티즘이 포스트모던 학자들의 전문주의로 일시적으로 대체됐다는 점은 분명한 학술장의 진전이었지만, 이 과정에서 포스트모던 학자들이 의존한 학술적 도구주의에 의해 아카데미즘은 심각하게 손상되어 버렸고, 이로써 "학술적 닫힘"의 완성이라는, 이상적 상태의 자율성의 성취와는 정반대의 결과가 초래됐다는 점은 명백한 한계로 남았다. 포스트모던 학자들이 중심부로 진출하며 감행한 다양한 논쟁들은 외부인들이 결코 참여할 수 없는 아카데믹한 것이었지만, 이 학자들은 자신들이 창출한 아카데미즘의 배타적 상징투쟁 세계를 유지·재생산해 장의 진화를 계속하기보다 저널리즘을 향해 문을 열어 그들과 호응하고 그들로부터 인정받는 것을 선택했다. 같은 기간 미국이나 영국의 인문사회과학이 보다 진전된 장의 진화를 성취하고 있었던 것과 달리, 1970년대 이후 프랑스 인문사회 학술장의 저널리즘 의존과 퇴행은 심각한 수준에 이르렀다는 것이 부르디외의 판단이다. 그리고 이는 학술장의 자율성이라는 보다 근본적인 문제를 야기했다. 이념적 지향과 관계없이 학술 "전문가"가 아닌 정치적 요청에 복무하는 "테크니션"들이 70년대 학계의 주류가 됐다는 사실이 그것이다(Swartz, 1997: 310).『문제의 사회학』,『텔레비전에 대하여』등의 책에서 부르디외는 이러한 프랑스 장의 타율화 현상을 거칠게 비판했다. 68혁명 이후 저널리즘 장에 대한 의존도가 심화되면서 포스트모던 이론가들은 혁명적 요청에 부응한 이론을 통해 명성을 얻었지만, 이들의 '해체적' 사상은 이내 재보수화, "재개종"화로 귀결되는 역설에 처하고 말았다는 것이다(Lane, 2000: 80~84).

포스트모던의 유행과 함께 일어난 구조변동의 한계가 초래한 마지막 결과는 더욱 아이러니하다. 그것은 바로 한때 과학적 학문을 표방하며 딜레탕티즘을 전문주의로 대체했던 포스트모던 이론가들이 다시금 딜레탕트화됐다는 점이다. 부르디외는 『호모 아카데미쿠스』의 집필 이후 20년을 회고하는 영문판 서문에서 70년대 학술장 재편 이후의 바르트를 다음과 같이 비판적으로 평가한다.

> … 롤랑 바르트는 장의 힘에 거스르는 아무런 일도 하지 않으면서, 그저 존재하기 위해, 연명하기 위해, 특히 저널리즘을 통해 떠밀려오는 환경의 안팎에서 치는 파도 위에 춤추도록 저주받은 평론가 계층의 정점을 대변한다. 그는 테오필 고티에(Théophile Gautier)에 대해 동시대인들이 했던 묘사, 즉 불어오는 모든 바람에 흔들리고, 모든 손길에 몸을 떨고, 모든 감상을 흡수하고 그것을 받아들여 되풀이해 재발신하는 정신의 소유자의 모습을 떠오르게 한다. 그러나 그것은 모든 인접한 정신에 부화뇌동하려 하는 정신이며 … 타인의 표어를 빌려오는 데 열심인 그러한 정신이다 … 고티에가 그랬던 것처럼, 바르트는 장의 역학관계가 변화함에 따라 일어나는 모든 변화들에 대해, 이를 예견하듯 하면서, 즉각적 감상들을 제공한다. 그리고 이러한 견지에서 모든 긴장들, 즉 유행이라 불리는 어떤 것이 계속 피어나는 장에서, 그가 이에

거의 저항하지 않음을 보여주는 지표를 발견하기 위해서는 그의 지적 일대기, 그리고 대상을 바꿔 계속된 열광들을 따라가 보는 것만으로 충분하다. (Bourdieu, 1988: xxii)

분명 20년 전의『호모 아카데미쿠스』본문에서 부르디외는 바르트를 딜레탕티즘에 대항해 전문주의로 무장한 도전자로 (문제시하면서도 또한) 긍정적으로 평가했었다. 그러나 70년대 이후 바르트, 그리고 여타 포스트모던 이론가들은 자신들의 무기인 전문주의조차 포기하고 적대했던 엘리트들의 딜레탕티즘을 재현하게 된다. 여기에서 우리는 다시 '전문주의+도구주의'라는 결합상태가 불안하고 잠정적일 수밖에 없음을, 전문주의의 측면이 아카데미즘과 결합하지 않으면 도구주의 측면이 딜레탕티즘과 결합하기 쉬움을 떠올리는 것이 좋을 것이다. 68혁명 이후 포스트모던 이론가들이 표방했던 전문주의가 일시적으로만 아카데미즘의 효과를 낳았을 뿐 심지어 스스로 포기되면서, 이들의 또 다른 특성인 도구주의는 딜레탕티즘과 높은 선택적 친화력을 발휘하기 시작했다. 이제 그들은 상호 논쟁을 통한 이론의 진화와 개발보다는 각자 자신의 이론을 변화하는 세태의 사례에 적용하는 일만을 반복하고 있다는 것이 부르디외의 비판의 핵심이다. 저널리즘의 장에서 '불어오는 모든 바람에 몸을 떠는' 것이 오늘날 포스트모던 이론가들의 실상이라는 것이다. 결국 이렇게 장의 주도자들의 성향이 딜레탕트한 도구주의로 퇴행하면서 자연스럽게 80년대에 이르면 포스트모던 그룹은 더 이상 그룹이 아니었고,

그들은 이제 각자 유리된 자신들의 성채를 구축했다. 외부의 변화하는 다양한 요구에 부응하는, 다양한 주제의 얇고 넓은 일시적 적용은 공동의 몰입과 투쟁을 수행하는 적대적 협력자 공동체 형성을 방해하고 있다.

사실 이것은 포스트모던 이론가들에 대한 긍정적 평가의 이면에서 이미 부르디외가 예견한 바였다. 부르디외는 포스트모던 그룹의 '과학성'이 피상적임을, 또한 그들의 저널리즘에 토대한 변혁주의가 위험함을, 그들이 '축복받은 이단자'일 뿐임을 지적했었다. 결국 이 경고는 현실이 됐다. 그 결과는 68혁명기에 달성된 장의 진화를 무화시키고 남을 만큼 부정적인 것이었다. 이러한 프랑스의 상황에 대한 아래의 제레미 레인(Jeremy Lane)의 설명은 우리의 용어로 한 마디로 '딜레탕트한 학술적 도구주의'로의 '퇴행'으로 요약될 수 있다.

바르트, 푸코, 데리다, 들뢰즈와 같은 학자들은 부르디외가 말하는, 학술적 작업이 자신의 학술적 평가자 청중을 위해 생산되고 그들에게 평가받는 '제한된 생산의 장'과, 작업의 효용이 시장성에 의해, 저널리즘 장에서 인상을 줄 능력에 의해 판단받는 '일반적 생산장' 사이의 차이를 흐트리는 일을 범했다. 픽카드에 대한 바르트의 도전은 점증하는 학생들과 새로 고용된 젊은 강사들, 그리고 경제장·광고시장·미디어·공공관계 관련 지식장·경제장의 최전선에서 일하는 대학원생들로 이뤄진 시장에 호소하면서 이뤄졌다. 이 시장에서 성원들의 수요는 '지식인을 가장하는 저널리즘'의 유행을 따른다. 에꼴 프락티크의 제6

분과[바르트의 근거지—인용자]는 조사연구의 혁신을 가져왔지만, 또한 그 성원들로 하여금 장 내 빈약한 인정을 보상하고자 '자율적' 대학장이 외부 인정을 좇게끔 고무했다. 결국 이는 저널리즘의 기준과 가치들의 침투에 대한 '대학장의 저항의 약점'을 남겼다. (Lane, 2000: 89)

지금까지 2부에서 나는 부르디외의 친밀한 적대자 공동체 구축 기획과 이를 저해하는 두 구습의 문제를 살펴보고, 이 개념들을 중심으로 68혁명 시기 프랑스 학술장의 구조변동 과정에 대한 부르디외의 논의를 재구성해 추적했다. 이제 본격적으로 한국에서 이뤄진 하버마스 수용 과정을 들여다볼 준비가 됐다. 다음부터 나는 한국의 80년대 상황이 프랑스와 어떠한 점에서 비견될 수 있고, 어떤 중요한 차이점을 가졌는지 학술영역의 이원화—재일원화 현상에 대한 분석을 통해 구체적으로 논할 것이다. 이어 우리의 궁극적인 목적은 하버마스 수용 과정에서 일어난 인기의 고조와 빠른 쇠퇴 현상의 원인을 규명하는 것이므로, 이러한 구조변동을 배경으로 하버마스 초기 수용이 어떻게 진행되었으며 그 과정에서 근본적인 취약점이 어떻게 배태되게 되었는지 살펴본다. 긴 논의를 통해 본 부르디외의 개념틀이 얼마나 쓸모가 있는지 확인할 차례다.

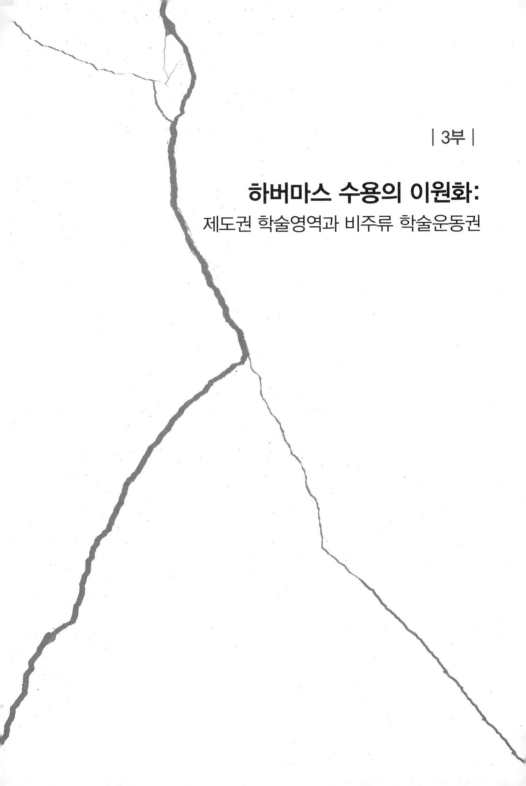

3부

하버마스 수용의 이원화:
제도권 학술영역과 비주류 학술운동권

1

마르크스와 하버마스,
계승인가 단절인가

 하버마스에 대한 국내 첫 학술연구가 등장한 것은 1976년이다.*
연세대학교 철학과의 이규호는 하버마스의 저작 『후기자본주의의
정당성 문제』를 소개하는 「후기자본주의사회의 제문제: 하버마스의
철학에 나타난」이라는 제목의 글을 발표했다. 같은 해 부산대 철학
과의 김위성은 「인식이론에 있어서 자기반성의 문제: 하버마스의 '인
식과 관심'을 중심으로」라는 논문에서 하버마스의 또 다른 저작, 『인
식과 관심』을 소개했다. 각각 15페이지와 13페이지에 불과한 짧은
두 글에서 우선 두드러지는 특징은 "실제적인 프랑크푸르트학파의

---

* 이보다 일찍 1969년 이규호는 『철학』지에 하버마스의 『인식과 관심』에 대한 서평
을 게재했고(이규호, 1969), 이것이 국내 학술영역에서 하버마스에 대한 첫 번째
언급이다. 그러나 네 페이지에 불과한 이 글은 학술논문이라고 볼 수 없기 때문
에 '첫 번째 논문'은 동일인물의 1976년 글이라 할 수 있다.

대표자"이자 "늘 새로운 저서들을 발표해서 그때마다 큰 관심과 주목을 끌고 있는"(이규호, 1976: 39), 인기 있는 하버마스의 이론에 대해 간략히 요약 소개하고 있다는 점이다. 즉 학술지 공간에서 최초로 등장하는 하버마스는 프랑크푸르트학파의 일원이자 서구에서 최근 주목받는 학자로서 그려지고 있다. 1970년대 말~1980년대 초반 하버마스 관련 논문들의 서두를 장식하는 전형적인 수사가 바로 이것이었다(심영희, 1979: 105; 방정배; 1982: 105; 백승균, 1983: 119; 한상진, 1983: 107; 강영계, 1983: 71). 그러나 이렇게 새롭게 주목받는 학자라는 어구 외에도 두 글에는 두 번째 중요한 특징이 드러나는데, 그것은 바로 하버마스의 마르크스 비판을 다루고 있다는 점이다.

김위성은 먼저 "근대철학의 중심과제는 인식이론"(1976: 114)이라는 전제로부터 논문을 출발하면서, 헤겔이 칸트의 인식론을 역사적 관점에서 비판하고 이어 마르크스가 헤겔 관념론을 유물론적으로 비판하고, 다시 하버마스가 마르크스의 노동·경제중심주의를 비판하는 과정을 요약함으로써 『인식과 관심』을 철저히 철학사적 관점에서 보고자 한다. 무엇보다 김위성 논문의 요점은 하버마스의 입을 빌려 마르크스주의가 지닌 "실증주의 색채가 물들은, 인간에 관한 자연과학적 요구"라는 "현상학적 왜곡"과 "과학적 유물론이라는 허구"(124~126)를 비판함으로써 하버마스와 마르크스주의와의 단절적 성격을 강조하는 것이었다. 이규호 또한 같은 맥락에서 마르크스주의적인 관점, 즉 "흔히 현대사회에서 인간이 그의 인간성을 잃어간다고 말하는 통속적인 소외 이론"은 "충분한 논리적인 경험적인 반성을 거친 이론이라고 말하기 어렵다"(45)면서 하버마스의 "현대문명 비판가들보다 신중한 태도"(46)를 강조한다. 그가 보기에 『후기자본주의의 정당성 문제』는 (베버의 관점에 가까운) 국가와 민주적 통치의 '정당성'의 위기 문제에 집중한다는 점에서 경제적 토대에 천착하는 전통적 마르크스주의와 단절적 성격이 강하다. 그는 "자본주의의 발전 과정에서 문화적 전통의 중요한 요소들이 소모돼 재생 불가능하게 되어버린 것은 사실이지만 그러한 소모는 이성에의 호소와 대화를 통해서 보충할 수 있"고, "후기자본주의의 위기들은 체제에 결정적으로 타격을 주는 것은 아니라고 생각한다. 극복될 수 있는 위기라는 것"(53)이라며 하버마스의 낙관적 관점을 부각시키며 논의를 맺고 있다.

그런데 같은 시기에 '지하'에서 하버마스는 역서를 중심으로 완전히 다른 맥락에서 읽히고 있었다. 1970년대 말~1980년대 초반 권위주의 정권, 나아가 한국 사회를 총체적으로 비판하고 이를 변혁하고자 했던 학생운동, 재야 정치세력, 언론인들에게서는 마르크스가 핵심적인 사상적 자원으로 떠오르고 있었다. 이들 변혁주의 세력에게 하버마스는 단순한 서구의 신예가 아니라 비판이론 1세대 선학들의 '비판이론' 정신을 계승한 인물로, 무엇보다 마르크스의 계승자이자 그에 대한 접근 통로로 이해되고 있었다. 하버마스 국내 첫 역서가 『이성적인 사회를 향하여』(장일조 역, 1980)라는 점은 그래서 상징적이다. 이 책은 하버마스의 주요 이론서라기보다는 그가 자신의 이론을 개발하면서 동시에 소홀히 하지 않으려 했던 작업, 즉 평론과 사회현상 진단을 통한 비판적 현실 개입의 성격이 강하다. 실제로 이 책에는 「독일 학생운동에 대한 분석과 비판(제5장)」, 「대학의 민주화 (제6장)」, 「독일 연방 공화국 내의 학생 저항 운동(제7장)」 등 사회변혁 운동에 대한 챕터들이 다수 포함되어 있다. 역자 서문에서 장일조 는 하버마스를 "학생운동의 이론적 아버지"이자 "그 학생운동에 대 한 맹렬하고도 날카로운 비판자", 즉 '내부비판자'로 소개하고 있다 (Habermas, 1980: 2~4). 여기에서 비판자보다는 '내부'에 번역 작업의 방점이 찍혀 있음은 물론이다.

이어 1982년에 두 번째 번역서이자 첫 본격 이론서인 『이론과 실 천』(홍윤기·이정원 역, 1982)이 출간됐다. 이 책의 역자 서문에는 하버마 스 도입기의 수용 주체들, 그리고 하버마스에 관심을 가지기 시작했 던 독자층이 그로부터 무엇을 얻고자 했는지가 보다 분명히 엿보인다.

> 인간의 영혼에 불을 질러 그 인간으로 하여금 의미 있는 삶을 추구할 수 있도록 지혜와 용기를 불어넣게 하는 상황이 이 세계에서 실현될 수 있을까? … 철학의 이념이 진리라고 할 때 철학은 어떤 형태로든 현실과 긴장 관계를 유지해야 했다. 이런 의미에서 철학 한다는 것은 현실에서 저주를 받았다는 표시라고 할 수 있다. 여기에 번역된 논문 들은 이 저주 속에서 구원을 갈망하는 인간의 몸짓에 끊임없이 주목하 고 있다. 이론과 실천으로 요약된 표제야 말로 이 몸짓을 가장 밀도 있 게 압축하고 있다. 이 책을 번역한 우리들은 하버마스라는 한 인간의 입장을 이와 같이 파악한다. 동시에 우리들도 그와 똑같은 관심을 가

지고 이 책의 번역에 착수하였다. (홍윤기·이정원, 1982: 3~4)

이곳에서 역자들은 하버마스에 관심을 기울이는 이유가 분명히 "인간의 영혼에 불을 질러 … 지혜와 용기를 불어넣"을 수 있는 가능성을 탐색하는 것, 즉 사회변혁적 실천의 동인을 이론을 통해서 얻고자 하는 것에 있다고 밝히고 있다. 여기에서 말하는 사회변혁적 실천이란 바로 마르크스주의적인 의미에서의 계급 해방을 뜻한다.* 즉 이들의 목적은 현대사회에서 은폐된 계급 지배가 유지되고 있는 것으로 보고, 하버마스의 이론이 이를 실천적으로 변혁하는 데 얼마나 도움이 될 수 있는가를 살펴보는 것이다. 그러나 역자들은 사회변혁적인 하버마스가 마르크스를 계승하려 하면서도 그의 경제결정론을 조급하게 기각해 버렸다며 이것이 명백한 '한계'라고 지적한다. 뒤에서 이 문제에 대해 다시 살펴보겠지만, 하버마스가 '마르크스의 정신'을 얼마나 잘 구현하고 있는가라는 이 질문은 이후 변혁주의적

---

* 역자들은 『이론과 실천』의 말미에 55페이지에 달하는 「부록」을 통해 하버마스에 대한 해설을 수록했는데, 여기에는 보다 분명하게 이들이 마르크스주의 관점에서 하버마스를 이해하고 있음이 나타난다. 이들은 현대사회에서 외양상 전근대적 계급 구조가 해체된 것으로 보이지만, 실상은 "억압은 존재하되 자신 있는 억압자가 없으며 피억압자는 조금씩 행복할 여지는 갖고 있는" 상황으로, 근본적으로 지배와 착취의 구조에는 변함이 없고, 그래서 현대사회의 "인류는 대체적으로 불행하다"(홍윤기·이정원, 1982: 413)고 본다. 그리하여 이들이 규정하는 하버마스는 "후기자본주의"사회에서 "고도 성장을 지속적으로 추진하는 자본주의의 발달로 인해 마르크스 이론의 재편성, 급기야 포기까지 거론"되는 지성계의 분위기 속에서 "자본주의가 창출한 엄청난 생산력 … 을 집중적으로 분석함으로써 후기자본주의의 해방 이론을 전개하려고 노력"한 인물이다(430).

관점에서 하버마스를 읽었던 이들 사이에서 가장 중요한 쟁점으로 재부각되게 되고 나아가 하버마스 수용의 운명에까지 영향을 미친다.

우선 지금 우리가 염두에 둬야 할 것은 하버마스에 대한 평가가 어떠했던가와 상관없이 1980년대에 사회변혁적 실천을 목표로 하는 이들이 공히 하버마스를 마르크스주의 변혁 이론의 선상에서 읽고 있었다는 사실 자체다. 『이론과 실천』의 독자들은 「헤겔의 프랑스 혁명 비판」(제3장)과 「노동과 상호행동」(제4장)을 통해 변증법을 배우고, 이것이 「유물론으로 옮아가는 과도기의 변증법적 관념론」(제6장)을 거쳐 「철학과 과학 사이에서: 비판으로서의 마르크스주의」(제7장)에 이르면서 마르크스의 변혁이론을 하버마스의 눈으로 '우회하여' 읽을 수 있었던 것이다. 이렇게 마르크스와의 연장선상에서 하버마스를 읽는 방식은 앞서 살펴본 학술지 공간에서의 방식, 그러니까 하버마스를 주목받는 서구의 이론가로서 받아들이고, 또한 마르크스와의 단절적 성격을 강조하는 방식과 뚜렷한 대비를 이루는 것이었다. 결과적으로 1970년대 후반~1980년대 초반 하버마스 이론은 두 개의 분리된 학술공간에서 완전히 다른 방식으로 읽히고 있었고, 이것이 도입 초기의 핵심 특징이었다.

이러한 뚜렷하게 이중화된 수용과 재현 양상은 왜, 그리고 어떻게 이뤄졌는가? 마르크스를 비판하는 주목받는 학자 혹은 마르크스를 계승한 비판이론가라는 각각의 재현이 의미하는 것은 무엇인가? 3부에서 나는 하버마스 이론 도입 초기를 특징짓는 이중화된 수용이 곧 당시 학술영역이 이원화되어 있는 상황의 결과였을 보여주려 한다. 앞으로 이원화된 학술영역을 각각 교수 중심 기성 학자들로 이뤄진 '제도권 주류 학술영역', 그리고 사회변혁적 실천을 표방하면서 일정기간 준(準) 학술공간, 혹은 유사(類似) 학술공간의 모습을 띠었던 '학술운동 영역'으로 부르도록 하자. 1980년대 초반 정치·사회·제도적 요인들이 국내 학술영역을 일정 기간 이원화되도록 만들었고, 이 안에서 주류 학술영역과 비주류 학술영역의 행위자들이 각자의 이해 관심에 따라 하버마스에 주목하고 자신들의 관점에 따라 그를 해석하면서 국내에 도입하고자 했다는 것이 앞으로 다룰 내용의 골자다.

이때 중요한 것은 중심부–주변부 각각의 학술공간이 부르디외의 장이론이 다루는 전형적인 대립양상을 띠었다는 점, 특히 그 안에서의 학술적 실천 성향의 차이가 68혁명을 앞둔 시기 주류 학자들의 딜레탕티즘과 주변부의 도구주의로의 이원화와 유사했다는 점이다. 이것은 국내 하버마스 수용 과정에서 크게 두 가지 중요한 의미를 가진다.

첫째, 상이한 학술공간과 실천 성향은 두 곳이 하버마스를 각자의 목적에 맞는 방식으로 재현하게 만들었다. 학술적 자율성과 이론적 자립성이 매우 낮은 상태에서 주류영역 성원들은 앞서 이규호와 김위성의 글에서 보듯 서구의 이론 동향에 촉각을 기울이는 일상적 학술 활동의 차원, 딜레탕티즘의 일환으로 하버마스를 '새로이 주목받는' 학자로 조명했다. 그리고 이 과정에서 이들은 마르크스와 단절하고 자신의 새로운 이론체계를 열어가는 중기 이후 하버마스의 모습을 부각시켰다. 반면, 기성 정치사회 체제를 변혁하겠다는 이해 관심을 가지고 새로이 대안적 공간을 창출했던 신생 학술운동 영역의 성원들에게 하버마스는 도구주의 차원에서 '비판이론의 후예'이자 사회변혁적 실천의 이론적 자원을 공급해줄 수 있는 인물로 그려졌다. 그 결과 이들은 마르크스이론을 재해석하는 데 집중된 전기 저작을 중심으로 하버마스를 수용하게 된다.

둘째, 이처럼 상이한 목적과 실천 성향에 의한 상이한 재현은 향후 한국에서 하버마스 수용 과정 전반을 경로짓게 된다. 우선 두 곳 중 실질적인 하버마스 수용이 이뤄진 곳은 비주류 공간이었다. 주류 제도권에서의 수용은 양과 질 양면에서 사실 매우 미미한 것이었고, 이곳에서 하버마스는 사실상 일상적으로 다뤄지는 다수의 '서구철학자들' 중 한 사람, 그 이상도 이하도 아니었다. 반면 학술운동 영역에서 하버마스에 대한 주목도는 상대적으로 매우 높았다. 마르크스주의가 이론적 중핵인 이곳에서 마르크스주의와 네오마르크스주의에 대한 높은 관심도는 비판이론가 하버마스 또한 주목하도록 만들었고, 그가 주류 공간에서보다 훨씬 큰 파급력을 가지게 했다. 그러한 의미에서 1970년대 말~1980년대 중반 사이 국내 하버마스 이론 도입의 진정한 주체는 사실상 변혁주의 학술운동 영역의 성원들이었다. 이후 1990년대 하버마스 수용과 부침 과정의 전개는 거의 대부분 이곳 비주류 영역에서 학술 이력을 시작한 이들이 주도하고, 이들의 도구주의적 성향은 이후 수용 과정 전반을 좌우하는 중심 변인이 된다.

그렇다면 이제부터 80년대 한국 인문사회과학 학술영역의 이원화 현상 문제로부터 논의를 시작하기로 하자. 나는 이 현상이 68혁명 시기 프랑스의 상황과 유사했음을 보여주고자 한다. 그러나 먼저 분명히 해 둘 점은 프랑스의 60년대와 한국의 80년대 시점의 학술공간의 발달 단계, 즉 변화의 출발점 자체가 달랐다는 점이다. 이는 어쩌면 당연한 일인데, 근대적 학문 공간의 정착과 사회과학적 이론체계의 정립, 그리고 이것의 백 년 이상에 걸친 누적적 발전의 도상에서 일어난 프랑스의 구조적 변동과 해방을 전후해 이뤄진 근대적 학문의 이식 이후 불과 20~30년이 지난 시점에서의 한국의 변동이 질적으로 같을 수는 없기 때문이다. 따라서 프랑스의 변동이 잘 정립된 기존의 체계가 급진적으로 재편된 경우라면, 한국의 경우는 실질적인 학문 체계가 아직 정립되지 않은 상태에서의 변화였다는 사실은 충분히 강조될 필요가 있다.

이러한 차이를 부르디외적 관점에서 다시 말하면, 1) 프랑스에서 중심부의 딜레탕티즘과 주변부의 변혁주의 사이의 대결이 각각 아카데미즘과 전문주의와 결합되어 생겨난 '장의 효과'를 매개로 이뤄진 반면, 앞으로 보게 될 한국에서의 대결은 대부분 딜레탕티즘과 변혁주의의 직접 충돌로 전개됐다. 또한 2) 프랑스에서 이뤄진 것이 이미 구조화된 장의 재편과 재구조화 과정이었다면, 한국에서 이뤄진 것은 제도적인 외형상의 학술공간이 있었음에도 실질적인 상징 지식들의 교환, 즉 담론의 공간이 부재했던 상황에서 구조적 변동이 이뤄지면서 장의 가능성이 이제 막 생겨나는 과정이었다. 그러므로 우리가 지금부터 살펴볼 것은 한국에서 어떻게 독특한 방식의 장 만들기(field-making)가 시작되었는지에 관한 것이다. 하버마스의 수용과 인기의 상승은 바로 이러한 변화 속에서 이뤄졌기 때문이다.

2

80년대 학술공간의 이원화:
딜레탕티즘과 도구주의의 대결

도입시기 상이한 하버마스 재현 양상을 이해하기 위해서는 성원들로 하여금 동일 인물을 각각의 방식으로 재현하게끔 이끈 조건, 즉 그가 속한 학술공간의 모습과 그 안에서의 위치를 봐야 한다. 결론부터 말하면, 하버마스가 한쪽에서 마르크스와 단절한 주목받는 학자로서, 다른 쪽에서는 비판이론가로서 면모가 부각된 차이는 1980년대 이원화된 국내 학술영역의 상황과 그 안에서 각각 주류 학자들의 딜레탕티즘 성향, 그리고 비주류 신진 학자들의 도구주의 성향이 이끈 결과였다.

1980년대 국내 인문사회과학 학술영역이 이원화되어 있었음은 그동안 반복해 지적되어 왔다.* "보수적 연구풍토와 편제" 대 "연구

---

* 이 책의 대상은 80~90년대 국내 인문사회과학 영역 전반이다. 하지만 포괄적인

자 대중조직단위들의 활발한 가동"(임영일, 1988: 113~114), '제도권' 대 "거의 전적으로 학문, 과학 외곽으로부터의 자극과 요청"에 의한 "학술운동"(김동춘, 1989: 90), "미국유학 중심 문화적 제국주의" 대 "민족적, 민중적 학문의 새로운 학문공동체"(정일준, 1991: 131~134) 혹은 "억압적 정권에 도전한 지식인들의 진보적 학술운동"(금인숙, 1999),

---

공간을 상정한 가운데 실질적으로는 철학·사회학을 중심으로 문학과 사학·정치학·신문방송학 등을 주요 분과로, 그곳의 행위자들을 중심 분석 대상으로 삼는다. 특히 철학과 사회학은 핵심 분석 대상이다. 첫 번째 이유는 메타이론가로서 하버마스의 이론적 포괄성이 그의 수용을 다양한 학문 분과에 걸쳐 이뤄지게 한 점도 있지만, 근본적으로 이 시기 국내 학술영역이 제도적으로 분화되어 있었음에도 실질적 차원의 분화는 미미했기 때문이다. 즉 국내 학술 분과들의 분화와 전문화는 90년대로 넘어서면서 본격적으로 진행됐고, 이와 병행해 응용학문들이 자리를 잡았다. 그리고 다시 늦은 제도 분화가 실질적인 전문화로 이어지기까지는 더 많은 시간이 필요했다. 따라서 대략 90년대 초반까지 국내 인문사회 학술영역 내 하위 분과들은 서로 밀접히 연결되어 있었고, 여기에서 담론을 좌우하는 핵심 행위자는 주로 전통적 분과와 그 성원들이었다. 두 번째 이유는 80~90년대 국내 인문사회과학 학술영역에서 사회 이론이 가장 중요한 주제였고, 그 안에서 하버마스는 물론 대부분의 서구 사회 이론 수용이 이에 관여하는 주요 전통 분과들에서 이뤄졌기 때문이다. 앞으로 보겠지만, 80년대 중후반을 시작으로 사회의 구조적 특성을 설명하고 이를 실천적 변화의 동력으로 삼으려는 사회사상들이 국내 학술 담론의 중핵을 차지했다. 그리고 이때 주요 참여자들이 바로 인문학과 사회과학의 정통 분과 성원들이었고, 인문사회과학 전반은 주로 '독자'의 형태로 이 논의에 관여했다. 따라서 이 책에서 하버마스의 수용은 전통적 분과를 중심으로 하면서도 인문사회과학 전반에서 이뤄진 사회사상 열풍을 맥락으로 해서 포괄적으로 설명될 것이다. 또한 이들 사회사상이 주로 서구로부터 온 탓에 80~90년대의 담론이 서양 이론의 수용을 통해 이뤄졌다는 사실은 이 책에서 지칭하는 인문사회과학이 이들과 관계된 안에서만 유의미하다는 점이 강조될 필요가 있다. 요컨대, 이 책에서 지칭하는 '인문사회과학 영역'이란 서구산 사회사상을 다루는 몇몇 분과 중심으로 포괄적 소비자들을 포함한 담론 공간—상징 공간을 의미하지, 제도적으로 인문사회과학에 속하는 모든 분과를 뜻하는 것도, 그 안에서 모든 논의의 공간들을 지칭하는 것도 아님을 분명히 해 둔다.

"주류학계" 대 "반체제적 운동권"(홍영두, 2004: 369), "주류" 대 "대항적 공공권과 운동으로서의 학문"(김항·이혜령, 2011: 125), "강단철학"과 "외부의 마르크스주의적 사회운동 담론"(허경, 2010a: 439), "아카데미즘"과 "아카데믹 저널리즘"(김성은, 2015) 등 표현은 제각각이지만, 이들이 지적하는 바는 동일하다. 그것은 1980년대에 대학을 중심으로 한 기성 학술공간의 외곽에 강력한 지적 구심점인 새로운 비주류 학술공간이 생겨남으로써 국내에 일정 기간 상이한 학술공간들의 병존이 이뤄졌다는 것이다.

지금까지 체계적으로 분석되지 않고 단지 각자의 방식으로 다르게 지칭되어 온 이 현상은 보다 분명히 규정될 필요가 있는데, 왜냐하면 실제로 두 공간이 매우 상이했을 뿐만 아니라 또한 각자 독립된 논리로 상당 기간 지속됐고, 이후 다시 이 분리가 해소되면서 1990년대 국내 학술공간의 구조가 크게 요동치는 원인이 됐기 때문이다. 나는 이 현상을 주류 학술영역과 변혁주의 학술운동* 영역의

---

* '학술운동' 개념을 정리, 제시하여 변혁주의 진영에서 공용어로 만든 이는 김동춘이다. 그는 1987년 한국산업사회연구회에서 발표한 「학술운동론」과 학술단체협의회 출범 기념 학술대회의 「한국사회에서 지식인의 과제와 학술운동」에서 상아탑에 안주하는 기존의 학계를 "제도권"이라 비판하고, 새로이 "민중의 고통을 덜어주고 사회적 모순을 척결하는 데 기여할 수 있는 과학적이론"을 수립하고, "이론과 실천의 통합"을 추구하며, "연구활동을 중심으로 하는 연구자운동의 내용과 형식"이 어떻게 구성되고 확장돼야 할지 논했다(1997b: 332). 핵심 과제는 세 가지인데, 사회변혁적 실천을 향하여 "학문과 과학의 자기변신"이 이뤄져야 하고, 또한 이를 대중에 보급하는 "과학의 대중화"를 거쳐야 하며, 궁극적으로는 "변혁운동의 무기로서의 과학"을 정립해야 한다는 것이다(369~372).

이원화로 규정해 설명하려 한다. 이 과정에서 부르디외의 장이론 개념들이 제한적이지만 유용하게 활용될 것이다.

오늘날 한국의 대학 진학률은 세계 최고 수준이다.* 그러나 이러한 모습이 갖춰진 것은 얼마 안 된 일이다. 1970년대 말까지만 해도 국내 전체 대학의 숫자는 채 200개가 되지 않았고, 일반대학의 경우에는 70여 개 수준으로 40%에도 미치지 못했다. 자연스럽게 1970년대 말 대학입학 총 정원은 18만 명 미만으로, 지금의 절반 수준에 불과했다. 현행 고등교육 시스템은 1980~2000년대 사이 약 20년간의 성장의 결과물이었다(김성은, 2015: 129~130).

특히 〈그림 4〉의 "1차 성장기"는 근본적인 변화의 시기였다. 1980년 대학 설립 규제가 풀리면서 이후 10년 동안에만 전체 대학교 수는 20% 가까이 늘었다. 그중에서도 일반대학의 수는 크게 늘어 70년대까지 72개였던 것이 1990년 초반까지 거의 두 배로 증가했다. 더 중요한 것은 입학정원의 확대였다. 1975년 4만 명이 되지 않았던 일반대학 입학정원이 불과 10년 만에 무려 5배 가까이 폭증했고, 다시 뒤이은 5년 안에 6배로 늘었다. 이로써 1980년대 국내 고등교육 현장이 대폭 확대됐고, 대학생의 폭발적 증가로 인해 캠퍼스는 곳곳마다 북새통을 이뤘다(남신동·류방란, 2017: 55~56). 길거리에서 대학생

---

* 2008년 기준 대학 진학률은 81%로 세계 1위를 기록했다. 이에 걸맞게 2013년 현재 국내 대학의 개수는 361개(일반대학 186개, 산업대학 2개, 교육대학 10개, 전문대학 139개, 방송통신대학 1개, 사이버대학 19개, 기술대학 1개, 각종학교 3개)이며, 총 대학진학 정원은 34만 명에 이른다.

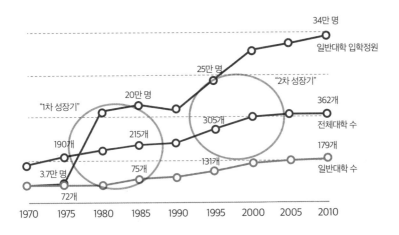

그림 4　1970~2010년 전체대학/일반대학 수와 일반대학 입학정원[2]

신분의 젊은이를 어렵지 않게 만나는 일이 가능해진 것이 바로 이
시기였다.

　대학 제도의 확대는 대학생 수의 증가를 넘어 고등교육 영역 자체
의 확장과 구조적 변화를 동반했다. 기성 대학들에 전에 없었던 전
공들이 신설됐을 뿐 아니라, 기존 전공에서도 학생수가 급증하면서
교강사 요원의 대규모 확충이 잇따르게 된다. 자연히 교수 자리에
비해 박사가 부족한 '인력난' 탓에 우선 대학교수로 임용되고 난 뒤
박사학위 논문을 집필하는 일(이른바 '구제박사 제도')도 빈번하게 일어
났다. 이렇게 전문 학자 양성과 공급이 시급한 과제로 떠오름에 따
라 도처에서 엄격한 정규 학위과정을 이수한 뒤 논문 심사를 거쳐
학위를 수여하는 미국식 대학원 과정이 신설되고, 석박사생의 배출

이 본격적으로 시작된 것 또한 이 시기의 일이다. 마지막으로 학자의 수가 늘어나면서 전문적 학술공간에도 활력이 공급됐다. 전공분야가 다양화됨에 따라 각종 학술 단체들이 속속 들어서고 이들이 전문 학술지를 잇따라 창간해 전문 학술공간의 양적·질적 성장 또한 이뤄졌다. 요컨대, 1980년대 국내 대학 제도는 외형적인 성장에 더해 질적인 변화의 선상에 있었다. "1980년대는 대학 제도에서의 지식 생산과 유통이 과거 어느 때보다 양적으로 확대된 시기"이며 "대학 제도의 … 본격적인 성장기"(정민우, 2013: 17; 김성은, 2015: 128)였다.

이러한 변화는 일차적으로 인구학적이고 정치적인 변화의 산물이었다. 1950~1960년대 프랑스에서 인구학적·경제적 변화를 배경으로 정치권력에 의해 교육 시장이 성장됐던 것처럼, 한국에서도 해방·경제성장 기간을 거치면서 교육시장의 물적 토대가 대폭 확대됐고, 이에 따른 정치적 결정이 이뤄졌다. 사실, 1970년대에 이미 베이비부머 세대의 등장과 함께 인구가 폭증하고 경제수준이 향상됨에 따라 평균 학력이 올라가고 대학 진학 수요가 급격히 늘어나고 있었다. 하지만 고등교육 확대에 부정적인 정치권력이 규제 정책을 고수하면서 "중등교육 팽창과 고등교육 억제라는 모순"(남신동·류방란, 2017: 44), 즉 공급부족 사태가 장기화되던 것이 이때까지의 상황이었다.* 1980년 집권한 신군부는 자신들의 정치적 정당성을 확보하기

---

* 1970년대 말에는 누적된 '재수생 문제'가 사회문제로 부각되고 있었다. 아울러 높은 교육열로 인해 대입 경쟁이 심화되면서 과외 시장이 폭발하고, 고교 성적 조작 사건 등이 사회문제로 제기되면서 대학 제도 확대에 대한 사회적 압력이 높아지

위해 다양한 '개혁정책'을 실시했고, 그간 허락되지 않았던 고등 교육 공간의 확대는 그중 핵심 방안이었다.* 각종 규제를 제거하고 대학 설립 요건을 완화한 결과 대학 정원은 물론 대학의 수 자체가 급증했고, 이에 수반해서 전공과 교원 수의 증가와 학술단체의 활성화로 이어지는, 위에서 본 1980년대 "1차 성장기"가 이뤄졌다.

이렇듯 국내 고등교육의 폭발적 확대가 "거의 절대적으로 정부의 교육정책에 달려 있었다"고(김성은, 2015: 133~134) 할 때, 이는 기본적으로 인구학적 압박으로부터 기인한 것이었다. 그러나 이는 인구학적 차원의 압력 외에도 문화적이고 사상적인 차원의 압력, 그러니까 정치세력의 강력한 통제에 대항해 사상적 자유를 요구하는 압력의 존재를 의미하는 것이기도 했다. 주지하다시피, 강력한 통제 정책으로 인해 1970년대 동안 국내 지성계에서 직접적인 정권 비판은 물론, 사회에 대한 비판적 성찰을 시도하는 논의의 생산과 유통은 대부분 자취를 감추게 됐다. 그러나 사상적 자유를 염원하면서 사회전

고 있었다(강순원, 1990: 23~25).
* 신군부 정권은 1980년 정권 중심부를 장악한 뒤에 '국가보위비상대책상임위원회'의 각종 '개혁조치'들 중 가장 먼저 1) 본고사 폐지, 2) 과외전면금지, 3) 대학 정원 확대 및 졸업정원제 실시, 4) 대학 입시 교과목 축소, 5) 대학 주−야간제 통합, 6) 교육방송 실시, 7) 방송통신대 학사과정 운영, 8) 교육대학 4년제 실시, 9) 교수 요원 충원, 대학 시설 확충, 산학협동 제고, 취업시 학력 제한 철폐, 대졸−고졸 임금격차 완화를 골자로 하는 "교육 정상화 및 과열과외 해소 방안"(이른바 '7.30조치')을 단행했다(강순원, 1990: 22). 이는 당시 교육정책이 정치 세력의 정통성 확보와 대중적 기반 마련의 가장 효과적인 수단으로 여겨졌음을 의미한다(김재웅, 1996: 44).

반에 대한 비판적 성찰을 시도하는 지성적 흐름은 분명히 존재했고, 이는 주로 『문학과지성』과 『창작과비평』을 필두로 한 '문예지' 공간에서 명맥을 유지하고 있었다. 학술적 담론의 장이 협소한 상황에서 재야 지식인·문인·문학연구자·역사학자·예술 분야 학자들이 문예지 공간에서 지성인 역할을 자임하면서 활동하는 "저항적 담론의 공론장"(조연정, 2015: 316)을 형성했고, 이는 소수의 '문인·지식인·교양 독자'에 의해 소비되면서 유지되고 있었다(김원, 2011; 김병익·염무웅·백영서, 2014; 허선애, 2018). 사실 학술영역 또는 공론장이라 하기에 이곳은 너무 작은 공간이었다. 그럼에도 분명한 사실은 이곳이 사상적 자유를 주장하는 사회변혁적 담론의 유일한 유통공간이자 해소의 장이었다는 점이다. 거꾸로 말하면, 이 시기에 장기화된 강력한 사상 통제가 낳은 반작용으로서 문화적 압력, 즉 사상적 자유를 쟁취하고 나아가 체제 변혁을 요구하는 압력은 좁은 해소구 밖에 갖지 못한 탓에 매우 높아졌다고 볼 수 있다. 결국 1980년 무렵 고등교육에 가해지고 있던 변화의 요구는 인구학적이고 동시에 문화적인 압력의 복합이었다. 신정권의 '교육개혁'은 이 압력을 일정 부분 해소시켜 줌으로써 통치에 수월성을 확보하고자 했다.

한편 신군부는 교육기회는 확대하면서도 동시에 학술·출판·언론계에는 강력한 억제책을 실시했다.* 대학 정원 확대가 발표된 정

---

* 1980년 정권을 획득한 신군부는 언론-출판시장에 강제 구조조정을 단행했다. 이른바 '7.30조치' 직후 12월 '언론통폐합' 결과 전국의 언론기관 중 신문사 11개(중앙지 1, 경제지 2, 지방지 8), 방송사 27개(중앙 3, 지방 3, MBC 계열 21), 통신사 6

확히 같은 시기, 비판적 대학교수들이 대량 해직됐고 '문제적' 학생들이 한꺼번에 제적됐다. 이와 함께 언론통폐합 과정에서 1980년에 신군부에 비판적 입장을 견지하던 다수의 언론인들이 해직됐고, 출판공간에서는 『문학과지성』과 『창작과비평』이 폐간됐다. 이는 비판적 지식인들의 본거지에 대한 심대한 타격이었다. 이에 따라 비판적 담론의 생산과 유통 경로가 공식적으로는 차단된다.

그러나 이러한 강력한 통제 조치는 오히려 사상적 자유를 요구하고 동시에 정치 권력과 사회 비판을 감행하고자 하는 압력을 더욱 강화시키는 결과를 낳았다. 그리고 이 압력은 언론계 해직 인사들이 출판계로 대거 유입되면서 도서출판시장을 중심으로 형성된 새로운 변화를 이끌었다. 이른바 제도권 학계의 외부에서 사회변혁을 목표로 사회·역사·철학이론을 학습하고 유통하는 이른바 학술운동(금인숙, 1999: 219; 김항·이혜령, 2011: 21)이 본격적으로 거대한 조류를 형성하게 된 것이다. 그리고 이 흐름의 중요한 제도적 기반이 80년대를 전후로 해서 설립된 출판사들, 그리고 제도권 외부의 독립 학술단체들이었다.

1980년대 초반이 되면 해직언론인들이 재야 지식인들을 규합해 설립한 출판사들에 더해 비인가 출판사들이 앞다퉈 등장한다. 1975년 동아·조선일보에서 해직된 기자들에 의해 80년대에 설립된 출

개 등 44개 언론매체가 통폐합됐다. 그 외에 정기간행물 172종의 등록이 취소됐고 1,000여 명의 언론인이 해직됐다.

판사가 전예원 · 청람문화사 · 과학과 인간사 · 정우사 · 문학과지성사 · 한길사 · 두레 · 백제 등이었고(허선애, 2018: 138), 종로서적의 출판사업부 출범도 이뤄졌다.* 이와 함께 의암문화사 · 청하 · 관악출판사 등 셀 수 없이 많은 비인가 출판사들이 이 시기에 우후죽순 생겨났다. 이렇게 급격히 확장된 출판시장을 기반으로 한 "지식인의 각성"(김진균, 1999: 21)과 "비판적 지식인" 문화의 형성(허선애, 2018: 138)은 "1980년대 이후 출판운동의 변동을 가능케 했던, 일종의 원형"(조상호, 1997: 275~276)으로 평가된다.

다른 한편, 주로 해직교수들을 중심으로 대학의 외부에 생겨나기 시작한 독립 학술단체들은 출판시장이라는 형식에 내용을 공급하는 주된 원천이었다. 1980년 설립된 사회학자 이효재의 '아현연구실', 같은 해 이효재를 이어 이후 비판사회학의 상징 인물이 된 김진균과 제자들의 '상도연구실', 82년에 비판적 경제학자 변형윤의 제자들에 의해 만들어진 '학현연구실'은 이후 학술운동권의 핵심 인물들을 길러내는 모체가 됐다. 이곳들을 중심으로 1980년대 중반이 되면 여성한국사회연구회(1984년) · 한국산업사회연구회(1984년) · 망원한국사연구실(1984년) · 한국농어촌사회연구회(1985년) · 역사문제연구소(1986년)가 설립되고, 80년대 말이 되면 이들의 연합체인 학술단체협의회

---

* 종로서적은 비판적 개신교인들이 중심이 되어 설립된 곳으로, 1970년대 지식인들의 본거지 역할을 했다. 1970년대 말에 들어 종로서적은 아예 해외 이론서들을 번역 소개하는 동명의 출판업에 뛰어들었고, 여기에서 다수의 해외서들이 번역 출간됐다.

(1988년)의 조직을 거쳐 다시 한국사회언론연구회(1988년) · 한국공간
환경연구회(1988년) · 서울사회과학연구소(1990년) · 한국사회과학연구
소(1992년)가 분리독립한다. 같은 기간 1985년 설립된 서울대학교 사
회철학연구실은 1989년 한국철학사상연구회로 확대 · 재조직되면서
학술단체협의회에 합류했다. 이밖에 분과 별로 한국여성연구회(1989
년) · 민주주의법학연구소(1989년) · 한국교육연구소(1989년) 등도 생겨
났다(이상 금인숙, 1999: 220~227). 이렇게 학술운동의 차원에서 결성된
수많은 학술단체들은 자체적으로 세미나와 토론회를 열고 이를 자
체 학회지를 통해 출간하는 한편,* 이들을 모아 학술서적으로 발행
하고 또한 출판시장에 서양이론서를 번역 공급하는 주체가 된다. 확
장된 출판시장이라는 제도적 공간에 이들 연구단체들이 '컨텐츠'를
공급하면서 형성된 비주류 학술운동 영역은 대학의 외부에 존재하
는 강력한 담론 유통 공간이 됐다. 결과적으로 "해직된 대학교수 70
여 명, 언론인 700여 명, 그리고 제적된 대학생 1,400여 명은 학술운
동의 인적 자원이었던 셈"(금인숙, 1999: 219)이다.

  학술단체–출판시장 연합으로부터 정치권력과 사회를 비판적으로

---

* 1988년 사회학에서 『경제와사회』, 정치외교학 · 사회과학일반 분야 『동향과전망』,
  법학에서 『민주법학』, 경제학에서 『사회경제평론』이, 1989년에는 사학에서 『역사
  비평』과 『역사와현실』이 창간됐다. 이 흐름은 90년대에도 이어져 1990년에는 철
  학에서 『시대와철학』, 여성학 분야에서 『여성과사회』, 1991년 공간환경학에서 『공
  간과사회』, 문학에서 『민족문학사연구』와 『문예연구』, 1992년 커뮤니케이션학에
  서 『한국사회와 언론』 등이 창간됐다. 이밖에 셀 수 없이 많은 "무크지"와 "비정기
  간행물"(양은경, 2006: 103~104; 정준영, 2014: 250; 강동호, 2018: 18)이 80년대 후
  반에 쏟아져 나왔다.

성찰하는 출판물들이 경쟁적으로 생산·공급되면서 지적 자유에 목 말랐던 교양 독자층은 이제 자신들의 갈증을 출판시장에서 해소하게 되고(임헌영, 1997: 320), 나아가 이로부터 교양 독자층 자체가 크게 확대됐다. 1970년대 말~1980년대 초반 다수의 서양 사상서들이 번역되기 시작한 것은 이러한 맥락에서다.* 여기에 같은 시기 대학 교육 확대 정책의 결과 급격히 비대해지기 시작한 대학가의 상황이 맞물려 화학작용을 일으켰다. 급증한 대학생·대학원생·교강사 등이 신생 출판사들이 쏟아내는 출판물들의 거대한 독자층이 됐고, 또한 이들 중 일부는 출판시장의 생산자 역할도 수행하게 된다. 이러한 현상은 70년대까지 비판적 담론의 생산과 소비자층이 소수 엘리트 지식인과 소수 교양인에 국한됐던 상황이 이제 출판시장 내 지식인들과 대학을 중심으로 한 다수의 교양독자층으로 크게 확대됐음을 의미하는 것이었다.** 앞서 살펴본 하버마스 관련 초기 번역서들(『이

---

* 1970년대 말부터 '종각번역실'을 중심으로 에리히 프롬 등 프랑크푸르트학파·한나 아렌트·본 회퍼·리처드 바크·알렉시스 토크빌·칼 야스퍼스 등의 책이 기자 출신 언론인들에 의해 번역됐다(조상호, 1997: 285~292). 이밖에 신생 출판사들은 마르크스주의 이론서와 해설서를 경쟁적으로 쏟아 놓는다.
** 이러한 현상에 대해 내 주장과 같은 맥락에서 김성은은 다음과 같이 요약한다. "… 대학 바깥에서 대중에게 영향을 미치는 사회과학 단행본, 잡지시장은 지속적으로 성장하였다. 특히 1980년대에는 급격히 증가한 대학생을 비롯하여 사회과학 지식의 수요층이 확대되었으며 이들은 전문 학술지보다 주로 단행본과 일반 잡지 등을 통해 사회과학 지식을 수용하는 경향을 보였다. 사회과학자들 역시 전문적인 연구자뿐만 아니라 일반 대중까지 독자로 상정한 단행본을 출간하기 시작했고, 비슷한 시기에 전개된 출판산업의 발달, 독서시장의 확대는 이러한 움직임을 뒷받침했다"(2015: 128~129).

성적인 사회를 향하여』와 『이론과 실천』은 종로서적에서 발행됐다)의 출간 또한 바로 이러한 상황에서 이뤄진 것이었다. 1980~1986년까지 정부가 지정한 판매 금지 처분을 받은 도서가 1,000종에 이르렀다는 사실은 (김성은, 2015: 166) 당시 학술운동 영역의 규모와 폭발력이 어느 정도 였는지 가늠하게 해준다. 결국 1980년대 중반에 들면 집권세력이 사상적 자유를 향한 반작용을 더 견뎌내지 못하고 해금 정책을 시행함으로써 이러한 흐름은 한층 가속화됐다. 각종 통제와 규제정책이 완화됐고, 음성화되어 있던 출판시장이 양성화되면서 한층 큰 폭발적 성장이 이뤄지게 된다. 결과적으로 새로운 정권이 시도한 대학 제도 확대와 언론출판통제라는 이중 대응 정책은 실패하고 만 셈이다.*

이에 1984년에는 먼저 '국민 화합 차원'에서 해직교수들의 복직이 이뤄짐으로써 대학 외곽에 학술단체를 설립한 변혁 지향 교수들이 이 자원을 다시 대학 사회 내부로 동원할 수 있는 길이 열렸다. 1987년이 되면 민주화 운동의 열기 속에 이른바 '출판사 설립 자유화 조치'가 시행되면서 기존의 비인가 출판사들이 인가를 받고 덩달

---

* 여기에 대해서는 정권이 아래로부터의 압력을 이겨내지 못한 것이라는 평가도 있지만, 1983년 레이건 미 대통령 방한, 1984년 교황 방한, 1986년 아시안게임과 1988년 올림픽유치를 추진하면서 국제사회로부터 제기된 압박의 결과라는 평가도 있다(김성은, 2015: 147). 어찌 됐건 "대학정원 확대"와 "졸업정원제"로 학생들이 '공부만 하도록' 하려 했던 시도가 결국에는 "졸정제에 반대하는 저항세력의 양성"을 가져왔고, 이는 정권이 둔 "자충수(김재웅, 1996: 55~56)"였다는 평가가 일반적이다. "이 [변혁주의적 학술영역 탄생의—인용자] 물적 조건은 뜻밖에도 전두환 정권이 제공했어요. 우선 맑스주의 서적 해금을 들 수 있겠지요 … 그리고 그 다음에 대학의 규모를 키웠어요"(김철; 김항·이혜령, 2011: 26).

아 신생 출판사도 폭발적으로 늘어나 1987년 무렵에는 이른바 '사회과학 전문 출판사'만 100여 개가 난립하는 상황에 이른다(심성보, 1990: 199). 이와 함께 대학가에는 이른바 '사회과학 책방'들이 성업해 "사회과학이란 이름만 달면 날개 돋친 듯" 책이 팔리는 시대가 도래한다. 그 결과 사회과학 분야 도서의 발행부수가 문학 도서를 추월하는 현상이 일어날 정도였다. 여기에 비판적 성향의 인문학 도서를 합하면 그 숫자는 훨씬 많아진다(김성은, 2015: 157; 164). 1970년대까지 비판적 담론이 문예지 공간에서 인문학을 중심으로 이뤄졌다면, 1980년대 새롭게 출현해 1987년 민주화 시기를 거치며 형성된 거대한 비주류 학술영역에서의 비판적 담론은 사회과학이 중심이 되는 이른바 "사회과학의 시대"로 특징지어진다(송호근, 1991: 1136; 정근식; 김항·이혜령, 2011: 48; 강내희, 2013: 12; 정민우, 2013: 21; 정준영, 2014: 249). 이는 또한 1970년대 엘리트 운동가·명망가·지식인 중심으로 폐쇄적으로 이뤄졌던 비판적 지식의 유통이 1980년대에는 비판적 지식인의 활동과 학생운동이 결합된 거대한 대중적 유통공간으로 확장됐음을 의미했다.* 이 현상은 국내 인문사회과학 학술영역에 있어 거

---

* 사회학자 정근식은 이에 관해 이렇게 정리한다. "지금 와서 1980년대를 '사회과학의 시대'라고 부르는 것은 그럴듯 합니다 … 이런 인식은 사회운동권뿐 아니라 학계와 문화계에도 널리 퍼져 있었고, 이를 뒷받침한 것이 이 시기에 급격하게 성장한 인쇄출판 문화예요 … 사구체논쟁과 출판문화의 변동과 함께 또 한 가지 지적되어야 할 문화적 현상이 대학가를 중심으로 한 복제문화의 형성입니다 … 1970년대 후반 들어서서 습식 복사기가 출현하면서 이른바 허가를 받지 않은 영인본들이 대량으로 보급되기 시작했어요. 읽기와 쓰기 문화가 변화되고, 이것이 민주화운동의 하나의 중요한 수단으로 출판운동과 결합했습니다. 해방전후사에 대한

대한 지각변동이었다.

이렇게 대학의 외곽에 거대한 비주류 학술공간이 형성되면서 1980년대 국내 인문사회과학 학술공간은 일정 기간 이원화됐다. 여기에서 '일정 기간'이라 함은 경험적으로 1980년대 말이 되면 두 학술영역이 다시 하나로 수렴하는 현상이 나타났기 때문이기도 하지만, 사실 궁극적으로 이원화 자체가 지속될 수 없었기 때문이다. 정확히 말하면, 변혁주의 학술운동 영역은 태생적으로 한계를 가지고 있었다고 말할 수 있는데, 그 이유는 지금부터의 논의를 통해 자연스럽게 밝혀질 것이다. 우선 1980년대의 이원화 현상 자체에 주목해 두 공간의 이질성을 제도적 기반·주요 성원·유통된 지식의 내용과 성질 차원에서 대조하면 다음과 같다.

먼저 두 공간은 제도적으로 분리되어 있었다. 주류 제도권 학술영역은 대학이라는 제도 아래 정착된 전통적인 학술공간으로, 학술지에 투고되는 논문을 통한 지식의 교환, 그리고 이를 바탕으로 한 학술 출판물의 생산과 보급이 이뤄지는 공간이다. 그리고 이 학술 지식은 대학―대학원 교육 기능에 의해 학생을 훈련하고 학술후속세대를 키워내 새로운 학자를 양성 보급하는 핵심 자원으로 유통된다. 이 영역이 '제도권'이라는 말은 이러한 이들의 일상적 학술 활동

관심의 고양과 함께, 영어나 일본어판 사회과학 서적들을 복제하여 판매하는 영세출판사들이 많이 설립되었습니다. 이런 과정에 의해 종속이론이나 세계체제론, 그리고 변증법 철학이 소개되면서 이른바 사회과학의 시대가 1980년대에 전개된 겁니다"(김항·이혜령, 2011: 48~50).

이 대학이라는 제도를 기반으로 사회적으로 인정된 정치적 · 법적—제도적 · 문화적 지위를 누리는 가운데 안정적으로 재생산되고 있음을 뜻한다. 부르디외의 개념을 빌려 요약하면, 제도권 학술영역이란 학술지식 생산의 거점으로서 상징자본을 축적한 곳일 뿐 아니라 학위 수여 권한을 핵심 기반으로 안정적인 물질적 기반, 곧 제도자본을 향유하는 곳이다. 반면, 비주류 학술운동 영역은 안정적인 제도적 기반을 갖지 못했다. 그럼에도 불구하고 이 공간은 중요한 학술영역이었다고 할 수 있는데, 왜냐하면 이 공간에서의 상징적 자원들의 유통 행위가 다수의 지식인 · 학생 · 교양 독자층에게 문화적으로 강한 정당성과 헤게모니를 발휘하고 있었기 때문이다. 이곳의 성원들은 불안정성을 극복하기 위해 대학으로부터 독립된 학술단체를 기반으로 자체적으로 유통되는 잡지들을 통해 소통했고, 이는 부족하지만 일정 수준의 안정성을 제공해 주었다.*

다음으로, 두 영역은 지식의 생산자 · 소비자가 판이하게 달랐다.

---

* 이러한 공생관계, 그리고 이 관계에 내재하는 긴장에 대해 당시 이곳의 중심 인물이었던 김동춘은 다음과 같이 말한다. "(1980년대 '학술운동'의 한계에 관해) 마지막으로 가장 중요한 것은 학술운동의 물적기반과 근거지를 확보하는 일이다. … 이와 같은 상황에서 제도권 외곽의 연구자들은 생계비에 미달하는 강사료와 번역 · 집필의 원고료에 의존하여 살아갈 수밖에 없었다. 즉 출판사가 이들의 생계 근거지 역할을 해 준 것이다. 그러나 출판사 또한 매우 영세한 규모를 벗어나지 못한 상태이므로 충분한 원고료를 제공해 줄 수 없고 그나마 상업주의적 편집기획에 의거하여 이들의 지식노동을 구매하기 때문에, 연구자들이 자신의 성과물을 의도대로 출판하는 데 어려움이 따를뿐더러 상업주의의 논리에 종속당할 위험성도 있다고 볼 수 있다"(김동춘, 1989: 105).

주류 학술영역은 사실상 교수 중심의 폐쇄적인 사회로, 지식의 생산과 소비가 전문 학자를 중심으로 배타적으로 이뤄졌다. 반면, 학술운동권에서는 재야 지식인·문인·예술가·사회운동가·대학원생 등 다양한 계층이 지식의 주요 생산자이자 또한 소비자였고, 이들의 배후에 다수의 대학생과 일반 독자가 독자층으로 포함된 수적으로 거대한 지식 유통의 공간이었다. 특히 기성 학계를 심각하게 불신했던 다수의 대학생들은 "대학제도보다는 과거의 기억과 그 기억의 실체인 선배들의 가르침"(김동춘, 1997a: 80~81)을 따라 학술 지식을 습득하며 대학생으로서 정체성을 획득했다. 이들은 "기존의 지식사회가 이들에게 전수해 준 현실 해석과 운동의 이념적 자산이 별로 없었"다고 생각했기 때문에 "이들 스스로가 이념의 생산자가 되었다"(81).* 이처럼 당시 인문사회과학 영역 내 다수의 학생과 학문후속세대 성원들이 기성 대학이 아니라 비주류 학술영역 내에서 유통되는 지식을 바탕으로 태어나고 성장했다는 점에서 그곳은 1980년대 기간 동안 준, 혹은 유사 학술공간의 기능을 수행하고 있었다.

---

* 김동춘은 또한 다음과 같이 증언한다. "한편, 80년대는 사회과학의 시대였다 … 그것은 젊은 출판인들이 주도하고 있었는데, 당시 출판인이나 독자들이 얼마나 우리 사회의 비판적 인식에 목말라하고 있었는지를 단적으로 보여주고 있다. 한편, 1980년대 초는 무크(부정기간행물)의 시대였다. 『반시』, 『5월시』, 『시와경제』 등 시동인지와 『실천문학』, 『삶의문학』, 『민족과문학』과 같은 문예지, 『르뽀시대』, 『공동체문화』 등의 르뽀지, 『민중』, 『한국사회연구』, 『역사와기독교』 같은 종합지들이 쏟아져 나왔다. 이들 부정기간행물은 정부가 정기간행물 허가를 통제하는 상황에서 현장의 목소리를 표현하고 공유하고자 하는 비판적인 지식인 소그룹들이 게릴라전을 하는 식으로 만들어낸 것이었다"(김동춘, 1997a: 84).

마지막으로, 두 학술영역은 인적·제도적으로 달랐을 뿐 아니라 유통되는 지식의 내용 또한 달랐다. 주류 학술공간에서 논의되는 이론 지식은 전통적 의미의 '학술적'인 것으로, 대부분 현실 사회 문제들과는 직접적 관련 없이 주로 특정 지식의 생산 맥락을 지성사적으로 따져 묻고 또한 이론 내적인 정합성을 검토하는 것들이었다. 반면 비주류 학술영역에서 유통되는 지식은 이때까지 정치권력에 의해 허용되지 않았던 사회비판적인 것들이었고 그 핵심은 사실상 마르크스-레닌주의였다. 더 중요한 것은 이곳 비주류적 공간의 학술 활동이 강한 실천 지향적 성격을 띠고 있었다는 점으로, 이들의 학술 활동은 궁극적으로 이론적 지식의 탐색을 통한 사회의 개혁적 개입을 목표로 하는 것이었다.

이러한 이원화 양상은 큰 틀에서 1960년대 프랑스의 상황과 유사하다. 제도자본을 독점한 기성 학술공간의 외곽에 상징자본의 축적과 배분이 이뤄지는 새로운 학술영역이 형성됐다는 점에서 80년대의 국내 상황은 60년대 프랑스와 닮았고, 또한 68혁명과 병행해 외곽의 학자들이 중심부로 진입하는 구조적 격변이 일어났던 것처럼 국내에서도 87년 민주화 시기를 거치면서 젊은 비주류 학술운동 영역의 성원들이 대거 제도권으로 진출하면서 변화를 겪게 된다는 점 또한 그러하다. 마지막으로 제도권과 비주류의 충돌이 상이한 학술적 실천 성향, 곧 '아비투스' 사이의 충돌이었다는 점 또한 유사했다.

여기에서 잠시 아비투스 개념의 적용 문제에 대해 짚고 넘어가는 것이 좋겠다. 앞서 언급했듯이 사실상 학문공간의 역사가 일천한 80

년대 한국에서 부르디외식의 장과 아비투스 개념을 직접 적용하는 것은 문제가 있다. 아비투스는 장 개념을 전제로 해서 장의 위계화된 구조의 실천 논리를 개인이 체득하고 이를 다시 재생산하는 것으로, '구조화된 구조, 구조화하는 구조'를 뜻하기 때문이다. 따라서 엄밀히 말해 장의 논리를 체득해 유능하게 실천하는 상태로서 아비투스 개념을 80년대 한국에 직접 적용하기는 어렵다.

그러나 나는 앞으로 실천적 습속(habit)이자 '지속적인 성향체계'로서 딜레탕티즘과 도구주의가 분명히 주류 제도권과 비주류 학술운동권에서 핵심적 특성이었음을 보여줄 것이다. 즉 두 학술공간은 그곳의 성원들에게 각각의 특정한 지배적인 실천 전략을 '좋은 것'으로, 그렇게 해야 할 것으로 제시하고 또한 학습하게 함으로써 아비투스와 유사한 전형화된 실천 성향을 산출했다. 이는 제도권과 비주류 각각의 성원들에게 의식적이고도 잠재적으로 특정한 형태의 실천을 이상적인 모델로 설정하게 함으로써 결과적으로 두 영역에서 학술 실천이 판이게 다르게 나타나도록 이끌었다. 또한 이러한 실천 성향은 두 곳의 성원들의 장기적인 학술적 진로를 결정지음으로써 전체 인문사회학술공간의 변동과정에서 핵심 변수로 작동하게 된다. 그렇다면 먼저 80년대 시점까지 주류 제도권의 실천 성향은 어떠했는지 알아보자.

제도권 학술영역에서의 딜레탕티즘

　제도권 학술영역에서 인문사회과학 계열 주류 학자들의 학술적 실천을 특징짓는 것은 딜레탕티즘이었다. 서울대에서 현상학을 가르쳤던 철학자 한전숙이 퇴임 후 기고한 글은 이들 주류 학자들의 학문관을 잘 보여준다.

> 우리나라에는 지금 대학이 굉장히 많아졌다. 그 전의 전문학교도 이젠 모두 전문대학이라 한다. 그러다 보니 대학이라는 말은 그 본래의 뜻을 완전히 잃어버리게 되었고 모두 다 전문적인 지식을 양성하는 곳이 됐다 … **대학이란 본래 그런 전문지식인이 아닌 폭넓은 지성인, 기술자나 전문가가 아닌 경륜가를 양성하는 곳이다.** 어느 한 분야에 국한하지 않은 전체를 내다보는 사람, 천하를 다스리는 '큰 사람'을 키우는 곳이 아니던가? 《교수신문》. 1996.5.6.; 강조는 인용자)

　이 칼럼은 1996년에 쓰인 것이지만, 그가 활동했던 1970~1980년대 인문학 주류 학자들의 가치관 일반을 대변한다. 여기에서 논자에게 학술 활동은 "전문지식인이 아닌 폭넓은 지성인"을 의미하고, 교육활동과 학술후속세대의 재생산이란 "기술자나 전문가가 아닌 경륜가를 양성"하는 일로 천명되고 있다. 즉 이들에게 전문성이란 도구적 가치를 추종하는 세속적 가치로 여겨졌다. 이에 반해 성스러운 대학은 잘 수련된 전인격적 인간들의 공간이다. 따라서 교수의 역할 또한 "합리적이면서도 인간적인 전인적 이상형을 설정하고 거기에 도달하기 위해서 끊임없이 노력"(한전숙; 한국철학회 기념사업편집위원회, 2003: 67)하는 사람이다. 이는 딜레탕티즘을 중심으로 하는 주류 제도권에 좁고 깊은 학술 실천으로서 전문주의는 물론, 아카데미즘 자체가 자리 잡지 못했음을 뜻한다. 이들의 딜레탕티즘은 사회적 요구와 단절된 '그들만의 리그'가 아니라, 오히려 "어느 한 분야에 국한하지 않은" 사회를 이끌어 갈 "큰 사람"을 양성하는 교육을 지향했다. 이처럼 80년대 이전 저발전 상태의 한국 인문사회 학술공간의 기능은 연구가 아닌, 철저히 '사회지도층'을 양성하는 일에 맞춰져 있었다.

실제로 1980년 이전 국내 학술공간에서 연구의 기능은 사실상 전무했다고 할 수 있는데, 예를 들어 사회과학의 경우 1970년 이전 설립된 한국사회과학협의회 소속 주요 학회의 숫자는 13개에 불과했으며, 이들이 학회지를 발행하기 까지는 최소 5년에서 20년이 소요됐고(김성은, 2015: 69~70), 연간 1~2회 회지 발행이 버거운 상황이 계속됐다. 그 내용 또한 부실해 1970년 이전 학회지에 실린 대부분의 내용은 "분과학문의 주요 개념이나 서구 학계의 동향을 소개하는 데 지면을 상당부분 할애"할 수밖에 없었고, 번역되지 않은 외국 도서의 서평이 실리거나 "외국에서 열린 학술대회나 세미나에 참석한 학자의 참관기가 종종 실리"는 내용으로 채워졌다(89~90). 사회학 · 정치학 · 경제학 등 형편이 나은 주요 분과의 경우에도 학술지에 연구논문이 게재되기 시작한 것은 70년대에 들어서였고, 원고 요강이 확립되고 심사제도(peer-review)가 시행된 시기, 그리고 논문에 참고문헌이 수록되기 시작한 시기는 대개 80년대에 이르러서였다(105). 철학·사학 등 인문학의 경우 역사가 사회과학보다 다소 길기는 하지만 전반적인 상황은 마찬가지다. 1980년대 이전 국내 인문학의 담론은 기본적으로 단행본 중심으로 형성되어 있었고, 한국철학회 안에 10개의 분과가 설립되고 학술지가 창간돼 본격 연구가 시작된 것 또한 1970년대 말에 이르러서다(한국철학회 편집위원회, 2010: 215).

물론 이 시기에도 진정 '아카데믹'하고 우직하게 '좁고 깊은' 길을 닦아가는 학자들도 있었다. 하지만 분명한 사실은 이러한 작업들이 상호 교류를 통한 담론의 형태로 발전하지 못한 채 독백의 차원에서 이뤄지고 있었다는 점이다. 즉 제도상의 지체된 발전보다 중요한 것은 학술공간의 실제 성격이다. 학회나 학술지가 없었다는 것은 그것을 필요로 하는 학자들의 논의의 공간, 상징자본 교환과 투쟁의 공간 자체가 없었음을 의미한다. 1980년대까지 학자들이 "하나의 구심점을 가지고서 상호 결속하여 협력하지 못하고 암중모색하는 상태"(하영석; 한국철학회 기념사업편집위원회, 2003: 139)에 있었다는 것은 단지 철학의 상황만은 아니었다. 이는 해방 후 수십 년이 지난 시점에서 외형상 대학 제도가 정착됐지만 학자들 사이 상호 협력과 검증이라는 상호작용을 토대로 한 학술적 담론의 공간이 규범적으로 자리 잡지 못했음을 뜻한다. 특히 부실한 학술공간의 성격은 지속적으로 사상적 통제를 시도한 권위주의 정권의 이해관계에 의해 유지·강화됐다. 기성 사회나 학계에 비판적 관점을 제기하며 '균열'을 일으키려는 소수 학자들의 산발적인 시도는 정치권력의 검열과 개입에 의해 좌절됐는데, 이는 단지 이념상의 문제가 아니라 거시적으로 학술 공간에 학술 외적 요구와 개입으로부터 차단된 독립적이고 자율적인 담론이 형성되는 계기 자체를 차단하는 결과를 낳았다. 결국 대부분의 국내 인문사회과학 학술영역에서 배타적 상징 공간의 확립을 위한 시도 자체가 계속해서 유예되고 있었다.

이처럼 상징자본의 배분이 이뤄지는 상징 공간의 확립이 없는 상태의 대학 제도 운영이 지속되면서 한국 대학은 오직 제도자본만의 생산 공간이 됐다. 대학은 엄격한 선발과정을 통과한 학생들의 진입만을 허락하고, 이들에게 사회적으로 공인된 자격증(졸업장)을 부여하는 교육 공간으로서 제한된 기능만을 수행했다. 까다로운 선발시험을 거쳐 대학의 일원이 됐다는 것만으로도 극소수의 학생들은 희소성의 원리에 의해 사회 엘리트로서 인정받게 됐고, 대학의 서열을 결정하는 것은 오직 선발 시험의 엄격성이었다. 그리고 대학 교원의 권위는 바로 이 학위 수여의 권한으로부터만 주어졌다. 이렇듯 대학원 이상의 교육 공간도, 전수할 지식의 생산도 이뤄지지 않은 상황에서 대학 교원의 충원은 점점 더 유학출신자에게 의존하게 된다. 대학원 이상 수준의 연구 공간과 연구자 생산 제도가 부재한 연구·학술후속세대 재생산 불능 문제는 유학을 통해 해소됐고, 이로써 서구의 학술장이 한국의 (박사 이상급) 전문 고등교육 기능을 대리하는, 학술영역의 '서구종속성'이 본격화됐다.*

---

* 예를 들어, 한국철학회 회장과 연세대학교 총장을 역임하고 국내에 영미권 분석

이러한 모든 학술공간의 조건들은 국내 인문사회과학 학자들의 아카데미즘 없는 딜레탕티즘으로 귀결됐다. 장이 없는 상태에서 국내 주류 학자들의 학술 실천 성향은 부르디외가 60년대 이전 프랑스

철학을 본격 도입한 박영식의 회고는 이러한 상황을 집약해 보여준다. 그는 연세대학교 철학과를 졸업하고 "대학졸업자가 나갈 곳은 … 은행과 신문사와 고등학교"밖에 없었던 1950년대의 상황에서 "별다른 목표도 없이, 대학교수가 되겠다는 포부도 없이 그냥 대학원에 진학하여 공부를 더 계속하기로" 결심했다(한국철학회 기념사업편집위원회, 2003: 78). 석사학위 후 다시 "허공에 뜬 시기"를 보내던 그는 학과 교수들의 결정하에 "석사 학위를 갖고 연세대학교 교단에 서는 행운을 잡게" 됐다(80). 이후 1960년대 교수직에 있으면서도 "박사학위를 받아야 형식상 대학 교수의 자격이 갖추어진다고 생각하고 있었기 때문에 … 미완인 채 교단에 서 있는 나를 부끄럽게 생각"하던 그는 유학을 결심한다(83). 우여곡절 끝에 1975년 미국 에모리 대학에서 분석철학 박사 학위를 받아 "금의환향"한 그는 2호봉 특진은 물론 학교 측의 환영연을 대접받았고, 머지않아 학내 보직 제안을 잇따라 받게 된다(84~91). 여기에서 눈여겨 볼 점은 두 가지다. 하나는 이 시기 박사급 고등교육 기능이 해외에 대리되어 있었다는 사실이다. 70년대까지 한국 인문사회과학 교수들의 박사학위는 일본·미국·유럽에서 학위과정을 밟으며 취득됐거나, 박영식처럼 교수직 후에 뒤늦게 유학을 통해 취득됐거나, 재직중 '구제 박사'로써 얻어졌다. 혹은 아예 박사학위 없이도 교수직은 유지됐다(국내 박사도 이따금 배출됐지만 이상적인 경우로 여겨지지는 않았다). 두 번째는 이 과정에서 학자들의 관심 연구분야가 급격히 요동치게 된다는 점이다. 박영식은 석사로 플라톤 고전철학을 전공했고, 교수직 중에는 형식논리학·기호논리학·서양고대철학사를 새로 배워 강의했다. 박사 유학을 결심하면서 전공을 고민하던 그는 우연히 비트겐슈타인·에이어 등의 책을 읽고 새로이 분석철학을 공부하기 시작했고, 미국 유학 이후에는 완전히 영미권 분석철학자가 되어 이를 강의하는 데 전념했다(79~91). 이러한 일련의 과정은 국내에 담론의 공간이 부재한 상태에서 학자의 궤적이 유학을 통해 최신 이론을 수입하고 이를 교육하는 것으로 채워지고 이것이 이상적인 미덕으로 여겨졌던 분위기 일반을 보여준다. 한국철학회가 학회 50년과 학회지 100호 발간을 기념해 원로들의 회고록과 대담을 수록한 『한국철학회 50년: 역대 회장의 회고와 전망』(2003), 『철학 100집 출간 기념 한국 철학의 회고와 전망』(2010)에는 이와 같은 1970년대 국내 학계의 상황에 대한 다수의 증언이 담겨 있다.

인문사회 학술장 내 주류 공간의 성향으로 지적한 딜레탕티즘과 유사했지만, 이곳에서 외부 세계와 단절된 배타적 담론의 공간, 즉 집합적 수준의 아카데미즘은 부재했다는 점에서 결정적인 차이가 있었다.

우선 유사점의 측면에서 80년대까지 국내에서 대학의 가치는 졸업 후 사회 각층의 리더가 되기 위해 폭넓은 식견을 가진 교양인의 양성에 있었고, 따라서 이를 교육하는 교수 또한 넓고 얇게 두루 알고 있는 딜레탕티즘의 소유자여야 했다. 즉 국내 학자들의 딜레탕티즘은 기본적으로 넓은 교육을 수행하기 위해 다방면에 걸쳐 많은 이론 자원을 습득한 교양 교육자·해설자로서 딜레탕티즘이거나, 혹은 자신이 습득한 전문분야에서 단지 그 소재만을 넓혀 나가는 일을 덕목으로 삼는 (이를테면 60년대까지 프랑스 문학장의 지배자였던 픽카드와 같은) 주석가의 딜레탕티즘이었다.

그러나 장이 부재한 한국의 상황, 즉 아카데미즘 없는 딜레탕티즘은 프랑스의 사례 이상으로 다방면의 학술적 경로에 대한 선택지를 학자들에게 제공했다는 점이 지적돼야 한다. 우선 국내 연구 기능의 부재와 해외 유학 의존도 심화가 진행되면서 한국의 인문사회과학 영역은 서구의 '새로이 주목받는 학자'의 유행에 점점 더 민감해졌다. 단지 '다방면에 능통'한 것을 넘어 서구의 '최신 유행'에 민감하게 반응하는 딜레탕티즘의 경로가 국내 주류 학술공간에 중요한 실천 성향으로 자리잡게 됐다. 예를 들어, (앞에서 1976년 하버마스를 처음 소개한 인물로 언급하기도 한) 연세대 철학과의 이규호는 튀빙겐대 유학 후

1964년 "해석학, 현상학, 실존철학, 삶의 철학, 언어철학"을 아우르는 『현대철학의 이해』를 펴냈고, 이후 고전철학부터 최신 서양철학까지의 흐름을 망라하는 '인간학·언어철학·해석학 3부작' 집필을 통해 "국내 현대철학의 가장 탁월한 안내자"로 불렸다.[3] 딜레탕티즘의 종합판이라 할 수 있는 이러한 학자상은 국내 제도권에서 인정받고 존경받는 준거점이 어디에 있었는지 잘 보여준다.

다른 한편, 학술 담론 공간의 부재는 한국의 인문사회영역 학자들로 하여금 넓은 식견을 가지고 다양한 사회 현상들에 즉흥적 해석을 제공함으로써 언론과 대중매체로부터의 인정을 추구하는, 경륜가로서 딜레탕티즘의 경로 또한 제공했다. 이규호가 해설자이자 유행을 섭렵한 주석가로서 딜레탕티즘을 보여줬다면, 한국의 대표 윤리학자로 불린 김태길은 이에 더해 한국 사회의 다양한 현상들을 거시적으로 조망해 주는 경륜가로서 딜레탕티즘을 대표한다. 김태길은 1990년 서울대학교 철학교수직을 은퇴하면서 자신의 학술 여정을 종합한 『변혁시대의 사회철학』을 펴냈다. (책의 제목과는 달리 '변혁'적 내용은 담겨있지 않은) 이 책의 내용은 고전철학자들로부터 출발해 자유주의 계약론자의 민주주의론과 마르크스주의를 개괄하고 노직과 롤즈의 최신 정의론과 복지국가론까지 다룬 뒤, 이를 한국의 근대화 과정과 한국인의 의식구조론, 민주주의와 통일문제, 인권과 민족교육론에까지 확장한 그의 '경륜가'로서 면모를 담고 있다. 또한 일찍감치 수필가 활동도 병행했던 김태길은 '철학대중화'를 기치로 활발한 대중 강연 활동을 벌였고, 언론 매체를 통해 사회 현안에 대한 조언을 아끼지 않았다.[4] 이러한 활동은 학술 담론이 부재한 상황에서 언론출판매체를 통해 인정받으며 경륜가로서 딜레탕티즘을 실천할 수 있는 유망한 경로로서 국내 학자들에게 제시됐다.

이후 다소 후속세대에 속하는 백종현은 (차인석이 시작한 프로젝트를 이어받은) 국내 사회철학 집대성 기획 시리즈 『사회철학대계III』를 펴내면서 이러한 철학계의 외산 이론에 대한 종속 경향의 심화와 이론과 소재의 지나친 확장을 다음과 같이 질책했다.

> 지난 한 세기 동안의 한국 철학계의 관심주제의 변화를 눈여겨보면 몇 가지 매우 흥미 있는 사항을 발견한다. 첫째로, 일제 통치기간을 거쳐 그 여파가 미친 1960년대 초 제1차 군사정부 성립 시기까지만 하더라도 독일 철학 연구 일색이던 것이 차츰 미국적 철학 경향을 띠고, 또 그러자 1980년대 초 제2차 군사정부 성립 전후 마르크스주의적 사회철학 연구 경향이 눈에 띌 만큼 증가했으나 이내 소련의 해체와 더불어 그 기세가 꺾이고, 다시 미국적 철학의 득세와 함께 바야흐로 백가쟁명의 판국이 전개되고 있다는 점이다. 둘째로, **1970년대 이후 한국 철학계는 미국-유럽 철학계의 만물상 내지는 잡화점 같다는 점이다.** 그 연구대상의 잡다함을 보면, 한국 철학계는 미국 철학계보다도, 독일 철학계보다도, 프랑스 철학계보다도, 영국 철학계보다도, 러시아 철학계보다도, 아니 **세계 어느 나라 철학계보다도 다양하다.** 셋째로, 이런 다양성에도 불구하고, 한국에서 철학을 공부하는 사람들은 서아시아 (아라비아)나 아프리카, 남미 지역의 철학사상에는 아무런 관심도 보이

지 않고 있다는 점이다. 이들 지역과 한국의 경제적 관계가 이미 무시할 수 없을 만큼 긴밀해졌는데도 말이다. 고쳐 말하면, 한국 철학계는 한국에 정치, 군사적 힘을 강하게 미치고, 경제적으로 한국보다 확실히 우월하다고 간주되는 **미국-유럽 지역 문화 내지 그 사상에 대한 연구와 수용에 경도되어 있다는 점이다.** (백종현, 1998: 15~16; 강조는 인용자)

여기에서 백종현이 질타하는 것은 지식사회학적인 문제라기보다는 여전히 학자들의 규범적 '태도'이고, 또한 그 대안으로 제시하는 '주체적 철학' 또한 의심의 여지가 많은 것이지만, 분명한 것은 그가 한국 철학계의 딜레탕티즘의 심각성을 지적하고, 그 원인으로 한국이 서구권의 거의 모든 철학적 논의들을 반복 수입한 결과라 말하고 있다는 사실이다. 즉 "학과나 전공 설치의 이유란, 각기 저 세계의 모모한 유수 대학을 보면 그런 것이 있다는 식인데 그렇게 해서 우리나라의 웬만한 대학에는 전세계의 유수한 대학에서 각기 특성적으로 진흥하는 학문영역이 모두 함께 있다"(17)는 것, 한국 철학계가 "대부분 철학사 교사이거나 미국-유럽 철학 중개상"(18)인 것이 현실이라는 것이다.

철학을 중심으로 본 이러한 경향은 여타의 학문에서도 마찬가지였다. 특히 사회 이론의 주요 유통지였던 사회학에서 상황은 철학과 거의 유사했다. 아니, 어쩌면 사회학의 현실은 더 심각했는데, 이는 철학보다 짧은 사회학 도입 역사는 물론 사회학이라는 학문 자체의 성격으로부터 비롯된 것이기도 했다. 예나 지금이나 사회학은 '사회에 대한 거시적인 통찰력'을 제공해 주는 학문으로 규정되어 왔는데, 이는 주로 사회학의 교육 방식에서 분명하게 드러났다. 철학의 경우 특정 사조나 인물에 대한 사상적 접근을 출입구로 하고, 특히 한국 철학이 일본에서 융성한 독일 철학의 영향을 받은 탓에 고전 철학과 상대적으로 좁은 범위의 '데칸쇼' 원문 독해를 시작으로 학습됐던 반면, 사회학의 경우 개론이나 이론·사상사에서 수많은 이론가들과 다양한 사회 분야를 2·3차 문헌을 통해 두루 훑어보는 방식의 피상적인 교육이 전형적으로 이뤄졌다.

구체적으로, 주로 미국 사회학 개론서의 모사에 가까운 1980년대 이전 사회학 입문 서적들에는 이론적으로 꽁트·스펜서·마르크스·베버·뒤르켐·파크·미드·파슨스·머튼·코저·비판이론·신제도주의 사상가들을 두루 살펴보고, 분야별로는 방법론·집단과 조직·구조·제도·계층·변동·범죄와 일탈·미디어·도시와 농촌·인구와 가족 등의 사회학의 모든 분야를 망라하는 내용이 담겼다.[5] 우리의 관점으로 보면, 이러한 사회학 개론서들은 고전부터 현대까지 모든 사상가들을 폭넓게 소개하고, 이중 한두 개(주로 구조기능주의) 이론을 토대로 소재의 범위를 넓혀 적용하는 딜레탕티즘의 교육방식에 속한다.* 결국 "사회학과에서 백화점식으로 개설하는 과목은 학교에

---

* 철학자 김태길의 모습은 원로 사회학자 김경동에게서 유사하게 나타난다. 김경동의 『현대사회학의 쟁점: 메타사회학적 접근』(1983)의 구성을 보면, 먼저 이론적으로 그리스 철학으로부터 출발해 근대 철학과 칸트·헤겔을 거쳐 마르크스·베버·뒤르켐을 다루고, 다시 후설과 만하임의 독일 전통을 통해 과학철학과 실증

따라 조금씩 차이가 나기는 해도 매년 20~50여 개에" 달하고 "학생들은 '들어도 배울 것이 없다'고 불평"(이재열·정진성, 1994: 54)하기 일쑤였다. 이러한 '강단 사회학'에 문제 의식을 느낀 이들에 의해 70년대 후반에는 보다 비판적인 사회학을 시도한 이들이 나타나기 시작했는데, 문제는 이들이 꾸민 대안적 교과서 또한 사상가와 소재의 범위를 최대한 확장해 사회에 대한 '폭넓은 (비판적) 시각'을 제공하고자 했다는 점에서는 차이가 없다는 사실이다.* 결국 전문화된 연구가 부재한 상태에서 이론과 소재 양측면에서 딜레탕티즘을 조장하는 교육은 수요자는 물론 이를 강의하는 교육자 교수들에게도 당연한 것으로 여겨졌다. 이후에 살펴볼 변혁주의 그룹의 출현 과정에서 신진 학술 성원들이 기성 사회학에 배울 것이 없고, 서구 이론의 단순 이식이라는 종속성에 사로잡혀 있다면서 비판하고 나서는 모습 또한 철학과 사회학의 상황이 대동소이했음을 드러낸다.**

주의 논쟁·사회과학방법론 논쟁을 상술한다. 이어 책의 후반부는 미국사회학을 비판하고 바람직한 사회학의 모습을 그린 뒤 한국사회학과 인류학 교육을 위한 현황 진단과 대안을 제시하고 있다.

* 예를 들어, 김진균, 『비판과 변동의 사회학』(1983); 한국산업사회연구회 편, 『새로운 사회학 강의』(1990); 박영신, 『사회학 이론과 현실인식』(1990); 사회문화연구소 편, 『오늘의 사회학』(1992); 한완상, 『한국현실 한국사회학』(1992). 이 시기에 짧게 존재했던 강단 사회학과 비판적 민중사회학의 논쟁과 그 문제에 대해서는 김경만(2015a: 19~46), 정수복(2022: 373~378)을 참조하라.

** 최근 정수복(2022)은 한국 초기 핵심 사회학자들의 행적을 지성사적으로 추적하고 분석한 노작 『한국사회학의 지성사』 (총4권)를 내놓았다. 여기에서 저자는 한국 주요 사회학 흐름의 원류를 이루는 14인의 사회학자의 작업을 면밀히 분석하면서 각 학자들이 이룩한 성취와 한계에 대해 지적하고 있다. 특히 '아카데믹 사회학자'(정수복의 용법은 학자 개인의 성향에 관한 것으로, 이 책에서 집합적 수준에

이처럼 다양한 경로의 딜레탕티즘은 외형상 본격적인 학술 제도의 발전이 이뤄진 80년대까지도 실질적으로 주류 학자들의 가장 중심적인 학술 활동이었다. 주류 학자들은 대부분 동서양을 가로지르는 다양한 학자를 '섭렵'해 폭넓게 가르치고, 또한 최신 서구 유행에 민감하게 반응해 국내에 소개하는 교육자였다. 혹은 이들은 자신의 주류 대학 교원 지위를 토대로 시시각각 변하는 사회 현안들에 대해 쓴소리를 마다하지 않는 경륜가이기도 했다. 그 이면에는 유학을 통한 서구 학술장과의 인적 연결을 통해 최신의 유행 학자가 최신 전공자의 귀국과 함께 지속적으로 도입되고, 이때문에 국내에서의 누적된 공동의 논의가 어려워지고, 다시 지적 자원을 새로운 서구의 유행 학자의 수입에서 찾는 악순환이 반복되고 있었다.

결국 1980년대까지 학자들이 담론의 형성을 통해 적대적 협력자 공동체를 형성하지 못하고 다양한 딜레탕티즘의 방향으로 유리되어 있는 가운데 주류 제도권 학술영역의 상황은 그 중심부가 공백으로 남겨져 있었다. 앞에서 살펴본 고등 교육 공간의 팽창은 바로 이러한 제도권의 상황을 배경으로 해서 일어난 일이었다. 바로 이때, 제도권 외곽에는 계층 이동에 대한 욕구와 체제 변화에 대한 강한 열

서 학술 담론에 참여하려 하는 의미로 사용하는 아카데미즘과는 다소 차이가 있다) 이상백, 배용광, 이만갑, 김경동을 다룬 제2권에서 각 인물들이 이룬 지적 성취의 측면과는 별도로, 정수복이 이들의 지적 여정이 통상 매우 넓은 범위를 다루는 '박학다식함'으로 채워져 있었음을, 또한 이들 사이에 이렇다 할 지적 얽힘과 맞부딪힘이 없었음을 반복해서 지적하고 있음에 주목할 필요가 있다. 이에 관해 다음의 부분들을 볼 것. 정수복(2022: 169; 248; 369~371; 383; 389).

망을 지닌 학생과 신진 학술 세대에게 기성 제도권 학자들의 학문관을 정면으로 반대하는 대안적 학문에 대한 요구가 누적되고 있었다.

비주류 학술운동 영역에서 학술적 도구주의

주류 제도권의 딜레탕티즘은 비주류 학술운동권 형성의 중요한 원인을 제공하고 또한 비주류 성원들의 핵심 실천 성향의 설정에 깊은 영향을 주었다. 1980년대 중반 신진 사회학자 임영일은 이른바 '비판적 사회학'을 천명하면서 주류 학계의 이론 문화를 다음과 같이 비판했다.

> 우리는 이 글에서 70년대까지의 사회학 연구동향에 대해서는 특별히 연구하고 싶은 생각이 없다. … 조금 풀어 말하자면 "사회학적 연구는 있었으되 이어받고 발전시켜야 할 전통은 존재하지 않는다"라는 것이 우리의 입장이다. 왜 그런가? … 한국에서 분과학문으로서의 사회과학이 자리잡기 이전인 일제식민지시대에 쓰여진 최초의 사회학 교과서를 보면, 우리는 그것이 이미 전형적인 '표준 미국사회학 교과서'로서 현재 출판되어 강의되고 있는 대다수의 사회학 교과서들과 비교해서도 그다지 손색없는 내용의 것임을 발견한다 … (이어, 60년대 이후) 이시기 한국의 사회학은 다량의 '연구비'와 함께 주어진, 관변 프로젝트에 기생하여 엄청난 분량의 '사회조사'연구들을 쏟아놓게 된다 … . (임

영일, 1988: 114~115)

여기에서 우리가 주목해야 할 점은 80년대의 신진 세대가 서구의 이론을 수입해서 늘어 놓은 교과서만 가르치는 이전 세대의 딜레탕트한 제도권 학술영역에서 '배울 것이 없다'고 생각했다는 사실이다. 다시 말해, "우리나라 부르조아 사회학자들은 부르조아 사회학이라는 명칭을 붙일 수도 없을 만큼 연구 역량도 적고 축적된 이론적 작업도 빈약"(132)하다는 것이다. 비록 학계는 계속해서 딜레탕트한 경륜가에게 존경과 인정을 보내고 있었지만 학술 담론의 중심부가 부재한 상황은 누구보다도 신진 세대에게 불만을 누적시키고 있었다 (경제와사회 편집위원회, 1988). 그리고 이 불만은 경직된 사회에 대한 문제의식과 강하게 결합했다.

70년대 말에 대학에 입학해 80년대 태동한 비주류 학술영역에서 성장한 한 '정치경제학자'의 회고는 이러한 제도권 학술영역의 성향에 대한 반작용으로서 변혁주의, 즉 학술적 도구주의가 형성되게 된 핵심 논리를 보여준다. 운동을 하고자 했던 그에게,

> 사상의 문제는 여전히 학습과제로 남았고, 이것이 나아가 보다 깊은 철학의 문제에 대한 학습을 요구했다. 자유주의, 사회민주주의, 민족주의 등에 대한 자료는 불만스러우나마 그런대로 지적 욕구를 충족시켜 주었다. 당시 막 소개되기 시작한 '반체제적인' '신좌파' 혹은 프랑크푸르트 학파는 매우 인상적이었다. 마르쿠제, 에리히 프롬, 하버마스

등은 '인간주의적 맑스'의 입장에서 자본주의 문명을 비판하면서도 기존 사회주의 내지 공산주의 체제의 비인간성에 대해서도 비판하였다. 그러나 맑스 자신의 철학은 물론 경제학 이론이 아직 '지하'에도 제대로 없었던 당시에 이들 이론은 한국의 정치, 경제현실에 대해 보다 더 깊이 이해하고자 하는 지적 욕구를 충족시켜 주지는 못했다. 그런 가운데 이 당시 신좌파를 통해서 간접적으로 접한 '존재와 의식'에 대한 맑스의 명제는 한 줄기 빛으로 느껴졌다. '인간 의식의 사회역사적 존재 구속성'이라는 테제, "인간의 사유가 사회적 존재양식을 규정하는 것이 아니라, 사회적 존재방식이 인간의 사유양식을 규정한다"는 유물변증법의 테제는 잘은 몰라도 인간의 역사와 사회 일반, 한국의 정치경제적 모순과 낡은 지배이데올로기 등에 대한 의문에 근원적으로 답을 주는 것 같았다. 그러나 그 순간 맑스라는 인간도 19세기 유럽이라는 사회역사의 산물이니, 맑스의 이론 자체도 그 자신의 이론대로 사회역사적 한계가 있는 것이 아닌가 생각했다. 그러나 이 중요한 문제에 대해 본격적으로 생각해 보지는 못했다. (정성기, 2002: 22; 맞춤법 일부 수정)

위 회고의 화자 정성기는 급변하는 80년대 상황 속에서 대학을 다녔고, 운동과 학문을 병행하며 경제학 전공 대학원에 진학하여 이후 이른바 '정치경제학자'가 되었다. 1세대 정치경제학자 박현채의 제자로서 80년대 말 '사구체 논쟁'에도 적극 개입했던 그의 궤적은 변혁주의 학술운동권에서 성장해 대학교수의 경로를 밟은 동시대 비판적·변혁지향적 학자들의 경험의 전형을 보여준다. 이 회고에서 우선 주목해야 할 점은 화자가 증언하는 1980년대 초반 인문사회과학도들 전반에 퍼져 있었던 문화다. 유신 말기-신군부 정권 집권기 급변하는 정치환경 속에서 대학에 진학한 인문사회과학 전공 대학생들의 문화는 매우 반체제적이고 변혁 지향적이었다. 이들이 어떻게 이러한 문화를 공유하게 되었는지는 그 자체로 또 하나의 연구 주제가 될 것이다(최형익, 1999). 지금 우리에게 중요한 것은 이러한 문화가 당연시된 상태에서 이들이 학술 실천에 어떠한 의미를 부여하게 되었는지에 관한 것이다. 위 글에서 화자는 자신과 동시대 학생들이 공인된 학술영역의 제도권 학자들의 딜레탕티즘에 반대해 반대급부의 학술적 지향점을 설정하고 있었음을 증언하고 있다. 학생들은 제도권 학술공간의 학자들의 딜레탕티즘을 진정한 사회 현실을 외면하는 '엘리트 상아탑 주의'로 규정했고, 또한 이들의 학술 실천이 '얕다고' 생각했으며, 그래서 그 반대방향으로서 사회의 심층 구성원리를 파악하고 이를 통해 변혁을 추구하는 것이 올바른 학술적 실천의 방향이 돼야 한다고 생각했다.* 이때 학생들이 '대안'으로 내세운 것은 학술 실천이 정반대 방향에서 사회변혁을 위한 도구가 되어야 한

---

* 예를 들어, 90년대 초 주류 사회학자들은 사회학의 (위기가 아닌) "정체현상"의 원인을 진단하며 학생들이 원하는 실천적·사회비판적 차원의 지식 교육의 결여를 언급하고, "청년기의 끓어오르는 지적 욕구를 강의실에서 충족받지 못하는 학생들은 제도권 밖의 학문 공간이 제공하는 뜨끈뜨끈한 문제 의식으로 무장함으로써 한국적 현실에 대한 밀착감을 추구하게 된다"(이재열·정진성, 1994: 52)고 언급하기도 했다.

다는 것, 즉 강력하고 전면적인 학술적 도구주의였다.

인문사회과학 대학생들은 자신들의 이러한 바람을 제도상 대학교육의 외부에서, 내용상 '정통 마르크스주의'에서 찾았다. 처음에는 마르크스에 대한 접근이 거의 원천적으로 차단된 상황에서 제한적으로 유입이 허용되어 있었던, 다소 완화된 어조의 서구산 변혁이론들이 지적 갈증 해소의 수단이었다. 그러나 점차 이들의 관심은 비판적 사상서들의 본류이자 '금지된 책', 마르크스의 원 저작으로 기울었고, 금지된 까닭은 그것에 진리가 담겨 있기 때문이라고 믿었다. 앞서 인용한 정성기가 그러했던 것처럼, 사회변혁을 향한 열망으로 가득한 대학이라는 공간에서 마르크스를 만난 1980년대의 인문사회과학도들은 그를 "한 줄기 빛"으로 여겼고, 사상적 빈곤으로 인한 자신들의 "지적 욕구"가 채워질 수 있다는 확신하에 어두컴컴한 지하에서 마르크스주의를 학습하기 시작했다.* 비밀스럽게 만난

---

* 철학자 홍영두는 다음과 같이 증언한다. "그러나 1980년대 한국에서 마르크스, 엥겔스와 맑스주의 원전의 번역과 연구의 주도권을 잡은 것은 주류 학계의 대학 교수들이기보다는 반체제적 운동권이었다 … 80년대 초창기 반체제적 운동권은 대학 학생운동 써클을 중심으로 맑스주의적 세계관 및 변혁이론을 지향하게 된다. 이 같은 점은 그 당시 학생운동권의 학습 커리큘럼에도 잘 나타나 있다. 80년대의 운동권 학생들은 우리 현실에 눈이 뜨기 시작할 단계가 되면 경제사 학습을 통해 유물사관을 자연스럽게 수용하고, 이어 정치경제학 원론을 일서를 통해, 나중에는 번역본을 통해 접하고, 그 다음 단계로 소련 철학 교과서나 노동차 철학 교과서를 통해 맑스주의 철학을 접했으며, 이어서 각국의 혁명사나 사회운동사를 학습하는 순서를 밟았다 … 80년 초반에는 프랑스 노동자 대학 철학교과서였던 『강좌철학』 일역판과 소련 철학 교과서 『철학 교정』 일역판이 철학 학습 교재였고, 이를 위한 번역 팜플렛이 운동권 내에 돌기도 했다. 이 두 권은 1985년에 공식적으로 번역 출판된다 … 84년 말부터 타자기로 활자화된 맑스주의 원전 번

정통 마르크스 이론은 "인간의 역사와 사회 일반, 한국의 정치경제적 모순과 낡은 지배이데올로기 등에 대한 의문에 근원적인 답을 주는 것 같았"다. 이를테면 국가를 '자본가들의 위원회'로 설명하는 마르크스를 따라 당시 한국이 처한 독재 정치라는 현실은 단지 자본주의적 모순의 '겉표면'에 불과한 것으로 해석됐다. 이들 신진 변혁주의자들에게는 농촌이 해체되고 산업화가 이뤄지는 근대화란 사실 국가에 의한 "본원적 축적과정"이며, 이것이 산업화된 현대사회 일반의 '본질'이라는 마르크스의 설명이야말로 '과학적'이고 진정한 설명으로 다가왔다(임지현; 김항·이혜령, 2011: 231). 요컨대, '근본적이고, 과학적이고, 체계적인' 정통 마르크스 이론은 80년대 새로운 변혁운동을 추구하는 학술운동권의 성원들에게 사회 모순에 대한 진정한 해답으로 여겨지면서 단시간 내에 핵심 교의로 부상했다.*

역물이 팜플렛 형태로 운동권 내에 돌기 시작하였는데, 이들 번역팜플렛의 중심에는 러시아 사회주의 혁명 전야에 레닌이 썼던 주요 저서가 놓여 있다. 1년 뒤인 86년 초 겨울 4권의 팜플릿판 원전 번역물이 비합법적 형태로 복사물로서 유통되었다. 물론 이들 번역물에는 레닌의 원전뿐만 아니라 이 이론의 고전적 근거가 되는 마르크스와 엥겔스의 저작들도 포함되어 있었다 … 단편적인, 파편적인 원전 번역, 그것도 열악한 상황하에서 어쩔 수 없이 필사본이나 타자본으로 만들어 은밀히 지하에서 유통되던 것이 처음의 원전 번역이었다"(홍영두, 2004: 371).

* 마르크스주의의 확산에 대해서는 다양한 분석이 존재하지만, 대체적으로 과도한 사상탄압이 낳은 역설이라는 데에는 이견이 없다. 다음의 언급들을 참고할 만하다. "경직된 체제는 마르크스 이념에 입각한 노동운동은 물론 모든 형태의 노동운동을 탄압했으며 진보적인 정당 결성운동까지 철저히 통제했다. 이러한 정치적 조건에서 자본주의 발전이 촉진되고 계급분화가 심화되자 마르크스주의는 급격히 확산되었다. 그러나 온건하고 개량적인 운동을 포함한 사회운동을 전면적으로 봉쇄함으로써 극단적인 운동이념을 가장 호소력있게 만들어주는 역설을 낳았

그런데 여기에서 중요한 것은 비주류 학술운동권의 중핵을 이루고 있는 도구주의가 68혁명 시기 프랑스 비주류들과는 달리 전문주의적 요소를 결여하고 있었다는 점이다. 물론 이들은 표면상 경제현실에 대한 '과학적 연구'를 표방하기는 했다. 그러나 실제로 이들이 시행한 것은 프랑스 포스트모던 이론가들이 추구한 전문주의와는 거리가 멀었다. 이는 비주류 학술영역에서 마르크스주의를 자양분 삼아 자라나 이후 주류 성원으로 성장하게 되는 신진 학자들 다수의 학술적 실천의 방향성을 결정하게 되므로 충분히 조명될 필요가 있다. 1980년대 마르크스주의의 세례를 받으면서 성장해 인문학 대학교수가 된 한 학자의 다음의 회고는 이 문제를 잘 보여준다.

> 학문 연구도 정치투쟁의 일환이라는 사고가 그때 우리를 지배했지요. 그러다 보니까 이른바 '정치적 올바름'이 모든 것에 우선하는 그런 경향이 생겨났어요. '정치적 올바름'이 학문적 진실성을 보증한다는 식의 사고가 80년대를 지배했던 것 같아요 … 어쨌든 공부하다가 뛰어나가서 최루탄 맞으면서 돌 던지고 하는 게 일상적으로 벌어지는 그런 시절이니까요. 이념적으로는 물론 맑스주의가 가장 강력하게 자리 잡고 있고, 아까도 말했듯이 **정치적인 올바름, 나아가서는 계급성, 당파성을 확보하는 것이 학문적으로도 올바른 것이라는** 데에 아무런 의심도

다. 즉 마르크스주의 이론이 '교조적 형태'를 띠고 '때늦게' 등장한 것은 1980년대 이전에 마르크스주의나 사회민주주의 이념을 견지하는 어떠한 형태의 노동운동도 존재할 수 없었다는 사실을 반증하는 것이다"(김동춘, 2017[1993]: 68).

하지 않았어요 … 지금 생각하면, 가장 올바른 정치적 노선이 무엇이 었는지를 먼저 전제하고 나머지를 거기다 **연역하는** 방식, 그런 방식의 연구였다는 생각 듭니다. 아무튼 시대가 시대였으니까요. (김철; 김항·이혜령, 2011: 21~22; 강조는 인용자)

이 회고는 비주류 학술운동 영역 성원들이 학술 실천의 텔로스 (telos)로서 마르크스주의적 사회변혁을 지상과제로 설정함으로써 학술활동의 의미를 그것에 철저히 종속시켰던 분위기를 말하고 있다. 이들은 언제나 과학성을 강조하기는 했으나 그 과학성과 전문성은 지식의 객관성 여부에 대한 검증 노력은 생략한 채 사전에 설정된 사회변혁적 요구에 잘 맞는다는 이유로 단순히 '부여된' 가치였고, 그래서 이들이 실제로 추구한 과학성·전문성은 껍데기에 불과했다. "정치적인 올바름"이 "학문적으로도 올바른 것"을 보증해 주었다는 위 화자의 자조는 바로 이 지점을 고백하는 것이다. 단적인 예로, 수요의 폭발로 인해 1980년대에 난립한 마르크스 관련 번역서들에서 번역의 질은 별로 중요하게 고려되지 않았는데, 그도 그럴 것이 "맑스주의 원전 번역 활동에는 철학적 이론에 대한 관심보다는 사회변혁적 이론이라고 하는 실천적 관심이 단연 앞섰"기 때문이다(홍영두, 2004: 379). 이들에게 마르크스 이론의 타당성은 물론, 이론 학습을 위해 선행돼야 할 번역의 정확성조차 별반 중요하지 않았다. 마르크스 이론으로부터 자신들이 생각하는 모종의 과학성을 '발견'한 후 그들은 사실상 마르크스 이론 자체에 대해 제대로 된 이론적 탐색을 할 필요성을 느끼지 못했다. 그래서 앞서 인용한 정성기의 언급처럼, 이들은 "맑스라는 인간도 19세기 유럽이라는 사회역사의 산물이니, 맑스의 이론 자체도 그 자신의 이론대로 사회역사적 한계가 있는 것이 아닌가"라는 매우 정당하고도 사실상 필수적인 성찰의 필요성이 제기돼도 "이 중요한 문제에 대해 본격적으로 생각해 보지는 못했"고, 이들에게 마르크스는 언제나 그저 정답으로 남아 있었다. 결국 80년대 후반으로 갈수록 학술운동권에서 '게임의 규칙'은 '누가 마르크스주의적 계급 분석을 정확히 실행하는가'로부터 '누가 (상대적으로) 정통 마르크스를 많이 알고 있는가'로, 혹은 '누가 마르크스주의를 실천하기 위해 열심히 노력했는가'로 옮겨졌다.*

이 과정의 한편에서 '원전 정통주의'가 심화됐다. "80년대 맑스주

---

* 80년대 마르크스주의의 교조화가 이들이 표방한 '과학성'을 어떻게 스스로 배반했는지에 대해서는 다음의 글을 참고할 수 있다. "노동자가 계급적 자각을 갖지 못하는 것, 분단이 왜 통일로 연결되지 않는가 하는 점은 그들이 생각하는 것보다도 훨씬 복잡하고 역사적인 문제였다. 한국의 사회현실은 최고 수준의 사회과학 이론이 동원되어도 설명하기가 난해한 매우 복합적인 실체였으며, 그것을 이해하기 위해서는 매우 창조적인 사고가 요청되었다. 그러나 이들이 활용할 수 있는 지적 자원 특히 사회과학적 자원은 너무나 단순하였다. 자유주의적 사회과학은 물론 태동기에 있었던 마르크스주의 사회과학 역시 한국의 역사적 발전 과정에 대해 일정한 설명체계를 갖고 있지 않았으며, 오직 하나의 이론 '모델'로서만 존재하고 있었다. 어떤 경험적 준거도 갖지 못한 채 이제 암기식 교육과정을 막 벗어난 학생들이 기존의 이론을 비판적으로 재구성하여 한국의 변혁운동에 적용할 수 있는 능력을 갖기는 사실상 어려운 문제였다. 군사정권에 동조한 '죄지은 자'로서의 기성 세대나 기성 학자들이 이들의 눈치만 보는 가운데 소장학자나 학생들의 투박한 주장이나 이론이 검증되고 비판받을 여지는 거의 없었다. 80년대 운동이념의 급진화는 한국 지성계의 허약성을 적나라하게 드러내주는 부끄러운 기억이기도 했다"(김동춘, 1997a: 91).

의의 전반적 수용은 소위 '정통적 노선'인 '맑스-레닌주의'를 주로 소련·동구권의 교과서적 틀을 통해 받아들이는 방식으로 진행되었다"(윤형식, 1995: 13). 그러던 것이 1980년대 중반에 접어들면 서구에서 들어온 많은 '개량이론' 해설서 읽기로 확대됐고(임영일, 1994: 11; 허경, 2010a: 439~446), 1987년을 넘어서면 마르크스 저작의 합법적 출간이 가능해지면서 그들이 바라마지 않던 마르크스를 직접 읽을 수 있는 길이 열린다. 이렇게 80년대를 경과하면서 '정통' 마르크스주의, 마르크스 '원전'에 대한 의미부여는 점점 더 심화되는 양상을 띠었다. 학자들은 이를 한국에서 있었던 독특한 "시간적 역전현상" 또는 '거슬러 올라감'이라고 부르는데(이기홍, 1994: 44; 김재현, 2015: 210), 마르크스의 원저작으로부터 파생저작이, 그리고 비판이론과 같은 네오마르크스주의 방향으로 진전된 서구의 논의가 한국에서는 정확히 반대의 순서로 소비됐기 때문이다. 즉 비판이론으로부터 레닌주의를 거쳐 원저작의 순서로 접근 순서가 거슬러 올라가면서 동시에 마르크스의 후예들에 의해 점점 심화됐던 비판적 성찰이 한국에서는 거꾸로 논의 과정에서 점차 희석되어 갔고, 이로써 오히려 마르크스에 대한 권위가 점점 더 상승했던 것이다.

이렇게 정통주의가 심화되는 동시에 다른 한편에서는 변혁적 실천에의 참여를 독촉하는 '참여주의'도 심화됐다. 크고 작은 학술 모임에서 벌어진 열띤 토론은 보통 이론적이고 추상적인 담론은 접어두고 당장 시급한 한국의 계급 모순을 해결하기 위한 조직적 실천에 몰입해야 한다는 것으로 결론을 맺곤 했다. 일견 어울리지 않아 보이는 두 심화 경향은 비주류 학술영역에서는 전혀 모순이 아니었는데, 왜냐하면 이들은 이론을 잘 알고 이를 토대로 적극적인 실천에 나서는 것이 바로 마르크스 이론의 핵심이라고 생각했기 때문이다. 마르크스의 포이에르바하에 관한 11번째 테제, "지금까지 철학자들은 세계를 해석하기만 해 왔다. 중요한 것은 세계를 변화시키는 것이다"는 이들에게 마르크스 원전을 잘 알고 (더 이상의 지적 탐구는 중단한 채) 바로 변혁적 실천에 나서라는, 원전 정통주의와 실천주의를 이음새 없이 연결시켜 주는 교의로 해석됐다. 한마디로, 원전 정통주의와 참여주의의 동시 심화는 근본적으로 학술적 도구주의의 산물이었다. 변혁적 관심이 사전에 선행하고, 이에 걸맞다고 생각되는 이론이 이미 갖춰졌기 때문에 그 이론은 실천을 위한 정확한 지침을 주는 만큼만 탐구되면 족했던 것이다. 결국 변혁주의 학술운동권의 성원들이 마르크스 이론의 정당성, 나아가 이론적 탐색 자체의 의미에 대해서는 깊이 성찰하지 않은 채 그것을 핵심 교의로 "연역적으로" 단순 설정하면서 "1980년대 중반은 물론 … 1990년까지도 대한민국 지식인 담론에 있어 마르크스주의는 비판을 허용하지 않는 절대적인 유일무이한 사회운동의 이론으로 군림"(허경, 2010a: 456~457)하게 됐다.*

---

* 여기에 관해 마르크스주의의 교조화에 대한 다음의 비평들을 참고할 수 있다. "그렇지만 그 실천적 지향이 사회에 대한 연구의 고유한 임무인 '현실의 이론화'를(떠나 선차적으로는 그것을 위한 지적이고 물리적인 공간을) 확보하지 않은 채 '이론의 현실화'만을 강조하게 된다면 '이론의 빈곤'은 피할 수 없게 된다. 물론 '이론

이렇듯 1980년대를 거치며 심화된 마르크스주의 추종과 강한 실천 지향은 이곳 비주류 학술운동 영역의 전문주의 없는 도구주의를 보여준다. 중요한 점은 이것이 이들 젊은 신진세대가 가진 가능성을 스스로 제약하는 역설을 낳았다는 사실이다. 변혁주의 학생들은 기본적으로 강한 학구열을 가지고 있었고, '진정한 사회 구성 원리'를 알고자 열성적으로 학술 탐구에 임했다. 또한 이들이 창출한 대안적 학술영역은 권위적이고 생기 없는 주류 공간과 달리, 늘 격식 없는 치열한 상호 토론 열기로 뜨거웠다. 즉 이들은 모종의 '적대적 협력자 공동체'를 구축할 가능성을 지니고 있었다. 그러나 시간이 흐를수록 이들의 토론이 언제나 정통 마르크스 원전에 대한 지식을 가진 이들의 도덕적 정당화와 함께 사전에 결정된 결론으로 귀결되면서, 비주류 학술영역의 성원이자 장차 제도권에 진입하게 될 학술후속세대인으로서의 가능성은 적대적 협력자 공동체가 아닌, 변혁적 투

───

의 빈곤'이 그 당연한 귀결로서 '실천의 빈곤'을 낳는다는 것은 말할 나위가 없다. 사회구성체 논쟁 과정에서 적지 않은 논자들은 실천적 지향에 절박하게 기속되어 현실의 이론화를 도모하는 데 필요한 '여유'를 가지지 못했거나 혹은 허용하지 못하였던 것이 사실이다. 그 논쟁은 실질적으로 이론의 '생산'이 아니라 '수입'으로 점철되었다고 하는 것이 솔직하다" (이기홍, 1994: 52). 또한 이 현상은 "80년대라는 독특한 지적, 정신적 지형 즉 마르크스사상의 지적 인프라가 불비한 조건에서 당면한 '적'의 탄압에 대응할 수밖에 없었던 당시 운동 주체가 선택한 이데올로기 전략의 산물"일 수는 있다. 그럼에도 이러한 교조주의는 마르크스에 대한 탐색이 "이미 존재하던 비마르크스주의 내지 반마르크스주의적 저항이념과의 치열한 경쟁과 대결을 통해서라기보다, 그 어떤 기성의 사상이념의 '수용'을 중심으로 전개되었고, 또 당시의 사상투쟁이라는 것이 대부분 좀더 권위 있는 '원전' 안의 보물찾기 경쟁식으로, 즉 잘해야 원전 — 마르크스든 김일성이든 — 해석투쟁이었다는 점에서 비롯된다"(이해영, 1999: 61).

쟁을 지상 목적으로 설정한 강렬한 도덕 공동체의 고착화로 굴절되었다.

80년대 갈등의 현장, 대학

이처럼 1980년대 중반 점차 학술운동이 성장하면서 학술영역이 이원화되고 대학생과 신진 학자들이 제도권 외곽에서 독립적인 상징자본의 생산과 배분을 수행하면서 대학이라는 공간은 모순에 빠졌다. 대학은 주류-비주류 학술영역의 반경이 중첩되는 공간이었기 때문이다. 제도권 학술영역은 여전히 학술 활동의 중심지이자 교육을 수행하는 대학교수들의 공간이었지만, 정작 수요자인 학생들이 교육자로부터의 교육받기를 거부하면서 본질적 기능을 수행하지 못하는 재생산의 위기에 처했다. 비주류 학술운동권의 경우, 학생들이 몰려들고 실질적으로 재생산 기능을 대리하면서 황금기를 맞이했지만, 이곳에도 문제는 있었다. 이곳에 물질·제도자본이 부재했다는 점이다. 그리고 이것이 앞서 내가 비주류 학술영역이 태생적 한계를 지니고 있었다고 말한 이유다. 비주류 학술영역은 어디까지나 잠정적으로 '대안'을 모색하는 공간이었을 뿐, 이곳의 지식생산자(번역자와 잡지 운영자)들에게는 안정적인 기반이 없었고, 무엇보다 학생들에게 필요한 사회적으로 공인된 상징자본에 해당하는 학위를 수여할 권한이 없었다. 이는 다른 누구보다 학생들을 갈등에 빠트렸다.

한편으로 대학에 입학해 대학생이라는 신분을 활용해 대학을 기반으로 활동하면서도, 다른 한편으로 지식의 원천을 대학 외부에 둔 채 학술활동을 벌였던 학생들은 양자 사이에서 선택의 요구와 직면했다. 이때 변혁적 학술후속세대의 선택은 양자택일을 거부하고 작금의 대립적 구도 자체를 무너뜨리는 것이었다. 즉 이들은 자신들의 활동의 궁극적인 목표를 주류 학술영역으로 돌아가 그곳의 틀을 자신들이 원하는 방향으로 바꾸는 것으로 설정하게 된다. 1980년대 초반 대학 수업을 거부하고 세미나와 학회, 비판적 서적의 독서를 통해 이를 대체하려 했던 대학생들이 1980년대 중반이 넘어서면 아예 자신들이 속한 학교와 전공 수업, 나아가 교육시스템 자체를 뒤바꾸는 '투쟁'을 감행하게 된 것이다.*

이로써 1980년대 대학은 점점 더 양대 학술영역이 첨예하게 맞부딪히는 갈등의 현장이 되어가고 있었다. 특히 인문학과 사회과학 분과 전공 교육 현장은 대립의 실질적 전장이었다. 인문학의 경우, 문학과 사학·철학 계열 전공들은 1970년대에도 이미 『문학과지성』,

---

* 예를 들어, 김동춘(2017)은 자신의 학술적 궤적을 다음과 같이 회고한다. 그는 "1987년 무렵부터 가명, 필명으로 사회 비평 성격의 글을 쓰고, 초청해주는 곳이 있으면 강연하기를 마다하지 않았다. 그 상당 부분은 생계를 위한 것이기도 했는데, 1980년대에서 1990년대 초반까지 풋내기 사회과학자의 글을 읽어주는 많은 후배, 청년 학생 독자들이 있었기 때문에, 내가 쓴 글이나 번역 편집한 책들이 생계의 수단이 될 수 있었다." 그는 "1990년 박사과정에 입학하고 몇 년 후 박사학위 논문을 쓰고 강의를 하다가 대학에 겨우 자리를 잡"게 되는데(5~6), 이는 '학술운동'의 기치 아래 "서구지향적 주류 사회학"과 "세대적 단절"을 이루는 "새로운 사회학을 추구하는 집단"(18)의 일원으로서 수행한 투쟁의 결과이기도 했다.

『창작과비평』의 필진과 독자층으로서 사회비판적인 담론 유통의 명맥을 이어갔다. * 80년대에 접어들면서 이들 인문 계열에 변혁주의적 성향의 대학생들이 유입됨으로써 이제 큰 틀에서 학문의 성격 자체가 변화하게 된다. 특히 철학 분과의 변화가 가장 극적이었다. 1980년대에 들어 전국의 철학 전공은 20여 개에서 40여 개로 배가했는데(백종현, 1997: 20), 이와 함께 사회비판적 지식에 대한 높은 수요를 가진 학생들이 철학과에 대거 진입했고, 이는 철학계에서 '사회철학' 분과가 형성·성장하는 계기가 됐다. 단적으로, 한국철학회 학술지인 『철학』에서 1955년 창간부터 1981년까지 마르크스주의나 좌파사상을 다룬 논문은 한 편도 없었던(백종현, 1998; 김재현, 2015: 207에서 재인용) 철학계의 분위기는 이제 80년대 "사회철학도의 급증"으로 인해 "사회주의 철학과 거의 동의어로 쓰일 정도"의 "사회철학의 시대"(백종현, 1997: 8)로 급반전한다. 그 사회철학의 주인공이 마르크스였음은 물론이다. 그러나 사회비판적 지식이 가장 활발하게 유통된 곳, 그리하여 갈등이 빈번했던 곳은 다름 아닌 사회과학 분과였다.

사회과학 분야는 1980년대 대학 제도 확대 정책의 가장 큰 수혜를 입은 곳이었다. 대학 제도 확대 정책이 시행되면서 새로 설립된

---

* 문학의 경우 개혁적, 변혁주의적 사상을 가진 인물들 또는 문학사적 흐름을 발굴해 내고 여기에 문학사적 가치를 매기는 방식으로, 사학의 경우 민족의 주체성을 강조하면서 또한 '식민사관'에 대항해 조선 후기~구한말 시기에 한국 민중들에게 근대화의 역량이 담지되어 있음을 주장하는 식으로 사회에 대한 변혁주의적 접근이 이뤄졌다. 인문학 계열과 1970년대 문예지 공간의 관계에 대해서는 김원(2012), 김병익·염무웅·백영서(2014), 조연정(2015)을 참고할 것.

대학은 물론 기성 대학들도 이전에 개설하지 않았던 사회과학 계열 전공들을 앞다퉈 새로 도입했다.* 이에 따라 1980년대 사회과학 전공 학생 숫자는 눈덩이처럼 불어났다. 사회학과 정치외교학은 그중에서도 가장 크게 성장한 분야였다. 기성 학계의 장악력이 상대적으로 가장 약한 사회과학 분과에서 다수를 차지하는 대학생들은 자연스럽게 강한 헤게모니를 장악할 수 있었고, 이들은 아예 분과학문의 성격 자체를 비주류 학술영역에서 섭취한 학술적 지식을 통해 규정해 버리고자 했다.

결과적으로 1980년대 중반 대학 현장에서 인문사회 계열 대부분의 교육현장은 변혁주의 학술운동권에서 양분을 섭취하는 대학생·대학원생들과 '제도권 학계를 대변하는' 교수들 사이의 "이념투쟁의 전장"(정민우, 2013: 23)이 됐다. 이어지는 인용문들은 대립의 현장을 다음과 같이 증언한다.

---

* 김성은(2015)에 따르면, 대학 제도의 확대 결과 1970년대까지 입학정원에서 가장 큰 비중을 차지하는 계열이 공학 계열이었으나(1978년 23.5%), 1980년대가 되면 사회과학 계열로 바뀐다(1983년 27.83%). 1980년대 기간에만 정치외교학과가 전국 26개에서 43개로, 사회학과는 10개에서 32개로 증가했다. 정치외교학과와 사회학과, 그리고 경제학과를 포함한 사회과학 계열 입학정원 숫자는 1979년 20,000명 수준에서 1980년대 중반 60,000명 수준으로 세 배 가까이 증가했다. 경제학·정치외교학·사회학 전공을 모두 보유한 전국 30개 대학을 기준으로 할 때, 경제학과의 20%, 정치외교학과의 40%, 사회학과의 60%가 80년대 이후에 설립됐다(136~140).

… 대학 강의를 들으면 시시하고 혁명은 얘기도 안 하고 20세기 전반기 조금 하다 말고, 대학원 가도 그런 거 하지 말라고 하고. 독자적으로 스터디 그룹들을 만들어서 제도권 바깥에서 따로 공부를 많이 했죠. 그런 분위기가 대학 안에 영향을 미치게 되잖아요. 80년대 학번들 보면 전반적으로 혁명을 공부하고 싶은 거야. 공산주의 운동사를 공부하고 싶고, 이런 사람들이에요. 그 당시 사람들 분위기, 지금 40대 후반~50대 초반 사람들의 석사논문 같은 걸 보면 주석에 레닌도 인용하고 하는 사람이 많았어요. 그렇게 다 혁명을 연구하는 분위기였고 계급분석을 얘기하고 사구체논쟁 얘기하고 하는 그런 분위기였어요. 그러니까 교수들하고는 안 맞는 거지. 교수들은 (학생들 보고) 이런 놈들이 있나 이렇게 되고. 서울대에서 늘 싸웠어요. 교수들하고 학생들하고 갈등이 심하고 그랬죠. (백영서; 김항·이혜령, 2011: 104)

1980년대 중후반 … 나는 이무렵 독일에서 유학을 하고 있었는데, 베를린대에서 박사논문을 쓰고 있던 김세균 씨(서울대 정치학과 교수 역임)는 1980년대 중반의 한국 사정을 이렇게 말했다. "한국에는 요새 레닌이 2000~3000명이나 된대." … 1980년대의 학생운동 세대는 후에 '386세대'라고도 불리게 되었지만, 사실상 한국 사회를 들었다 놨다 할 정도로 영향력이 컸다. 1980년대 초 대학가에서는 교수들이 학생들 눈치를 많이 보았다. '어용교수'로 몰려 대학에서 쫓겨날까 봐 두려워서였을 것이다. 그것은 내가 1980년대 초 서울대 사회학과 조교를 할 때, 직접 경험한 일이다. 그리고 이런 '스튜던트 파워'는 1989년 초 내가 유학을 마치고 돌아왔을 때도 마찬가지였다. 기성 교수들의 강의는 수강생이 적어 폐강되기 일쑤였고, 학생들이 원하는 시간강사들의 강의는 미어 터지는 형세였다. 대학가의 서점은 대부분 이른바 '빨간책'을 파는 소위 '사회과학 서점'이었고, 이런 책을 펴내는 출판사는 '사회과학 출판사'라고 불렸다. (유팔무, 2017: 176~177)

또 하나는 제가 한양대에 89년 7월부터 있었는데 … 처음에는 운동도 굉장히 조직적이고 당당하고 그래서 부럽고, '확실히 다르구나'라는 경의의 눈으로 쳐다봤는데요. 만나면서 보니까 그게 아니에요 … 학생들하고 굉장히 많이 충돌했습니다. 제가 한양대에서 보수반동으로 찍혔잖아요. (임지현; 김항·이혜령, 2011: 245~246)

1980년대 중후반이 되면 인문사회 계열 대학교육 현장에서 위 인용문과 같은 대립 상황은 거의 일상적으로 벌어졌다. 우선 학부 강의실 내에서 교수와 학생 사이의 싸움은 학기 내내 빈번하게 일어났다. 강의실에 앉은 "학생운동가들에게는 교수 대 학생이라는, 이미 선험적으로 주어진 선이 분명"했다. 그리고 이들 일부는 "자신들이 만들어 놓은 '실천하는 지식인'이라는 기준에 맞지 않을 경우 가차없이 교수를 향해 공공연한 비판과 비난을 퍼부었다"(김원, 2011: 106). 심지어 대학가에는 "격화되는 학내 갈등으로 인해 학생들로부터 강제 삭발을 당하는 수모"(《교수신문》, 1995.6.15.)를 겪은 교수의 소문이 흉흉하게 나돌았다. 그러나 학생들은 여기에 멈추지 않았다. 그들은 아예 신진 강사들이 진행하는 마르크스주의 사회비판적 강좌 개설을 요구하며 교수들과 대립했고, 학과개선투쟁은 학생운동의 주요 목표였다.

대학원생들의 투쟁은 학술적으로 더 구체적이었다. 이들 중 적지 않은 수가 대학 외부 학술 단체에 소속되어 연구활동을 벌이고 있었고, 그중 일부는 이미 출판시장에서 엄연한 역자나 저자이기도 했다. 이들이 소속학교에서 배우지 않은 내용으로 이뤄진 '학위 논문'을 들고 나타났을 때 논문심사장에서는 "고성과 삿대질"(정민우, 2013: 24)이 오갔고, 졸업과 진학이 인정되지 않는 일도 다반사였다. 어떤 교수들은 심사 학생의 "품행평가서"를 요구하고 운동을 포기하라는 "각서"를 받기도 했다(오수연, 1991: 205~206). 그러나 학생들의 강력한 투쟁은 소속 학과 교수 임용과정에서 위력을 발휘하기도 했다. 학생들의 집합 행동 끝에 서울대 경제학과에 마르크스주의 경제학자 김수행이 임용된 상징적 사건 외에도(김동춘, 1989: 101), 사회과학 계열 전공에서는 교수진 편성이 바뀌는 일도 심심찮게 일어났다(정일준, 1991: 135~138; 김항·이혜령, 2011: 99).

교수와 학생집단 사이의 대립과 갈등은 사실 더 거시적 관점에서 당시 인문사회 학술영역이 이원화되어 있던 구조적 상황에서 기인하는 것이었다. 이 현상은 단순히 운동권 학생들의 일탈행동을 넘어 자신들의 지적 원천을 대학 외부에 두고 있었던 학생집단이 학술공간 재일원화의 실행자(agent)로서 주류 교수 집단과의 투쟁을 감행하면서 벌어졌다. 그리고 궁극적으로 양자 간의 대립의 핵심은 학술 실천에 대한 규정 자체에 대한 차이, 그리고 학술 실천을 어떻게 해야 하는가에 대한 차이, 즉 딜레탕티즘과 도구주의의 충돌이라 할 수 있다.

이러한 갈등은 큰 틀에서 68혁명 시기 프랑스 학술장에서 주류 인문학자들과 포스트모던 학자들 사이에 형성된 전선의 대립과 유사성을 띤다. 그러나 장이 부재하고 주류와 비주류들에게 각각 아카데미즘과 전문주의가 결여된 상황에서 단지 상이한 성향들 사이의 충돌은 프랑스와 다른 양상으로 전개됐다. 즉 지나치게 상이한 이들 사이에는 '장'을 통한 공통의 논의 지대 형성의 기존 조건도, 새로운 형성의 가능성도 없었기 때문에, 프랑스에서 이뤄진 장의 재구조화와 같은 효과는 기대되기 어려웠다.

이 같은 대립구도는 이들이 학술후속세대로 성장해 제도권의 일원으로 진출하고, 주류 학술영역이 하나로 통합되는 1990년대 초기까지 지속됐다. 그리고 우리의 관심인 하버마스 이론의 도입·확산·절정, 나아가 퇴조 현상도 이러한 학술영역의 구조적 변화라는 큰 틀 속에서 전개되고 있었다.

3

—

'하버마스 없는 하버마스' 수용

국내에 하버마스 이론의 도입은 1980년대 변화된 정치적 환경과 대학의 양적 성장, 그리고 그 안에서 마르크스주의를 핵심 교의로 삼는 학술운동권의 출현과 학술영역의 이원화─재일원화 과정의 가운데 주류 학자들과 학생·신진 학자들 사이의 갈등을 배경으로 본격적으로 시작됐다. 앞에서 본 것처럼 1970년대 후반~1980년대 초반 사이 하버마스의 최초 수용과정에서 드러난 이중화된 재현 양상은 바로 이러한 당시 학술영역의 상황을 배경으로 한 것이다.

그렇다면 실제로 하버마스 수용 초기 주류 제도권과 비주류 학술운동 영역 사이에 어떠한 재현의 차이가 나타났는지를 각 공간에서 출간되던 논문과 역서의 대비를 통해 구체적으로 살펴보기로 하자. 수용 공간의 환경에 따라 이론이 다르게 굴절되고, 그 안에서 다시 수용자 집단이 놓인 위치에 따라 상이한 재현이 이뤄진다는 부르디외의 이론틀은* 상황을 이해하는 데 좋은 길잡이가 된다. 이때 논문과 역서는 각각 주류와 비주류권의 성원들이 하버마스 이론을 상이하게 재현하는 모습을 극명하게 보여주는 매체로서, 형식상 각 영역에서 지배적이었던 딜레탕티즘과 도구주의의 실천 성향을 그대로 드러낸다. 또한 내용상 두 매체는 각 영역에서 바라보는 하버마스에 대한 해석의 차이를 보여준다. 여기에서 핵심 쟁점이 되는 것이 바로 3부의 서두에서 본 주제, 즉 하버마스가 마르크스와 단절한 인물인가 아니면 그를 계승한 이론가인가의 문제였다. 그리고 이는 다시 중심부와 주변부 성원들에게서 딜레탕티즘과 도구주의의 성향 차이를 중심으로 나타났다. 하버마스 이론의 최초 도입기인 1976년부터 1984년 사이에 국내 학술공간에는 관련된 10편의 논문과 6권의 역서가 출간됐다. 그 목록은 〈표 3〉과 같다.

하버마스 도입 초기 학술지 공간에서 드러난 핵심 특성은 단연 딜레탕티즘이었다. 일찍이 우리는 이규호와 김위성이 '해외에서 최근 주목받는 학자'로서 하버마스에 접근하고 있음을 보았다. 그런데 더 중요한 점은 이들 대부분이 국내 '최초의' 하버마스 소개 논문을 쓴

---

* 부르디외의 장이론과 학술장 담론을 이론서의 번역 문제에 적용하여 국제적 지식 이동을 분석하는 데 활용하려는 흐름이 이른바 번역사회학(sociology of translation)이다. 번역사회학 학자들은 국경을 넘어선 개별 학술장들의 상대적 자율성과 역학관계가 번역을 통한 지식의 이동을 촉진시키고, 이 과정에서 수용 장 내에 위치한 수용자/번역자의 위치가 번역의 내용을 어떻게 굴절시키는지 분석하는 흥미로운 이론 프로그램을 제시했다. 이에 관해서는 이상길(2010; 2011), 김봉석(2017)의 논의를 참조하라.

표 3   하버마스 이론 도입기 논문과 번역서 출간목록 (1976~1984)

학술지 논문		번역서	
년도/저자/학술지	제목	년도/역자/출판사	제목
1976/이규호/ 윤리논구	후기 자본주의사회의 제문제: 하버마스의 철학에 나타난		
1976/김위성/ 논문집(부경대)	인식이론에 있어서 자기반성의 문제: 하버마스의 '인식과 관심'을 중심으로		
1979/심영희/ 현상과인식	비판이론의 사회학적 의미: 하버마스의 왜곡된 의사소통의 이론을 중심으로		
1980/심윤종/ 현상과인식	자본주의, 합리성 그리고 인간	1980/장일조/ 종로서적	이성적인 사회를 향하여
1982/방정배/ 사회과학 (성균관대)	사회연구 방법론과 비판이론적 시각: 하버마스의 진리탐구방법론을 중심으로	1982/홍윤기·이정원/ 종로서적	이론과 실천
1983/백승균/ 현상과인식	하버마스의 철학 형성과 진리 이념	1983/임재진/ 종로서적	후기자본주의 정당성 문제
1983/한상진/ 사회과학과 정책연구	마르크스와 프랑크푸르트學派: 자본축적과 국가의 관계를 중심으로	1983/ 문학과사회연구소/ 청하	후기자본주의 정당성 연구
1983/홍석기/ 연세사회학	하버마스의 후기자본주의 분석에 대한 비판적 관점	1983/강영계/청하	인식과 관심
1983/강영계/ 현대이념연구	푸랑크푸르트학파의 전개: 하버마스의 인식과 관심을 중심으로		
1984/심윤종/ 사회과학 (성균관대)	하버마스의 언어철학적 사회분석에 관한 연구	1984/백승균· 서광일/이문출판사	마르쿠제와 의 대화

이후 다시는 하버마스를 학술적으로 다루지 않았다는 사실이다. 마
찬가지로 뒤이은 나머지 하버마스 관련 연구 생산자들도 하버마스

를 단 한 차례만 연구 주제로 삼았을 뿐이다. 또한 사회학자 한상진과 심영희를 제외하면 하버마스를 '전공'했다 할 만한 인물은 없었고 독일 근현대철학 전공자이자 잠시간 하버마스 수용 전반과 관계됐던 백승균과 강영계를 제외한 나머지 인물들은 비판이론 쪽과는 직접 인연이 없는 사람들이었다.*

이는 학술적 탐구의 대상을 바꿔가며 개론적 지식만을 생산하고 이를 통해 자신의 지위를 재생산하고자 했던 이들, 나아가 당시 제도권 학술영역 성원들 일반이 띠었던 딜레탕티즘 성향을 반영한다. 하버마스를 논문에서 다루는 의의에 대한 심윤종의 다음과 같은 언급은 이를 잘 보여준다. "오늘날의 인문과학계에서 하버마스가 차지하는 비중과 영향은 날이 갈수록 증대된다 … 더욱이 근래에 와서 그의 사상과 학문에 관한 연구가 구라파에서는 물론이고 미국에서도 활발하게 진행됨으로써 그는 이제 구라파의 몇몇 나라에 국한시킬 수 없는 세계적인 대학자가 된 것이다"(심윤종, 1984: 79). 그리고는 20페이지에 못 미치는 짧은 소개 끝에 자신의 딜레탕티즘을 다음

---

* 연세대 철학자 이규호에 대해서는 앞서 3부에서 언급했다. 김위성은 경북대에서 박사학위를 받았고 전공은 '독일근대철학 전반'으로, 그 범위가 칸트, 프레게, 포퍼부터 한국철학까지 닿아 있다. 그 또한 하버마스는 한 번만 다뤘다. 신문방송학에서 언론정책을 전공한 방정배(성균관대)는 독일 뮌헨대학과 오스트리아 잘츠부르크 대학에서 유학해 독일어 구사능력을 가진 것 외에는 비판이론과 관계가 없었고, 이후 비판이론을 다룬 바 없다. 위 논문에서 하버마스는 프랑크푸르트학파 '전반'과 함께 짤막하게 언급됐다. 하이델베르크 대학에서 수학한 심윤종(성균관대)은 조직경제사회학 전공자로 1970~1980년대까지 노동사회학 관련 연구를 발표했으나, 이후 '여가의 사회학'으로 연구분야를 옮겼다.

과 같이 고백하고 있다.

> 이미 서두에서 언급한 바와 같이 하버마스의 언어철학은 우리에게 아
> 직은 생소한 분야이다 … 이에 자극을 받아 그의 언어철학적 이론체계
> 를 한국에 한번 소개해보고자 생각해 보았던 것이 본 논문을 구상하게
> 된 동기이다. 그러나 욕심이 너무 지나쳤던 것 같다. 왜냐하면 이러한
> 소개는 마땅히 비판적 관점과 함께 이루어졌어야 했겠지만, 여기서는
> 주로 소개하는 데 그쳤고, 그것도 서론적인 서술에 그쳤기 때문이다.
> (심윤종, 1984: 99)

이와 같은 딜레탕트한 관심에서 비롯된 하버마스의 재현은 무엇
보다 하버마스가 마르크스와 어떤 관계를 맺고 있는가라는 재현의
문제로 나타났다. 이들에게 학술지 공간에서 하버마스의 의미는 한
국 사회 현실 변화의 도구적 가치보다는 이론 내적인 설명력과 그것
의 철학사적 맥락에서 조명됐고, 이때 마르크스와 단절한 언어철학
(화용론) 학자로서의 측면이 강조됐다. 이규호와 김위성이 그러했고,
1979년에『현상과 인식』에 발표된 심영희의 글, 즉「비판이론의 사회
학적 의미: 하버마스의 왜곡된 의사소통 이론을 중심으로」또한 앞
의 두 사람의 관점과 다르지 않았다. 여기에서 그는 "하버마스의 인
식론과 방법론에 대한 논의는 제외하고, 맑시즘의 비판에서 출발하
여 의사소통의 이론으로 나아가는 그의 사회이론 쪽에 초점"(심영희,
1979: 106)을 두겠다며 논의를 시작한다. 왜냐하면 "하버마스류의 비

판이론이 정통파 맑시즘으로부터 멀어져 가고 있다는 점은 이제 널리 인식되어"(같은 곳) 있는 사실이기 때문이다.* 하버마스를 개괄적으로 소개하면서 마르크스와 단절적 성격을 강조하는 이러한 하버마스의 도입기의 경향은 주류 학자들이 활동하는 전문 학술지 공간에서 1980년대 초반까지 지속된다. 심윤종·방정배·한상진의 글은 1970년대 글과 같은 선상에서 직간접적으로 하버마스의 마르크스 비판을 주제로 다루면서 양자 사이의 단절적 성격을 강조하고 있다. 철학자 백승균·강영계의 글은 직접 마르크스 비판을 다루고 있지는 않다. 그러나 하버마스의 철학사적 의미에 집중한 이들의 작업은 그를 자본주의 비판과 사회변혁과 관련된 맥락으로부터 탈각시켜 철저히 사상사적 관점에서 다루려 한다는 점에서 사실상 앞의 학자들과 동일한 맥락에서 하버마스를 재현하고 있다고 볼 수 있다.

이처럼 1970년대 말~1980년대 초반 국내 하버마스 최초 도입 시기 주류 학자들의 학술지 공간에서 그려지던 하버마스는 명백히 마르크스와 단절적 성격이 강한, 철학사적 인물의 모습을 하고 있다는 점에서 일치했다. 그리고 이것이 의미하는 바는 하버마스의 가치가

---

* 그리하여 그는 "선진 자본주의의 분석에 있어서 정통파 맑시즘의 부적절성"(108~110)을 논하고, 하버마스가 그 대안으로 제시하는 현대 자본주의 사회의 체계적으로 왜곡된 의사소통의 양상들을 요약 정리한 뒤(112~119), 이것이 하버마스가 "독단주의"에 빠져 이론에 맞춰 현실을 재단하는 마르크스주의에 반대하고, "이론과 실제의 관계를 다루는 데 있어서 선진 자본주의의 변화된 구조에 대하여 많은 역사적 사실과 이론적 가설을 고려"한 "독단적이 아닌 이론화의 방식"이고, "이야 말로 사회학적 접근에 있어서 중요한 것"(119~120)이라며 글을 맺는다.

변혁적 쓸모보다는 이론사적 맥락에 있음을 강조하면서 그가 '최근 주목받는' 이유를 강조하는 일회적 재현이 이뤄졌다는 사실이다. 도입 초기 주류 제도권 학술공간 성원의 하버마스 수용은 주류 제도권의 일상적인 학술 실천 차원에서 딜레탕티즘의 일환으로 이뤄졌던 것이다.

그런데 사실 이 시기 주류 학술지 공간에서 하버마스를 다룬 9편의 논문은 양과 질 모두에서 빈약했다. 물론 관점에 따라 10편의 논문에 대한 평가를 다르게 할 수도 있다. 하지만 이때 이미 국내 학술 영역에 독일·미국 유학 박사 출신들이 다수 포진하고 있었다는 점을 고려하면 양적으로 빈약하다는 평가가 설득력을 얻게 된다. 이 시기, 그러니까 1981년 『의사소통행위이론』, 1983년 『도덕의식과 의사소통적 행위』를 발표한 전후에 하버마스는 이미 서구 지성계에서 최고의 사상가로 자리매김하고 있었다.

이렇게 보면 다수의, 그것도 대부분 독일과 미국에서 유학한 학자들이 생산한 1년에 한 편에 못 미치는 논문은 확실히 양적으로 적었다. 질적인 측면 또한 동일한 맥락에서 평가될 수 있다. 10편의 논문들이 당시 학계에서 어떤 반응을 얻었는지는 판단하기 어렵다. 그러나 이 논문들 사이의 상호인용이나 언급이 전혀 발견되지 않는다는 점, 이후에도 논문들에 대한 언급이 나타나지 않는다는 점을 볼 때 당시 제도권 학술영역 내에서 하버마스가 어떠한 위상을 지녔는지 가늠해볼 수 있다. 하버마스는 단지 서구 학계의 후광을 얻고 국내에 산발적으로 소개되는 정도 이상의 의미를 가지지 않았던 것이다.

무엇보다, 10편의 논문을 쓴 9명의 학자들 중 대부분이 이후 후속연구를 수행하지 않았다는 사실은 이들 제도권 학술영역에서 수용 주체들 스스로가 하버마스에 부여하는 가치평가의 단면을 보여준다.

반면 비주류 학술운동 영역에서 하버마스에 대한 반응은 사뭇 달랐다. 1980~1984년 사이에만 (이전까지 없었던) 하버마스 저술에 대한 역서 6종이 한꺼번에 발간됐다. 특히 1983년에는 『후기자본주의 정당성 문제』와 『후기자본주의 정당성 연구』,*『인식과 관심』이 동시에 발간돼 그에 대한 관심이 당시 매우 높아져 있었음을 보여준다. 국내 환경에서 번역서 발행을 위해 투여되는 기간과 논문에 투여되는 통상의 기간을 비교 고려하고, 뒤이은 1986년의 『사회과학의 논리』, 1987년의 『커뮤니케이션과 사회진화』, 그리고 이후의 발간 추세까지 감안하면 출판시장을 무대로 한 비주류 학술영역에서 1980년대 동안 단기간에 높아진 하버마스의 위상을 가늠해볼 수 있다.

그런데 여기에서 중요한 사실을 분명히 해 둘 필요가 있는데, 바로 1980년대에 하버마스가 학술운동권에서 유달리 독보적인 위치를 차지하고 있던 것은 아니라는 점이다. 출판시장에서 하버마스는 여타 사상가들과 함께 단지 마르크스의 후계자라는 의미만을 부여받고 있었다. 그러니까 이 시기 하버마스는 어디까지나 마르크스주의라는 학술운동권의 중심 사상 속에서 마르크스주의자, 혹은 마르크

---

* 이 두 책은 같은 저작을 다른 역자들이 별도의 출판사에서 경쟁적으로 동시 출간한 것이다.

스의 후계자들 중 프랑크푸르트학파 성원으로서 위상을 지니고 있을 따름이었다. 예를 들어, 같은 시기 허버트 마르쿠제·에리히 프롬·테오도르 W. 아도르노·막스 호르크하이머·발터 벤야민 등 프랑크푸르트학파 학자들의 책이 활발히 번역되고 있었고 하버마스는 그 일원으로 이해되고 있었다. 결과적으로 1980년대 중반까지 하버마스 역서는 그의 이론에 대한 주목의 결과라기보다는 여전히 마르크스주의에 접근하기 위한 통로의 성격이 강했다. 그 결과 비주류 학술영역에서 재현하는 하버마스는 비판적이고, 실천적이고, 사회 개입적인 인물이었다.

우리는 이를 앞서 『이성적인 사회를 향하여』와 『이론과 실천』의 경우에서 살펴보았다. 이어지는 역서들에서 나타나는 특징 또한 다르지 않았다. 1983년 각자 다른 출판사에서 하버마스의 동일한 책 『후기자본주의 정당성 문제』(종로서적, 이하 『정당성 문제』)와 『후기자본주의 정당성 연구』(청하, 이하 『정당성 연구』)가 발간됐다. 『정당성 문제』의 역자 임재진은 『이론과 실천』의 역자 홍윤기·이정원과 마찬가지로 당시 서울대 철학과 대학원생이었고, 『정당성 연구』의 역자는 '문학과사회연구소'라는 필명을 사용하는 익명의 팀으로, 청하출판사는 1980년대 초반 프롬과 마르쿠제·루시앙 골드만·칼 포퍼·슈클롭스키 등 마르크스와 직간접으로 연결된 학자들의 책을 한꺼번에 십여 권 이상 쏟아낸 곳이었다(이후 고려원으로 통합됨). 출판사도 역자도 달랐지만 두 책의 목표는 뚜렷했다. 바로 하버마스를 통해 "현대 사회가 안고 있는 복합적인 문제 국면을 후기자본주의"(임재진, 1983:

171)로 규정하고, "모습을 바꾸었지만 여전히 근본적으로 변하지 않는 자본주의"(문학과사회연구소, 1983: 22) 체제의 "한계와 그것이 당면하고 있는 여러 위기 경향들"(임재진, 1983: 171)을 신단하면서 "더 나은 사회를 만들기 위한 지침서"(문학과사회연구소, 1983: 23)로 삼겠다는 것이다.

1983년과 1984년에 각각 발행된 『인식과 관심』(강영계 역, 청하)과 『마르쿠제와의 대화』(백승균·서광일 역, 이문출판사)의 경우, 역자가 현직 철학 전공 교수였다는 점에서 앞의 책들과 다소간의 차이는 있었다(서광일은 독일 유학중이었다). 이들은 앞서 살펴본 것처럼 같은 해 학술지 공간에 하버마스에 대한 논문을 발표한 인물들로, 표면상으로는 하버마스에 대해 '학술적' 접근을 표방하고 있었다. 하지만 『인식과 관심』이 청하출판사의 마르크스주의 역서 시리즈인 '시민서당'에서 『후기자본주의 정당성 연구』와 묶음으로 출간됐다는 점에서 이 책이 출판시장에서 노리는 바는 다르지 않았음을 알 수 있다. 마찬가지로, 『마르쿠제와의 대화』에서 하버마스는 사실상 마르쿠제에게 비판적 질문을 던지는 날카로운 토론 상대로 등장할 따름이다. 따라서 역자와 출판사의 의도는 독자들로 하여금 이 책을 보다 변혁적, 실천지향적인 마르쿠제의 관점에서 읽도록 하는 데 있었다고 할 수 있다.

이처럼 마르크스주의 수용의 선상에서 이뤄진 학술운동권에서 하버마스 재현은 제도권과 반대의 성격을 띠었다. 그리고 이는 주류 학자들의 딜레탕티즘에 대비되는 이곳 성원들의 주된 성향, 즉 학술적 도구주의가 반영된 결과였다. 이곳에서 하버마스는 마르크스에 기반한 사회경제구조에 대한 탐구를 수행해 과학성을 확보하고, 이를 바탕으로 사회를 변혁하는 수단이었다. 역자들이 말한 것처럼 하버마스는 '인간의 영혼에 불을 질러' 실천에 나서게 하고, '더 나은 사회를 만들기 위한 방법을 알려주는 지침서' 혹은 '학생운동의 방향성을 가늠하게 해 주는 내부비판자'였다.

이렇듯 초기 하버마스 수용의 중심지는 비주류 학술운동권이었다. 그리고 이곳에서 하버마스는 철저히 마르크스주의의 우산 아래에서 마르크스주의적으로, 오직 그러한 방식으로만 이해되고 재현되었으며 하버마스는 기본적으로 마르크스주의자였고, 그래야만 했다. 그러나 이러한 접근은 하버마스 이론의 국내 수용 과정에서 중요한 한계점으로 작용했다. 가장 근본적인 문제는 이곳의 성원들은 하버마스를 도입하면서도 사실상 하버마스 자체에 대해서는 관심이 없었다는 사실이다. 그들의 관심은 마르크스에 접근하는 것에, 마르크스를 더 잘 이해하는 것에, 나아가 이를 사회변혁적 실천의 이론적 토대로 삼는 것에 있었다. 즉 하버마스 이론의 의미는 마르크스주의적 사회변혁이라는 '주어진' 목표에 종속되어 있었다. 이로부터 1980년대 학술운동권에서 하버마스 이론의 유행 현상은 적어도 하버마스 이론의 수용 문제를 중심으로 볼 때 이것이 제대로 된 수용이었는가라는 의문을 제기하게 만든다. 그리고 이에 대해 긍정적인 평가를 내리기는 어려워 보이는데, 왜냐하면 이러한 종속화 현상이 하버마스 이론의 수용과정에서 제기되는 두 가지 구체적인 난점과 연결되어 있기 때문이다.

첫째, 실제 하버마스가 비록 프랑크푸르트학파의 성원으로서 마르크스주의를 계승하려 했다 하더라도, 여기에는 어떤 전제가 따른다. 그것은 바로 하버마스는 물론 그의 선배인 아도르노·호르크하이머·프롬, 그리고 가장 급진적인 마르쿠제조차 마르크스를 '비판적으로' '재구성'하려 했다는 사실로, 이들 이론의 출발점 자체가 마르크스의 생산적 계승을 위해서는 우선 '비판'이 선행돼야 한다고 주장하고 있다는 점이 문제가 된다.

둘째, 나아가 마르크스에 대한 하버마스의 비판적 재구성 작업은 하버마스의 이론적 여정에서 흔히 전기로 분류되는 시기에 집중된 일로, 1980년대 당시 소위 언어적 전회를 단행한 이후 하버마스는 이 작업으로부터 스스로 완전히 단절하고 있었다는 점이 문제가 된다. 1980년대 국내에서는 하버마스가 이미 '버린' 내용과 씨름하고 있었던 것이다. 그러나 하버마스의 국내 도입 초기에 수용의 주 공간이었던 비주류 학술영역에서 이 두 가지 문제는 진지하게 탐구되지 않거나 심지어 무시됐다.

이 문제를 논하기 전에 먼저 하버마스 이론의 전개에서 언어적 전회를 단행한 지점에 이르기까지의 과정을 간략히 짚어보자. 주지하는 것처럼 하버마스는 자신의 이력 초기를 프랑크푸르트학파의 일원으로 시작했고, 이 안에서 성원들이 공유했던 문제의식, 즉 마르크스의 생산적 계승을 위한 이론적 재구성이라는 목표를 공유했다. 이로부터 하버마스 초기 저작들을 꿰뚫는 문제의식들이 도출된다.

1) 마르크스의 경제결정론이 가진 문제를 비판하고 현대사회에서 심화되는 자본주의적 문제를 보다 적절한 방식으로 개념화하는 것, 2) 경제결정론을 기각하면서도 변증법적 역사유물론을 포기하지 않고, 오히려 그 함의를 더욱 명확히 하는 것, 3) 궁극적으로 앞의 두 작업을 통해 사회에 비판적으로 개입하고 억압으로부터 해방의 가능성을 탐색하는 것 등 세 가지다(Love, 1995: 46~51; Outhwaite, 2009: 13~18; Durand-Gasselin, 2018: 2~19).

하버마스 전기 작업들은 바로 이 문제에 대해 나름의 해답을 만들어가는 과정이었다. 『공론장의 구조변동』에서 그는 마르크스의 경제결정론을 부정하고 서구 현대사회의 전개 과정에서 지배의 정당성 문제에 천착했다. 그 결과 자본주의 시스템이 부르주아 공론장을 낳고, 이곳에서 자본주의를 수정해 새로운 정당성을 창출할 동력이 발굴되고, 이로부터 갱신된 자본주의가 심화되면서 다시 부르주아 공론장을 침식하는 '변증법적'인 과정이 그려진다. 『이론과 실천』에서는 보다 분명히 마르크스의 변증법적 유물론의 재구축 문제가 다뤄진다. 여기에서 하버마스는 현대 자본주의 사회에서 의사소통적 이성의 확장이 경제적 하부구조를 통제할 가능성을 주장함으로써 마르크스의 경제환원론을 비판적으로 재구성한다. 『인식과 관심』은 이렇게 하버마스가 경제 환원론에 빠지지 않으면서도 또한 자본주의 문제를 비판하고 궁극적으로 해방적 관점을 유지하려 한 중간 결과물이었다. 하버마스는 지식의 탐구에 내재된 '인식 관심'들을 현대사회의 과학기술과 경제적 성취를 가능케 하는 기술적 관심, 역사적·

해석학적 학문에 따르는 실천적 관심, 마지막으로 비판을 통한 인간 해방을 향한 해방적 관심으로 나누고, 이 해방적 관심이 프로이트 정신분석학을 사회적으로 확장한 '비판'에 의해 확보됨을 주장한다.

그러나 『인식과 관심』의 발표 이후 하버마스는 자신의 이론 기획을 근본적으로 수정하게 된다. 이는 이 책에서 상정하는 선험적 이해관심이 가지는 인식론적 · 실천적 문제들에 대해 많은 비판이 가해졌기 때문이기도 하지만, 사실 누구보다 하버마스 스스로 이론의 '토대'에 대해 심각한 문제의식을 느끼고 있기 때문이었다. 이 문제를 스스로 인정한 그는 1970년대 초반~중반에 거쳐 오스틴과 설의 언어적 화용론, 그리고 미국 프래그머티즘으로부터 발견한 가능성을 토대로 자신의 이론 기획을 완전히 재편하는 언어적 전회를 단행한다. 1978년에 발표한 "보편화용론이란 무엇인가?"는 그 첫 번째 결과물로, 여기에서 하버마스는 의사소통의 보편적 구조를 밝힌 보편화용론 개념을 정리한 뒤, 이어 1981년 이것이 사회생활의 구성원리이자 새로운 비판이론 정립의 근거임을 주장하는 『의사소통행위이론』을 발표한다. 여기에서 중요한 것은 하버마스가 '스스로' 자신의 이전 이론과 단절하고자 했다는 점이다. 그리고 이것은 구 비판이론의 유산, 그러니까 마르크스주의와 변증법적 사유방식으로부터 거의 완전히 결별함을 의미하는 것이었고, 이후로도 그는 결코 과거의 문제로 돌아가지 않았다.* 무엇보다 이 문제는 이후의 의사

---

* 단적으로, 하버마스는 최근 자신이 직접 쓴 개론서 *Philosophical Introductions:*

소통행위이론이 비판이론을 완전히 새롭게 구축하려는 기획의 출발점을 이루고 있다는 점에서 (적어도 1980년을 전후한 시점의) 하버마스 이론체계에 진입하는 데 필수적인 출입문, 즉 진입장벽을 이루고 있다.

구체적으로, 하버마스는 화용론에 기반한 의사소통행위이론이 구 비판이론의 문제틀을 정확히 계승하면서도 또한 선학들이 가졌던 '형이상학'의 문제(주관성과 객관성의 문제, 최종 근거 정립의 문제, 이론가의 우월한 지위에 대한 문제 등)로부터 완전히 탈출할 수 있다고 주장하고, 이것이 자신의 기획과 동시대 다른 이론들과의 결정적 차이임을 내세웠다. 한마디로 이는 자신의 이론이 우월한 한편 객관적인 인식론적 입장에서 도출되지 않았고, 그럼에도 (아니 그러하기 때문에) 더욱 강력한 사회변혁적 비판의 힘을 가질 수 있다는 주장이다. 그리고 바로 상대주의적 관점과 객관주의적 관점을 양립시키려는, 일견 불가능해 보이는 이 시도로부터 이후 모더니티와 비판적 이론의 역할에 관한 데리다·푸코와의 논쟁, 화용론의 선험적 지위에 관한 아펠과의 논쟁, 도덕이론에의 적용 가능성을 둘러싼 도덕철학자들과의 논쟁, 합리성 이론의 실효성에 관한 리처드 로티와의 논쟁 등 수많은 담론이 파생됐다. 따라서 언어적 전회는 단순한 방향전환이 아니

Five Approaches to Communicative Reason(2018)를 발간했는데, 여기에서 그는 '언어적 전회' 이전 자신의 글에 대해서는 아예 다루지 않았다. 이 책에서 하버마스는 보편화용론 기획을 구상했던 1971년 프린스턴 대학에서 행해진 '가우스 강좌'(The Christian Gauss Lecture)를 자신의 이론적 단절시점으로 꼽으면서 그 이전의 프랑크푸르트 구 이론의 마르크스주의-변증법적 유산과의 씨름을 청산했다고 명확히 밝힌다(Habermas, 2018: 60~61).

라, 그의 중후기 기획의 의도와 핵심 틀 그 자체에 해당하고, 그래서 1980년대 시점에서 누군가 하버마스에 대해 말하고자 할 때 이 문제를 다루지 않는다는 것은 사실상 '넌센스'라 할 수 있다.

이렇게 전기에서 언어적 전회에 이르는 하버마스 이론의 전개과정을 고려할 때, 하버마스의 국내 초기 수용 과정이 갖는 문제점이 제기될 수밖에 없다. 앞에서 제기한 두 번째 문제부터 살펴보자.

이 문제는 하버마스의 초기 수용사에서 나타난 시간 지체현상이라 규정될 수 있다. 하버마스의 수용이 마르크스주의적 관심의 선상에서 진행되면서 마르크스의 유산과 사실상 단절한 언어적 전회 이후의 저작들은 수용 주체들에게 관심의 대상이 되지 못했다. 물론 전기 저작을 시작으로 하는 순차적인 번역이 올바른 수용의 순서일 수도 있다. 문제는 이것이 지나치게 오랜 기간 지속됐다는 점에 있다. 1978년 『이성적인 사회를 향하여』를 시작으로 『이론과 실천』, 『후기자본주의 정당성 문제』와 『후기자본주의 정당성 연구』, 『인식과 관심』, 『마르쿠제와의 대화』가 번역된 이후, 1986년의 『사회과학의 논리』, 1993년 『공개장의 구조변화』(김택환 역, 나남)와 『이데올로기로서의 기술과 과학』(하석용·이유선 역, 이성과 현실)에 이르기까지, 15년에 이르는 기간 동안 비주류 학술운동권의 성원들은 오직 하버마스의 전기 저작만을 읽고자 했다.* 또한 이 책들의 번역 순서 또한 하버

---

* 언어적 전회 이후의 책 『커뮤니케이션 행위이론』(이강수 역, 나남), 『현대성의 철학적 담론』(이진우 역, 문예출판사)이 발간된 것은 1994년에 이르러서였다. 중간에 1987년 『커뮤니케이션과 사회진화』가 번역되기는 했는데, 이 책에는 하버마스

마스의 이론 전개 과정과는 별 관계가 없었고, 개별 역자 혹은 출판사들과 그들의 기획 사이에 연관성도 없었다. 따라서 비주류 영역에서 번역서 발행을 통한 하버마스의 수용은 변혁주의와 얼마나 관련되어 있는가에 따른, 철저히 의도적이고 선택적인 것이었다. 간단히 말해, 이들은 언어적 전회 이후의 저작에 대해서는 아예 관심이 없었다.

이렇게 마르크스주의적 이해관심에 의해 이론의 전개과정과 관계없이 전기 저작만을 읽으려 한 비주류 학술운동권의 수용 방식은 하버마스 이론 자체에 대한 이들의 무관심을 보여준다. 수용자의 논리가 수용의 내용을 굴절시킨다는 부르디외의 관점에서 볼 때 한국에서 굴절의 정도는 매우 컸다. 자연스럽게 하버마스가 언어적 전회를 단행한 이유도, 전기 저작과 단절하고 마르크스주의의 유산을 다루지 않으려던 이유도 이들에게는 관심사가 아니었다. 더 중요한 문제는 위에서 제기한 첫 번째 논점에 관한 것이다.

학술운동권에서 오직 전기 저작들에만 주목하는 경향을 묵과한다 하더라도, 문제는 이 저작들에 있어서도 정작 하버마스에 대한 무관심이 나타났다는 사실이다. 전기 이론틀에서 과연 하버마스는 마르

가 언어적 전회를 선언하는 "보편적 실용학[보편화용론—인용자]이란 무엇인가"가 실려 있다는 점에서 일견 예외로 보이기는 한다. 그러나 이 책에는 또한 "사적 유물론의 재구성을 향하여" 등 언어적 전회 이전의 변증법적 관점이 강한 글들이 실려 있었다. 따라서 이 책의 진정한 번역 의도, 그리고 독자들의 실제 반응이 어느 쪽에 강조점을 뒀는지 예측하는 것은 어렵지 않다.

크스를 왜, 그리고 어떻게 비판했는가? 그래서 이를 어떻게 극복하려 했는가? 비주류 학술영역 성원들에게 이 문제는 거의 다뤄지지 않은 채 매우 독특한 방식으로 '취급'됐다. 우리는 이 취급이 어떤 것이었는지 이미 보았는데, 바로 하버마스의 마르크스 비판을 다시 비판적으로 읽는 것으로, 심지어 『이론과 실천』에서는 역자들의 「부록」을 통해 이러한 독해법이 독자들에게 권장됐다.

> 다른 어느 이론가보다도 하버마스는 "실천"의 문제를 "주체 형성"의 문제에 집중적으로 관련시켰다. 이러한 시도가 실천을 현실적으로 보장할 만큼 성공적이었을까? … [하버마스에게―인용자] 생산력의 구조는 반성되기보다 옹호되고 있다. 그가 생산력의 문제를 얼마나 소홀하게 다루었는가를 알려면 … 폴리스를 아주 호의적으로 해석한 그의 발상을 검토해 보는 것으로 충분하다 … 이성이 왜곡된 생산 구조를 외면한 채 언어의 유토피아로 나아가는 것이 도대체 가능한가? 토의의 주제가 되는 인식 근원의 내용에 압박을 받지 않는 토의의 형식이 얼마나 타당한 결론을 산출할 수 있는가? 유기적 생존과 사회적 삶이 서로를 구속하지 않은 채 병존할 수 있는가? … 하버마스는 헤겔의 반성 개념을 주의 깊게 검토하지 않은 채 수용하면서 마르크스가 외적 자연으로 본질의 축을 옮긴 것을 인간학적 관심의 한 부분으로 해석하여 객관적 생산 구조를 주관적인 도구적 행동으로 환원시켜 버렸다. (홍윤기 · 이정원, 1982: 449~453)

여기에서 역자는 하버마스가 마르크스의 사적유물론을 재해석해 더 이상 경제적 하부구조 문제가 모든 사회생활을 결정해 버리지 못하고, 인간의 소통적 실천에 의해 하부구조가 적절히 통제될 수 있다고 주장하는 내용을 다시금 비판하고 있다. 하버마스가 말한 것과 달리 인간의 소통적 이성은 물질적 토대에 의해 크게(사실상 전부) 좌우된다는 것이 그의 생각이다. 하버마스는 마르크스가 정당하게 주목한 생산력 문제를 사회의 한 부분으로 부당하게 축소시켜 버렸다는 것이다. 마르크스의 경제환원론을 비판하는 하버마스를 다시 마르크스에 입각해 비판하는 이러한 논리는 이 글뿐 아니라 다른 (마르크스주의적) 하버마스 비판들에서 늘 등장하는 단골 메뉴였다.

그런데 이러한 독해법에는 그것의 맞고 틀림과 관계없이 일종의 순환 논리가 작동하고 있다. 애초에 역자들은 자신의 관심이 하버마스를 통해 현대사회를 비판하고 실천적 참고점을 얻는 것이라 했다. 그런데 하버마스의 논지는 마르크스가 경제결정론에 빠져 있다는 것이고, 이를 생산적으로 극복해야 한다는 것이다. 역자들은 이에 대해 즉시 하버마스가 마르크스의 경제 중심적 사유를 지나치게 조급하게 폐기해 버렸다는 것을 비판한다. 그렇다면 역자들은 하버마스로부터 대체 무엇을 배우려 했던 것일까? 우리는 그 답을 이미 알고 있다. 하버마스를 배우는 것이 아니라 하버마스가 비판하는 마르크스를 배우려는 것이 역자와 독자들이 원하는 바다. 따라서 하버마스를 통해 배우려는 내용(경제계급론의 진리성)은 사실상 배우기 전에 사전에 이미 독자들에게 전제되어 있다. 그렇다면 하버마스는 대체 왜 읽어야 하는 것일까? 역자들은 이러한 순환 논리가 낳는 난점에 애초에 관심이 없었다. 하버마스를 비판하면서 마르크스의 정당성을 확인하면 그만이기 때문이다. 이러한 방식이 바로 비주류 학술운동권에서 하버마스의 마르크스 비판을 다룬 것이 아니라 취급해 버렸다는, 앞선 표현이 의미하는 바이자, 마르크스가 정답인 상태에서 다른 모든 것은 이를 "연역하여" 독해했던 결과이다. 결과적으로 이들은 하버마스로부터 배운 것이 없다.

이렇듯 초기 국내 수용 공간인 비주류 학술운동 영역에서 하버마스 이론의 해석과 재현은 심각한 문제점을 지니고 있었다. 그리고 사실 이것은 다른 학자 수용에 있어서도 마찬가지였다. 그리고 제도권에서 수용 양상은 비주류권의 양상과 정확히 대칭을 이루면서도 결국 본질은 같았다고 할 수 있다. 일례로 주류 학술영역에서 생산된 하버마스에 관한 논문들은 마르크스와 하버마스의 단절을 강조하면서 자연스럽게 상대적으로 『의사소통행위이론』 이후 후기 저작에 주목하는 경향이 있기는 했다. 그러나 이들의 경우에는 반대로 하버마스가 전기에 집중한 문제의식이 생략되어 있었고, 이는 자연스럽게 그가 왜 전기와 단절하고 언어적 전회를 단행했는지의 문제를 충분히 다루지 못하게 만들었다. 단지 마르크스를 비판하는 하버마스의 모습과 그의 보편화용론과 의사소통행위이론에서의 생활세계-체계 문제가 설명될 따름이다. 따라서 하버마스 이론을 이해하기 위한 첩경 중 하나인 전기와 후기 사이의 전환 문제가 다뤄지지 않는다는 점에서 주류 학술영역의 문제 또한 근본적으로는 비주류와 같았다. 제도권 학자들도 비주류 신진 학자들도, 하버마스를 다뤘지만 하버마스에는 무관심한 채 80년대가 지나가고 있었다.

이처럼 하버마스를 읽으면서도 하버마스에 무관심한 역설은 머지않아 직접적 변화로 표출된다. 바로 80년대 후반으로 접어들면서 하버마스의 인기가 일시적으로 추락하는 현상이 그것이다. 1980년대 초중반 쏟아져 나오던 하버마스 저작 역서는 80년대 후반 곤두박질쳤다. 1980년~1984년 사이에만 하버마스 관련 역서가 다섯 권 발행되었지만, 80년대 후반에는 단 두 권만 나왔고, 이후 1993년까지 5년간은 한 권도 나오지 않았다. 이 현상은 80년대 후반 '정통 마르크스주의' 추종 현상이 일어난 것과 무관하지 않다. 마르크스를 직접 읽을 수 있는 길이 열리면서 더 이상 '우회로'가 필요하지 않게 되었고, 이제 본래 관심의 대상이 아니었던 하버마스의 저술은 번역될 필요가 없었다.

결국 하버마스에 무관심한 하버마스 수용은 머지않아 그에 대한 짧은 소비의 중단으로 표출되었다. 이것이 의미하는 바는 한국에서 이뤄진 구조변동이 프랑스에서와 달리 전문주의와 아카데미즘, 그리고 전문주의가 부재한 딜레탕티즘과 변혁주의의 직접 충돌이었고, 그 결과 프랑스에서와 같은 장의 효과가 나타나기 매우 어려웠다는 사실이다. 즉, 초기에 하버마스를 주로 수용했던 변혁주의 진영은 물론 주류 제도권 학자들 또한 정작 하버마스에 대한 관심이 별로 없었고, 그 결과 양 진영에서의 상이한 재현이 단지 피상적으로 이루어지면서 이들 사이에는 어떠한 공통의 논의 지대도 생겨나지 못했다. 이러한 하버마스 수용의 문제점은 80년대 후반 화려한 사회과학의 열풍 속에서 사실 실질적 상징투쟁과 그로 인한 장의 효과는 매우 미미했다는, 매우 일반적인 문제를 극명하게 보여주는 한 사례였다.

그런데 이러한 초기 하버마스 수용 과정이 완전히 의미가 없는 것은 아니었다. 우선 부실하나마 본격적인 수용을 위한 첫걸음은 떼어졌다. 이와 함께 비록 논의가 주류 공간과 비주류 공간에서 분절됐지만 하버마스의 기본 논지와 문제의식에 대한 이해도 각각 어느 정도 공유됐다. 무엇보다 중요한 점은 하버마스에 대한 비주류 학술 영역 일반 성원 대다수의 관점은 위에서 비판한 바와 같았지만, 80년대 하버마스 번역 수용의 주체들, 그리고 본래는 마르크스를 읽기 위해 하버마스를 읽었던 학습자들 중에서 하버마스에게 '상징폭력'을 당하기 시작한 일련의 젊은 후속세대원들이 생겨나고 있었다는 사실이다. 물론 이들은 아직 자신들이 이후 하버마스 열기의 주인공이 될지 알지 못하고 있었다.

다음 글에서는 이들이 하버마스로 돌아와 결집하고, 본격적인 연구와 상징투쟁을 실행하면서 하버마스 네트워크가 형성되고, 그에 대한 주목도가 올라가는 과정을 살펴볼 것이다. 그리고 이 네트워크의 형성은 주류 제도권과 비주류 학술운동 영역 사이에 공동의 언어와 공동의 관심사를 통한 담론이 이뤄지는 공간을 창출함으로써 한국 인문사회과학 학술영역에 모종의 '장의 효과'를 불러오게 된다.

4부

하버마스 네트워크의 형성:
변혁주의, 주류이론가,
신진 하버마스 연구자 그룹

1

하버마스 방한 행사의 두 얼굴

1996년 4월 27일, 하버마스가 한국에 처음 방문했다. 2주간의 빡빡한 일정과 구름같이 몰려든 청중과의 예기치 않은 만남이 기다리고 있었지만, 처음부터 그를 놀라게 한 것은 김포공항에 들이닥친 기자들이었다. 이미 방한 사실이 알려지면서 주요 일간지를 포함, 다수의 국내 언론이 그와 인터뷰하고 동정을 전하고자 했던 차였다.* 카메라를 들고 한 시간 연착된 비행기를 기다린 기자들 앞에서 "그는 한국 땅을 밟자마자 플래시 세례를" 받았다(한상진 편, 1996: 428). 급기야 언론의 성화에 공항에서 출국 전날 언론사들과의 '공동 기자회견' 행사를 갖기로 협의했다. 이밖에도 출판사 대표, 기자와

---

* 하버마스 방한 전후의 생생한 상황은 『현대성의 새로운 지평: 하버마스 한국방문 7강의』(한상진 편, 1996)의 「부록: 하버마스 한국 방문 뒷 이야기」에 담겨 있다.

의 단독 접견과 인터뷰들이 중간중간 새로이 일정에 포함됐고, 그가 광주에 방문했을 때는 예고 없이 방송사와 인터뷰가 이뤄져 전파를 타기도 했다. 이러한 언론의 취재 열기에 하버마스는 어리둥절했다. 세계 최고의 지성인으로서 세계 각국을 바쁘게 방문하고 다녔지만 이런 경험은 어디에서도 없었기 때문이다.* 그러나 이는 단지 언론의 호들갑만은 아니었다. 1996년, 한국의 수많은 사람들은 하버마스를 원하고 있었다.

실제 2주간의 일정은 그야말로 강행군이었다. 서울·포항·경주·합천·대구·광주·남원을 오가며 거의 매일 워크숍과 강연, 세미나가 열렸고, 하버마스는 답사와 관광·만찬은 물론 중간중간 한상진이 주선한 크고 작은 만남을 소화해야 했다. 그가 "전 생애에서 2주간의 짧은 기간에 이토록 많은 강의를 하게 되는 것은 처음이라고 털어"놓을 정도였다(417).

---

* 기자들을 만난 하버마스는 공항에서 책임자 한상진에게 "내가(한상진) 상황을 이렇게 꾸민 것이 아니냐며, 칭찬하는 듯하면서도 꼬집는 말"을 했다(한상진 편, 1996: 429). 그는 언론에 방한에 관해 다음과 같이 말하곤 했다. "나는 한 사람의 학자에 불과하다. 내가 할 말은 순수하게 학문적이고 철학적이고 이론적일 뿐이다. 나는 대중과 대화하는 데 특별한 소질이 없다. 서울대 일반강연만은 학부 학생들을 주 대상으로 한다하여 이 점을 고려한 글을 썼다. 그러나 그 외의 다른 논문들은 일반 사람은 알아듣기 힘든 학문적인 것이다. 나를 정치적인 눈으로 바라보면 실망할 것이다"(428).

표 4 1996년 하버마스 방한 행사 공식 일정표

4월27일	입국, 기자인터뷰, 경복궁 관람, 혜화동 서울대 캠퍼스 방문
4월28일	창덕궁·비원 관람, 점심 만찬
4월29일	성균관대·성균관·조계사 방문
4월30일	서울대 총장예방, 규장각 방문, 서울대 철학과 교수들과 오찬, 공개강연, 만찬
4월31일	서울대 사회대 교수들과 오찬, 서울대 교수 콜로키엄, 한국철학회 주최 아시아-아프리카 철학자 대회 리셉션 참석
5월1일	한국사회학회 특별 심포지움, 한국사회학회 주최 만찬
5월2일	휴식
5월3일	아태재단 김대중 접견, 한국철학회 강연
5월4일	포항제철 방문
5월5일	경주·불국사 관람
5월6일	해인사 방문, 계명대 총장 예방, 기념식수, 계명대 특별 강연
5월7일	남원 관람, 광주 망월동 참배
5월8일	전남대 총장 예방·오찬, 전남대 특별 강연, 금호문화재단 만찬
5월9일	나남 출판사 사장·박원순 변호사·한국일보 기자 접견
5월10일	서울대 이론 워크숍
5월11일	언론사 공동기자회견, 철학문화연구소·중앙일보 강연, 환송만찬
5월12일	출국

더 놀라운 것은 그 모든 일정이 수많은 청중으로 북새통을 이뤘다는 사실이다. 4월 30일 첫 행사인 서울대 강연에 준비된 2,000여 일반석과 200여 교수석은 일찌감치 동났다. 결국 복도와 통로에 청중이 가득 찬 가운데 강연이 시작됐다. 이윽고 "하버마스가 등단하자 엄청난 장내 이동이 폭발적으로 일어났다. 수십 명의 사진기자들이 일시에 하버마스를 에워싸 플래시를 터뜨리기 시작했다"(한상진 편,

1996: 439). 이러한 폭발적 관심은 결코 일회성이 아니었다. 5월 8일 전남대 강연 또한 2,000명 이상이 운집했고, 앞서 1일 고려대에서 열린 한국사회학회 심포지엄은 전문적 논의를 위해 애초 학자 중심으로 100석 규모를 준비했으나 당일 청중이 몰려들어 700석 행사장으로 급변경하는 소란을 겪었다. 3일에 철학자 대상 한국철학회 강연이 이뤄진 서울대 소강당의 400석도 조기에 마감됐다. 6일 계명대 강의장, 11일 기자회견 후 프레스센터 강연장도 청중으로 가득 찼음은 물론이다. 가히 '하버마스 신드롬'[6]이라 할 만한 현상이었다.

이러한 광범위한 관심과 "이상열기"(홍영두, 2004: 386)는 전례 없는 일이었다. 많은 해외 학자들이 한국을 방문했지만 이만큼의 반응은 전무후무했다. 이를 못마땅하게 여긴 일부 학자들은 이 열기가 서구 이론에 대한 맹목적인 추종과 숭배현상이라 비판했다. 예를 들어, 동양철학자 이승환은 훗날 하버마스 방한 풍경을 다음과 같이 비꼬았다.

> 1996년에는 하버마스와 리처드 로티가 한국에 와서 휩쓸고 가더니, 1998년에는 칼 오토 아펠과 앤소니 기든스가 바람을 일으키고 갔다. 하버마스의 한국방문을 계기로 수많은 하버마스 관련 학회가 성시를 이루었으며, 온갖 학회와 학술단체에서는 하버마스를 거금을 주고도 모셔가지 못해 안달하였다. 서울의 한 대학에서 열린 하버마스의 강연장에는 청중들이 대강당의 통로까지 꽉 메워서 그야말로 인산인해를 이루었다. 그러나 막상 외국어로 강연이 시작되자 절반 이상의 청중들

이 슬금슬금 자리를 빠져나가, 마지막 토론시간에는 대강당이 휑하니 비기도 했다. 마치 신흥종교의 광신도가 멀리서나마 교주의 옥안을 친견해봐야 신심이 배가되듯, 철학도들 역시 하버마스의 코빼기라도 한번 봐야 비로소 한국철학이 발전하리라고 생각했던 모양이다. (이승환, 1999: 269~270)

여기에서 화자가 말하는 것은 하버마스 신드롬이 우리 학술장이 얼마나 식민화되어 있는지를, 그리고 국내 학자들이 외국학자를 교주처럼 신봉하고 있음을 보여주는 증거라는 것이다(이승환, 1999: 270~271; 홍영두, 2004: 386~387). 이러한 비판은 한편에서 옳다. 자생적 사회이론이 부재한 상황, 특히 90년대의 조건에서 국내 인문사회 학술영역의 '서구 종속성'은 재론의 여지가 없는 사실이기 때문이다. 그러므로 하버마스라는 유명 이론의 '창시자'의 방한 풍경과 그 열기가 마치 "신흥종교 광신도"들이 "교주의 옥안을 친견"하는 것과 같았다는 비유는 일견 정당한 측면이 있다. 그러나 이렇게 서구 이론 수용 일반을 단지 "제국주의적 현상"(홍영두, 2004: 387)으로 치부해 버리는 것은 생산적이지 못한데, 왜냐하면 이것이 너무 많은 질문들을 애초에 차단해 버리기 때문이다. 예를 들어, 왜 유독 하버마스 방한에 그토록 열광적이었을까?* 식민주의 담론식의 설명은 위에서 이승

---

* 많은 해외학자들이 한국을 다녀갔지만 양과 질 면에서 하버마스 방한 행사와 비견할 수 없다. 1998년 기든스 강연에는 300명이 들어왔고(《중앙일보》, 1997.10.13. "기든스 교수 '세계화와 근대성' 서울대 강연"), 2000년 서울국제문학포럼의 일환으

환 스스로 말한 '로티, 아펠, 기든스'와 하버마스 방한 행사의 열기 차이를 설명하지 못하거나, 혹은 학자 개인의 명성 차이로 쉽게 결론 내 버리게 된다. 또한 행사장의 청중들이 모두 단순한 광신도였던 것도 아니다. 앞으로 보겠지만, 콜로키엄과 심포지엄에 참여한 학자들, 그리고 강연장에 모여든 청중들 중 적지 않은 수의 사람들은 하버마스를 "친견"하기 위해서가 아니라 각자 다양한 이해 관심을 가지고 모여든 것이었고, 심지어 그를 비판적으로 평가하려는 이들이 다수였기 때문이다. 따라서 이러한 점들을 모두 고려해 하버마스 신드롬을 이해하기 위해서는 보다 섬세하고 입체적인 접근이 요구된다.

우선 중요한 것은 이상 열기의 실제 양상을 정확히 파악하는 것이다. 한편에서, 분명 하버마스 방한 행사는 국내에서 일찍이 찾아볼 수 없었던 '학술적 축제'로 치러졌다. 먼저 하버마스가 준비해 온 "책 한 권 분량에 이르는" 강연문과 최신 작업들은 이례적인 것이었다 (한국사회학회소식, 1996; 한상진 편, 1996: 386에서 재인용). 하버마스를 맞이하는 국내 학자들의 준비도 상당했다. 방한에 맞춰 한국사회학회에서 특별 기획 학회가 기획됐고, 『사회비평』지에는 사회학 · 정치학 ·

로 초청된 부르디외의 경우 400여 개의 관객석을 가득 채웠다(대산문화재단 웹진 http://www.daesan.or.kr/webzine/sub.html?uid=797). 이밖에도 1996년 같은 해에만 "전세계적 좌파지 뉴레프트리뷰의 편집자이며 영국의 역사학자인 페리 앤더슨 … 카오스 이론의 대부인 열역학의 시인 일리야 프리고진, 종교의 현실참여를 주장한 신학자 하비 콕스, 세계체제론으로 국내 사회과학자들에게 깊은 영향을 미치고 있는 임마누엘 월러스틴 등이 한국에 방문해 "세계석학들의 잔치"를 벌였지만(《중앙일보》, 1996.12.12. "송년리부3. 학술. 논쟁없는 '세계 석학들 잔치의 해'") 참석자 규모는 언급한 바와 같은 수준이었다.

철학 등 관련 분야 학자들이 한자리에 모였다. 계명대학교에서는 철학연구소 주최의 학술대회 "하버마스의 사상적 지평"이 열려 언론의 주목을 받기도 했다(412~424). 신생 사회와철학연구회는 방한에 맞춰 매달 정기세미나를 통해 발표논문들을 가다듬었다. 이밖에도 수많은 학술 모임이 하버마스를 주제로 한 학술행사를 이 시기에 열었다.

"학문적 대화의 가치를 소중히 여기는 마음이 없다면 우리 풍토에서는 어려웠을"(425) 이러한 준비는 실제 행사의 열띤 분위기로 이어졌다. 하버마스의 대중강연들은 청중들의 질문 세례로 시간을 한참 넘기곤 했다. 전문학자들의 학술행사에서는 "빗발치는 질의응답"과 "마치 물고기가 물을 만난 듯 자유자재로 철학적, 사회학적 지식을 동원"(454)하는 하버마스의 응답으로 "양질의 고급토론"(450)"이 이뤄졌다. 5월 10일 발표자 20명과 청중 20명 만을 초청해 "철저하게 전문가 대화"로 이뤄진 이론워크숍은 백미였다. 워크숍은 오전 오후로 나누어 국내학자들이 비판 원고를 발표하고 하버마스가 이에 응답하면서 종일 계속됐고, 예정을 한참 넘긴 늦은 시각에 마무리됐다. 한상진뿐 아니라 참여한 주요 관계자들의 후기도 주목할 만했다. 중요 참여자였던 전성우는 "하버마스 자신이 필자에게 사적으로 여러 번 이 담론들에서 받은 깊은 인상과 국내학자들의 날카로운 분석에 대한 찬사를 표현한 바 있다"(한국사회학회소식, 1996; 한상진 편, 1996: 386에서 재인용)고 전했다.

그러나 다른 한편, 방한 행사에 대한 상반된 평가도 존재한다. 다음 후기는 중요한 지점을 암시해 주고 있다.

금세기 최고의 논객 가운데 한 사람인 하버마스의 방한은 그의 이름만큼이나 많은 화제를 남겼다. … 그러나 듣자하니 많은 청년학생들과 상당한 지식층까지도 의사소통이 제대로 되지 않았으며, **몇몇 질문과 답변을 제외하고는 하버마스의 치열한 사고에 육박하는 의미 있는 논쟁은 없었다고 한다.** 80년대 한국에서 그는 좌익으로부터는 '변절한 맑스주의자'로 매도되었고, 보수우익으로부터는 '위험한 신좌익사상가'로 낙인찍힌 바 있다. **그러나 그의 저서를 단편적으로 소개하거나 일도양단의 평가는 있어도, 한국에서 그의 고민의 역정을 그 자체로서 학문적으로 철두철미 파헤친 연구서나 그의 사고가 우리의 현실에 수용되기엔 한국사회의 내재적 조건이 성숙하지 못했다는 자각은 별로 보이지 않는다.** (최상룡 고려대 아세아문제연구소장. 《한국일보》. 1996.5.21. "하버마스, 못 다한 대화"; 한상진, 1996: 381에서 재인용; 강조는 인용자)

이 후기는 화려했던 하버마스 신드롬의 이면, 나아가 양면성의 핵심 원인까지도 지적하고 있다. 글쓴이에 따르면 방한 행사의 주최자와 밀접한 관계자들의 자평과는 달리, 일반 참여자들과 학계 내부에서 일반적으로 공유된 방한 기간 학술 행사들에 대한 평가는 그다지 좋지 못했다. 행사들의 취지는 좋았지만 실상은 대체로 빈약했다는 것이다.

이러한 상반된 평가는 무엇을 의미하는 것일까? 어느 한쪽에서 잘못된 판단을 하고 있는 것인가? 그러나 이러한 하버마스 신드롬의 실체에 대한 평가에서 어느 한쪽만을 사실로 택할 필요가 없다.

왜냐하면 우리의 관점에서 두 가지 평가가 충분히 양립 가능하기 때문이다. 즉 하버마스 신드롬의 형식적 지표들은 이 행사들의 성공을 증언하지만 실제 이 지표들의 질적인 내용은 빈약했다.

다르게 표현하면, 방한 기간의 인기는 하버마스 네트워크가 정점에 이르렀음을 보여주는 것이었지만, 정작 이 네트워크의 '밀도'는 높지 못했던 것이다. 수많은 이들이 표면상 학술적 언어를 매개로 소통의 장에 들어왔지만, 이들 사이에는 정확한 공동의 해석과 이를 바탕으로 한 신랄한 상호 비판, 그리고 핵심 문제들에 대한 준비된 견해는커녕 사실상 대화의 공유 지대도 제대로 형성되지 않은 상태였다. 이는 이 네트워크가 하버마스에 대한 상이한 이해관계를 가진 이들이 그를 각자의 방식으로 재현하면서 느슨하게 연결되어 있었음을 뜻한다. 실제 행사에서는 하버마스를 '변절한 맑스주의자' 혹은 정반대로 '위험한 신좌익사상가'로 일찌감치 규정짓고 자리를 이탈한 이들이 다수였다는 언급, "한국에서 … 학문적으로 철두철미 파헤친 연구서"가 없다는 것, "한국사회의 내재적 조건이 성숙하지 못했다" 등의 지적은 바로 네트워크의 질적인 측면을 가리킨다.

4부에서 우리는 하버마스 네트워크의 완성 과정을 추적하면서 방한 기간 일어난 신드롬의 두 얼굴이 결국 네트워크의 양면성에서 기인함을 확인하게 된다. 방한 동안 치러진 행사들과 그 결과 출간된 많은 학술 출판물들은 하버마스 네트워크가 양적인 지표상 일정 수준에 이르렀음을 보여준다. 하지만 이 네트워크에서 질적으로 밀도 높은 적대적 협력자 관계는 제대로 이뤄지지 못했다. 하버마스 신드론은 바로 이러한 양면성을 정확히 비춰주는 거울이었다. 그리고 이는 하버마스 네트워크가 정점에 이른 순간, 해체의 수순에 들어가게 될 운명임을 보여주는 것이기도 하다.

이제부터 나는 80년대 후반 주춤했던 하버마스에 대한 관심이 고조되고 그를 중심으로 학자들이 결집하면서 인기가 급격히 높아지는 과정을 보여주려고 한다. 그 중심에는 인기를 견인한 세 집단이 있었다. 제도권에 속한 주류 이론가 교수 그룹, 학술운동 영역에서 성장한 변혁주의 그룹, 그리고 이들로부터 분리되어 하버마스를 통해 학술적 성취와 정치적 변혁을 동시에 성취할 수 있다는 믿음으로 새로운 지대를 창출하려 한 신진 하버마스 연구자 그룹이 바로 그들이다.*

앞의 각각 두 그룹은 자신이 속한 학술영역의 핵심 성향인 딜레탕티즘과 학술적 도구주의의 일환으로 하버마스를 학술적 탐색의 대상으로 삼아 각각 제도권에서 중심부 진입을 꾀하거나, 이론의 변혁

---

* 여기에서 말하는 '그룹'이란 실제로 이들이 제도화된 공동의 활동을 했음을 뜻하지 않는다. 예를 들어, 신진 하버마스 연구자 그룹을 제외하고 주류 이론가들은 상호간 직접적 연대활동을 거의 하지 않았고, 변혁주의 그룹은 숫자상 매우 많은 이들이 넓게 분산된 상태로 상호 느슨하게 연결되어 있었다. 또한 실제 세 그룹은 서로간에 완전히 동떨어져 있지 않았고, 인적·제도적으로 서로 복잡한 연결관계를 가지고 있었다. 그럼에도 이들을 각각 그룹이라 칭하려는 이유는 첫째, 세 집단이 속한 학술영역 내의 위치가 각각 상이했고, 둘째, 그래서 각 그룹은 자신들이 속한 위치가 보여주는 전형적인 특성들을 공유하고 있었으며, 셋째, 그 안에서 느슨하지만 동일한 목적하에 상호 상징지식을 교환하는 분명한 교류관계를 가지고 있었다는 점 때문이다. 그러므로 이하에서 사용되는 그룹이라는 용어는 제한적으로 분석적인 차원의 의미로 쓰였다.

적 실천 가능성을 비판적으로 평가하려 했다. 이들이 자신들의 관심사를 채우는 수준을 넘어서까지 하버마스를 깊이 있게 심층 탐구하지는 않았던 반면, 마지막 그룹은 오랜 기간 하버마스에 천착해 '깊은 연구'를 추구했고, 또한 그렇게 함으로써 자신들이 제도권 학계에도 진출하고 또한 사회변혁에도 기여할 수 있다고 믿었다. 이 세 번째 신진 하버마스 연구자 그룹이 제도권과 변혁주의 진영을 학술적·인적으로 매개하며 90년대 네트워크의 결집을 이끈 핵심 집단이다.

하버마스 신드롬은 이들을 중심으로 주류 학자들과 변혁주의 그룹이 연결되면서 형성된 거대한 연결망에 의해 이뤄진 것이었다. 이들 신진 연구그룹 소속 십여 명의 학자들이 하버마스를 주인공으로 만들기 위한 '상징투쟁'을 시작하면서, 그가 마르크스의 대안이 될 수 있는지를 두고 변혁주의 진영과 갈등이 깊어짐에 따라 하버마스는 점점 더 중요한 인물이 되어 갔고, 이들 신진 학자들의 관심에 부응하는 것이 좋은 장의 전략이 될 수 있음을 간파한 주류 학자들이 적극 개입함으로써 '하버마스 네트워크'가 형성됐다. 그럼으로써 당시 한국 인문사회과학 학술영역 내부와 외부를 연결하고 성원들 모두가 하버마스를 읽고 그에 대해 평하게끔 하면서 일시적으로 광범위한 공통의 논의가 만들어졌다. 이 논의지대의 의미와 한계를 동시에 가늠하는 것이 앞으로 보게 될 4부와 5부의 과제다.

2

90년대 학술운동권의 핵분열과
신진 연구그룹의 출현

앞서 3부에서 우리는 하버마스 도입 초기 상황에 대해 살펴보았다. 1980년대 초중반 하버마스는 비주류 학술영역에서 마르크스에 대한 우회로서 유력한 네오마르크스주의자 가운데 한 명으로 어느 정도 주목을 받았지만, 80년대 말 정통 마르크스주의의 유행과 함께 그 인기는 사그라들고 말았다. 그렇다면 갑작스런 90년대 초 하버마스 신드롬은 어떻게 가능한 것이었을까?

결론부터 말하자면, 하버마스의 재부상은 1990년대 들어 다시금 급변한 학술영역의 환경 아래서 그가 가장 논쟁적인 지점을 차지했기 때문이었다. 즉 하버마스의 '인기'는 지지자가 많아서가 아니라 그만큼 그가 논쟁적이었기 때문에 가능했다. 부르디외의 상징투쟁 개념은 여기에서 유용한데, 왜냐하면 상징공간에서는 특정 상징지식에 대한 지지/반대 여부와 상관없이 그것이 중요하게 '여겨지는'

것 자체가 그 이론의 가치를 결정하기 때문이다. 한마디로 하버마스 이론의 가치는 90년대 초반 한국 인문사회과학 학술영역에서 주로 비주류로부터 점차 일종의 내깃물과 유사한 형태로 떠올랐던 것이다. 그리고 이는 국내 인문사회 학술영역에 하버마스를 매개로 모종의 장이 형성될 가능성이 존재했음을 뜻한다.

제도권의 비주류 흡수와 재일원화

1990년대 초반 국내 인문사회과학 학술공간을 둘러싼 상황은 또다시 급변했다. 앞의 장에서 우리는 10년 전인 1980년대 초입에 학술공간에 가해지던 인구학적·문화적 압력이 이곳을 이원화시켰음을 보았다. 그리고 80년대를 거치며 비주류 학술운동권 성원들의 투쟁 대상이 주류 제도권으로 설정되면서 학술공간의 재일원화가 시작되고 그러면서 인문사회과학 교육 현장이 첨예한 갈등의 공간이 되었음도 보았다.

나는 앞서 이 구도와 프랑스 경험의 유사성과 차이를 지적했었는데, 또 하나 한국이 프랑스와 달랐던 점은 프랑스에서 비주류 신진 세력이 68혁명과 함께 비교적 성공적으로 장 내 진입과 전복을 수행했던 반면, 한국에서는 비주류의 도전이 실패하면서 이들이 제도권 영역에 대부분 흡수되어 버렸다는 사실이다. 즉 국내에서 진행된 학술영역의 재일원화 과정은 외곽으로부터 시도된 전복의 성공과 이와 병행하여 진화된 장의 형성으로 이어지지 않고 비주류의 제도권 편입으로 귀결됐다. 그 일차적 까닭은 1990년을 전후로 한 학술공간 안팎의 지각변동이 비주류 세력의 응집력을 크게 약화시켰기 때문이다.

우선 1987년 절차적 민주화가 성취되면서 대학 문화가 변화했다. 입학 시기부터 학생들을 강력한 변혁주의에 결박한 외적 변수가 완화되면서 90년대 대학 문화는 급격하게 탈정치화됐다. 1970년대에 대학에는 "지식인으로서의 자의식을 가지고 그 시대의 정치적 요구를 받아들인" 학생들이 있었고, 이어 "1980년대 초반의 학생투사"들이 있었다. 그러나 90년대 대학생들에게는 전 시대 학생들과 같은 강렬한 '파토스(pathos)'가 없었다.*

90년대 대학생들은 80년대 초반 입학생들보다도 더 큰 물질적·문화적 풍요를 누린 세대였다. 이들은 선배들과 매우 다른 성향을 지닌 채 대학에 들어왔고, 대부분 정치적 변혁보다는 문화적 소비에, 토론보다는 취직과 출세에 관심이 많았다. 이러한 급격한 성향 변화는 학번 간 세대차이와 갈등으로 이어지기도 했고, 결과적으로 새로운 '투사'들의 공급이 부족해져 전통적 '운동권'의 힘을 크게 약

---

* 변혁주의적 학자들에게 흔히 1990년대의 대학은 다음과 같이 부정적으로 묘사되곤 한다. "투사들이 사라진 학교에는 토론이나 힘찬 문제 제기가 사라졌고, 시 한 줄 소설책 한 권 읽지 않고 책보다는 영화를, 영화 중에서도 명화보다는 만화영화를 즐기는 학생들이 넘쳐난다. 어떤 학생은 장학금을 받아야 하니 B플러스 학점을 A로 올려 달라고 억지 쓰는 이기적인 행동을 보인다"(김동춘, 2017[1999]: 173~174).

화시켰다.*

다른 한편, 90년대 대학사회에는 강력한 구조조정 압력이 제기됐다. 문민정부는 독재정권들과 다른 방식으로 대학에 개입했는데, 그것은 바로 '세계화'라는 이름하에 제 역할을 수행하지 못하고 있는 대학을 구조조정해 경쟁력을 확보하겠다는 것이었다. 이로부터 주로 이공계를 필두로 학제 개편·학부제 도입·학력고사 폐지·강의 평가 제도와 교수 논문 실적 평가제 도입·계약교수제 도입 등의 이슈가 숨가쁘게 제기됐고, 90년대 대학은 이러한 이슈들로 내내 시끄러웠다. 이와 함께 90년대 초반에는 80년대의 '(인문)사회과학 열풍'이 급격히 사그러들면서 때이른 위기론이 확산됐다.

그러나 같은 기간, 변혁지향적 비주류 학술영역은 변화의 무풍지대였다. 이곳의 관심은 오로지 한편에서 사회변혁적 실천을 계속하고, 다른 한편에서 학술운동을 통해 주류 학술공간으로 진출해 상아탑을 변혁해야 한다는 것에 맞춰져 있었고, 자폐적인 우주 속에서 사회와 차단된 독립된 담론의 공간을 이루고 있었다. 3부에서 본 것

---

* 이와 같이 변혁주의 학술운동 세력이 힘을 잃어가는 과정에 대해서는 다음 대담자의 회고를 참고할 수 있다. "(이은진) 우리로 따지면 노동과정이나 노동운동론에 대한 연구는, 공부는 80년대에 했고 학위 논문의 형태로서는 94~95년에 거의 마무리된 거 같아요. 그 이후에는 연구 성과가 안 나온거 같아요. 예를 들어 80년대 후반이나 90년대 초에 공부한 사람들은 처음부터 그 주제를 공부할 생각을 별로 안했기 때문에, 3년 내지 5년 뒤에 나오는 학위 논문으로 나오지 않았던 것이죠. … 우리가 88년 이전까지는 동구권의 몰락을 예상 못하지 않았습니까? 그걸 예상 못하고 학술적 논의를 진행했으니 이후에 연구가 이어지지 못하게 된 것이 아닌가 합니다"(김동춘 외, 2013: 23).

처럼 오히려 1980년대 후반 학술운동권에서는 '정통 마르크스'로의 회귀현상이 일어나났고, 그 정점으로 이른바 '사구체논쟁'이 벌어지고 있었다(최형익, 2003). 그러나 사구체논쟁은 '충분히 개화하기 전에 갑작스럽게 중단'되고 만다. 그 계기는 논쟁 내부가 아닌, 예기치 않은 외부 사태로부터 왔다. 1990년, 베를린 장벽의 붕괴 이후 소련연방이 해체되고 공산권이 몰락한 것이다. 소련과 공산권 체제들의 존재는 마르크스주의(특히 레닌주의)에 경도된 한국의 변혁주의 세력에게 이상적 혹은 대안적 사회의 모습이라는 준거 역할을 수행하고 있었다. 그런데 1990년대가 시작되며 이들 공산권 국가들이 '적'이 아닌 내부 모순에 의해 자멸했다. 이는 비주류 학술운동권을 하나로 묶어주던 거대한 우산의 해체를 의미했다. 아니, 나아가 이는 "환상의 급격한 냉각"(송호근, 2013: 113)이자 세계관의 붕괴에 가까운 현상이었다. 이로 인해 "그토록 치열하게 전개되었던 사회성격 논쟁이 갑자기 사라진 기이한 상황"(이용주·허재영, 1997: 362)이 벌어졌다.

변혁지향적 학술운동 영역에 깊숙이 관여했던 인물들은 이후 이 충격을 여러 곳에서 회고한다. 예를 들어, 사구체 논쟁의 핵심작 『사회구성체론과 사회과학방법론』에서 누구보다 강력하게 마르크스를 옹호했던 이진경은 "이론적 문제의식을 실천적 운동으로 연결시키고자 노동운동 조직을 만들어 활동하다 1990년 체포되어 2년간 징역을 살게"되는데, 감옥에서 독일의 통일과 소련의 붕괴를 목격한 심경을 한 인터뷰에서 다음과 같이 말한다.

나는 사회주의자라는 이유로 체포됐는데 그대로는 아니어도 하나의
전망으로 여겼던 사회주의권이 저런 식으로 무너지니 정말 황당하고
막막하더라고요. 사회주의권 붕괴는 제가 아는 마르크스주의로는 이
해할 수 없었습니다. (《경향신문》, 2012.5.18.)

이어 화자는 자신의 경험을 계기로 "데카르트 이후의 근대철학부
터 새로 공부"하고, "근대성을 어떻게 넘어설 것인가"에 대한 문제
로 전환해 "들뢰즈와 가타리의 합작품인『안티 오이디푸스』"를 만나
"코뮌주의" 탐구로 이행했음을 회고한다(같은 곳). 이는 비단 이진경
만의 경험이 아니었다. "당시 [학술운동의—인용자] 변혁적 이론 진영이
겪었던 혼란은 대단한 것이었다. 80년대를 지탱해주던 전망과 기준
이 갑자기 사라져버린 상황에서 많은 사람들은 당황해했다"(이용주·
허재영, 1997: 362). 이처럼 거대한 충격 속에 80년대 변혁운동의 투사
들은 무너진 세계관을 복구하기 위해 동분서주했고, 이내 수많은 사
상적·정치적 갈래로 급격히 흩어졌다.

이렇게 동구권의 붕괴는 마르크스 아래 묶여 있던 소우주, 비주
류 학술운동권의 핵분열을 초래했다. 여기에서 핵분열 혹은 "백가쟁
명"(이용주·허재영, 1997: 363)이라는 표현은 정당한데, 왜냐하면 정통
마르크스주의로의 급격한 회귀 경향이 다시 반대방향으로 역진하면
서 이미 서구에서 이뤄진 마르크스 이후 서구사상들을 급히 좇아 젊
은 학자들이 수많은 갈래로 뿔뿔이 흩어졌기 때문이다. 일부는 마르
크스를 완전히 버리고 반대반향으로 '전향'하기도 했고, 혹자는 마르

크스를 수정한 이론적 자원들로 관심을 돌렸다. 어떤 이들은 오히려 현실을 부정하고 "마르크스주의를 사수하자는 의무감"에(364) 자신들의 모순을 외면하려고도 했고, 어떤 이들은 아예 서구적 이론 전체의 무용성을 깨닫고 완벽한 '민족·민중속으로!'의 기치를 내걸기도 했다. 이 과정에서 상이한 지향 설정을 두고 상호 논쟁도 벌어지곤 했는데, 이를 주도한 것은 주로 80년대 학술운동 영역에서 활약했던 이들로, 90년을 전후로 교수직을 얻은 경우도 있었지만 아직 강사 생활을 하거나 박사논문을 작성중인 이도 있었고, 혹은 출판시장에서 이름을 알린 기고자도 있었다.

그러나 이러한 핵분열은 사실 비주류 학술공간이 마르크스를 중심으로 묶여 있었지만 사실은 학문 분과, 성향별로 매우 이질적인 집단들의 덩어리였음을 반영하는 것이었다. 예를 들어, 분석마르크스주의, 알튀세르나 라클라우·무페 등 네오마르크스주의는 물론, 포스트모던 계열 이론도 다양한 이해관심을 가진 이들에 의해 사실상 80년대 말에 이미 국내에 유입되어 있었다.* 따라서 90년대 초의 분기는 어쩌면 이미 준비되어 있었던 것이지 결코 정통 마르크스주의자들이 하루 아침에 마르크스를 버리고 급히 새로운 탐색을 시작한 것은 아니었다. 이 문제는 잠시 후에 다시 다루도록 하겠다.

---

* 알튀세르나 포스트모더니즘 도입의 경우 "프랑스 철학자들의 초기 국내 이해에 가히 결정적인 영향력을 행사"(허경, 2010a: 448)한 1989년 김형효의 『구조주의의 사유체계와 사상』 등을 사례로 들 수 있다. 특히 푸코는 일찌감치 국내에 도입되어 있었다(허경, 2010a; 2010b; 진태원, 2012).

핵분열의 갈래:
경제결정론 vs. 탈근대론, 이론지향 vs. 실천지향

어쨌건 1990년 이후 비주류 학술영역의 구심점은 와해됐다. 그리고 핵분열의 갈래는 통상 학자들에 의해 크게 다음의 몇 가지 방향으로 나뉜 것으로 정리된다.

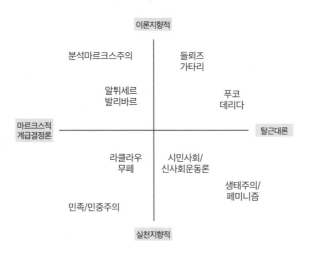

그림 5   1990년대 변혁적 학술운동 영역 내 핵분열의 갈래

위 그림은 변혁적 학술운동 성원들이 마르크스의 계급결정론과 단선적 역사관으로부터 탈근대론으로 어느 정도 이행했는지에 따라(가로축), 그리고 마르크스주의 붕괴가 가져온 모순을 이론적 탐색을 통해 찾았는지 혹은 변혁적 실천을 통해 해결하려 했는지에 따라

(세로축) 각각 대안으로 부상된 이론들의 위치를 표시한 것이다. 이를 좌상단 분면으로부터 출발해 시계 반대 방향으로 들여다보자.

먼저 마르크스 이론을 포기하지 않고 그 내부로 들어가 문제를 해결하려 한 부류로 소수의 분석마르크스주의 연구자들이 있다.* 이들은 한편에서 코헨과 엘스터를 따라 마르크스의 이론 전체를 명제 단위로 해체해 명제와 명제들 사이 인과적 연결의 적합성을 따져 물으며(사실은 코헨과 엘스터에 동조해) 마르크스의 위기 시기에 오히려 마르크스로 더 깊이 침잠해 들어갔다. 다른 한편, 어떤 이들은 마르크스가 하부구조에 비해 상대적으로 간과한 상부구조의 이데올로기 분석이 필요하며, 프로이트와 라캉의 정신분석학을 활용해 혁명의식을 고양하고 궁극적으로는 한국에서 계급혁명에 이를 수 있다는 희망하에 알튀세르와 발리바르를 대안으로 내세웠다.** 이들은 알튀세르 이론이 위기 상황에서 '실천적' 대안을 만들어 줄 수 있다고 생각

---

* 대표인물은 김소영, 정문길 등이다. 이들의 입장은 "마르크스주의 이론의 정교함이나 발전을 폄하하고 무시하는 것은 … 도움이 안 되므로, 아카데믹 마르크스주의의 발전도 매우 중요"(김재현, 2002: 182)하다는 것이었다. 결과적으로 이들의 방향은 정통 마르크스주의를 수호하되, 실천보다는 이론을 우선시하는 것이었다(김석수, 2008: 247).

** 알튀세르와 발리바르를 옹호한 사람은 윤소영 등이다. 이들은 알튀세르와 발리바르가 경제적 토대 문제와 정신적 주체의식 형성의 문제를 잘 연결시켜준다는 점에서 옹호하고(김재현, 2002: 129), 이들을 번역 소개하고 공급해 이론을 정립하고, 이를 머지않아 실천 지침으로 활용할 수 있을 것이라 기대했다. 따라서 이들의 지향은 마르크스에 매우 가깝고 또한 이론지향적이었지만, 앞의 그룹보다는 마르크스로부터 멀어지고 또한 궁극적으로는 실천의 필요성을 역설한다는 점에서 좌표상 이들보다 우하단으로 표현될 수 있다.

했지만, 이들이 택한 것은 사실상 추상적 이론 탐구의 세계로의 침잠이었다.

다른 한편, 마르크스의 계급혁명론은 포기하지만, 이를 시민사회의 변혁운동으로 대체해 보다 실천적 지침을 얻고자 한 많은 이들은 라클라우와 무페의 이른바 '포스트마르크스주의'에 주목했다.* 그밖에 이러한 이론들의 장단점은 취하면서도 사실상 이 이론들이 서구적 배경에서 생성되었기에 보다 '우리 현실'에 입각한 이론으로 대체해야 하고, 이를 통해 결국 한국사회의 변혁을 이끌어낼 수 있다고 주장한 이들은 '민족·민중주의'의 이름 하에 '현장으로' 달려갈 것을 천명하는 실천론을 펼쳤다.** 이들은 우리 현실에 맞춘 우리 이론의

---

* 라클라우·무페를 둘러싼 논쟁은 이병천에 의해 촉발됐고, 이들의 지지자 그룹에는 박형준 등이 포함된다. 그는 정통 마르크스주의 계급 분석의 시효 만료를 주장하되, 시민사회의 신사회운동이 지닌 잠재력에 '비본질주의적'으로 주목하고, 이를 실천과 연결시켜야 한다고 주장했다(김호기, 1993: 82~87; 김재현, 2002: 180~181; 김석수, 2008: 247~248). 따라서 이 방향은 마르크스주의를 수정하면서 라클라우·무페를 옹호하되, 이를 더 깊이 탐색하기보다는 곧바로 변혁의 도구로 활용하려 했다는 점에서 실천지향적이었다.

** 이러한 경향은 김진균이 주도한 비판적 사회과학자들 일반이 공유했다. 『경제와 사회』가 1997년 개최한 대담 "진보운동과 진보적 지식인운동의 선 자리, 갈 길"에는 이러한 이론경직성에 대한 성찰과 참여의 필요성을 촉구하는 논의가 잘 드러나고 있다. "(조희연) 80년대 초반 이후의 여러 가지 비판적 성찰에는, 여러 가지 사회과학 논쟁이나 사구체논쟁들의 상당한 기여에도 불구하고, 이론주의적 편향이 내장되어 있었다고 봅니다. 한편에서는 경험적 근거들이 부족했고, 다른 한편에서는 실천적 검증의 매개를 상실했다고 할 수 있겠습니다. 많은 이론적 논의들이 정작 한국사회의 경험적 현실을 통해서 검증받은 논의가 아닌 단순히 이론적 주장에 그치는 경우가 많았고, 또한 그 이론적 주장의 상당 부분은 수입된 이론이었다는 점을 지적하고 싶습니다 … 실천적 매개를 상실함으로써 생겨나

정립을 표방했지만 사실상 이들이 실행한 것은 이론의 개발이 아닌 민족민중의 시급한 현장에 뛰어드는 것으로, 사실상 이론적 탐색은 중단하는 노선이었다.

다음으로, 마르크스의 경제결정론으로부터 완전히 벗어나 다원화된 현대 세계의 현실을 인정하되, 시민 계층의 변혁적 움직임을 분석하고 장려하고자 한 시민사회운동론자들이 있었다.* 이들의 관심 또한 사실은 이론의 탐색이 아니라 현재 벌어지고 있는 다양한 운동의 흐름을 객관적으로 파악하고, 이로부터 보다 효율적인 실천의 지침을 마련하는 데 있었다. 따라서 이들의 입장은 이론 거부자보다는 이론적이지만, 진지한 이론 탐색자들보다는 훨씬 실천지향에 위치지어진다. 또한 여전히 정치·사회적 중심점을 벗어나지 못하는 이 같은 시민사회론으로부터 더 나아가서 소외된 사회 현상을 분석하

는 문제들이란, 실제 현장의 운동이 고민하는 지점과는 거리가 있는 '론'을 생산하게 되는 측면이 있다는 것입니다. 학술적 연구의 구체화, 말하자면 대중의 구체적 현실을 향한 구체화와 변화하는 경험적 현실을 향한 구체화의 노력들이 필요합니다"(조희연 외, 1997: 30). 이곳의 참여자들은 한편에서 실천 참여를 독촉하고 다른 한편에서 이를 기반으로 한 주체적 학문 정립을 강조했는데, 특히 다수의 사람들은 전자에 기울어 추상적 이론보다는 즉각적 실천에 도움이 되는 활동으로 기울었다.

* 이러한 경로는 비판사회학자들을 필두로 한 한국산업사회연구회의(위 각주의 학자들) 후자 노선이다. 조희연과 김동춘은 마르크스주의를 둘러싼 논쟁이 대부분 '학원 마르크스주의'로, 한국 현실에 대한 경험적·역사적 연구가 없는 공허한 것이라 거칠게 비판했다(김재현, 2002: 182). 이들은 과학적 연구에 기초하되 '실천'을 우선시하고, 한국의 경험을 통해 한국의 이론을 정립해야 한다고 외쳤다. 그러나 이후에도 이들은 실제로 이론적 연구에 천착하지는 않았으며 구호에 머물기도 했다.

고 변화를 추동하는 것을 목표로 설정한 이들은 주로 페미니즘과 생태주의 등의 주제로 옮아 갔다.*

그러나 혼돈의 지형에서 사실상 가장 큰 반향을 일으킨 것은 다름 아닌 우상단의 포스트모더니즘이었다. 포스트모더니즘의 흐름은 하나로 묶기 어려울 정도로 다양하고, 이들의 지향점을 정확히 좌표상에 표현하는 것도 어렵다. 그러나 적어도 국내에서 소비된 포스트모더니즘의 경우, 크게 마르크스주의적인 문제의식을 여전히 유지하되 이를 탈근대성과 접합하고자 한 이들은 들뢰즈·가타리를 중심으로,** 그리고 마르크스주의로부터 극단적으로 멀어진 이들은 푸코와 데리다 중심으로 묶일 수 있다.*** 특히 "푸코의 이론은 가히 '푸코현상'이라 부를 수 있을 만큼 열광적으로 그리고 단시일 내에 '전폭

---

* 한국에서 페미니즘과 소수자 운동, 환경운동 계열은 90년대 초반 본격적으로 시작됐다. 이들은 시민사회의 태동과 시민사회론을 이론적 배경으로 하면서도, 논의의 주제를 한층 더 탈근대적인 지점으로 옮기려 했다는 점에서 그림의 우하단에 놓인다.

** 이 노선의 대표적인 인물이 이진경이다. 그는 동구권의 해체 충격으로 마르크스주의로부터 이탈하되, 기계적 결정론은 극복했지만 변혁적 정신을 이어받은 이들이 들뢰즈와 가타리라고 보았다. 또한 이 노선은 매우 깊은 아카데미즘으로 침잠한다는 점에서 이론지향적이었다.

*** 푸코와 데리다를 중심으로 하되, 포스트모던 그룹 전체에 주목한 이들은 강내희 등 문화연구자들이었다. 이들은 마르크스의 환원론을 기각하되, 포스트모던 이론이 분명 변혁적 가능성을 담지하기 때문에 마르크스주의 정신을 잇는 것이라 판단했다. 푸코나 데리다 등이 사회변혁적 실천에 개입한 것이 그 예라는 것이다. 즉 "탈근대적 문제설정은 비판적 독해를 거칠 경우 얼마든지 운동과 접속될 수 있다"(이용주·허재영, 1997: 371)는 관점을 지닌, "근대를 넘어서려는 또 하나의 '비판'이론"(375)이라는 것이 이들의 관점이었다.

적으로' 수입되었"고, 마르크스가 비운 자리의 첫 주인공은 푸코라 할 수 있을 정도로 인기는 강력했다. "푸코의 이론은 현실 사회주의의 붕괴와 그에 따르는 마르크스주의 이론의 위기라는 사상적 공백을 메우며 우리에게 전폭적으로 수용되었다"(허경, 2010a: 446). 또한 국내에서 이들은 전자의 그룹이 한층 철학적인 탐색을 지향한 반면, 후자의 그룹은 이들의 '해체적' 경향을 사회변혁적 실천과 연결하려 애쓴 점에서도 갈라졌다. 이밖에 보드리야르·리오타르·바르트 등 대중문화 비판에 천착한 포스트모던 학자들 또한 이 시기 학술운동 영역 내에서 열광적으로 수용됐고, 이와 함께 영국 문화연구(Cultural Studies)에 대한 관심도 인문사회계 전반에 매우 높아졌다.*

이처럼 포스트모더니즘은 다른 어떠한 흐름보다도 큰 반향을 얻었고, 마르크스주의의 붕괴와 함께 시작된 90년대의 첫 번째 주인공은 바로 이들이었다. 이러한 인기의 이유에 대해서는 여러 가지 진단이 있다. 그럼에도 이견이 없는 것은 90년대 대중문화의 폭발과 함께 이제 '경제'보다 '문화'에 대한 관심이 높아졌고, 이 분위기가 대중문화 분석을 주 방법으로 삼았던 포스트모던 이론과 문화연구의 인기를 견인했다는 사실이다(양은경, 2006: 22; 강내희, 2013: 18). 이유가 무엇이

---

* 한국 문화연구의 붐을 이끈 인물로 다시 강내희가 꼽힌다. 그에 따르면 자신과 문화연구자들은 마르크스주의의 붕괴 이후 "패전진영에 속한 … 후퇴작전"(2013: 7)으로 포스트모던 이론에 주목하되, "정치경제중심주의에 대해 비판적 거리"를 두면서도 "변혁운동에서 문화운동의 '상대적 자율성'을 강조"해 '혁명이론'의 맥을 이으려 했다(28). 이와 함께 신문방송학, 일부 문학 계열 전공에서는 '비판커뮤니케이션학'이 인기를 얻게 된다(양은경, 2006: 70).

었건 간에, 포스트모던 이론이 원산지인 68혁명 시기 프랑스에서 그랬던 것처럼, 마르크스주의의 변혁적 성격을 유지하면서도 문화에 대한 높은 관심을 가진 젊은 세대에게 강한 호소력을 가졌던 것임에는 틀림없다(허경, 2010b: 441~442). 그래서 이 흐름은 전통적인 80년대 학술운동 영역 성원들에게 매력적인 선택지였음은 물론, 새로 등장한 90년대 학생들에게 광범위한 영향을 미치면서 외연을 확장했다.

변혁주의 진영 신진 학자들의 성장과 학술장 진입: 전복에서 적응으로

이상과 같은 마르크스주의의 위기와 포스트모더니즘의 돌풍이라는 90년대 초반의 상황은 빈번히 지적되어 왔다. 그러나 기존의 학자들은 이 현상의 의미를 마르크스주의의 위기, 혹은 변화의 바람 등 관념론적 차원에서만 조명해 왔다. 그러나 지식사회학적 관점에서 이 현상은 다음의 중요한 의미들을 가지는 것으로 설명될 수 있다.

첫째, 마르크스주의의 붕괴로 인해 변혁적 학술운동 영역의 결집력이 깨어졌다. 근본적으로, 마르크스주의적 사회변혁을 지상과제로 설정하고, 그렇기 때문에 '보수적'이고 '기득권 옹호적'인 '상아탑'이 사회 진보를 위해 유용한 변혁주의적 지식을 학습하고 전수하는 곳으로 재편돼야 한다는 신진 학자들의 전제 자체가 무너졌다. 이미 절차적 민주화와 정권교체가 이뤄지며 학술운동 진영의 결집력이 크게 약화되어 있는 상황에서* 이러한 변화는 이들을 결정적으로 와해시켰다. 이로써 80년대 학술영역이 이원화되고 재일원화가 시작되던 중후반 한때 학술운동 진영이 쥐었던 강력한 헤게모니와 영향력이 약화되고, 힘의 역학관계가 재역전됐다. 교수의 권위와 이들이 가진 학위 수여 권한이 복권되고, 더 이상 학생들이 정치적·도덕적 명분을 내세워 학위를 요구하거나 교수임용과 커리큘럼 편성에 자신들의 뜻을 관철시키는 일은 찾아보기 어렵게 됐다.** 이는 주류 학자집단이 능동적으로 쟁투에 성공한 것이 아니라, 정당성의 근거 자체가 흔들린 학생집단이 스스로 무너진 것에 가까웠다.***

---

* 이밖에도 80년대 '단일대오'를 형성했던 변혁주의 학생집단은 정치적 노선으로 분화하고, '민주정부'에 참여하거나 시민운동이나 노동운동에 헌신하는 등 정치적으로 분열했다. 총체적으로는 1990년대에 들어 "진보적 지식공동체의 약화"가 일어났다(김원, 2008: 37~40).

** 1980년대의 "스튜던트 파워"의 힘과 1990년대의 소강에 대해 유팔무는 다음과 같이 말한다. "학생들은 이러저러한 강좌를 개설해 달라, 누구누구를 강사로 불러 달라, 우리 학과에도 진보, 좌파 성향의 교수를 뽑아 달라는 요구를 했다. 이런 상황에서 학생들의 요구를 수용하는 경우가 여기저기 나타났고, 이렇게 해서 신규 채용된 대표적인 인물이 서울대 경제학과의 김수행 교수였다. 학생운동의 이런 기세는 1990년 무렵, 소련과 동구권의 사회주의 국가들이 연이어 무너지면서 급속히 꺾여버렸고, 1990년대 중반쯤에 이르러서는 거의 사그라져버렸다"(유팔무, 2017: 177).

*** 이러한 분위기의 '재역전'에 대해 변혁주의 학술운동권이 어떻게 받아들였는지에 대해서는 『시대와철학』지의 다음 글을 통해 엿볼 수 있다. "제도권 학계의 보수화 물결은 예상보다 빠르고 거칠다. 학생운동에 대한 발빠른 행보는 그 파고의 높이를 어렵지 않게 예보할 수 있게 한다. 학생들과 주위의 눈치를 보면서 마르크스주의에 관한 논문을 마지못해 허용하던 교수들이 그러한 태도를 표변하여 '이제 다 지나간 퇴물을 공부해서 뭐 하느냐'고 하는 식으로 나선다. 또 마르크스 사상에 대한 본능적인 경계심 내지 적대감을 가지고서 사회 철학이나 사회주의에 관

둘째, 이러한 변화는 90년대 초반 학위 취득과 구직의 시기를 겪는 신진 학자들에게 태도 변화, 구체적으로 일정 수준의 '아카데미즘'을 강제했다. 80년대 한때에는 학술운동 영역에서 (그들 사이에서의) 정치적 정당성이 학술적 타당성과 논리적 정합성보다 중요한 가치를 지녔고, 도덕적으로 올바르다고 여겨지는 입장이 곧 학술적 정당성을 보장해 주었다. 이전에는 이 논리로 교수와 투쟁하고 이를 제도권에 관철시킬 가능성도 있었지만, 이제는 이들에게 다른 종류의 적응이 요구됐다. 이들의 주류 제도권으로의 진출은 정치적 정당성이 아닌, 학술적으로 '엄정한' 담론의 생산을 통하지 않고서는 불가능하게 됐다. 여기에서 말하는 엄정함이란 적어도 기성 학자들, 특히 해외유학 출신 교수들이 가진 학술적 기준을 충족해야 함을 뜻한다. 한 마디로, 과거 학술운동 영역에서 성장한 신진 학자들은 자신들의 정치적 지향을 학술 언어로 '번역'하지 않으면 안 됐다.* 그리고

한 논문을 무차별하게 거부해 왔던 일부 교수들은 '그래 쓸 테면 써 봐!' 하고 제법 여유(?)를 보이기도 한다. 그러나 현상적으로 보면 이처럼 상반되게 나타나는 태도를 공통적으로 지배하는 것은 '아직도 마르크스냐? 이 불쌍한 녀석들아!' 하는 '정조(stimmung)'이다. 또 어떤 사람들은 어렵게 공부한 마르크시즘이 다 휴지가 되었으니 어떻게 하느냐고 대신 걱정을 하기도 한다. 바로 이러한 일반적 분위기가 우리를 위축시키고 무력하게 만든다. 취직을 걱정해야 하는 사람들은 전공을 바꾸기도 하고, 현존 사회주의의 현실에 실망하여 전공을 포기하는 사람도 있다"(최종욱, 1991: 339).

* 예를 들어, 1990년의 김동춘은 이러한 젊은 학자들의 고뇌와 번역의 필요성에 대해 다음과 같이 언급했다. "민족민중사회학의 입장에서는 이 만남이[제도권으로의 진입을 뜻함―인용자] 큰 부담으로 작용할 수 있다. 왜냐하면 민족민중사회학이 제도권 학문사회의 바깥에 존재할 때, 자기 외의 모든 사회현실이나 학문현실을 '민족'과 '민중'의 이름으로 비판하기만 해도 도덕적 정당성을 가질 수 있었

이 필요가 신진 학자들의 전문주의로의 일정한 수준의 이동 동인이 된다. 즉 마르크스의 대안을 찾아 나서는 학술운동 영역의 핵분열은 기본적으로 마르크스의 오류를 교정해 다시 변혁주의적 목표를 추구하려는 정치적이고 학술 도구주의적인 것이었지만, 다른 한편으로 이는 이들로 하여금 학술적으로 통용되는 타당성을 탐색하게 함으로써 일부나마 도구주의로부터 전문주의를 거쳐 아카데미즘으로 옮겨지는 좌표 이동을 조장했다. 그러나 이것은 어디까지나 가능성과 이들이 처한 조건에 관한 것으로, 실제 개인·집단·분과 별로 매우 다른 형태로 실현됐고, 심지어 다수는 여전히 강력한 도구주의적 성향을 전혀 벗어나지 못한 경우에 속했다.

셋째, 이러한 배경은 신진 학자들로 하여금 각자의 관심에 따라 매우 열렬히 대안적 이론을 찾아 나서게끔 만들었고, 이는 학술운동 영역 출신 비주류 신진 학자들의 공간을 강력한 수용의 공간으로 만들었다. 즉 70년대 말~80년대 초반이 마르크스로의 다양한 우회로로서 수용의 동기를 제공했다면, 80년대 중후반에는 수용의 열기가 가라앉고 마르크스 원전중심주의가 심화됐고, 90년대 초반에는 다

지만, 변화된 조건에서는 그런 혜택을 더는 누릴 수 없기 때문이다. 즉 이제는 '학문적 내용', '구체적인 방법론과 현실 설명력'을 통해서 입지를 확보하지 않으면 안 된다. '이데올로기'라는 낙인을 감수해야 하는 상황과, 이론으로서 자격을 인정받는 상황에서의 처신이 동일할 수는 없기 때문이다 … 스스로를 학문의 단순한 분과로 전락시키려는 내부의 흐름과도 맞서 싸워야 하고, '학문 아닌 이데올로기'로 간주하려는 기성 학문사회의 흐름과도 맞서 싸우면서 끊임없이 '운동'하지 않을 수 없을 것이다"(김동춘, 2017[1990]: 20~21).

시 마르크스의 대안을 찾는 강력한 수용의 동기가 부여됐다. 이제 신진 학자들은 자신들이 과거에 마르크스의 우회로로서, '개량주의'라는 낙인하에 비판적·목적론적으로 읽었던 각종 포스트주의들을 진지하게 다시 읽고 그 정당성을 제대로 탐색하지 않으면 안 됐다. 80년대 이미 일부 도입되었던 비판이론·포스트마르크스주의·포스트모더니즘 등이 다시 부상하고, 과거 이들을 읽었던 신진 학자들이 재수용에 나서 이제 서구권의 논의와 진도를 맞추려는 움직임이 광범위하게 일어났다. 90년대 초반 번역 붐(강내희, 2013: 14)은 이러한 맥락에서 이뤄진 것이었다.

이상과 같이 살펴본 지식사회학적 요인들은 한마디로 변혁주의 학술운동 그룹의 제도권으로의 편입이라 요약할 수 있다. 80년대 후반 진행됐던 학술영역의 재일원화는 충돌과 파괴, 급진적 재편이 아닌 일방적 흡수로 귀결됐다. 그리고 이것이 90년대 한국과 68혁명 시기 프랑스 학술영역 재편 과정 사이의 결정적인 차이였다. 프랑스에서 주변부 학자들의 중심부로의 진출이 주류 공간의 파괴와 함께 성취됐던 반면, 한국의 주변부 신진 학자들은 빠르게 제도권으로 편입된다. 이는 프랑스와 달리 한국에서 주변부 발(發) 장의 급진적 재편과 진화가 이뤄지지 못했음을 의미한다. 이제 학술운동 출신 신진 학자들은 제도권 안으로 들어가 적응해야만 했다.

그러나 변혁주의 출신 신진 학자들의 전문주의를 경유한 아카데미즘으로 좌표 이동은 낮은 자율성의 제도권 학술공간에 새로운 계기를 제공하는 효과도 분명히 낳았다. 이들이 여전히 변혁주의적 관심을 포기하지 않고 그 실천적 동기를 학술 언어로 옮겨 공급하려 함으로써 학술운동권의 관심사와 논의주제들이 주류 제도권 안으로 들어오게 됐고, 이를 둘러싼 집합적 논쟁이 벌어질 경우 장의 효과가 생겨날 가능성도 존재했다. 당시 주류 학자들의 공간은 스스로 공동의 논의 의제 설정 능력이 없었기 때문에, 비주류의 성장과 제도권으로의 진입은 기성 학자들의 질서에 일부 균열을 일으키고 그들이 가지고 들어온 의제가 공동의 논의 주제가 되는 형국을 만들었다. 즉 이제 비주류의 관심이 공동의 대화 주제가 되는 경우가 많아졌다. 만일 이것이 더 적극적으로 실천됐다면 특정 주제나 이론적 자원에 대해 상대적으로 많은 상징자본을 가지고 있는 사람이 학계 성원들 사이에서 '중요한 인물'로 부각되는, 상징자본 소유량에 따른 학술공간의 위계화가 가능할 수도 있었을 것이다. 바야흐로 '장 만들기'의 가능성이 생겨나고 있었던 것이다.

변혁그룹 출신 젊은 학자들 중에서도 바로 신진 하버마스 연구자 그룹은 이러한 가능성을 가장 성공적으로 구현한 경우다. 변혁주의 학술운동 출신 신진 학자들이 대거 제도권에 진입하는 과정에서 특히 이 연구그룹은 자신들의 변혁주의적 관심을 하버마스를 키워드로 번역해 주류 공간에 가장 성공적으로 관철시켰고, 이로 인해 제도권과 비제도권이 연결되면서 하버마스를 주제로 한 일시적인 유사(類似) 장이 형성됐다. 하버마스의 인기는 그 외적 징후로 나타나게 된 것이었다. 그러면 지금부터 90년대 초반의 상황에서 신진 하버마스 연구자 그룹이 어떻게 하버마스를 중심 인물로 부상시켰는지 살펴보도록 하자.

신진 연구그룹:
전문화된 도구주의를 거쳐 아카데미즘으로

신진 하버마스 전문연구집단은 큰 틀에서 비주류 학술영역에서 발생한 이론적 공백을 하버마스를 통해 극복할 수 있다고 믿거나, 적어도 하버마스 탐구가 대안의 단초가 될 수 있다고 생각하고, 그래서 하버마스 이론을 체계적이고 집중적으로 탐구한 사람들이었다. 혼돈의 이론 지형 속에서 이들은 하버마스에 집중된 연구와 번역 활동을 수행했고, 1993년 설립된 하버마스−비판이론 전문연구 단체를 표방하는 사회와철학연구회를 중심으로 모여들었다. 이들은 국내에서 석박사 과정을 거치며 주류 학술공간으로 진입하기도 했고, 독일에서 박사학위를 취득한 후 귀국하면서 교수가 되어 제도권에 안착하기도 했다. 그러나 국내에 있건 해외에 있건 일찍부터 하버마스라는 공유 지대를 가졌던 이들은 90년대 초반 빠르게 결집해 애초 가지고 있던 변혁주의적 관심을 하버마스에 대한 '좁고 깊은' 연구, 즉 전문주의적 언어로 번역함으로써 '전문화된 도구주의'의 성향을 띠었고, 이는 아카데미즘의 효과로도 이어졌다. 이는 68혁명 시기 프랑스 학술장 주변부에서 중심부로의 전복전략을 수행했던 포스트모던 그룹과 유사한 투쟁을 수행한 것이라 할 수 있다.

앞서 제2부에서 우리는 프랑스 학술장의 구조변동은 주변부 포스트모던 그룹이 변혁적 관심을 번역해 강한 전문주의 능력을 갖추고, 이를 통해 아카데미즘으로 이동하면서 수행한 상징투쟁의 결과임을

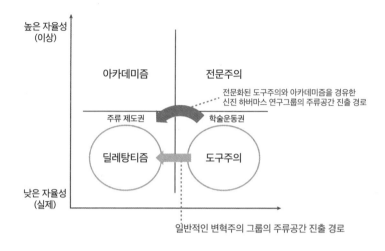

그림 6　전문화된 도구주의를 경유한 신진 하버마스 연구자 그룹의 제도권 진출 경로

보았다. 이들과 유사하게 신진 하버마스 연구자 그룹이 가진 강점은 학술운동 영역에서 얻게 된 강한 정치적 동기를 전문화된 연구의 학술 언어로 번역함으로써 얻어진 상징투쟁의 역량에 있었다. 그리고 이 상징투쟁이 다시 아카데미즘의 효과까지 낳음으로써 국내 학술영역을 잠시간이지만 상징투쟁의 공간으로 만드는 '장의 효과'를 가져왔다. 반면, 학술운동 출신 대다수 신진 학자들은 여전히 도구주의적 성향을 그대로 주류 공간에 관철시키려 하는 경우가 많았고, 전문주의-아카데미즘을 경유하는 정도는 적었다.

　아래에서 보겠지만, 우선 이들 대부분은 하버마스 전문연구집단처럼 하나의 이론적 자원을 두고 결집한 공동체를 거의 만들지 못하

표 5 90년대 하버마스 네트워크 내 신진 하버마스 전문연구집단 소속 주요 인물[7]

국내 과정 출신(박사학위 취득기관, 년도)	유학 출신(박사학위 취득기관, 년도)
박영도(서울대학교 사회학, 1994) 김재현(서울대학교 철학, 1995) 선우현(서울대학교 철학, 1998) 서도식(서울대학교 철학, 2002)	이상화(튀빙겐대 철학, 1988) 권용혁(베를린 자유대 철학, 1991) 장춘익(프라이부르크대 철학, 1991) 홍윤기(베를린 자유대 철학, 1994) 정호근(프라이부르크대 철학, 1994) 한승완(브레멘대 철학, 1995)
장은주(서울대학교 철학, 박사 수료)	(1994유학 → 볼프강 괴테대 철학, 1999)

고 분산되어 있었다. 이들이 천착한 내용 또한 여전히 자주 학문 내적인 정합성과 타당성보다는 마르크스주의를 얼마나 충실히 계승하고 있는가, 얼마나 한국사회에서 직접적인 실천에 활용할 수 있는가를 다루고 있었다. 이는 대부분의 변혁주의 출신 신진 학자들의 논의에 낮은 전문성만을 공급하는 결과로 이어졌고, 따라서 이들은 신진 하버마스 연구자 그룹보다 아카데미즘으로 이동이 상대적으로 적었다. 적어도 90년대 초반까지의 상황은 그러했다. 이러한 효과적인 투쟁의 실행자였던 신진 하버마스 연구자 그룹 성원들의 면면은 다음과 같다.

〈표5〉에서 국내 과정 출신과 유학 출신을 구별한 이유는 두 경로가 한 그룹 안에서도 성향상 미묘한 차이를 낳았고 이후 하버마스 네트워크의 해체 과정에서도 일정한 영향을 미쳤기 때문이다. 지금부터 나는 국내 과정과 유학 출신 학자들의 면면과 이들의 공통점과 차이점을 비교할 텐데, 이들이 애초 변혁적 학술운동 영역에서 학

자 이력을 시작해 이로부터 얼마나 어떻게 좌표 이동하고, 이 과정에서 하버마스를 자신의 연구 대상으로 택해 어떻게 재현하고자 했는지를 보여줄 것이다. 이는 본래 학술운동에서 학문을 시작한 이들이 국내외에서 하버마스에 대한 '상징폭력'을 겪으며 이로부터 이탈하는 과정이자 동시에 강력한 학술적 도구주의로부터 전문화된 도구주의를 경유해 수행된 아카데미즘으로의 좌표 이동 과정을 살펴보는 것이기도 하다. 유학과 국내 경로 모두 하버마스 연구를 매개로 아카데미즘으로 이동이 공동으로 수행됐지만, 유학 출신의 경우 이동의 정도가 더 많았다. 국내 출신의 경우 아직 더 기존의 변혁주의(도구주의)에 가까웠지만 이들의 차이는 단기적으로는 크지 않았다. 90년대 초반 양자 사이에는 공통점이 더 많이 돋보였고 그럼으로써 이들은 서로 연합할 수 있었다.

국내파의 경우

국내파의 공통된 성향은 하버마스를 자신의 연구 주제로 삼으면서도 여전히 상대적으로 강력한 변혁주의 학술운동의 영향력 아래에 있었다는 데 있다. 이들은 80년대 마르크스주의가 맹위를 떨친 비주류 학술공간에서 최초의 학술적 관심을 형성하고 사회구성체 논쟁·87년 민주화 운동·동구권의 몰락 등 일련의 외적 변화와 그 아래에서 학술영역의 재일원화 과정의 가운데 있었다. 따라서 한편으로 이들은 90년대 변화된 상황에서 하버마스를 택하여 학술적으로 탐색하고자 했지만, 다른 한편으로 여전히 비주류 학술영역에서 초기에 형성된 변혁주의적 관심 또한 강하게 유지했다. 이는 이들의 학술 생산물에서 마르크스와 하버마스의 연결 지점이 다시금 강조되거나, 혹은 하버마스를 옹호하면서도 마르크스의 관점에서 한계를 지적하는 조건부 동의가 주를 이루는 것으로 나타난다. 또한 1990년대는 이들에게 주로 시간강사 시절을 거쳐 박사학위 논문을 제출하고 이어 정규 대학 교수로서 자리잡는, 제도권 안착의 과제를 성취해야 하는 시기였다. 신진 하버마스 연구자 그룹 중 국내에서 성장한 이들은 90년대 초반을 예외 없이 박사학위 논문 작성과 통과, 그리고 구직 활동을 하며 보냈다. 이들에게 하버마스는 인식론적으로 마르크스의 대안으로서 탐구의 가치를 지니고 동시에 그 탐구는 제도적으로(부르디외의 용어에 따르면 정치적으로) 자신들의 학자적 이력을 성공적으로 이끌어줄 수단이었다.

국내에서 성장한 신진 하버마스 연구자 그룹의 대표적인 인물로는 김재현, 선우현, 장은주, 서도식, 박영도 등이 있다. 앞의 네 사람은 철학 전공이었고 박영도는 사회학과 출신이었지만, 모두 서울대학교에서 수학했다. 서울대학교 철학과, 그리고 계명대학교와 숭실대 철학과 등 일부 학과는 하버마스 수용의 주요 거점이 되는데, 그 이유는 주류학계에서 좌파 계열 이론을 다루는 것이 공식적으로 금지된 상황에서 제한적이나마 이에 관여한 정규 교수들이 이곳에 있었고, 이들이 변혁적 관심을 가진 대학생들에게 '숨통'을 틔워주는 역할을 하고 있었기 때문이다. 서울대학교의 차인석, 그리고 계명대학교의 백승균, 숭실대학교의 이삼열 등이 그들이다. 이들은 이른바 '독일 유학 2세대'로, 70년대에 독일어권 대학에서 주류 철학을 수학하고 귀국해 교수가 됐고, 비판이론 1세대 저작들을 번역하면서 70년대에 변혁적 이해관심을 가진 학생들의 버팀목이 됐다. 이후 80년대의 변화된 학술공간의 조건하에서 대거 유입된 변혁지향적 학생들이 이들 밑에서 둥지를 틀게 되면서 학술영역의 재일원화 과정에서 신진 그룹이 주류 제도권에 진출하는 주요 거점이 되었다.

특히 차인석의 경로는 중요하다. 그는 독일에서 현상학으로 박사학위를 받았지만, 60년대에 석사과정을 뉴욕의 뉴스쿨(New School)에서 보낸 경험으로부터 지대한 영향을 받았다. 뉴스쿨의 독일인 학자들로부터 사회학과 프랑크푸르트학파 이론을 접하면서 형성된 관심은 그가 귀국 후 비판이론과 하버마스에 관여하고 그 수용의 관문 역할을 자임하도록 만들었다(한국철학회 기념사업편집위원회, 2003: 151~177; 한국철학회, 2010: 40~41). 이후 자신의 지적 경력과 80년대 변혁지향적 학생들의 관심이 중첩되면서 차인석은 국내에 비판이론이 유입되는 중요한 인적 통로를 이뤘고, 그가 재직한 서울대학교 철학과는 비판이론 수용집단의 제도적 토대가 됐다.

그런데 중요한 점은 사실 이것이 분명 '불안한 동거'였다는 것이다. 변혁지향적 학생들에게 이들은 대다수 기성 학자보다는 낫지만 여전히 상아탑에 안주하는 '주류'로 비쳐졌고, 교수와 학생들 사이에 심정적 분할선이 분명히 그어져 있었다. 예를 들어, 차인석의 제자

중 하나인 김재현은 유학 출신 선생들의 비판이론 수용에 대해 "우리의 구체적 현실과 거리가 있는" 것이며 이는 "비판이론 자체에 원인이 있다기보다는 이들의 현실인식과 연관 학문에의 관심, 삶의 태도의 차이에서 기인"한다고 평한다. 즉 이들의 기여는 "한편으로는 정치 이데올로기로 이용되기도 했고 다른 한편으로는 학생운동의 사상적 기초로서의 부정적 비판적 사유를 가능하게 한 이론적 토대"로서 가치 정도가 있다는 것이다(김재현, 2015: 204~205). 이처럼 변혁적 학생집단은 비판이론 수용 1세대 선배들을 비판하면서도 이들의 그늘 아래에서 자신들의 지적 요구를 충족하려는 이중적 태도를 견지했다.*

---

* 이러한 이중성은 교수들에게도 마찬가지였다. 예를 들어 차인석은 80년대 들어 밀려드는 변혁주의 학생들의 요구에 떠밀려 헤겔과 마르크스 강의를 열어야 했다(한국철학회 기념사업편집위원회, 2003: 168). 그리고 변혁주의 학생들의 지적 소극성과 정치 편향성, 그리고 80년대 후반 이러한 경향의 심화를 다음과 같이 회고한다. "즉 마르크스주의를 가지고 사회철학을 하려고 했던 것인데, 1980년대 초에 보니, 원서를 읽지도 않더군요. 저는 서울대학교에서 적어도 막스 베버와 마르크스의 원전을 읽지 않고 무슨 공부를 하겠는가 하는 생각이 들어서, 학생들과 상의해서 세미나를 연 것이 마르크스의 『1844년 철학수고』입니다. 당시만 해도 학생들이 순진해서 열심히 읽었습니다. 그런데 점점 학생운동이 심화되어 가면서 주체사상이 들어오고, 학생운동의 중심이 PD와 NL로 나뉘면서 마르크스를 이론적으로 공부하는 것은 불가능해졌습니다. 그래서 처음에 저에게 마르크스를 공부했던 사람들은 떨어져 나가고, 대부분 마르크스-레닌주의자가 됩니다. 학생들도 논문을 쓰겠다고 하지만, 그 학생들이 유학이라도 갔으면 했는데, 유학을 가지도 않더군요"(한국철학회, 2012: 52~53). 결국 그는 "마르크스-레닌주의를 신봉하는 젊은 혁명가들을 올바로 가르칠 수 있다는 생각은 환상이었다"(한국철학회 기념사업편집위원회, 2003: 169)는 것을 깨닫는다. 이처럼 70년대 유학을 통해 서구의 아카데미즘을 체득한 차인석 등 학자들은 국내 변혁주의 학생집단과 근

김재현: 해방적 면모의 '발굴'

김재현은 국내에서 성장한 신진 연구집단의 인물로, 차인석이 배출한 하버마스 전공자 그룹과 그들의 성향을 대표한다. 그는 1981년 헤겔의 변증법에 관한 석사학위 논문을 제출했다. 그러나 당시 헤겔 전공자들 대부분이 그러했듯이 그의 실제 관심은 마르크스에 맞춰져 있었고 그는 80년대 서울대학교 철학과 헤겔연구회와 사회철학연구회 활동, 그리고 이들이 통합된 한국철학사상연구회의 성립과 활동에 깊숙이 관여했다. 이후 이곳을 중심지로 범 학술운동권 내 열성 필자로 활동했고, "외부의 요구를 받아", "여기저기 기웃거리며"(김재현, 2002: 4~5) 80년대 말~90년대 초반 동안 한국사회 관념 전반과 한국 철학 사상을 경제적 사회구조를 정당화하는 "이데올로기"로서 비판하는 글들을 썼다. 그리고 그 도구는 이데올로기의 대척점인 "과학"적이고 "총체적인" 마르크스주의였다(김재현, 2002[1988]: 130).

김재현은 80년대 말~90년대 초반까지 경남대학교 강사에서 조교수에 이르는 기간 동안에도 가장 "맑스적인" 알튀세르(1988b; 1988c), 북한 주체사상(1990), 소련의 철학(1991), 마르크스 수용(1988a), 마르

본적으로 화해할 수 없는 입장 차이를 가지고 있었다. 하지만 학생집단과 마찬가지로 이들 교수들의 태도 또한 이중적이었고, 이들의 지향과 변혁적 학생들 사이에는 이해관계가 중첩되는 공통 지대도 많았다. 따라서 양자 사이에는 전략적 동거 관계가 형성되어 있었다고 할 수 있다.

크스주의 생산력 연구(1992)등 변혁주의 그룹의 전형적인 관심사를 공유하는 주제의 논문들을 발표했다. 그러던 그가 하버마스에 집중하기로 결정했음이 명시적으로 표출된 것은 1993년이다. 차인석이 주도한 국내 사회철학 집대성 기획물인 『사회철학대계』에 참여한 김재현은 「하버마스의 『인식과 관심』에 나타난 '해방'의 문제: 마르크스와 프로이트의 해석을 중심으로」에서 자신의 하버마스로의 전향을 처음 나타냈다. 그러나 제목에 이미 알 수 있듯, 이것은 어디까지나 하버마스가 마르크스의 계승자로서 의미를 지니는 것이었다. 그는 우선 『인식과 관심』에 나타난 하버마스의 개념틀, 곧 인류 보편이 소유한 선험적 인식틀로서 네 가지 '이해관심(interests)'을 설명하고, 다음과 같이 결론 맺는다.

이처럼 해방된 사회란 인간이 자신들이 살고 있는 여러 환경들에 대한 올바른 이해와 자유로운 대화를 통한 진정한 합의를 통해 그들 스스로의 운명을 능동적으로 조정하는 합리적인 사회다. 그러므로 인간과 "사회를 지배와 이데올로기로부터 해방시키려는 관심에서 사회이론이 나오며 해방적 인식 관심은 역사적, 사회적 현실의 인식을 변혁의 당위성에 연결시킴으로써 이론과 실천을 통합한다." 이런 맥락에서 우리는 "하버마스 비판이론 속에 내포된 주요한 관심사는 사회과학 논리의 이론적 분석을 정치 변동의 전략을 위한 구체적 실천론(praxeology)과 접합시키는 것이다"라는 말이 그의 이론적 작업의 핵심을 잘 드러내주는 것이라 생각한다(김재현, 1993: 159~160).

여기에서 나타나는 것처럼, 김재현은 하버마스를 해방적 이해관심의 토대를 규명하고 이를 실천의 토대로 삼으려 한, 분명한 마르크스의 계승자로 규정했다. 그는 80년대 열렬한 마르크스주의자였지만, 자신이 활동한 한국철학사상연구회 내에서도 다수의 마르크스주의자들과는 생각이 다소 달랐다. 마르크스의 의의가 비판과 해방을 꿈꾸는 초기의 인간학적인 면모에 있다고 생각했던 그는 동구권의 붕괴 이후 경제학적이고 과학적인 마르크스에 대한 집착을 버렸다.* 이론적 공백의 위기 속에서 이제 더 이상 경제·계급론 중심 마르크스를 더 이상 옹호할 필요가 없으며, 비판과 해방이라는 변혁적 실천(praxis) 차원을 강조한 초기의 마르크스의 정신이 중요하다는 생각은 그를 하버마스의 '해방론' 탐구로 이끌었다.

그가 왜 대안으로서 다른 학자가 아닌 하버마스를 택하게 되었는지는 알 수 없지만(그가 속한 서울대학교 철학과 출신 대부분이 그러했던 것처럼, 아마도 80년대 우회로서 읽었던 하버마스를 다시 읽는 과정이 이뤄졌을 것이

---

* "… 하버마스는 마르크스주의와 관계에 대한 질문에 대해 '나는 오랫동안 스스로 개혁주의자(reformist)라고 생각했다. 그런데 요즘에 와서 나는 마지막 마르크스주의자인 것처럼 느낀다'고 답한 적이 있어요. 하버마스에 대한 해석이 다양해서 논란이 있겠지만 저는 그의 말에 어느 정도 공감을 하고 있습니다. 저는 1970년대에 대학을 다니고 1980년대를 거치면서 '과학으로서의 마르크스주의'보다는 '비판으로서의 마르크스주의'에 대한 관심이 컸습니다. 사회 체제의 변혁에 대한 고민도 많았고요. 반면에 1980년대에 대학을 다니고 노동 운동에 참여했던 친구들은 '과학으로서의 마르크스주의' 부분에 집중했던 것 같아요. 그래서 그것이 무너지니까 함께 무너진 것이죠. 물론 저도 구체적인 체제로서의 사회주의가 몰락했을 당시 고민은 많이 했지만, '비판으로서의 마르크스주의'나 삶의 태도로서의 좌파적 입장 같은 것은 어느 정도 견지하려 했습니다"(손호철 외, 1998: 30~31).

다), 분명한 것은 어떠한 계기에서건 그가 자신이 주목한 하버마스에 게서 마르크스의 비판과 변혁의 가능성을 발견했다는 사실이다. 80 년대까지 하버마스가 변혁주의 젊은 학자들에게 마르크스의 계승 자로 재현되면서 사실 진짜 관심은 '마르크스'에 있었다면, 이제 '계 승자'로서 하버마스가 제대로 시야에 들어오기 시작했음이 김재현 의 글에서 엿보인다. 이 논문을 계기로 그는 이제 자신이 활동한 변 혁주의 그룹의 '이론적 공백'을 메운다는 목표하에, 하버마스에게서 '해방적 잠재력'을 발굴하는 작업을 본격적으로 추진했다. 동시에 이 작업이 90년대 초반 조교수 임용–부교수–정교수 승진과 뒤늦은 박 사학위 취득을 준비하면서 이뤄진 것이었다는 사실은 그에게서 인 식론적 차원과 정치적 차원이 어떻게 결합되어 있었는지 짐작할 수 있게 해 준다. 이로써 『인식과 관심』의 해방론을 다룬 논문(1993)에 서 출발해 같은 주제를 확대한 1995년의 박사학위 논문이 제출됐고, 이는 1996년 하버마스 네트워크에서 동시다발적인 논문 발표(1996a; 1996b; 1997a)와 후속작업(1998a; 1998b)에 이르기까지 하버마스로의 완 연한 '전향'으로 확대됐다.[8]

분명한 것은 김재현의 이 전향이 교조적 마르크스를 비판하면서 도 궁극적으로는 마르크스의 '해방정신'의 계승자로서 하버마스에 대한 신뢰의 차원에서 이뤄졌다는 점이다. 박사학위 논문 「하버마스 의 해방론 연구」에서 그는 우선 철학의 본령이 인간 해방을 이루려 는 것임을 분명히 선언했다. "즉 인간과 사회를 지배와 이데올로기 로부터 해방시키려는 관심에서 사회비판이론이 나온 것"이고, "하버마스에서 해방의 문제를 재구성"하는 것이 그의 목적이다(김재현, 1995: i). 이때 김재현은 초기 하버마스가 구 '비판이론'을 계승하는 차원에서 『인식과 관심』에서 해방적 관심을 설정했다가 숱한 비판을 받고 이로부터 문제설정을 아예 바꿔 버린 것을 잘 알고 있다. 그는 하버마스가 언어적 전회 이후 "'해방'이라는 표현 대신에 '이해'나 '의사소통행위' 같은 개념들이 내 사유의 중심으로 들어왔다"(Habermas, 1990; 김재현, 1995: 3에서 재인용)고 말했던 것을 분명히 언급한다. 그럼에도 김재현은 오히려 언어적 전회 이후 하버마스 이론이 겉보기로는 매우 여전히 해방을 추구하는 이론체계를 구축했음을 재구성해 '입증'하려는 전략을 취했다. 이 논문의 목표는 "하버마스가 … 나중에는 '해방'이라는 표현을 잘 사용하지 않더라도 해방에 대한 문제의식은 일관되었"고(188), 사실 하버마스의 합리적 대화론이 추구하는 바는 마르크스·프로이트·비판이론 1세대(주로 마르쿠제)의 해방론을 이어받고, 여기에 영미권 자유주의 정치철학까지를 포괄해 "선진 자본주의 사회에 적합한 해방론"(6)을 정립하는 것임을 밝히는 것이다. 이처럼 80년대의 하버마스 독자들과 김재현이 달랐던 점은 하버마스의 후기이론을 마르크스와 맞지 않는다며 외면하는 것이 아니라, 오히려 언어적 전회 이후 논의에서 마르크스적 해방적 면모를 '발굴'하는 것이었다. 한마디로, 그의 변혁주의적 관심에서 이뤄진 탐색은 하버마스에 대한 특정한 해석을 만들어 낸 것이었다.

선우현, 서도식, 장은주: '대안'으로서 옹호

선우현과 서도식·장은주의 경우, 경력은 앞의 김재현보다 다소 뒤쳐진다. 그러나 민주화와 동구권의 붕괴라는 격변의 시기를 서울대 철학과 대학원에서 겪은 이들은 본격적인 학자 경력을 시작하며 90년대 하버마스 네트워크의 부침 과정에서 중요한 역할을 수행했다. 선우현은 80년대를 연세대학교 철학과에서 보냈고, 서울대학교 대학원에 진학해 1992년에 차인석의 지도하에 루소와 마르크스에 대한 석사논문을 제출했다. 이후 그는 박사과정 동안 하버마스를 중심으로 한 연구 기획을 수립해 실행하게 되는데, 이 시점은 정확히 포스트모더니즘의 유행이 한창인 가운데 서울대학교에 터전을 둔 비판적 관심의 신진 철학자들이 하버마스를 다시 들여다보고 있던 시점이었다. 따라서 선우현의 경로 또한 마르크스주의로부터 출발해 그 대안으로서 가능성에 대한 기대를 갖고 하버마스를 선택했음을 알 수 있다. 실제로 선우현의 첫 논문 「하버마스의 '합리성이론'에 대한 비판적 검토」의 논지는 한편에서는 하버마스의 '합리성'의 구원 기획이 지닌 함의를 인정하면서도 또한 동시에 이를 마르크스주의적으로 비판하는 것이었다. 하버마스가 마르크스(그리고 베버)가 가진 환원론적 문제점을 개선하기 위해 체계와 생활세계 개념을 분리하고, 현대사회의 문제를 후자가 전자에 의해 침식당하는 것으로 규정함으로써 그에게 "체계 내의 소외와 물상화"의 문제점이 고려되지 않고, "물질적 재생산의 수행을 위해 기능주의적으로 재편된 행정조직이나 노동의 자본화로 인해 초래되는 병폐는 하등 문제가 되지 않으며 그 자체 정당한 것으로 간주"(선우현, 1995: 86)되는 문제가 있다는 것이다.

그러나 이후 선우현의 관점은 점차 하버마스에 옹호적인 입장으로 옮겨진다. 「진보와 보수의 공존: 하버마스 진보관의 의의와 한계」(1996a), 그리고 「노동 패러다임과 상호작용 패러다임의 상호보완성」(1996b)에서 그는 여전히 동일한 문제제기를 하지만, 그렇기 때문에 하버마스를 거부하는 것이 아니라 체계에 의해 생활세계가 침식됨을 비판하듯 체계에도 동일한 비판을 수행함으로써 그 한계가 해결될 수 있다는(1996a: 255~257), 보다 긍정적인 입장으로 바뀌었다. 이러한 관점 변화는 박사논문이 제출된 1998년 「대안적 사회이론 모델로서 합리성이론: 수용가능성 검토」(1998a), 「생태학적 사회위기와 비판적 사회이론의 역할」(1998b)에서는 완연히 하버마스를 적극 옹호하는 입장으로 바뀌어 나타난다. 여기에서 선우현은 하버마스의 합리적 의사소통 이론이 "충분히 이 시대가 요구하는 사회이론의 역할을 수행할 수" 있는 "대안적 모델로서 충분히 고려될 수 있"고(1998a: 394), 현대문명에서 특히 환경문제를 해결하기 위한 지침으로서 "충분한" 가능성을 지니는(1998b: 391~394) 것으로 강력하게 옹호된다. 이제 박사논문에서 그는 다음과 같은 '하버마스주의자'가 되어 있다.

이처럼 합리성이론으로서 비판적 사회이론은 경험적 분석틀과 비판의 규범적 토대 그리고 현실 개혁적·정치적 실천력을 확보하고 있다. 그런 한에서 합리성이론은 비판적 사회이론의 정립 조건을 만족스러울 정도로 충족시키고 있다. 아울러 그 같은 정립 조건에 비추어 불충분한 이론 체계로 드러났던 고전적 사회이론들과 비교해 보아도 보다 우월한 이론 체계임이 확인된다. 게다가 합리성이론은 사회이론이 다룰 수 있는 다양한 문제의 차원을 모두 포괄하고 있다. 가령 합리성이론은 비판적 사회이론의 철학적 기초라고 할 수 있는, 비판의 규범적 토대를 확보하는 과제 — 가령 의사소통합리성에 대한 언어 철학적 고찰 — 을 성공적으로 수행하고 있다. 이는 합리성이론이 메타이론의 차원에서 그 역할을 제대로 수행하고 있음을 말해 준다. 아울러 방법론적 차원에서 합리성이론은 목적합리성/의사소통합리성의 범주적 구분에 의거하여 다양한 사회적 행위나 사회구조틀을 분석 검토하고 있다. 끝으로 경험적 차원에서 합리성이론은 다양한 사회적 병리를, 기능주의적 합리성에 의해 의사소통합리성이 왜곡·축소되는 사태로 해명하고 있다. 나아가 사회의 진화 과정을 목적합리성과 의사소통합리성의 증대 과정으로 파악한다 … 사정이 이렇다면, 합리성이론으로서 비판적 사회이론의 기획은, 비록 잠정적인 것이지만 현재의 시점에서 성공적으로 이루어지고 있다고 평가할 수 있다. (1999[1998]: 291~292)

이 인용문이 보여주는 것은 선우현의 평가가 얼마나 정당한 것인지를 떠나 그의 관점 자체가 경제·노동중심 마르크스주의로부터 하버마스가 제시한 모더니티와 인간 이성에 대한 거시적 통찰을 좇아 이동·확대되어 있다는 사실이다. 그의 정통 마르크스주의적 관심은 하버마스를 박사학위 주제로 선택하고 90년대 초반에서 중반을 거치며 점점 더 밀착된 연구를 수행하면서 약해졌고, 이 과정에서 그는 하버마스로부터 모종의 '상징폭력'을 당했던 것이다. 이처럼 90년대를 거치며 선우현은 점점 더 하버마스주의자가 되어가면서 학술지 논문과 박사학위 논문 제출, 그리고 역서 출판(발터 레제-쉐퍼의 하버마스 개론서, 1998년)을 통해 하버마스를 알리려 애썼고, 그 중간에 박사과정생으로서 장춘익이 편집한 『하버마스의 사상』에도 참여했다(1996c).

이러한 하버마스주의자로의 '변신'은 신진 연구그룹에서 전형적으로 나타난다. 서도식 또한 90년대 초반 애초의 마르크스, 포이에르바하에 대한 관심(1992 석사논문)으로부터 하버마스로 전환했고 이후에는 가장 강력한 하버마스의 옹호자가 된 경우다. 2002년의 박사논문 「생활세계와 체계: 하버마스의 2단계 사회이론」을 집필하기까지의 강사 생활 기간 동안 그는 하버마스를 중심으로 물화개념 연구(1997), 대중문화 비판(1998), 생활세계-체계 문제(2001) 등에 대한 논문을 발표했다.[9] 그리고 그 중심 메시지 또한 기본적으로 자신과 같은 변혁적 신진 학자들이 이제 하버마스를 따라 관심을 "… 해방운동의 공간을 문화, 사회, 인성 등 생활세계의 각 부분으로 다변화"(1997: 317) 시킴으로써 마르크스를 생산적으로 갱신해야 한다는 것이다. 이후 그는 하버마스 네트워크 해체 과정에서도 마지막까지 하버마스 연구를 지속하게 된다.

장은주는 애초 80년대에 마르크스 유물론에 집중했고, 90년대 초반 포스트모던 돌풍을 맹렬히 비난하며 변혁주의를 옹호했던(장은주, 1993a) 인물이다. 그러나 90년대 들어 그 또한 주된 관심이 하버마스로 옮겨 왔다. 서울대 철학과 박사과정 시절 그는 위 논자들과 같이 하버마스를 마르크스적으로 해석하는 입장의 연구를 수행하면서(1993b) 또한 출판시장에서 『의사소통행위이론』 관련 편역서를 출간하는 등[10] 하버마스 네트워크에서 일익을 담당했다. 1994년 장은주는 독일로 늦은 유학을 떠나지만, 주로 사회와철학연구회와 한국철학사상연구회의 간접 참여와 저역서를 통해 하버마스 네트워크에 계속 기여했고, 귀국 후에는 보다 적극적인 참여자가 된다.

박영도: '보완'적 관계로서 유보적 지지

서울대학교 사회학과 출신 박영도는 전공이 다르기도 했지만 위 사람들보다 일찌감치 하버마스에 매료되어 일관되게 하버마스 중심의 탐색을 수행한다. 그러나 그 또한 근본 관심은 마르크스였다. 박영도는 1985년에 이미 하버마스에 관한 석사학위 논문을 발표했고, 이후 하버마스를 중심 연구 과제로 설정했지만 여전히 주 관심사가 마르크스를 중심으로 형성되어 있었다는 점이 90년대 초반 일련의 글들에서 확인된다.[11] 특히 그의 마르크스에 중심을 둔 유보적 하버마스 지지 경향은 무엇보다 박사학위 논문에 짙게 나타난다. 전공은 사회학이었지만 여기에서 그는 하버마스를 철저히 철학적으로 다뤘다. 그는 칸트로부터 출발해 헤겔이 심화하고, 마르크스가 계승한 "비판 정신"이 하버마스에서 "변증법적으로" 성공적으로 확장됐음을 옹호한다.

박영도의 설명에 따르면, 사실 마르크스에게 있어 경제적 토대 문제는 그것이 칸트와 헤겔로부터 온 변증법의 전개 과정에서 비판의 준거 탐색이라는 맥락에서 설정된 것이다. 본래 마르크스에게 경제는 결코 환원론적 '최종심급'이 아니었으며, 마르크스의 이론에서 보다 심층적 차원의 역사적 변동과 진화를 이끌어가는 핵심 동력은 다름 아닌 비판이라는 실천(praxis)에 있다. 그리고 그 정신이 오늘날 언어적 비판 관념을 통해 하버마스에 살아 있다는 것이 박영도의 주장이다. 이렇게 보면 하버마스는 분명한 마르크스의 계승자다. 한마디로 "하버마스는 오늘의 위기 상황에서도 비판의 변증법의 길이 여전히 가능하다는 것을 보여주고 있는 것이다"(2011b: 611).

그러나 박영도는 하버마스를 마르크스의 계승자로 자리매김하면서도, 그를 마르크스주의적으로 비판하는 일을 잊지 않았다. 그것은 바로 하버마스의 '언어적 전회'가 마르크스의 "노동 범주" 개념을 대체해 버리면서 그것을 "배제"하는 경향이 있다는 비판이다(613~615). 따라서 박영도는 마르크스와 하버마스의 관계가 상호 배타적인 것이 아니라, 마르크스의 한계를 하버마스로 보완하고 다시 하버마스가 놓친 것은 마르크스로 보충하는 "패러다임 보완"적 관계(616)로 파악돼야 한다고 결론 맺는다. 그리고 이는 앞서 본 선우현의 90년대 초중반 관점과 (사실은 더 앞서서 이뤄졌지만) 거의 유사한 것이다.

이상과 같이 신진 하버마스 연구자 그룹의 국내 수학 성원들은 하버마스를 적극 옹호하면서도 이를 마르크스주의적 관점에서 그렇게 했다는 점, 마르크스와 하버마스 사이의 연속론을 강조한다는 점에서 유사한 성향을 보였다. 80년대 후반을 국내 비주류 학술운동 영역에서 보낸 이들은 강력한 마르크스주의의 영향권에 오랜 동안 노출되어 있었고, 그래서 동구권의 붕괴로 인해 찾아온 '위기'를 맞아 마르크스적 관심을 유지하면서도 대안을 찾아야만 한다는 문제의식에 매우 강력하게 사로잡혀 있었다. 이 과정에서 그들이 다시 읽은 하버마스는 마르크스의 계승자로서 변화된 현대사회의 모순을 적절히 밝혀줄 수 있는, 보다 발전된 이론을 제공하고 있고, 그래서 마르크스주의 붕괴 이후 대안으로서 가치를 지니는 것으로 여겨졌다. 동시에 하버마스 연구는 박사학위 취득 전후 시기에 제도권으로의 진입에 중요한 수단으로 사용됐다.

주목할 만한 점은 이들의 글에서 하버마스에 대한 마르크스적 해석이 주를 이루지만, 그것이 이제 공히 언어적 전회 이후의 하버마스를 다룸으로써 수행되고 있다는 점이다. 앞에서 나는 1980년대 초기 하버마스 수용이 오로지 언어적 전회 이전 전기 이론만을 주목하는 편식현상으로 나타나는 점을 비판적으로 다뤘다. 반면, 1990년대 초반 이들 신생 하버마스 전문연구자들은 언어적 전회 후 후기이론으로 분명한 중심이동을 수행했다는 점에서 중요한 관점의 변화를 보인다. 김재현의 해방론 탐구, 선우현의 합리성 개념 탐색, 그리고 서도식·장은주·박영도의 작업은 모두 정확히 언어적 전회 이후 '의

사소통행위이론'을 정조준함으로써 비록 늦은 감이 있지만 서구권의 논의와 간격을 좁혀줬다.

또한 이는 국내 하버마스 수용사에서 80년대의 문제적 편식현상이 개선되고 후기이론으로의 확장이 수행됐다는 점을 넘어서 이들에게 본격적으로 하버마스 수용의 역량이 갖춰졌다는 의미를 갖는다. 이들이 비록 마르크스주의에 대한 관심에서 하버마스 수용을 시작했지만, 변화하는 국내외 환경에서 '위기' 해결의 실마리를 하버마스로부터 찾기 위해 시야를 후기이론으로 넓히면서 비로소 제대로 된 하버마스 이론 기획에 대한 탐색의 계기가 마련될 수 있었던 것이다. 이는 분명한 80년대식 읽기로부터의 진일보였다. 그리고 이 이동은 하버마스가 대안이 될 수 있다는, 그의 이론이 타당하고 옳다는 신념의 형성, 즉 '상징폭력'을 당하는 과정이었고, 이들로 하여금 탐색의 범위를 오로지 하버마스에 집중하게 하는, 전문주의적 탐색에 집중하도록 이끌었다.

부르디외가 강조한 전문주의의 기준을 '좁은 범위의 깊은 연구'로 볼 때, 적어도 이들의 탐색 범위는 오로지 하버마스를 향해 매우 좁게 형성되어 있었다.* 이는 국내 수학 연구자들이 애초 비주류 학술운동권에서 습득한 단순한 도구주의적 실천 성향으로부터 전문화된

---

* 실제로 이들은 90년대 초중반을 오로지 하버마스에만 몰입했는데, 이는 김재현의 경우 1993~1996년 사이 7편의 논문 중 6편, 선우현은 5편 모두, 서도식은 3편 중 두 편, 장은주는 논문 한 편과 역서 한 권, 박영도는 3편 모두 언어적 전회 이후의 하버마스를 다뤘다.

도구주의를 추구하는 것으로 상당부분 이동해 왔음을 뜻하는 것이다. 즉 이들의 목표는 하버마스 이론이 사회변혁의 수단이 될 수 있다는 믿음으로 그를 좁고 깊게 탐구하는 것이었으며, 이는 다시 일정 부분 아카데미즘으로 이동의 가능성을 지녔다. 2부에서 본 것처럼, 좁고 깊은 탐색은 다시 그 대상에 대해 전문화된 상징자본을 가진 이들과의 학술적 논의의 심화된 교환관계의 형성을 가능하게 하기 때문이다.

해외 유학파의 경우

다른 한편, 신진 하버마스 전문연구그룹이 결집되는 보다 결정적인 계기는 90년대 들어 잇따른 독일 유학 철학자들의 귀국에 있었다. 이들은 80년대 초반이나 중후반에 독일로 떠나 공부를 시작했고, 빠르게는 90년 전후, 늦어도 90년대 중반께 귀국했다. 따라서 이들의 경력은 국내에서 수학한 이들보다 짧게는 2~3년, 길게는 7~8년가량 앞선다. "1980년대 중반 사회주의 이론과 실제에 큰 관심을 기울이면서 한국 현실 개혁에 열의를 가졌던 젊은 사회철학도"(백종현, 1998: 65~66)들이 강력한 변혁주의적 이해관심하에 본래 마르크스를 보다 체계적으로 공부하고자 독일 유학길을 택했는데, 이들이 귀국하기 시작한 것이 90년대 초반이었다.

그런데 흥미로운 점은 이때 독일 유학 철학 전공자들 중 적지 않은 수가 하버마스를 전공했다는 사실이다. 당시 독일에서 하버마스의 명성이 맹위를 떨쳤던 때문이기도 하지만, 이들이 이미 80년대에 국내에서 하버마스에 매우 친숙한 상태였기 때문이기도 할 것이다. 즉 본래 이들은 마르크스를 배우기 위해 유학을 떠났다. 그런데 독일에서의 경험은 이들의 진로를 어떤 식으로든 굴절시켰다.

80년대 말 그들이 독일에서 만난 학술장의 상황은 국내 비주류 공간에서 거꾸로 흐르던 시계바늘을 다시 급격히 되돌렸고, 젊은 유학생들은 마르크스 이후의 유럽 논의에 휩쓸려 들어갔다. 이때 하버마스는 이들에게 가장 유력한 선택지가 됐다. 비판이론은 이미 친숙한 대상이었던 데다가, 하버마스 저술의 번역 혹은 '비판' 경험은 중요하게 작용했을 것이다. 결국 이들은 자의 반 타의 반 하버마스를 탐구 주제로 선정해 박사학위 논문을 작성했는데, 이때 언어적 전회 이후 최신판의 하버마스가 그 대상이 됐음은 물론이다. 경로는 상이했지만 결과적으로 국내 신진 연구그룹과 마찬가지로 이들 또한 마르크스와의 연결점과 대안적 성격을 동시에 지닌 하버마스에 주목했다. 이 과정에서 필연적으로 언어적 전회 이후 후기 하버마스에 대한 탐색이 이뤄짐으로써 도구주의로부터 전문화된 도구주의를 거쳐 아카데미즘으로 좌표 이동이 수행된 셈이다.

1990년 전후가 되면 이들이 속속 귀국하기 시작한다. 중요한 것은 그들이 유학을 떠난 시점과 귀국 시점에 국내 학술영역의 상황은 물론 자신들 스스로에게도 중요한 관점의 변화가 일어났다는 사실이다. 따라서 이들은 변화된 국내 학술 지형에서 자신들의 새로운 위치를 탐색해야만 했다. 우선 용이했던 점은 이들이 (국내 수학자들보다) 비교적 쉽게 안정적인 교수 지위를 얻을 수 있었다는 것이다. 국내 학술영역의 상황이 일천한 까닭에 서구 유학 출신, 특히 비판이론의 본류 독일에서 얻은 박사학위는 이들에게 별다른 연구 실적 없이도 쉽게 교수직을 제공했다(이들은 대부분 박사학위를 취득한 해 혹은 다음 해에 교수에 임용된다).

그러나 이들은 90년대 초 격동의 시기에 상징세계로서 학술공간의 어딘가에 자신들의 위치를 정립해야만 했다. 이때 이들은 매우 애매한 위치에 놓이게 된다. 제도적 위치는 주류 학자들과 유사했지만, 이론적 성향은 여전히 비주류 학자들에 가까웠기 때문이다. 그러나 주류권에 합류하기에 이들의 이해관심은 아직 변혁주의적이었고, 구 학술운동 출신 비주류들의 논의에 합류하기에는 지나치게 학술적이었다.

이 문제는 신진 하버마스 연구자 그룹의 결집과 사회와철학연구회 설립의 중요한 배경을 이룬다. 이들 유학 출신 학자들의 선택은 어느 쪽에 편입되는 것이 아니라 새로운 터전을 구축하는 것이었다. 이는 또한 국내 하버마스 연구자들이 유학자들과 가장 유사한 특성을 가진 그룹이었고, 그래서 경험은 달라도 유사한 지향을 지닌 이들과 쉽게 결합할 수밖에 없기 때문이기도 했다. 이밖에 대부분이 서울대학교 철학과 출신에 학·석사 시절 같은 지도교수를 두었던 사적으로 밀접한 동문·선후배 관계를 이루고 있었던 것도 중요한 원인이었을 것이다.

어찌 됐건, 이들의 선택은 새로운 연구 터전을 만들고 전문화된 하버마스 연구를 통해 사회변혁적 관심을 계속하려는 도전적인 것이었다. 그런데 이들 유학 출신의 경우 국내 수학자들에 비해 아카데미즘이 상대적으로 더 강하다는 중요한 차이가 있었다. 즉 이들은 여전히 변혁주의적 성향을 잃지 않았지만, 학술적 지식의 탐색이 즉각적인 실천의 도구가 돼야 한다는 입장으로부터 보다 면밀한 지식의 탐구를 우선시하는 쪽으로 이동해 있었다. 이는 분명 유학의 경험이 지대한 영향을 미친 결과일 터이다. 그 결과 이들은 국내 수학자들과 유사하게 하버마스를 비판적으로 다루기도 하지만 전반적으로는 훨씬 더 옹호하는 경향을 보이고, 이는 하버마스와 마르크스와의 단절선을 강조하는 경향으로 나타난다.

홍윤기: 변혁적 관심의 학술적 '번역'

이러한 성향 변화를 가장 잘 보여주는 인물은 홍윤기다. 그는 3부에서 다룬 바 있는, 80년대 학술운동 영역의 대표저자 중 하나였다. 홍윤기는 서울대학교 철학과 학부 수료와 늦은 졸업, 그리고 석사과정 시기(1982~1987) 학술운동권에서 십여 편의 텍스트를 생산한 저자이자 역자였다. 그리고 그 중심 키워드는 '마르크스', '변증법', 그리고 '혁명'이었다. 우리는 이미 『이론과 실천』의 역자 서문에서 그 일단을 엿보았다. 이러한 그의 궤적은 80년대 말 떠난 독일 유학 기간,

그리고 그곳에서 목도한 동구권의 붕괴에 의해 상당 부분 굴절된다. 1991년 박사과정 중 그가 독일에서 보내온 원고의 논조는 여전히 변혁을 기대하고 종용하는 것이지만, 사실상 여기에서 마르크스의 지위는 이미 한국의 '현실'에 맞춰 (노동자들의 계급혁명이 아니라) "주체적 민주역량을 성장시키는 … 해방의 기본교양"(홍윤기, 1991: 134)이 돼야 한다는 것, 즉 변혁을 향한 장기적 도상에서 '기초도서'의 역할로 격하되어 있다.

이후 1995년 하버마스의 언어철학에 초점을 맞춘 연구로 베를린 자유대학에서 박사학위를 받자마자 귀국해 발표한 일련의 논문들에는 관심의 변화가 더욱 분명하게 나타난다. 우선 더 이상 그에게서 계급과 혁명 등의 단어는 등장하지 않으며, 탐구의 대상이 보다 '아카데믹한' 것들로 바뀌었다. 특히 하버마스에 관한 논문들에서 그는 한편으로 헤겔-비판이론1세대-하버마스로 이어지는 논의의 심화과정을 철저히 철학사적으로 추적했고(1995), 보편화용론의 정립 과정에서 나타나는 비판의 "규범적 토대"를 설립하려는 노력의 타당성을 옹호한다(1996a). 이 논문들이 아카데믹하다고 언급한 이유는, 논문에는 분명히 하버마스 이론의 사회변혁적 가치나 변혁적 실천을 위한 도구로서의 가능성과 같은 언급들은 거의 등장하지 않고 각각 헤겔 철학과 보편화용론의 논리 전개 과정이 매우 분석적이고 심도 깊게 탐구되고 있기 때문이다. 이는 궁극적으로 그가 지향하는 변혁적 실천에 목적을 둔 것이기는 하지만, 분명히 전문주의를 경유한 아카데미즘의 성향을 보여주는 것이다.

이러한 하버마스를 중심으로 한 홍윤기의 변화는 1996년의 논문 「하버마스의 법철학: 법과 민주주의적 법치국가의 논변이론적 근거 정립」에서 가장 잘 드러난다(1996b). 여기에서 그는 최신작인 『사실 성과 타당성』에서 하버마스가 현대 법철학의 흐름을 모두 비판하고, 공론장에 토대한 숙의민주주의 기획의 일환으로서 법철학의 타당 성을 주장하는 과정을 성실하게 추적한다(1996b: 90~96). 이어 그는 "SK-1: 생활세계/시민사회"에서 형성된 자유로운 시민들 사이 폭넓 은 사유의 공통지대가 "SK-2: 기간제도들/공중영역"의 전문화된 논 의를 거쳐 "SK-3: 법규범체/국가기구"로 발전될 때만이 이상적인 현대국가의 법체계의 완성이 이뤄질 수 있다는 하버마스의 논의를 요약한 뒤(97~99), 다음과 같이 결론 내린다.

> 위의 분석은 지금까지 헌법선언적 가치만 가진다고 간주되던 국민주 권의 원칙이 '심의의 정치'의 각 '특수코드'에서 사실성과 타당성의 긴 장을 극복하기 위한 '논변'의 의사소통망을 통해 실질적으로 관철되고 있음을 보여준다 ⋯ 나아가 실정법적인 견지에서는 명백히 불법적인 '시민의 불복종'조차도 현대 헌법 이념 완성의 한 과정으로 포착된다. 다시 말해서 한국정치 상황과 비교할 때 재야운동권과 유사하게 규정 된 시민사회는 국가기구만으로는 충분히 관철되지 않는 법이념의 규 범적 정당성을 바로 생활세계의 사실관계에서 보완하는 준헌법기관의 의미를 부여받은 것이다. (홍윤기, 1996b: 98~99)

결국 홍윤기가 말하고자 하는 것은 두 가지다. 하나는 하버마스의 의사소통행위이론이 현대 법철학의 한계를 극복해 주는데, 왜냐하면 그가 이제껏 관념적인 "헌법선언적 가치"를 지닌 것으로 다뤄져 온 '국민주권' 개념이 "실질적으로" 작동할 수 있는 논리적 타당성을 입증했기 때문이다. 다른 하나는 이렇게 이상적인 시민사회—공론장—법/국가로의 누적적 상승이 여의치 않을 경우, 본래 법과 국가제도의 타당성의 뿌리는 "준헌법기관"인 시민사회에 있어야 하므로, "시민불복종" 또한 충분히 좋은 민주적 방식의 의사표현이라는 것이다. 여기에서 다시 우리는 유학과 하버마스 전공 이후 홍윤기에게 나타난 세 가지 변화, 그리고 그럼에도 유지되고 있는 관심이 무엇인지를 알 수 있다.

　　첫째로 그가 더 이상 계급혁명에 대해 말하고 있지 않다는 점이다. 이제 그에게 사회변혁적 실천이란 우선 공론장과 법제화를 거치는 '정상적인' 대의민주주의 제도를 실천하는 것이고, 매우 급진적인 경우에도 특정 법제도에 대한 시민불복종운동 정도가 용인되는, 지극히 기성 민주주의 질서 내에서의 변혁이다.

　　두 번째로 알 수 있는 것은 『이론과 실천』에서 수십 페이지에 걸쳐 하버마스의 개량주의를 비판했던 그가 이제 이 짤막한 몇 줄의 결론을 도출하기 위해 논문 전체의 성실한 논증을 거치는 과정을 택하고 있다는 점이다. 앞의 논문들에도 동일하게 나타나는 이 글쓰기 전략은, 그가 변혁적 목적을 위해서는 우선 좁고 깊은 전문적 연구가 선행돼야 한다는 전제를 따르는, 전문화된 도구주의의 실천자가 되어 있음을 뜻하는 것이기도 하다.

　세 번째로, 그럼에도 이 모든 좁고 깊은 탐색의 목적은 여전히 모종의 사회변혁이라는 사실이다. 아카데믹한 글쓰기의 외양 아래에 결국 그의 작업은 민주화를 겪었음에도 한국의 현실이 여전히 문제적이고 그래서 보다 나은 방향으로 바뀌어야 함을 전제로 하고 있다. 그에게 학문은 여전히 이를 위한 도구다. 요컨대, 귀국 이후 그는 하버마스를 통해 자신의 변혁적 관심을 학술적 용어로 '번역'하기 위해 애쓰고 있다.

장춘익, 권용혁: 하버마스의 가능성 심화

　홍윤기보다 다소 빠른 경력의 장춘익의 경우도 마찬가지로 유학 경험을 통한 굴절이 있었다. 그 또한 애초에 관심은 마르크스적 변혁주의에 있었고, 이는 헤겔이라는 키워드로 표현됐다. 서울대학교 철학과에서 수학하며 학사·석사학위를 취득한 과정에서, 그리고 이와 함께 발표한 논문들에서(1982; 1984) 그의 변혁주의적 관심은 헤겔의 뒤편에 은밀하게 감춰져 있다.[12] 그러나 프라이부르크대학에 제출한 박사학위 논문 「자율적 주관성과 이성적 사회 — 헤겔, 마르크스, 하버마스에서의 이론과 실천의 문제」는 헤겔에 대한 장춘익의 관심이 사실 마르크스의 탐구를 위한 것이었고, 이것이 다시 독일 유학과정에서 하버마스로 옮겨져 왔음을 보여준다.

1992년 학위 취득과 함께 한림대학교 철학과 교수직을 얻은 후 발표한 논문들(1993; 1994a; 1994b; 1996)에는 그가 마르크스로부터 벗어나려는, 그러나 변혁주의적·실천적 관심을 유지하려는 목석에서 하버마스를 선택했음이 분명하게 드러난다. 그는 우선 "하버마스가 [마르크스의—인용자] 역사유물론을 재구성하려 했던 시도"를 핵심 질문으로 삼아 "마르크스의 역사유물론을 얼마나 생산적으로 계승한 것인가?"(1994a: 67)를 탐구한다. 그는 하버마스가 "마르크스주의자들"이 내세운 역사유물론의 기계적 사회 진화상을 비판하는 과정을 옹호하면서, 이러한 관점은 "더 이상 진지한 학문적 대결을 벌일 수준을 갖추지 못한 것"(1994a: 78)임을 분명히 한다. 마르크스의 경제 환원론에 토대한 기계적 측면은 루카치에 이어 비판이론 1세대의 소외론 탐색에 의해 이미 중요한 전환을 이뤘다. 그리고 이들의 과도한 관념론적 성향은 다시 하버마스의 소통이론에 의해 성공적으로 극복됐다. 오히려 "진보적 실천의 주체를 자본주의 경제에서 구조적인 피해를 입는 특정한 계급에 두는 것은 하버마스의 시각에서 보자면 너무 좁게 잡은 것이며 … 대규모 실천적 힘으로 전화될 가능성도 별로 없다." 따라서 변혁적 실천의 가능성은 "언어적 의사소통을 자기 재생산의 논리로 갖기 때문에 반성능력을 갖춘 '생활세계'로부터 나와야"(1994b: 297)하고, 이 생활세계로부터의 요구가 상향식으로 관철되어질 경로를 설정하는 하버마스의 공론장이론과 시민사회론·국가론으로의 방향설정이 옳다는 것이다. 결국, 핵심은 마르크스주의자들이 애써 거부하려 해왔던, 체계(주로 경제체제)의 고유성과 필연적인 긍정적 역할을 인정할 수 있느냐의 문제와 연관된다. 이에 관해 장춘익은 다음과 같이 단언한다.

··· 하버마스는 마르크스주의자들이라면 일반적으로 느낄 이런 위기의 식을 공유하지 않는다. 그는 근대사회에서 경제, 정치, 문화의 영역이 되돌이킬 수 없는 방식으로 분화되었고 각 영역은 각자의 독자적 법칙에 따라 조직된다는 베버의 사회합리화이론에 따라, 경제영역을 정치나 문화영역에서의 논리에 따라 재조직하려는 것은 기왕 이룩된 합리화의 수준을 손상시키지 않고는 현실화될 수 없는 낭만적 발상에 불과한 것으로 본다. 이에 따르자면 자율적 주관들의 자유로운 결합이라는 이념에 따르는 실천적 활동이 할 수 있는 일이란 화폐를 매개로 하는 자본주의적 경제의 논리와 권력을 매개로 하는 행정국가적 조직방식이 언어를 매개로 행위가 연결되는 생활세계의 영역에 침투하는 것을 저지하려는 노력뿐이다. (장춘익, 1993: 252)

여기에서 장춘익이 말하는 것은 현대 사회에서 경제 시스템의 중요한 역할 자체를 부정하는 것은 가능하지도 않고 바람직하지도 않다는 것이다. 결국 그 또한 홍윤기처럼 계급 문제에 매몰된 정통 마르크스로주의로부터 벗어나야 한다는 관점의 확립을 하버마스를 통해 얻었고, 이러한 장춘익의 주장은 하버마스의 『역사유물론의 재구성』, 『의사소통행위이론』, 『사실성과 타당성』 등에 대한 세심한 읽기와 분석작업을 통해 뒷받침됐다.

이후 장춘익은 하버마스 네트워크 중 핵심인 신진 하버마스 연구자 그룹의 잠정적 구심점이 되고, 하버마스 방한과 함께 추진된 『하버마스의 사상: 주요 주제와 쟁점들』을 주도적으로 완성했다. 그러나 장춘익이 이들 그룹을 규합할 정도로 강한 리더십을 가진 인물이었던 것으로 보이지는 않는다.* 앞으로 보겠지만, 신진 하버마스 연구자 그룹은 젊은 학자들의 자발적인 결사체 성격이 강했다. 장춘익이 이 책의 편집인 역할을 맡으면서 하버마스 방한 기간 잠시 이들의 구심점이 된 것은 그가 변혁주의 학술운동 출신 주요 학자들 중 가장 일찍 안정적인 교수직을 얻고 한림대학교라는 기반을 가졌기 때문일 것이다. 실제 이 그룹의 제도적 구심점은 사회와철학연구회라는 학술모임이었고, 이곳에는 비판이론을 주 관심으로 하는 다양한 젊은 학자들이 모여들었다. 그중에는 권용혁처럼 일찌감치 마르크스주의로부터 이탈해 보다 본격적인 전문화된 도구주의를 지향한 이들도 있었다.

권용혁은 연세대학교 철학과를 마치고 동국대 대학원 정치외교학과에 진학해 1984년 하버마스의 『인식과 관심』을 중심으로 한 석사학위 논문을 제출했다. 이는 그 또한 기본적으로 변혁주의와 '해방론'에 관심이 있었지만 또한 일찍 '마르크스 이후'의 탐색을 시도하기 시작했음을 보여준다. 이어 그는 1991년 베를린 자유대학에서 홉

---

* 나종석은 장춘익이 사회와철학연구회의 결성에 중요하게 관여했지만, 『하버마스의 사상』 이후 연구자 모임에 적극적으로 개입하지는 않았다고 말한다(나종석, 2010b: 299).

스와 아펠의 선험화용론, 그리고 하버마스를 주제로 박사학위를 받았다. 울산대학교 철학과 강사에 이어 1994년 조교수 임용을 거치며 권용혁은 주로 아펠과 하버마스의 선험·초월철학 논쟁을 다룬 연구들을 발표했다.

주제가 이미 말해주듯, 권용혁의 학술적 실천은 다른 학자들보다도 훨씬 더 강한 아카데미즘을 지향하고 있다. 선험화용론에 관한 그의 논문들은 아펠이 칸트의 초월철학을 언어적 전회 이후 논증과 정당화의 문제로 전환시키는 프로젝트를 중심 주제로 다룸으로써 (1993; 1994; 1996a) 사실상 변혁주의와 실천의 문제는 배제되어 있다. 그러나 권용혁은 자신이 여전히 유지하고 있는 변혁적 관심을 하버마스를 출구로 해서 탐색한다. 즉 아펠 관련 논문들과 달리 하버마스 연구들에서 문제의식은 하버마스를 통해 철학이 사회현실을 변혁시킬 수 있는지(1996b), 그의 신사회운동론이 그 대안이 될 수 있는지(1996c)에 맞춰졌다.[13] 결국 그에게 도구주의로부터 전문화된 도구주의를 거쳐 아카데미즘으로 좌표 이동과 이로 인한 내적 긴장은 하버마스와 아펠의 동시 연구라는 이중 전략으로 해소된 셈이다. 그리고 여기에서 분명한 것은 그의 관심이 완전히 마르크스로부터 단절되어 '담화론'을 중심으로 넘어와 있다는 것이다.*

---

* 한편, 정호근의 경우는 다소 구별된다. 그는 서울대학교 철학과 졸업, 후설 연구로 1984년 동 대학원에서 석사학위 취득 후 유학해 독일 프라이부르크대학에서 하버마스를 다뤄 1994년 박사학위를 받았다. 이후 정호근은 여러 편의 논문을 발표하면서 하버마스 네트워크에서 적지 않은 역할을 수행했다. 그러나 그의 입장

이렇듯 독일 유학자들의 특성은 기본적으로 국내에서 수학한 인물들과 큰 틀에서 유사하면서도 약간의 온도차를 지니는 것으로 규정될 수 있다. 먼저 유사성 측면에서 이들의 성향은 의식적인 차원에서는 여전히 변혁적 실천에 정향되어 있다. 그러나 80년대의 교조적인 정통 마르크스주의는 포기했고, 대신 하버마스를 통해 서구 이론 흐름과 보조를 맞추면서도 일부 비판적 평가를 통해 여전히 변혁적 관심을 유지하려는 절충적 경로를 선택했다. 국내파와 중요한 차이는 이들이 서구 이론과 지적 토양을 직접 학습하는 유학 경험을

은 기본적으로 하버마스에 대해 대단히 적대적이다. 한편에서 그는 하버마스 의 사소통행위이론의 기획이 이론적 완성도에 있어서 허점이 많고, "내재적으로 많은 문제점, 비일관성, 심지어 모순되기까지 하는 사태"(1995: 391)투성이에, 아예 근본적으로 "설명논리의 낙후성"(1996: 135)을 면치 못한다며 반복해서 거칠게 비판했다. 비록 연구모음집 『이성적 사회의 기획, 그 논리와 윤리』의 대표 편집자 역할을 하는 등 하버마스 인기의 절정기에 네트워크에 깊이 관여했지만, 이러한 정호근의 입장은 하버마스 연구그룹에서 그가 기본적으로 이질적 성향을 띠고 있었으며, 연구그룹으로부터 조기 이탈하게 될 것임을 일찌감치 예고한다. 아니, 그의 성향은 애초에 변혁주의 신진 그룹보다 오히려 제도권에 가까웠다. 실제로 정호근은 사회와철학연구회보다는 제도권 철학회와 『사회비평』지에서 더 활발히 활동했고, 특히 그의 하버마스 '비판'에는 신진 연구그룹 전반이 공유하는 사회변혁주의적 관심이 별로 발견되지 않는 대신 이론 내적인 정합성 문제를 다루려 했다는 점에서 철저히 '아카데믹'하다. 그리고 이는 이후 그의 행보로 입증된다. 그럼에도 우리의 관점에서 90년대 중반 정호근의 일정한 역할을 지적할 수 있다. 첫째, 그의 비판적 입장은 일정 부분 하버마스에 대한 주목도를 올리는 데 기여했고, 담론을 풍성하게 만들었다. 이를 통해 그는 외부자들 관점에서 크게 '신진 연구그룹'으로 분류될 수도 있지만 하버마스에 동조적이지 않은, (이후 살펴볼 윤평중과 이진우와 같은) '내부비판자'라는 독특한 위치를 부여받았다. 둘째, 그럼에도 그 또한 언어적 전회 이후의 하버마스에 대한 전문화된 지식을 가지고 보편적 화용론, 담론윤리, 생활세계-체계문제 등을 다룸으로써 신진 연구자들이 주도한 언어적 전회 이후로 넘어온 하버마스 논의의 유통에 기여했다.

통해 변혁주의, 즉 학술적 도구주의로부터 '전문화된 도구주의'를 거쳐 아카데미즘의 영역으로 한 걸음 더 이동해 있었다는 점이다.

유학파는 국내파보다 한층 더 언어적 전회 이후의 언어철학—의사소통행위이론, 즉 중후기이론으로 이동함으로써 하버마스 이론체계에서 전후기 사이의 단절성을 강조하는 성향을 드러냈다. 앞서 본 것처럼 국내 수학 학자들의 경우 한국에서의 정치사회적 변화를 겪으면서 여전히 변혁주의에 더 밀착되어 있었고, 그래서 아직 마르크스주의로부터 이탈 정도가 작았던 탓에 하버마스—마르크스 사이의 연속론적 설명을 제공하고자 했다. 반면, 유학파들은 상대적으로 하버마스가 마르크스로부터 결별했다는 단절론을 옹호하고 언어적 전회 이후 후기이론에 본격적으로 천착하고 있다는 점에서 차이를 보였다.

국내파와 해외파에게서 공히 관찰되지만 다소 다른 양상으로 나타난 이러한 후기이론으로의 초점 이동은 매우 중요하다. 이 온도차는 이후 하버마스 네트워크의 해체 과정에서 중요한 역할을 하게 될 터인데 90년대 초반까지는 전혀 중요하지 않은 듯 보였다. 현재 우리가 추적 중인 이 시점에서 차이는 매우 미세한 것으로, 해외파와 국내파 사이에는 공통점이 훨씬 많았다. 특히 이들이 공히 언어적 전회 이후의 하버마스에 초점을 맞춰 진지하게 탐색했다는 사실은 중요하다. 이는 단순히 이들이 최신 이론과 보조를 맞췄기 때문만이 아니라, 이것이 하버마스 이론의 전개 과정에서 중요한 지점과 결부되어 있기 때문이다. 아직 갈 길이 멀지만 여기에서 먼저 이 문제를 차근차근 살펴보도록 하자.

신진 연구그룹의 아카데미즘

3부 후반에서 나는『인식과 관심』이후 하버마스가 후기경험주의적 문제의식을 전폭적으로 수용해 자신의 이론 기획을 완전히 재정립하려 했고, 이 과정에서 언어적 전회가 단행된 것에 대해 언급했다. 이때 주목할 점은 이 과정에서 하버마스가 마르크스 이후 오랫동안 당연한 것으로 전제되어 온 비판적 지식인의 상, 즉 계몽가로서 비판이론가의 역할상을 상당 부분 포기했다는 사실이다.

그렇다면 그가 비판하는 계몽적 비판이론가는 무엇이 문제인가? 자신이 말하는 새로운 이론가는 무엇인가? 이는 하버마스의 생활세계로의 '가상적 참여자(virtual participant)'라는 개념, 그리고 '자리 지키는 자—해석자(stand-in and interpreter)'로서 이론가의 역할이라는 표현으로 집약된다. 매우 난해한 내용이지만, 이를 간략히 다음과 같이 설명할 수 있다.

하버마스는 각각 1980년과 1981년 발표한「재구성적 사회과학 vs. 해석주의」(Habermas, 1983[1978]), 그리고「자리 지키는 자와 해석자로서 철학」(1990[1983])에서 후기경험주의-해석학적 전회의 시대에 사회이론이 "자리 지정자"라는 불가능한 역할을 과감히 포기하고 '가상적 참여'를 통한 '자리 지키는 해석자'로 그 역할을 전환할 것을 제안했다. 여기에서 하버마스의 핵심 논지는 기존 비판이론의 이론적 한계와 경험적 실패의 원인이 그들이 우월한 인식론적 지위를 기반으로 사회세계에 대한 '더 좋은' 모습을 설계하고, 이를 통해 행위자들을 깨우쳐 변혁적 실천에 나서게 할 수 있다는 계몽주의 모델을 기반으로 하고 있다는 것이다. 즉 '자리 지정자'의 뜻은 전통적 이론가가 우월한 지위를 토대로 모든 사회 행위자들의 의미와 역할을 결정해주려는 시도를 비판하는 것이다.

반면에, 하버마스의 새로운 이론은 결코 우월한 지위에서 불변의 사회 모델을 제공하지 않는다. 그의 형식화용론은 우리의 언어생활이 합의 상태를 지향하지 않으면 성립되기 어렵고, 따라서 단지 그 조건이 무엇인지를 밝힌다는 점에서 사회세계의 '내용'에 관여하지 않는 형식주의적 기획이다. 또한 이 이론의 인식론적 지위는 결코 선험·초월적 수준에 있는 것이 아니라, 어디까지나 충분히 발달된 현대사회에서 언어소통과 도덕성에 대한 오스틴과 설, 그리고 피아제와 콜버그의 가설적 경험이론을 활용하고, 그것들과 수평적 협업 관계를 설정한 결과물로, 잠정적인 가설적 상태에 있다. 마지막으로 이러한 분명한 한계를 지닌 새로운 이론 기획하에서 비판이론가의 역할은 기존 비판이론과 다르게 설정될 수밖에 없다. 이론가의 작업물은 결코 객관적인 것이 아니라 단지 생활세계에 '가상적으로 참여'해 그곳의 의사소통 상황을 다시 이론 언어로 옮긴 합리적 재구성의 지위만을 갖는다. 결국 이론가는 결코 불변의 진리의 발견자가 아니며, 매우 적극적인 경우라도 단지 타당성을 가진 하나의 재구성물만을 생산할 수 있는, 사회세계에 대한 올바른 해석을 도모하는 공동 참여자 이상이 될 수 없다. 하지만 그렇게 하면서 그는 또한 매우 소극적인 경우라 하더라도 언제나 사회세계에 대한 올바른 해석의 책무를 지니며 결코 그 비판적 해석의 역할을 포기해서는 안 되는, '자리 지키는' 해석자여야 한다는 것이다.

그런데 이러한 새로운 이론가상의 정립 시도 노력은 하버마스의 이론을 매우 '아카데믹한' 것으로 만드는 효과를 낳았다. 대중에 대한 이론가의 직접적 계몽이 아닌, 다른 방식의 '비판'을 수행하는 이론가상의 정립 그 자체를 목표로 표방하고, 또한 이를 위한 난해한 이론적 탐색이 심화되면서 하버마스의 작업은 점점 더 변혁적 '실천'을 표방하는 비판이론의 색채가 탈색되고 고도로 추상적인 논의가 됐다.[14] 이는 국내 하버마스 수용자들 또한 후기이론을 본격 탐색할수록 그 논의가 점점 더 전문주의를 거쳐 아카데믹한 성격을 띠게 될 것임을, 그리고 이 경향이 국내 경로보다 해외 유학을 경험한 이들의 경우에 더 강하게 나타나게 될 것임을 뜻한다. 왜냐하면 논의 자체가 통상 당연한 것으로 여겨져 온 이론의 역할 자체를 완전히 재구축하는, 급진적인 인식론적 논의로부터 출발할 수밖에 없기 때문이다.

결국 신진 하버마스 연구자 그룹 또한 언어적 전회 이후의 하버마스를 주제로 한 이상 이 문제를 직간접적으로 다루지 않고서는 논의 자체가 불가능했고(실제로 신진 하버마스 전문연구그룹의 논의에는 이러한 논쟁들이 자주 등장한다), 이를 다루면 다룰수록 하버마스 이론의 실천적·도구적 측면은 희석되고 아카데미즘의 측면이 부각됐다. 요컨대, 하버마스 전기이론으로부터 후기이론으로 초점 이동은 이들 신진 연구그룹이 도구주의로부터 전문화된 도구주의를 거쳐 아카데미즘으로 이동 선상에 있었음을 보여주는 것이다.

역설적인 점은 이러한 아카데미즘으로 좌표 이동이 이들이 변혁주의 학술운동으로부터 출발해 제도권에 진입하는 과정에서 좋은 '도구'가 됐다는 점이다. 국내파의 경우 이는 박사학위 논문의 방향 설정과 작성 과정을 통해 표현됐고, 이미 박사학위를 취득하고 귀국한 유학자들은 학술논문 발표와 저술 활동, 구직과 승진, 국내 학계에서 자리잡기 과정의 수단으로 나타났다. 이들의 학술적 역량은 동시기 신진학자 중에서도 단연 특출났다. 특히 동일한 목표를 공유하는 국내 출신과 유학 출신 학자들이 한 군데로 모이면서 이들의 실천은 강한 집합적 역량으로 집약됐다. 그리고 이러한 이해관계의 중첩과 좌표 이동이 가져온 신진 하버마스 연구자 그룹의 '잠재력'은 다시 큰 틀에서 다음과 같은 의미를 갖는다. 바로 이들이 안팎에서 치열한 상징투쟁을 수행하는 적대적 협력자 공동체로서 이론 수용 집단의 가능성을 지녔다는 사실이다. 즉 이 그룹은 한국에서 68혁명 시기 프랑스 주변부에서 장의 전복을 감행한 포스트모던 학자그룹과 가장 유사한 상태에 있었다.

우선 이들은 국내외에서 장기간 하버마스에 집중함으로써 독보적인 번역·수용의 역량을 갖췄고, 최신의 서구 학술장 논의를 경험했으며, 특히 유학 출신자들은 그곳에서 비교적 엄격한 지적 훈련을 받았다. 다음으로, 하버마스에 대한 신뢰를 공유하되 미묘한 입장 차이들을 지님으로써 이들은 일루지오를 공유해 외부의 그룹과 싸워 자신들의 입장을 보호하고, 또한 내부에서는 상호 비판적 견제를 수행할 수 있었다. 무엇보다 이들은 수용을 통해 그러한 투쟁을 수행하고, 나아가 보다 생산적인 변용과 갱신까지도 성취할 수 있는 강한 '동력'을 가지고 있었다. 바로 이들이 정치적으로 강한 변혁적 이해관심을 가졌다는 것이 그 동력으로, 80년대의 경험은 이들의 실천에 오랜 동안 강한 실천력을 부여했다.

이러한 특성들은 이들이 프랑스의 포스트모던 그룹이 그러했던 것처럼 자신들의 변혁적 관심을 학술적 용어로 성공적으로 번역할 경우 주류로 진출하고, 나아가 학술영역의 재구조화까지 감행할 수 있었음을 의미한다. 실제로 이들의 결집은 초기에 프랑스 포스트모던 학자들이 수행했던 것과 유사한 효과를 가져왔다. 그리고 그 결과는 단시일에 효과적으로 드러났다. 국내 학술영역에서 다시 급작스러운 하버마스에 대한 재주목이 이뤄졌던 것이다. 그러면 이제부터 신진 연구그룹이 어떻게 이러한 잠재력을 구체적으로 실현시키면서 한국에서 하버마스를 논의의 중심으로 부상시켰는지 볼 차례다.

하버마스의 재부상과 신진 연구그룹의 상징투쟁

사실 마르크스주의가 붕괴된 직후인 1991년 전후 이론적 대안의 탐색이 이뤄지는 과정에서 하버마스는 80년대 말 잠시 잊혀졌다가 다시 학술영역 주변부 진영에서 유력한 대안 후보로 떠오른 인물들 중 하나였을 뿐, 가장 돌출된 인물은 아니었다. 오히려 학술운동 출신 비주류 학자들 세계에서 90년대의 서막은 포스트모더니즘의 갑작스러운 돌풍으로 장식됐고, 전반적인 형국은 이들과 그 급격한 방향전환에 비판적이던 포스트마르크스주의 옹호자들로 양분되어 있는 상황이었다.

90년대 초반에는 마르크스의 공백을 메워줄 것으로 기대된 다양한 '포스트 담론' 사상가들이 "조야한 소련식 맑스주의의 한계가 분명해진 가운데 … 동시다발적으로 번역·소개"(강내희, 2013: 14)되고 있었다. 실제로 90년대 초 국내 인문사회 학술영역은 수많은 외산 신진이론 수입의 각축장이 되어 있었다. 그러나 불과 몇 년 지나지 않아 이들 중 하버마스가 두각을 나타내기 시작해 이내 1996년의 신드롬으로 이어지게 된 것이다. 그렇다면 다양한 대안들 중 어떻게 하버마스가 급격한 주목을 받게 된 것일까? 이는 다른 대안들 가운데 유독 하버마스의 경우에만 전문성을 보유한 준비된 연구자들이 존재했고, 결집했으며, 이들이 수행한 '상징투쟁'이 논쟁적이었기 때문이다.

1993년 사회와철학연구회*의 결성은 이론 수용그룹으로서 하버마

---

* 사회와철학연구회는 하버마스 연구자들을 중심으로 하버마스 연구를 표방하며 출범했지만, 그 과정에서 다수의 인물들이 포함되면서 학회가 집중적으로 다루는 대상의 범위는 비판이론적인 사회철학으로 다소 확대됐다. 하지만 90년대 내내 이 학회는 하버마스를 집중적으로 다루는 '전문연구그룹'이었다. 한 가지 더 짚어야 할 사실은 김재현은 사회와철학연구회의 성원이 아니었다는 점이다. 그는 한국철학사상연구회에서 주로 활동했는데, 그럼에도 지도교수 차인석과 동문 학자들을 연결 고리로 사회와철학연구회에 자주 참여했고(나종석, 2010b: 299) 그래서 김재현은 상징공간에서 분명한 신진 하버마스 연구자 그룹의 일원이었다. 마

스 네트워크의 출발점이자 중심이었고, 나아가 90년대 하버마스 인기의 가장 중요한 계기를 이룬다. 이 학회는 그 자체로 국내 인문사회과학 학술영역에서 하버마스에 대한 주목도가 다시 올라간 결과이면서도 또한 이를 더 높이는 역할을 수행했다. 이곳의 주요 성원이기도 한 나종석은 이후 학회지 발간 10주년을 조망하는 글에서 학회의 결성에 대해 다음과 같이 설명했다.

> 사철연[사회와철학연구회─인용자]은 1990년대 이후 소연방의 해체와 더불어 진보 이념으로서의 마르크스-레닌주의의 실패가 현실적으로 확인된 이후 마르크스주의의 위기를 극복하려는 시도에서 하버마스 연구자들이 주축이 되어 형성된 학회다. 사철연은 한편으로 근대성과 합리성에 대한 급진적 해체를 시도하는 포스트모던적 담론에 대해서 비판적인 거리를 유지하고자 했다. 뿐만 아니라 사철연은 '정통' 마르크스-레닌주의의 이론을 재구성하려는 움직임에 대해서도 비판적 태도를 유지했다. 이 학회는 소통적 합리성, 민주주의, 그리고 시민적 공론장 등을 중심적 어휘로 제시하면서 근대의 여러 병리적 현상들에 대한 비판과 함께 계몽주의의 근대적 기획의 해방적 잠재력을 옹호하는 시도를 했다. (나종석, 2010a: 202~203)

찬가지로 박영도는 사회학이론계에서 주로 활동했지만 90년대 초반에는 사회와철학연구회에 관여했고, 신진 학자들은 박영도의 논문을 매우 중요한 참고문헌으로 활용했다.

이 인용문은 학회의 결성 과정, 나아가 어떻게 90년대 초반 한국에서 하버마스에 대한 주목도가 올라가게 되었는지에 대한 이해의 실마리를 제공한다. 1986년 서울대학교 철학과 대학원생들을 중심으로 마르크스주의 학술운동 단체 '사회철학연구실'과 '헤겔학회'가 결성됐고, 1989년 이들은 한국철학사상연구회(이하 한철연)로 통합돼 "유일하고도 가장 커다란 진보적 사회철학자들의 모임"(나종석, 2010a: 214)을 이루게 된다. 한철연은 이후 4부 2장의 〈그림 5〉와 같은 90년대 마르크스주의의 붕괴 이후 핵분열 속에서 좌상단 경향, 즉 강력한 마르크스주의 옹호자들의 근거지였다. 단적인 예로, 한철연의 학술지 『시대와철학』은 1989년 창간해 열렬한 마르크스주의 논의를 이어 가다가, 외부로부터 불어닥친 위기 속에 불과 2년만에 자신들의 고뇌를 '페레스트로이카' 특집, 그리고 동구권의 붕괴와 마르크스주의가 처한 문제들에 대한 다수의 논문들로 표현했다. 그러나 그 초기의 분위기는 대체로 문제가 현실 공산주의에 있는 것이지 마르크스 이론 자체에 있는 것은 아니므로, 자신들은 결코 굴복하지 말아야 한다는 것이었다. 예를 들어, 다음과 같은 내용의 글은 이곳에서 자주 등장한다.

> 동독의 노동자들이 직접 자기의 손으로 서독을 선택하고 동독의 사회주의를 포기했다는 분명한 사실을 망각해서는 안 된다. 어설픈 지식으로 그들을 단죄해서도 안 되고 또 페레스트로이카가 어쩔 수 없는 요청으로 표출될 수밖에 없었던 사회주의의 구체적인 현실을 외면해서도

안 된다. 살아 보지도 체험해 보지도 못한 현실을 교과서 수준에서 속단하는 우를 범해서도 안 된다. 오히려 현재야말로 우리들 모두가 성급한 진단이나 처방을 에포케(Epoche)하고 우리들 자신과 우리들이 씨름해 왔던 이론을 신중하게 반성하고 재검토할 때가 아닌가!

… **"마르크스주의는 이제 끝났다"는 목소리가 점점 높아가고 있는 이 때에 오히려 마르크스에 대한 보다 객관적인 연구의 필요성을 역설하는 것이 결코 시대 착오적인 퇴행이 아님을 나는 다시 한번 확신한다.** 우리사회는 마르크스를 정당하게 복권시키는 일이야말로 오히려 학문의 자유를 확보하는 올바른 방편이 되는 기묘한 사회다. 이것이 우리의 적나라한 그렇지만 가슴 아픈 현실이다. 그렇다고 마르크스의 정당한 복권이 결코 도그마와 교조로서의 복권일 수 없다는 평범한 사실을 우리 모두 다시 한번 확인할 필요가 있다. 이런 의미에서 나는 "그렇다, 아직도 마르크스다"라고 자신있게 답할 수 있다. (최종욱, 1991: 343~344; 강조는 인용자)

여기에서 논자가 보여주는 태도는 바로 마르크스주의의 위기는 이론의 위기가 아니라 현실 공산권의 위기이므로 성급하게 마르크가 틀렸다고 판단하지 말고, 오히려 한국에서는 마르크스가 더 필요할 수 있다는 생각하에 보다 부단한 연구가 수행돼야 한다는, 마르크스 옹호 진영의 전형적인 논리다. 이 글에서 발견되는 모순은, 자신들의 작금의 마르크스 연구 지속이 "결코 도그마와 교조로서의 복권일 수 없다"고 선언하면서도, 마르크스의 문제점을 평가하는 데 있어서 "성급한 진단이나 처방을 에포케해야 한다"고 주장하는 데 있다. 즉 이들은 자신들의 기존의 '교조적' 태도에 문제가 있을 수 있었음을 시인하기는 하지만, 여전히 마르크스주의 자체에는 문제가 없고 현실 사회에 오류가 있으리라는, 이론 내적 오류를 인정하지 않는 태도를 유지하고 있다.* 쿤이 설명한 과학혁명 과정에서 기존 이론의 우수성을 믿는 과학자들의 패러다임 정교화 작업(paradigm articulator) 과정이 그러한 것처럼, 이러한 '도그마'는 때로 외부의 비판에 맞서 자신들의 입장을 방어하기 위한 노력을 통해 자신들의 이

---

* 다음의 편지글 형식의 기고문(시론) 또한 동일한 관점을 보여준다. "… 사실 80년대 후반부터 급격히 불어닥친 동구권 및 소련사회에서의 현실사회주의의 변화가 우리 변혁운동 진영에 엄청난 충격으로 다가온 것도 기정의 사실이고, 그간 우리가 뼈아픈 투쟁으로 이룩한 진보역량의 성과와 진전도 현실사회주의의 쇠퇴와 맞물려 더더욱 강고해진 보수지배집단의 공세로 그 뿌리부터 흔들리고 있는 게 아니냐는 불안도 일부 있는 것이 사실이기 때문입니다. 진보진영에 몸담았던 수많은 사람들도 이러한 변화의 원인과 앞으로의 대책에 대해서 뚜렷한 방향을 잡지 못한 채 의견만 구구한 것을 보면 그야말로 현 상황은 변혁운동 진영이 봉착한 위기국면인 것만은 분명한 것 같습니다 … 상황이 이렇게 변해가자 첨예하고 정치한 노선논쟁에 열을 올리던 연구자들도 일부는 조심스럽게 모양을 갖추어 물러날 준비를 하고 있고 일부는 주춤거리듯 일단 원론의 그늘에 안주하여 눈치를 보고 있으며 아예 원론과 상관도 없었던 사람들이 목청 높여 포스트니 개량이니 를 얘기하고 있습니다 … 그러나 그럼에도 불구하고 사회주의운동은 궁극적으로 인간해방, 노동해방에 다가서는 사회주의의 세계적 진보의 필연성 그 자체에서 이미 정당성을 갖고 있는 한, 사회주의운동 과정상의 위기와 사회주의의 위기는 분명히 구별되어야 할 것입니다 … 억압은 더더욱 강고해지고 현금의 세계사적 진행이 이 시대의 우리의 노력을 생각보다 긴 배태기의 씨로 아무 표시 없이 역사에 묻혀 잠자게 할지도 모릅니다. 그러나 백 년 이백 년이 걸리더라도 그 씨는 필연으로 발아하고 발아할 수 있고 발아해야만 하는 한, 우리들은 씨가 되건 불쏘시개가 되건 이 시대의 우리의 투쟁사적 소임을 다해야 할 것입니다 … '흔들리지 말고 기다라도 바닥부터 다시!'"(이정호, 1992: 247~253).

론을 보다 정교화하는 효과를 낳기도 한다. 그러나 이들의 이러한 태도는 사실상 학술운동 출신의 변혁주의 신진 학자그룹 중 다수가 80년대에 20대 대학원생 신분으로 학자적 경력을 시작했던 시절만이 아니라 30대를 넘어 학위의 취득과 제도권으로 진입을 시도한 90년대 시점에서도 여전히 강력한 도덕적 명령에 사로잡혀 있었음을 보여준다. 위 글을 포함, 대부분의 글에서는 마르크스를 포기해선 안 된다는 선언만 난무할 뿐, 왜 그러한지에 대한 정교한 분석은 발견되지 않는다. 다시 말해, 90년대 초반 한철연의 지배적인 분위기는, 이들이 여전히 강력한 도구주의 성향을 유지하면서 제도권으로 진입을 시도하고 있었음을 보여준다.

사회와철학연구회를 설립한 신진 하버마스 연구자들은 본래 대부분 한철연 소속이거나 그 뿌리를 공유하는 사람들이었다.* 그러나 90년대 초, 한철연 다수가 마르크스를 옹호하려 애쓰던 동일한 기간에 신진 하버마스 연구집단 성원들은 한철연으로부터 거리를 두면서, 앞의 소절에서 본 것과 같은 전문화된 도구주의 성향으로 좌표 이동을 진행하고 있었다. 그리고 사회와철학연구회의 설립은 두 그룹 사이의 차이가 생각보다 매우 커져 있음을 보여주는 상징이었다. 앞서 나종석의 글에서 나타나는 것처럼, 이 학회의 설립은 독일

---

* 앞의 소절에 등장하는 인물들 중 국내에서 수학한 인물들은 전원 한철연 활동을 먼저 시작했다. 독일 유학 출신들은 한철연이 설립되기 이전 서울대학교 사회철학연구실과 소장연구자 모임 헤겔연구회 소속이거나 이와 밀접히 관련된 사람들이었다.

유학 이후 정통 마르크스주의로부터 이탈한 하버마스 전공 신진 박사들, 그리고 국내에서 한철연 활동을 했지만 이곳의 지나치게 강한 마르크스주의 옹호 경향에 문제의식을 느낀 일부 성원들이 모인 결과였다. 이곳에 백승균·이삼열 등 1세대 비판이론을 번역·공급했던 중진학자들이 학회의 중역으로 합류하고, 서울대학교 철학과 신진 학자들의 지도교수를 전담했던 차인석이 초대 학회장을 맡게 됐다. 또한 이진우와 윤평중을 포함, 하버마스와 비판이론에 이해관계가 있는 기성 학자들도 발기인에 포함됐다.[15] 이렇게 모인 이들은 이제 마르크스주의의 "실패"를 분명히 하고 "마르크스-레닌주의의 이론을 재구성하려는 움직임"을 경계하면서도, "근대의 여러 병리적 현상들에 대한 비판과 함께 계몽주의의 근대적 기획의 해방적 잠재력을 옹호하는"(나종석, 2010a) 하버마스적 시도가 추구돼야 함을 천명했다.

사회와철학연구회의 인적 구성과 학술적 지향점은 이 학회가 무엇을 추구하고자 했는지를 잘 보여준다. 정통 마르크스주의 옹호자들로부터 거리를 두면서도 여전히 자신들이 지닌 사회변혁적인 실천이 필요하고 또 가능하다는 믿음을 하버마스를 통해 실현할 수 있다고 주장하면서 이들은 기존의 변혁주의 학술운동 출신 학자들과 분명하게 차별화했다. 동시에 이 모임의 차별성은 학회의 인적 구성에서도 나타났다. 철저히 학술운동 출신 신진 학자들로만 구성된 한철연과 달리 사회와철학연구회는 이미 제도권에 진입해 있는 중진 학자들을 학회의 중추로 내세우고, 비판이론에 관심을 둔 다양한 교수급 학자들을 초빙해 인적 균형을 맞췄다. 이처럼 90년대 혼돈의 지형 속에서 하버마스에 대한 지지를 표명하는 이들 신진 학자들의 결집과 중진들의 합류는 다시 국내 인문사회과학 학술공간에서 각각 학술적·지적 차원과 인적·제도적 차원에서 중요한 파급효과를 가져왔다.

먼저 인적·제도적 차원에서, 위에서 살펴본 것과 같이 국내외에서 하버마스를 장기간 전문적으로 탐구해 온 신진 학자들 십여 명이 결집했고, 이들과 직간접적으로 연관된 사람들이 추가로 이 그룹에 포진했다. 특히 독일 유학 출신들의 대거 합류는 그 자체로 이목을 집중시켰다. '본토에서' 한 명의 사상가를 전공한 학자들이 이처럼 단기간에 대거 귀국해 국내 학술장에 합류한 사례는 찾아볼 수 없다. 더구나 그 사상가는 서구 학술장에서 한창 유명세를 타고 있던 하버마스였다. 또한 사회와철학연구회가 변혁주의 진영으로부터 이탈했지만 이들과 여전히 변혁적 이해관계를 공유하며 교류 관계를 지속했고, 그러면서도 유학 출신 중진 교수들을 매개로 주류 제도권의 외곽에 연결되어 있었다는 사실 또한 독특하고 중요한 의미를 지녔다. 즉 이 모임은 주류 제도권과 비주류 학술운동권 출신 변혁주의 학자들 사이에 연결고리였다는 점에서 그 자체로 의미 있는 시도였다.

학술적·지적 차원에서 신진 하버마스 연구자들은 자신에겐 최신 관심사이지만 80년대 후반 사람들의 관심에서 멀어져 있던 하버마스를 다시 논의의 중심으로 되돌려 놓기 위한 상징투쟁을 벌였다.

이들은 하버마스가 다룰 만한 가치가 있는 중요한 인물이라 믿었고, 그렇기 때문에 그 중요성을 학술공간에 관철시키려 했다. 이는 먼저 이들이 생산한 학술 텍스트의 숫자에서 명확히 나타난다.

앞에서 본 것처럼 1980년대 초중반 쏟아져 나오던 하버마스 저술 번역서는 80년대 후반 마르크스 정통주의의 심화와 함께 곤두박질 쳤고, 1988년에서 1993년 사이 5년간에는 한 권도 나오지 않았다. 그러던 것이 1993~1995년 사이 3년간 7권의 역서가 쏟아져 나와 하버마스에 대한 관심이 다시 급격히 높아졌음을 보여준다. 그중 두 권(『이데올로기로서의 기술과 과학』, 『의사소통의 사회이론』)이 신진 하버마스 연구자 그룹 성원들이 번역한 것이었고, 이들과 간접적으로 연관된 인물들의 것(『소통행위이론I』, 『사회과학의 논리』, 『커뮤니케이션과 사회진화』)을 포함하면 3분의 2가 하버마스에 주목한 비주류 학술영역 출신 성원 들에 의해 번역 출판됐다. 학술논문의 상황도 비슷하다. 1985~1989 년 사이 하버마스를 다룬 학술논문은 급격히 감소했다. 그러다가 1990~1995년 사이에만 67편의 관련 논문이 쏟아져 나왔다. 이 중 에서 사회와철학연구회를 중심으로 한 신진 전문연구그룹이 생산한 글이 23편으로 3분의 1가량을 차지한다. 이밖에 이들과 직접 연관되 진 않았지만 비주류 영역에서 다뤄진 것들까지 합하면 대략 40%에 가까운 논문이 주요 신진 학자들에 의해 쓰였다. 특히 하버마스 방 한 시기인 1996년과 1997년 두 해에만 사회와철학연구회 중심 신진 하버마스 연구자 그룹 성원들은 한꺼번에 22편의 논문을 내놓는다. 이러한 역서·논문 출판 경향은 비주류 학술영역 출신 신진 학자들의 주 무대가 여전히 출판시장이었지만 동시에 제도권에 진입하면서 이들이 주류 학술공간에서의 투쟁도 병행했음을 보여주는 것이다. 각종 학술논문과 역서의 구성과 준비 기간을 고려하면, 1990년대 초중반은 분명 이들이 '상징투쟁'에 진력한 기간이었음을 알 수 있다.

주목해야 할 점은 1991~1998년 사이에만 12명의 신규 하버마스 전공 박사가 등장했다는 사실이다.[16] 이는 90년대에 들어 하버마스가 다수의 젊은 학자들에게 정치적으로 올바르고 학술적으로 뛰어나며, 그렇기 때문에 자신의 학자 이력에 알맞은 대상으로 여겨졌고, 또한 다시 이들에 의해 하버마스가 학문후속세대들에게 중요한 인물로 부각되었음을 보여준다. 그리고 이는 80년대 동안 하버마스가 이미 변혁적 학술운동 영역에 수용돼 연구될 '준비'가 되어 있었기 때문이었다. 실제로 같은 기간 푸코 1명, 라클라우·무페 1명, 이들을 포함해 포스트모더니즘 전반을 다룬 1명[17]의 국내 전공 박사가 나왔을 뿐, 한창 인기를 끌던 알튀세르·발리바르 등의 포스트마르크스주의, 데리다·들뢰즈 등의 포스트모던 이론 전공 박사는 단 한 명도 없었다.* 이러한 극명한 대비는 90년대 중반 하버마스가 가장 독보적으로 부각될 수 있는 인적 토대를 갖췄음을 보여준다. 변혁지향적 학술운동 영역이 분열한 가운데 돌풍을 일으킨 포스트모던 이론이었지만 실제로는 이들에 관한 연구 생산을 수행할 인적 자원이 전혀 준비되지 못했고, 이들보다 상대적으로 일찍 보급된 포스트마르크스주의 또한 실상은 비슷했던 반면, 오직 하버마스의 경우에만 대안으로서 가능성을 관철시킬 상징투쟁의 수행자가 집합적으로 존재했던 것이다.

이러한 투쟁이 가능했던 까닭은 기본적으로 하버마스 본인이 당대 가장 논쟁적 사상가였기 때문이다. 하버마스가 자신의 학자 이력을 동시대 최고의 학자들과의 전면적인 논쟁을 통해 채워 왔음은 익히 알려져 있다. 1960년대부터 2000년대에 이르기까지 포퍼·가다머·아펠·리오타르·푸코·데리다·로티 등 당대 최고의 지성인들이 하버마스의 논쟁 대상이었고, 그는 자신의 직접 선배이자 스승인 비판이론 1세대 학자들을 향해서도 비판의 칼날을 겨누기를 주저하지 않았다. 우리의 관심에서 볼 때, 이러한 하버마스의 이력은 전기의 마르크스주의 극복 노력과 중기의 포스트모던 이론가들과의 상대주의 논쟁 과정으로 특징지어진다. 즉 하버마스의 의사소통행위 이론은 '글로벌 지식장(global intellectual field)'에서 이들 사상가들 논쟁의 정중앙에 자신을 위치짓는 상징투쟁이었다.**

---

* 이에 대해 프랑스 철학 연구자 허경은 푸코 수용의 빈약한 인적 토대에 대해 다음과 같이 지적한다. "푸코에 대한 국내외 학계의 전반적인 관심과 폭에 비추어 볼 때, 국내 학자로서 정작 푸코에 관한 연구로 박사학위를 받은 이는 아직까지 의외로 소수에 불과하다. 2010년 현재에도 대략 10여 명 안팎으로 생각되는 이 연구자들이 최초로 학위를 받은 것은 1980년대 중후반의 일이며, 프랑스에서 학위를 받은 연구자들이 귀국하기 시작한 것 역시 아무리 빨리 잡아도 1990년대 말 2000년대 초 이후의 일이다. 이러한 사실이 실제로 의미하는 바는 그동안 프랑스 철학 혹은 푸코 관련 서적 대부분의 번역이 비전공가들에 의해 이루어졌다는 사실을 함축한다"(2010b: 442~443).

** 한편으로, 하버마스는 마르크스를 갱신하고자 했다. 이때 그는 마르크스주의의 경험적 실패의 원인이 다름 아닌 이론 자체에 있다고 보았다. 즉 흔히 지적되는 마르크스의 경제 환원론은 사실 주체 철학적 사유를 벗어나지 못한 결과이다. 인식론적으로 우월한 철학자(주체)가 사회 구조에 대한 불변의 진리(객체)를 간취하

근대와 탈근대 사이, 이론과 실천 사이

하버마스가 수행한 이러한 논쟁의 족적은 90년대 한국에서 고스란히 신진 연구집단이 수행한 상징투쟁의 도구로 활용된다. 앞에서 본 것처럼 마르크스주의의 붕괴 이후 90년대 비주류 학술운동권 성원들은 대안을 찾아 사분오열 중에 있었다. 〈그림 5〉의 십자표를 기준으로 하버마스 신진 연구집단의 연구는 이 정중앙을 겨냥했다. 하버마스는 마르크스의 비판정신을 계승했지만 상대주의로 타락하지 않았고, 또한 누구보다 치밀하고 정교한 이론가였지만 또한 변혁적 실천의 함의도 잃지 않으려 했다는 것이 이들 신진 연구자들이 내세운 바였다. 아래의 인용문은 그의 의도를 잘 보여준다.

이렇게 구멍 많은 [하버마스의—인용자] 상호주관적 동일성에 기초하기

고, 이로부터 더 나은 사회의 상을 제시하고 이끌어 갈 수 있다는 이러한 계몽주의적인 비판적 사회이론의 기획은 무망한 것이다. 따라서 마르크스주의를 이은 비판이론은 유토피아를 향한 혁명이 아니라 비판이라는 실천이 만드는 사회의 지속적 갱신을 지향해야 한다. 다른 한편, 하버마스는 1960년대 이후 융성한 포스트모던 이론가들의 상대주의에 맞서 '계몽의 정신'을 수호하려 애썼다. 즉 하버마스에게 포스트모던 이론은 후기경험주의적 함의를 과장해 부풀렸고 이로써 쉽게 정치적·도덕적 회의주의로 전락해 버렸다. 이에 그는 포스트모더니즘이 융성한 70~80년대 기간 동안 리오타르·푸코·데리다 등을, 90년대에는 리처드 로티를 정조준해 맹렬히 비판했고, 이에 응답한 이들과 치열한 논쟁을 벌였다. 이처럼 하버마스는 마르크스주의-포스트모더니즘 양극단의 지적 경향을 모두 비판하고, 양 진영의 문제점은 비판하되 중요한 함의들을 자신의 의사소통행위이론에 통합시키고자 했다.

에 "의사소통적 이성은 부유하는 나무와 같은 것이다" … 차이와 우연성을 찻잔 속의 폭풍 정도로 간주하는 헤겔에게 하버마스는 그 찻잔이 폭풍이 이는 차이와 우연성의 바다 위에 떠 있음을 각성시킨다. 하지만 탈현대론자들에 대해서도 그 합리성의 찻잔이 결코 우연의 바다에 침몰하지 않음을 환기시킨다. 이 합리성 개념으로 마르크스의 비판문법을 보완한다고 할 때 우린 차이와 우연성의 바다 위에 떠 있는 대단히 위험스러운, 그러나 결코 가라앉지 않는 비판의 문법을 재구성할 수 있으리란 생각을 해본다. (박영도, 1992: 184)

이 글의 저자 박영도는 여기에서 90년대 초반 "오늘 우리가 직면하고 있는 마르크스주의의 위기"(169) 속에서 여전히 "비판의 변증법의 길을 추구할" 수 있고, "그 길을 우린 주체철학의 언어적 해체를 통해 '현대의 기획'을 계속 추진하려는 하버마스에게서 발견할 수 있다"(181~182)고 주장하고 있다. 위에서 "차이와 우연성"을 간과하는 헤겔이란, 엄격한 역사의 법칙을 추구하는 정통 마르크스 전통 일반을 뜻한다. 하버마스가 언어적 전회를 통해 제시한 소통적 이성 개념은 우연과 차이의 가능성을 충분히 받아들인다는 점에서 보면 "대단히 위험스러운" 비판이론이다. 하지만 이 개념은 포스트모더니즘과 같이 그 우연과 차이들을 과장해 그 속에 결코 매몰되지는 않는다. 즉 하버마스의 소통적 이성 개념은 정통 마르크스의 문제점으로부터 벗어나면서도 그 정신은 계승하고, 그러면서도 상대주의적으로 전락하지 않는, 비판이론이 발 디딜 수 있는 '파도 위에 떠 있는 나뭇조각' 같은 것이다. 특히 마르크스의 대안 탐색이 중요했던 90년대 초반, 신진 하버마스 연구자 그룹 연구자들은 공히 자신들이 활동했던 비주류 학술운동권에서 여전하던 계급혁명 중심 교조적 마르크스주의의 옹호 경향을 비판하는 데 집중했고, 또한 새로이 주목받는 포스트모더니즘 계열 이론들을 우회적으로 비판하면서 하버마스를 옹호했다.*

또한 신진 하버마스 연구자 그룹은 하버마스의 이론적 완성도와 한국사회변혁을 위한 실천적 실용성 사이에서도 하버마스를 균형 잡힌 이론으로 내세웠다. 예를 들어 장은주는 하버마스의 합리화 과정을 중심으로 한 사회변동론을 서술한 뒤, 다음과 같이 하버마스의

---

* 예를 들어, 마르크스의 계급론의 "근본적 약점"은 "노동이라는 범주가 상징적으로 매개된 상호작용의 영역을 도구적 행위의 영역으로부터 충분히 분리시키지"(장은주, 1993b: 210) 못하고 "인간의 자기 생산 활동을 노동으로 환원"시킨 반면, 하버마스는 공동의 노동을 수행하기 위한 필수 조건으로서 인간의 "상징적으로 매개된 상호작용의 연관과 문화적 전승의 역할"(김재현, 1993: 142) 측면을 복원시켰다는 점에서 마르크스를 정당하게 비판하고, 나아가 이를 토대로 "근대 사회의 병리 현상에 대한 이해와 그 현상을 극복하기 위한 해방 기획의 새로운 차원을 열어"(장은주, 1993b: 228)줌으로써 성공적으로 확장·계승했다는 것이다. 또한 반대편에서, 포스트모던 이론은 마르크스주의의 위기를 "현대의 자기이해의 위기, 즉 비판의 위기로까지 증폭, 확장"시키고 있는데, 사회 비판과 변혁적 실천이 "정당화 없는 비판의 형식을 취해야 한다는 처방"을 내리는 이들에 대해서, "그 증폭의 수사학이 과도한 것이 아닌가 하는 생각을 떨쳐버릴 수 없다"(박영도, 1992: 169)는 주장이 제시됐다. 나아가 이러한 상대주의적 문제는 가다머와의 논쟁에서 하버마스가 이해의 역사성 개념을 충분히 받아들이지만, "역사성에 대한 강조가 전통에 대한 무비판적 수용을 의미하지는 않는다"(이구슬, 1993)고 주장한 점을 내세우며 보편주의적 이성 개념 설정의 필요성을 옹호하는 것으로도 표현됐다(197~198).

이론적 정교함과 실천적 함의를 옹호했다.

그는 단순히 비판사회이론의 규범적 차원이 현실 그 자체에 닻을 내리고 있다는 사실을 보여주는 데 머무르는 것이 아니라, 그와 같은 규범적 차원이 구체적으로 역사에서 어떻게 변화, 발전해 왔으며 또 하버마스 자신이 『사회의 진화』라고 부르는 인류의 발전 과정에서 어떤 역할을 해왔는지를 보여줌으로써 비판사회이론의 차원을 확장시키고자 한다 … 그리하여 하버마스의 이러한 인식은 우리에게 현실 분석에 대해 새로운 전망을 제시해 준다. 이제 사회운동에서 실천적으로 작동하고 궁극적으로는 제도 체계에서 구현되는 이 규범적 구조가 이론적으로 중요한 위치를 차지하게 된 것이다 … [비판자들의 문제제기는—인용자] 하버마스는 너무 서구 중심적이라는 것이다. 그러나 여기서 우리는 조심해야 한다. 근대화와 합리화의 과정이 주로 서구에서 처음으로 발생하고 또 주된 성과들을 이루어내었다고 해서 그 의의가 단지 서구에만 한정된다는 결론을 곧바로 끌어낼 수는 없다 … 내 생각에는 하버마스가 서구에서조차도 선택적으로 이루어졌다고 평가한 그 합리화가 우리나라에서는 더욱 극단적으로 선택적으로 진행되고 있다고 평가할 수 있을지는 몰라도, 서구/비서구의 이분법으로 우리 사회의 문제를 재단하기에는 우리 사회가 지나치게 특별하지는 않은 것 같다. (장은주, 1993b: 237)

여기에서 장은주의 주장은 하버마스가 형식화용론을 통해 공시적으로 설정한 인간 이성 실현의 기획이 다시 통시적으로 사회 발전 과정 서술로 확장되면서 현상론과 변동론을 아우르는 높은 이론적 완성도를 지니고 있다는 것이다. 그리고 이는 이전까지는 한국에 맞지 않아 보였던 생활세계─체계 개념이 한국사회가 발전하면서 점점 더 맞는 이론이 '되어가고' 있다는 언급(235~236)으로 드러나고 있다. 이는 궁극적으로 하버마스 이론이 서구에만 설득력을 지니는 제한된 이론이라는 비판자들의 의견과 달리, 한국에도 적용 가능한 일반 이론을 성공적으로 구축했기 때문이다. 한마디로, 하버마스의 높은 현실 설명력은 곧 높은 완성도, 즉 보편성에서 온다는 것이다. 그러한 점에서 "하버마스의 사회이론은 비판의 측면에서 가장 철저한 것도 아니며 '경험적' 토대의 측면에서도 보완의 여지가 많은 이론"이지만, "그러나 비판적 관점을 논증적 담론으로 만들어내는 '비판적 사회이론'으로서는 오늘날 가장 존중할 만한 이론"(장춘익, 1994a: 83)이다.

변혁주의 진영과의 논쟁이 낳은 효과

이러한 하버마스의 활용은 역설적으로 다시 네 방향의 갈등을 발생시키는 것이었다. 신진 하버마스 연구자 그룹 성원들이 변혁주의 진영의 핵분열 도상 좌표의 가운데를 겨냥하면서, 이는 네 방향으로부터의 비판을 초래했다. 가장 거센 비판은 마르크스를 고수하려는 변혁주의 진영의 젊은 학자들로부터 나왔다. 이들에게 하버마스는 흔히 마르크스의 중요성을 상실한 '개량주의자'로 평가된다. 특히 노동으로부터 공공영역 내 합리적 소통으로 중심점 이행은 그 핵심 비판 대상이다. 한국철학사상연구회에서는 다음과 같은 불만들이 쏟아져 나왔다. 하버마스가 마르크스의 노동 개념을 잘못 독해했고, 노동·경제·계급 개념을 더 이상 다루지 않는 그의 "경제주의와의 급진적 단절은 곧 경제 자체에 대한 단절을 가져오고야 만다"(이국배, 1991: 93~94). 하버마스의 생활세계-체계 개념은 노동 문제를 사상시키는 "의미론적"인 것이고, 그래서 신사회운동론은 노동운동의 중요성을 포기한다는 지적(박정하, 1993), 또한 하버마스가 체계개념을 물화함으로써 "체계의 확장의 논리로의 종속은 피할 수 없는 삶의 조건이고, 그들의 행위의 합은 그들에게는 통제불가능한 어떠한 것으로 나타나는"(이홍균, 1997: 162) 등의 문제제기가 더해졌다.

반대로 포스트모던 옹호자 진영에서 하버마스는 아직도 근대성과 이성을 포기하지 못한 학자로 평가됐다. 그들에 따르면 하버마스의 푸코 비판은 피상적 이해에서 비롯되며, 이러한 오독의 원인은 보편성에 대한 무의미한 집착에서 온다. 나아가 푸코의 관점에서 보면 하버마스는 "생활세계를 지배, 권력, 폭력이 없는 특권적 지점"으로 설정하고 있다고 비판받아야 된다. 푸코의 관점에서 "생활세계는 권력으로부터 완전하게 해방될 수 없는 곳" (양운덕, 1996: 371)이고 그래서 하버마스의 전략은 근본적으로 잘못됐다. 반대로 이들 포스트모던 옹호자들은 "합리성의 한계를 돌파하려다 합리성 그 자체를 파괴시키고 마는 오류"를 저지르고 있다고 지적하는 하버마스의 상대주의 비판에 대해 오히려 포스트모더니즘이야말로 거대이론이 붕괴한 작금에 적절한 "변혁적 의미"(한상진·김성기, 1991: 297)를 제공한다고 반박했다. "이 안에는 유물변증법 같은 거대이론, 총체성, 일사불란한 단일전망, 프롤레타리아트 같은 통합주체는 없지만 그럼에도 자본권력 등 사회 안의 특권구조와 관료제의 침투에 대항하여 생활세계의 자율성, 차이의 놀이, 시민사회의 다양성, 평등, 참여, 분산, 연대 등을 관철해 가는 나름의 변혁에너지가 있"다는 것이다(298). 즉 포스트모더니즘은 "약한 마르크스주의"(이진우, 1993a: 9)로서 가능성을 지닌다.

다른 한편, 철학적 이론지향자들은 하버마스 이론이 가장 중요하게 해명돼야 할 지점들이 생략된 부족한 이론이라 폄훼했다. 예를 들어, "생활세계의 의사소통 구조가 사회 전체의 조정매체가 될 수 있는지 그 메커니즘에 대한 설명"이 없다거나(김창호, 1996: 198), 하버마스의 무비판적 "추종자"들이 중요한 이론적 문제들을 외면하고 있으며, 그 근본적 원인은 "하버마스의 우산은 너무 커서 너무 많은 사람들에게 비를 피할 공간을 제공"하고 있기 때문이라는 등(양운덕, 1996: 368), 이론적 '허점'에 대한 비판들이 하버마스 비판자들로부터 쏟아졌다. 푸코가 하버마스의 비판에 별다른 응답을 하지 않은 것도 "하버마스의 저작과 작업들 그리고 그의 비판들이 푸코에게는 논쟁을 할 만큼 그다지 매력적인 관심의 대상이 아니었"다는 데 "많은 평자들이 … 동의하고 있다"(이기현, 1997: 183)는 냉소의 뒤편에는 하버마스의 부상에 대한 불편한 심기가 숨어 있었다.

이러한 하버마스의 이론적 '엉성함'에 대한 비판이 오해와 불성실한 독해로부터 온다는 점을 굳이 지적하지 않더라도, 정반대 방향에서 하버마스의 이론이 지나치게 '현학적'이라는 비판 또한 거셌다는 점은 아이러니하다. 이러한 비판은 주로 이론적 논의의 무용성을 주장하고 변혁운동으로의 전환을 촉구하는 실천지향자들, 그리고 한국 상황의 경험적 중요성을 강조하고 독자적 이론을 강조하는 자생적 변혁론 정립론자들로부터 가해졌다. 우선 실천지향자들은 하버마스의 이론이 과도하게 유토피아적이고 '추상적'이라는 데 강한 불만을 가졌다. 하버마스의 이론은 지나치게 추상적이어서 현실세계의 다양한 과제들 앞에서 "어떻게 체제변동을 촉진시킬 수 있는가에 대해 말해주고 있지" 못하고, 다양한 시민단체들이 "'계몽을 위한 연대'를 형성할 수 있는지, 그리고 어떻게 이해관계의 공통된 기반을 형성할 수 있는지에 대해 말해주지 못한다"(이신행, 1997: 326). 그의 "'이상적 담화상황' … 은 정교화된 하나의 허구적인 관념에 불과"(김호기, 1993: 137)하며, "서구 자유주의 유산을 … 상대적으로 높게 평가하는 그의 태도"와 "현실주의적 방식"으로 볼 때, "하버마스의 '소통행위이론'은 해방적·정치적 유토피아를 실현해 가는 방식이 충분히 해방적이지 않다는 데에 그 한계가 있다" (서규환, 1991: 155)는 것이다. 특히 변혁지향적 학생들은 대학원 강의실과 세미나 모임에서 하버마스에게 "실천 프로젝트"가 부재하고, "그 프로젝트가 설정되었다 하더라도 구체적인 방법 등이 부족하다"는 데 많은 불만을 토로하고 있었다(송호근 외, 1996: 269~270). 하버마스 방한 기간에 열린 한국산

업사회학회 특별 집담회 "시민사회와 문화연구"에서는 하버마스의
"관념성과 비현실성"을 지적하고 "정치, 경제, 계급적 연관을 고려하
지 않는 점에서 현실 적합성이나 유용성이 모자"라다는 비판에 이어
그래서 하버마스가 "마르크스주의자가 아니다"라는 선언이 나왔다
(《한겨레》. 1996.5.14.).

이러한 비판에 대해 신진 하버마스 그룹도 가만히 있지는 않았다.
장춘익은 마르크스주의적 입장에서 전형적인 하버마스 비판 지점들
을 요약하고, 다음과 같이 반박했다.

> 첫째, 하버마스는 노동을 너무 수단적으로 이해하며 맑스의 노동개념
> 에 포함된 다른 측면을 보지 못하고 있다고 비판된다 … 그러나 하버
> 마스의 노동개념은 일차적으로 비판적 관점의 원천을 찾기 위하여 상
> 호행위와 구별되는 행위유형으로서 '분석적' 차원에서 구성된 것이다
> … 또 사회분화론을 받아들이는 그에게는 사회 전체를 노동과 같은 한
> 가지 범주로 파악하는 것이 불가능한 일로 여겨질 것이다. 그러므로
> 만일 누가 맑스의 노동개념이 갖는 종합성을 그에게 강조하면 하버마
> 스는 아마도 그것을 인정하더라도 그런 종합적인 개념이 더 분화되어
> 야만 쓸모있는 개념이 된다고 답변할 것이다.
> 둘째, 하버마스는 자본주의 경제가 후기자본주의 사회의 부정적 현상
> 들의 가장 중요한 발생처임을 말하면서도 문제의 근본적인 해결점을
> 회피한다고 비판된다 … [그러나—인용자] 이러한 경제체제의 실현을 위
> 하여 충분히 자세하고 신뢰할 수 있는 설계도를 제시할 수 없는 한, 체

계논리의 월권에 대한 생활세계의 저항이 문제의 근원을 해결하지 못하는 수동적인 대응이라는 비판은 오히려 근본주의적이라는 비판을 면할 수 없다.

셋째, 또 언급되어야 할 것은 하버마스의 사적 유물론의 재구성의 시도에 대한 비판이다. 전형적으로 그에게 가해지는 비판은 그가 생산관계를 의사소통 관계로 대치하였다는 비판이다. 이 비판도 거의 정당하지 못하다 … 그의 시도는 사적 유물론에 대한 분석적 차원에서의 고려, 사회형태의 발전을 생산력의 발전과 사회구성원의 상호관계를 규정하는 규범 발전의 두 가지 축에서 보아야 한다는 사회학, 역사학 등에서 제시되는 새로운 성과들, 규범수준의 발달이 뒤바뀔 수 없는 일정한 단계를 거친다는 심리학에서의 발견 그리고 마지막으로 그의 실천적 의도 등이 결합된 포괄적인 시도이다.

마지막으로 언급될 것은 그의 이론이 서구 자본주의의 성과에 지나치게 사로잡혀 있다는 비판이다 … 그러나 그가 서구 자본주의의 성과를 자랑스러워하는 것은 결코 아니다. 서구사회 이외의 모델을 제시하지 못하는 배후에는 오히려 독일 사회주의자들의 역사적 좌절의 경험이 깔려 있다 …. (장춘익, 1994b: 299~301)

이 논문에서 장춘익은 하버마스에 대해 제기된 모든 지점의 비판들을 일별해 조목조목 반박했다. 여기에서 주장의 내용보다 중요한 것은 우리가 이로부터 변혁주의 진영의 마르크스주의 신진 학자들이 얼마나 많은 불만을 가지고 있었는지를 역으로 알 수 있다는 점이다. 장춘익은 하버마스 네트워크 내부에서 거의 드물게 이러한 외부로부터 제기되는 하버마스에 대한 비판들을 적극적으로, '실명 인용'하며 (지금의 논쟁이 국내 학자들 사이에서 직접 이뤄진 것이 아니라 서구 학자들 사이 대리전으로 치뤄지고 있음을 반드시 눈여겨 두기 바란다) 비판했다. 그리고 이러한 적극적 옹호와 반박은 다시 점차 인기를 더해가고 있는 포스트모더니즘 진영의 세에 맞서 그들을 겨냥했다.

> 서구적 이성의 한계를 지적하면서 동양전통에서 대안을 모색하든지 또는 서구사상과 동양사상 사이의 상보적 관계를 제시하는 주장도 아직은 어설픈 변증법을 넘어서지 못한 것 같다. 데카르트와 헤겔에서 몇몇 구절 인용하여 서구이성의 일면성을 지적하고 동양사상의 몇몇 단면을 미화하여 대안적인 사고를 제시하려는 것은 지나친 단순화이다 … 서구문화 스스로 이런 반추적 사유를 하고 있다는 사실을 우리의 서구이성비판자들은 왜 외면하는가? … 권력의 횡포와 환경문제에 이르기까지 이성을 근현대사회의 모든 문제들의 배후에 있는 가장 근본적인 원인으로 보는 것은 곤란한 발상이다. 그것은 대부분 이성에 반하여, 드물게는 이성의 이름으로 폭력을 행사한 자들과 이성을 위하여 진지한 저항노력을 해온 사람들을 부당하게 공범자로 만드는 것이다 … [그러므로―인용자] 바로 구체적이면서 방향성 있는 실천을 모색하려는 이들에게 그래서 하버마스의 이론은 탈근대론보다 더 나은 선택인 것으로 보인다. (장춘익, 1996: 27)

"우리의 탈근대주의 수용의 문제점"이라는 소제목 하의 이 단락에서 장춘익은 포스트모더니즘 옹호자들은 물론, 서구사상에 반해 동양사상을 옹호해야 한다는 이들까지 싸잡아 비판했다. 여기에서 장춘익이 비판하는 것은 다름 아니라, 서구 이성주의 전통 이론에 대한 비판자들이 서구 이론(그리고 서구의 비판적 학자들이 수행했던 자기성찰과 갱신 노력)을 제대로 탐색하지 않고 피상적으로 이해했으며, 이를 쉽게 버리고 다른 '대안'을 찾으려 했다는 점이다. 그리고 그 밑에 깔린 의도는 자신을 포함해 신진 하버마스 연구자들은 반대로 진지하고 전문성 있는 탐색자들이라는 것이다.

이처럼 신진 하버마스 연구자 그룹 성원들은 특히 90년대 중반에 들면 더욱 적극적으로 포스트모더니즘의 문제점을 비판하는 데 많은 노력을 기울였다. 이는 정통 마르크스주의 옹호자들의 노력과는 달리 마르크스의 인기가 급격히 시들어 가는 가운데 나날이 인기를 더해가던 포스트모더니즘에 대한 비판이 하버마스 연구그룹에게 더 중요한 과제가 됐고, 이를 통해 자신들이 지지하는 하버마스의 입장을 더욱 부각시키려 했던 의도를 나타내는 것이다.

이러한 마르크스주의-포스트모더니즘 간 가로축에 이어 다시 이론적 완성도와 실천적 가능성 간 세로축에서도, 90년대 중반에 하버마스 연구자들은 양측의 비판자들에 맞서 더욱 적극적으로 하버마스의 가치를 옹호했다. 대표적으로 권용혁은 하버마스의 한국 적용 가능성을 중심으로 적극 변론한 인물인데, 그는 하버마스 방한 기간에만 시민사회론 관련 논문을 연달아 세 편 발표했다(1996a; 1996b;

1997). 그 핵심 내용은 다음과 같다.

> 우리의 경우에는 근대적인 국가가 형성되는 시기부터 부르주아지의 자
> 율성 확보와 시민사회의 세력화나 공공영역의 활성화가 성립될 수 없
> 었으며 따라서 시민사회의 이념이나 윤리적 규범을 독자적으로 발전시
> 키지 못했기 때문에, 현실적인 문제들에 대한 해결방안을 모색할 경우
> 에 서구와는 달리 근대적인 전통에 의거할 수가 없다 … 근대사에 있
> 어서 역사적 단절을 철저하게 경험한 우리의 경우는 기존의 도덕규범
> 들을 활성화하는 것보다 역사적 현상에 대한 근본적인 반성을 시도함
> 으로써 새로운 규범의 창출에 더 역점을 두어야 할 것이기 때문이다.
> 이런 점에서 의사소통의 윤리학의 전개방식에 주의를 기울일 필요가
> 있다. 그 이유는 그것은 언어적으로 상호주관적인 이해와 합의를 도출
> 할 수 있는 전제들을 제공함으로써 자율적인 주체들이 연대할 수 있는
> 기반을 지닐 수 있도록 한다는 점에서 그리고 그것이 시민사회의 비판
> 적 해방적 잠재력을 철학적으로 정당화하는 역할을 한다는 점에서 높
> 게 평가될 수 있기 때문이다. (권용혁, 1996a: 292)

여기에서 권용혁은 역사적 경험이 다르기 때문에 하버마스의 시
민사회론이 한국에 적용되기 어렵다는 전형적인 비판을 재반박하
고 있다. 그는 서구와 한국의 상황이 다르고, 그래서 하버마스 이론
이 직접 적용될 수 없다는 점을 인정한다(1996a: 293; 1996b: 371~372;
1997: 352~353). 그러나 이것이 하버마스 이론이 틀렸음을 말하는 것

은 아니다. 오히려 하버마스의 담화윤리학은 한국에서 막 일어나고 있는 신사회운동의 타당성을 이론적으로 잘 뒷받침해주고 있으며, 또한 비판자들의 불만과는 달리 "'새로운 사회운동'과 기존의 사회운동 사이의 각 운동 부문을 중심으로 한 가능한 동맹방식에 대한 그의 시도는 구체적으로 제시되고 있"으므로, 이 이론은 "전략적인 제휴의 방법까지 제시한 상당히 설득력 있는 작업"이다(1996a: 350). 따라서 우리는 우선 주어진 현재의 사회적 상황을 적극적으로 비판하고 이를 토대로 사회운동을 뒷받침해 줄 문화적 조건을 창출해 하버마스의 이론적 기획에 동참할 수 있다는 것이다. 이러한 주장은 결국 하버마스가 한국사회에서 변혁적 실천을 위해 높은 실용성을 가지며, 이는 그가 정교하고 완성도 높은 작업을 통해 보편적 수준의 이론을 달성했기 때문에 가능한 일이라는 의미를 담고 있다.*

---

* 또한 홍윤기는 하버마스의 저술 번역판 『새로운 불투명성』의 서평에서 하버마스를 "다량의 독서경험에서 오는 사고지평의 다양성, 그러면서도 자기를 매료시킨 그 이론들에 순순히 끌려들어가지 않는 대담하고도 모험적이면서도 명료하게 압축된 해석과 이론구상의 폭을 보여주는 근 100여 편의 논저"(홍윤기, 1996c: 338)의 저자임을 상기시킨 뒤, 세로축 선상의 완결성을 위에서 아래로 "정확한 철학 행위", "좁은 의미에서의 과학작업", 그리고 "정치저널적 사안들"의 세 차원으로 요약했다(같은 곳). 하버마스는 『의사소통행위이론』, 『사실성과 타당성』 등의 대표 핵심 저작에서 그린 거대한 틀을 『도덕의식과 소통적 행위』, 『탈형이상학적 사유』 등의 저술에서 매우 좁고 세밀한 주제들에 대해 깊숙이 심화시키고, 이를 토대로 『정치소론집』 시리즈로 표현되는 현실문제 개입으로까지 연결시킨, '이론과 실천' 사이를 이음새 없이 연결한 학자다(337~338). 결국 하버마스는 이론적 치밀성에서 타의 추종을 불허할 뿐 아니라, 한국에서 그의 실천적 함의가 부족하다 불평하는 경향은, "지금까지 한국에서 이루어진 하버마스 수용은 주로 그의 철학적 저작이나 과학작업의 결과물을 중심으로 이루어"진 탓이 크다. 그래서 그의 정치

지금까지 살펴본 것처럼, 이렇게 네 극단으로부터 중간 지점 좌표를 겨냥하면서 신진 하버마스 연구자들과 변혁주의 진영 사이에 형성된 의견 차이는 곧 하버마스가 그 한가운데에 위치지어졌다는 것, 그래서 그만큼 논쟁적 대상이 되어 있었음을 보여준다. 비판적 신진 학자들이 포스트마르크스주의와 포스트모던 이론으로 양분된 가운데, "대신에 체계의 보편성과 생활세계의 다양성을 조화시키고자 하는 하버마스의 입장이 부각되기 시작했다 … 1990년대는 하버마스가 한국 실천철학의 **중심부**에 들어왔다 해도 과언이 아니다"(김석수, 2008: 251; 강조는 인용자)는 한 언급은 바로 이 사실을 말해준다. 그리고 그 이유는 하버마스 본인이 전방위로 치열한 논쟁을 시도했기 때문에, 그리고 이를 활용한 신진 연구그룹이 하버마스에 대한 주목도를 크게 높였기 때문이다. 본래 하나였던 비주류 학술영역이 깨어지고 다양한 포스트 담론들이 난무하는 가운데 신진 하버마스 연구자 그룹의 상징투쟁(그리고 사회와철학연구회의 독립)이 성공적으로 이뤄지면서 기존의 변혁주의 진영은 거대한 비판적 독자층으로 남게 된 것이다. 특히 1988년 출범한 변혁주의 진영의 연합체 학술단체협의회의 양대 축, 철학계의 한국철학사상연구회와 사회과학계의 한국산업사회연구회가 바로 그 핵심 비판적 독자층이었다. 이밖에도 여타 비주류 학술영역 출신 신진 학자그룹들에서, 그리고 광범위한 출판시장

평론집들은 그가 "'실천연관성'을 충분히 포섭"(339)하고 있음을 잘 보여주며, 그러므로 우리는 더 많은 하버마스를 읽어야 한다고 강변된다.

에서 하버마스에 대한 비판적 독자층은 폭넓게 존재했다.

그 결과 90년대 초반 하버마스는 독자들에게 무엇이 그를 중요하게 만드는지 알고 싶어서, 그의 포스트모더니즘—포스트마르크스주의 비판으로부터 무엇인가 배우기 위해, 하버마스의 비판을 다시 비판하기 위해, 혹은 단순한 호기심 탓에 읽혔다. 따라서 홍영두나 이승환의 조롱과는 달리, 90년대 초반 하버마스의 인기를 견인한 핵심축은 마르크스주의적 관심하에 대안을 탐색하고 있었던 비주류 변혁주의 그룹이었고, 그들은 무조건적 동조자가 아닌 못마땅한 시선의 비판자들이었다. 그리고 이때의 역설은 이들이 하버마스를 비판하면 비판할수록 그가 더 중요한 인물이 되어갔다는 사실이다.

하버마스 방한 시기 주류 학자들의 합류와
네트워크의 완성

지금까지 본 것처럼 90년대 초반 하버마스에 대한 재주목은 이론적 중심축을 상실한 비주류 학술영역 출신 신진·주변부 학자들 사이에서, 신진 하버마스 연구자 그룹을 중심으로 하여 이뤄졌다. 그리고 이는 하버마스에 우호적인 소수의 인물들과 다수의 기존 변혁주의 그룹의 비판적 관심 사이의 긴장의 결과로 나타났다. 그런데 이것만으로는 방한 시기 하버마스 '신드롬'을 설명할 수 없다. 90년대 중반 고조된 하버마스에 대한 이례적 열기를 설명하기 위해서는 주변부 진앙지의 영향력이 중심부 주류 학자들에까지 연결된 과정을 이해해야 한다. 이 연결이 없었다면 하버마스의 인기는 작은 폭풍에 불과했을 것이다. 지금까지 언급한 두 그룹 외에 수요 주류 학자 인물들이 본격적으로 가세하고, 이들을 매개로 다수 제도권 학자들이 담론에 참여하면서 세 그룹을 중심으로 네트워크가 완성된 효과로 하버마스의 인기는 비로소 절정에 달했다.

먼저 이 과정은 다시금 학술영역의 재일원화 현상이라는 구조적 요인을 배경으로 한다. 우선 주류 학자들의 관점에서 학술운동 출신 신진 학자들의 급격한 성향 변화와 핵분열, 그리고 포스트 이론에 대한 왕성한 수용 경향은 결코 외면할 수 없는 현상이었다. 다름 아니라 이들이 결국에는 학술공간을 재생산할 후속세대였기 때문이다. 따라서 주류 기성 학자들은 자신들의 기존 관심분야를 이들에게 관철시키거나 적어도 공유하지 못할 경우에는 재생산 위기에 빠질 위험이 있었다. 그러나 이런 전략적 차원이 아니더라도, 기성 학자들은 신진 학자들이 주류 학술공간으로 적극적으로 '가지고 들어온' 문제의식들에 관심을 가지지 않을 수 없었고, 이에 어떤 방식으로건 대응해야 하는 터였다. 더 직접적으로 표현하면, 실질적인 장이 부재한 상황에서 주류 학자들은 학술적 담론의 내깃물을 스스로 설정할 능력이 없었고, 그래서 90년대 초반 인문사회과학 학술영역의 중요한 학술적 주제들을 자주 비주류 신진 학자들의 관심사로부터 빌어왔다. 신진 학자들의 입장에서도 학위 취득과 제도권으로의 진입을 위해서는 자신들의 관심을 직간접적으로 주류 제도권에 관철시킬 필요가 있었다. 비주류 학술영역이 와해될 위기의 당시 상황에서 변혁적 이해관심을 학술적으로 변형해 그것이 학술적으로 다뤄져야 할 중요성을 인정받는 것 외에 이들에게 딱히 가능한 선택지도 없었기 때문이다. 이로써 1990년대에는 인문사회과학 학술영역이 재일원화되는 가운데 기성 제도권 학자들과 변혁지향적 학술운동 영역 출신 신진 학자들 사이에는 불편하지만 거부할 수 없는 공생관계가 형성됐다. 신진 학자들은 마르크스주의 붕괴 이후 자신들이 택한 이론적 관심을 학술언어로 번역해서 주류 제도권에서 인정받아야 했고, 주류 학자들 또한 이들이 다루는 포스트마르크스주의 담론에 귀 기울일 수밖에 없었고, 때로는 자신들도 그 논의에 참여해야만 했던 것이다.

이러한 배경에서 90년대 초반 신진 학자들 사이에 하버마스가 첨예한 관심사로 떠오르면서 자연스럽게 주류 공간에서도 하버마스에 대한 주목도의 상승이 이뤄졌다. 젊은 학자들과 학생들은 지지하건 비판하건 너나없이 하버마스를 읽고 싶어 했고 대학 강의실, 대학원 세미나, 학술 학회에서 하버마스는 늘 논쟁적인 중심 주제로 다뤄졌다. 이때, 이러한 분위기에 민감하게 반응한 일부 주류 학자들이 있었다. 그중에서도 핵심 인물은 지금부터 살펴볼 윤평중, 한상진 그리고 이진우였다. 이들은 이 흐름에 동참하는 것을 넘어 더 활성화시키는 다양한 실천을 벌이고, 이를 통해 자신들의 학술영역이라는 상징 공간 내 지위를 상승시키고자 했다. 앞으로 살펴볼 이들의 합류는 다음 세 가지 사항으로 특징지어진다.

첫째, 이들의 실천 성향은 기본적으로 주류 학자들의 습성인 딜레탕티즘이었다. 다른 점이 있다면 기성 제도권에서 딜레탕티즘의 준거점, 중요성에 대한 판단의 기준이 통상 서구의 학술장에 있었던 반면, 이 학자들의 준거점은 서구와 학술운동 출신 신진 학자군에게 동시에 걸쳐 있었다는 점이다. 둘째, 이는 내용상 변혁주의의 일부 도입으로 나타났다. 세 사람은 '포스트 담론'을 다루면서 자연스럽게 신진학자들의 학술적 도구주의 또한 상당 부분 수용하고, 이를 자신의 학술적 재현에 적극 반영했다. 비록 수사에 그치는 경우가 많았지만, 제도권에 속하면서도 기성 학자들과 확실히 구별되는 이 재현은 상징자본을 단기간 빠르게 축적하는 데 유리했다.

마지막으로 이러한 자리매김은 이들의 제도권 학술영역에서의 '중심부 내 주변부' 위치로부터 기인하는 것이다. 세 학자는 비록 해외 유학을 거쳐 귀국 후 일찌감치 안정적으로 교수직을 얻어 제도권에 안착했음에도 각자 다른 이유로 '중심부의 중심부'에 들지는 못했다. 그래서 이들의 독특한 딜레탕티즘은 그들의 이중적 장 내 위치의 산물이면서도 동시에 이를 활용하고 나아가 극복하기 위한 전략적 차원에서 실행되었다. 막 제도권에 진입하고 있는 신진 학자들이 각종 포스트 담론에 참여하고 기대에 부응하면서 이로부터 제도권 상징 공간 내 지위를 안정적으로 재생산하고, 나아가 상승시킬 수 있었기 때문이다.

나는 지금부터 세 명의 주류 학자의 행적을 통해 위의 세 가지 사항을 중심으로 한 딜레탕티즘 성향이 이들로 하여금 90년대 중반 하버마스 담론에 적극 개입하게 만들었음을 보여주려고 한다. 부르디외가 『호모 아카데미쿠스』와 『예술의 규칙』, 『재생산』 등의 저작에서 했던 것처럼, (사실 모든 학술적 습속과 아비투스가 그렇지만) 특히 딜레탕티즘 성향은 학자들의 '넓고 얕은' 관심의 변화, 즉 그의 학술적 궤적의 추적을 통해서 가장 명료하게 드러나기 때문이다. 아래에서는 주요 학자들의 1980년대 말~1990년대 초중반까지 연구 관심의 변화 과정에 대한 분석을 수행할 텐데, 이들의 성향이 진정 딜레탕티즘이었음은 결국 다음 제5부 1990년대 후반~2000년대 초반의 행적 추적을 통해 분명히 드러나게 될 것이다. 여기에서는 우선 이들이 하버마스로부터 출발해 기회의 공간을 부유하다가 다시 하버마스로 모여드는 과정을 집중적으로 살펴보려고 한다.

윤평중의 합류: '생산적 비판자'

국내 하버마스의 수용 과정에서 윤평중이 1990년에 발간한 『푸코와 하버마스를 넘어서』는 중요한 분수령을 이룬다. 윤평중은 고려대학교 철학과를 졸업하고 일찌감치 미국으로 유학을 떠났다. 그는 1988년 미국 서던 일리노이 대학교(Southern Illinois University) 철학과에서 하버마스와 푸코에 관한 연구로 박사학위를 받고 귀국해 1989년 한신대학교 철학과에 교수직을 얻었다. 윤평중의 박사학위 논문 "Rationality and Social Criticism: Habermas, Foucault and

Beyond"는 매우 도전적인 것이었는데, 왜냐하면 이 연구가 당시 국내는 물론 해외에서도 흔치 않은 하버마스와 푸코의 비교를 다뤘을 뿐 아니라 그들을 '넘어서는' 것을 표방했기 때문이다.

윤평중은 미국에서 정립한 자신의 문제 설정이 중요하다는 확신이 있었던 듯하다. 80년대 말 그는 미국산 '최신' 문제의식을 담은 일련의 연구물들, 특히 비판이론과 하버마스 관련 글들을 발표했다 (1988; 1989a, 1989b). 하지만 박사학위 논문의 한국어판 『푸코와 하버마스를 넘어서』 출간이야말로 중요한 계기가 된다. 이전까지 그는 주류 제도권–비주류 학술운동 영역 어느 곳에서도 성공적으로 반응점을 얻지 못했는데(이때까지 그는 다른 학자에 의해 인용되거나, 기획 연구모음집에 초대되거나, 언론에 등장하는 일 같은 국내에서 주목받는 활동에 등장하지 않는다), 불과 몇 년 지나지 않아 이 책이 학계의 비상한 관심을 불러일으켰다.* 이는 바로 그 몇 년 사이에 학술공간의 상황이 국내외 정세변화와 맞물려 돌변했기 때문이었다. 『푸코와 하버마스를 넘어서』는 이러한 상황의 변화에 힘입어 베스트셀러 반열에 올랐다.

그런데 이때까지만 해도 윤평중은 가능성의 공간이 하버마스보다는 포스트모더니즘과 포스트마르크스주의 사이 어딘가에 있다고 판

---

* 이후 1999년 홍윤기는 윤평중과 철학의 방향성을 두고 논쟁을 벌인 바 있는데, 이 과정에서 이 책이 1990년 출간 "보름 만에 8쇄까지 찍"은 "마케팅 면에서 상당한 성공작"(윤평중, 2001: 152~153)이라며 학술적 엄밀성이 떨어짐에도 '대중적'으로 성공한 것임을 냉소했다. 여기에 대해 윤평중은 8쇄를 찍기까지 8년이 걸렸다고 응수했다(184). 어쨌건 이 책이 학술서적으로 이례적 성공을 거둔 것만큼은 분명하다.

단했던 듯하다. 이는 위에서 본 것처럼 90년대 초반 마르크스주의의 붕괴와 함께 가장 먼저, 그리고 가장 강력한 지지를 받은 것이 두 진영이었기 때문일 것이다. 윤평중은 1991~1992년 사이 포스트모더니즘(1990; 1992a; 1992b; 1993a)과 포스트마르크스주의(1991; 1992c) 관련 연구물과 저서를(1992d; 1992e) 연달아 발표하며 90년대 초반의 분위기에 호응했다. 예를 들어, 이 시점의 논의 중 하나인 "하버마스와 탈현대 논쟁의 철학적 조망"(1992b)에서 윤평중은 표면상 하버마스와 포스트모더니즘의 상호 생산적·보완적 결합의 필요성을 천명하고 있지만(217~218), 사실상 그의 지지는 후자를 향해 있다. 그는 하버마스가 리오타르의 탈현대 개념을 도피적이라 비판하는 것에 대해 그 비판이 "정확한 지점이 아니"며, "사실은 현대성에 대한 성찰을 최대한 급진화시키려는 리요타[리오타르를 뜻함―인용자]의 방법론적 전략을 불필하게 과장한 결과"(213)라 반박한다. 특히 푸코에 대해서 윤평중은 그의 사회변혁적 측면을 강조하면서, "현대성의 철저한 해부와 계몽적 이성에 대한 극단적 비판으로 상징되는 푸코와 후기구조주의자들의 작업이 현대성의 이념을 전적으로 방기하는 것이라는 하버마스의 주장은 지지받을 수 없다는 사실이 분명"(216~217)하다는 것을 반복해서 주장했다.

그런데 윤평중은 1993년을 기점으로 하버마스 중심 연구자로 자신을 자리매김하는 방향으로 선회한다. 정확히 이때부터 방한 기간까지 하버마스에 방점을 둔 다수의 연구가 발표됐음은 이 시점이 전환점이었음을 보여준다(1993a; 1994; 1995; 1996a; 1996b; 1996c;

1996d).[18] 1993년은 중요한 해인데, 왜냐하면 이해가 국내에서 하버마스에 대한 주목도가 급격히 올라간 시점으로 볼 수 있기 때문이다. 앞선 분석에서 신진 하버마스 연구자 그룹과 변혁주의 진영 사이에 논쟁이 가열되기 시작한 것이 이때였고, 윤평중의 전환도 이해에 이뤄졌으며, 뒤이어 살펴볼 한상진과 이진우에게도 1993년은 분명한 전환점을 이뤘다. 《교수신문》이 교수 설문을 통해 뽑은 가장 영향력 있는 생존 학자 1위를 하버마스가 차지한 사건이 1994년 1월의 일인 것으로(1994.1.12.) 미루어 보아, 그 직전인 1993년은 분명히 학자들의 이목이 하버마스에게 완연히 쏠리기 시작한 중요한 해라 할 수 있다. 윤평중은 바로 이 해를 기점으로 당분간 하버마스로 급격히 기울어졌다.

이때부터 윤평중이 취하게 된 전략은 하버마스와 포스트모더니즘의 보완적 결합자로서 자리매김이다. 그는 하버마스를 논할 때에는 그 한계를 포스트모더니즘의 함의를 통해 극복할 수 있고 반대의 경우에는 하버마스가 탈근대주의 이론의 부족분을 채워준다는 논의를 반복 생산했다. 1993년 논문 「형식주의적 실천철학의 의미와 한계: 칸트와 하버마스」는 윤평중의 이러한 전략의 선상에서 하버마스 전문가로 전환이 이뤄진 미묘한 변화를 잘 보여준다. 여기에서 그는 칸트를 계승한 하버마스의 형식화용론 기획의 함의를 철학사적으로 성실히 추적했다. 물론 결론은 하버마스의 형식주의 기획이 "질료", 즉 풍부한 질적 '내용'에 대한 감각의 부재라는 문제를 가지므로, 이 부분에 관한 감각이 충만한 포스트모더니즘을 통한 보완이 필요하다는 것이긴 하지만, 분명히 그는 "담화 윤리학의 입론은 칸트와 헤겔의 대립구도를 나름대로 해소시킬려고 노력"하면서 "이성주의적 실천철학의 새로운 지평을 연 시도"(1993a: 43)임을 긍정적으로 평가했다. 앞선 1992년의 글이 포스트모더니즘 중심이었다면, 1993년 글의 중점은 분명 하버마스의 기획에 대한 집중 분석이다. 이는 내용은 비판적이지만 논의 자체는 하버마스를 주제로 하는 이중 전략이 선택된 것임을 보여준다. 이러한 태도의 변화는 1996년의 논문 「담화이론의 사회철학」에서 더 강화됐다. 여기에서 다시 그는 기존의 입장을 반복하면서 하버마스의 형식화용론 기획이 토대한 반(反)사실적, 이상화된 담화상황 상태의 설정이 가진 문제를 "의도적으로 빠뜨린 질료적 내용, 즉 이러한 이념적 지표를 역사 현실과 어떻게 매개시킬 것인가 하는"(1996a: 270~271) 문제로 규정하고, 이것이 자신이 "유물론적 담화이론"이라 명명한 알튀세르 · 푸코 · 데리다에 의해 보완되어야 함을 주장했다(272~280).

이러한 '중점적 비판'의 전략은 그가 대립된 양 진영의 논의 모두에 박식한 학자이자 양자의 생산적 결합을 추구하는 도전적 학자라는 인상을 심어주기에 충분했지만, 이 약속을 실제 결과물로 보여주지 못한다면 자칫 양시론이나 양비론, 혹은 위험한 줄타기로 전락할 위험이 있었다. 그 결과는 앞으로 가려질 것이고, 여기에서는 우선 현 시점에서 윤평중의 논조 변화가 노리는 바가 무엇이었는지가 중요하다.

90년대 중반 그는 중점적 비판의 논의 전략을 유지하는 가운데 연구 주제와 대상의 측면에서는 분명히 하버마스에 집중되어 있는 글들을 발표함으로써 하버마스의 '생산적 비판자'로서 자신의 위치를 만들어 갔다. 결국 윤평중이 주목받은 중요한 이유는 그가 하버마스와 함께 포스트모더니즘, 특히 미셸 푸코를 중심 탐구 대상으로 설정했다는 점, 심지어 그들을 '넘어서는 것'을 표방했다는 점에 있었다. 이는 90년대 초반 비주류 신진 학자그룹이 크게 마르크스주의를 옹호하는 진영과 포스트모던에 주목하는 진영으로 나누어져 있는 상황에서 양자 모두의 이해관심을 절묘하게 자극한 것이었다. 그리고 동시에 90년대 초반 양 진영에서 다른 많은 모든 인물들 중에서도 유독 하버마스와 푸코를 대표주자로 주목받게 하는 데 중요하게 기여했다. 이처럼 이들을 넘어서겠다는 저자의 선언은 이론의 수용에 급급한 국내 학술영역 성원들에게 자극제가 됐다. 하버마스의 '과도한 낙관주의'와 푸코의 '과도한 비관주의' 모두를 비판하고, '담론' 개념을 중심으로 양자를 종합할 때 한국사회에 적합한 변혁적 이론이 될 수 있다는 그의 약속은 변혁지향적 학생들의 관심을 끌기에 충분했을 것이다.

실제로 『푸코와 하버마스를 넘어서』의 출간 이후, 윤평중은 다양한 연구논문집에 초대되고 언론에도 정기적으로 등장한다.[19] 그리고 이때 그가 소개·약력란에서 『푸코와 하버마스를 넘어서』의 저자이자 하버마스-푸코 전문가로서 호명되기 시작함은 이 책의 영향력을 잘 보여준다. 이로써 윤평중은 네트워크에서 주요 인물로 부각됐다. 이는 그가 최신 이론을 수용해 자원으로 삼고 이를 통해 중심부의 주변부 위치에서 신진 학자-학생-출판시장-언론에서의 주목을 통해 보다 중심부 위치를 차지하고자 하는 개인적 목표를 가지고 있었으며, 그 목표가 일정 부분 성공적으로 성취된 것이라는 추론을 가능하게 한다.

한상진의 합류: '연결의 정치'

이러한 윤평중의 행보는 아마도 하버마스 네트워크에서 가장 중심 인물이 될 중요한 학자를 알게 모르게 자극했던 것 같다. 그는 바로 서울대학교 사회학과의 한상진이다. 한상진이 하버마스 담론에 뛰어들면서 90년대 중반 하버마스 네트워크는 비로소 완성될 수 있었고, 또한 이를 통해 한상진 자신이 단숨에 국내 인문사회 학술 영역에서 핵심 인물로 부상한다.

흥미로운 점은 위에서 윤평중의 관점을 거의 정확하게 미리 구현했던 사람이 바로 그였다는 점이다. 윤평중의 특징, 그러니까 미국적 요소가 도입된 하버마스 해석은 거진 10년 전에 한상진에 의해 먼저 수행됐다. 윤평중은 독일 철학 중심의 다른 하버마스 연구자들과 달리 포퍼-쿤의 과학철학에서 온 입증과 반증 문제라는 영미권 메타철학적 요소를 자신의 연구에 도입해 차별화했는데(윤평중, 1997: 57~94), 이는 바로 한상진이 일찍이 먼저 수행했던 것이다.

한상진은 1979년 윤평중과 같은 학교인 미국 서던 일리노이 대학의 사회학과에서 박사학위를 받았는데, 그 주제는 다름 아닌 메타이론 관점에서 하버마스와 푸코를 비교하고 '담론'을 키워드로 양자를 결합하려는 것으로, 윤평중의 것과 거의 정확히 중첩된다.[20] 이후 한상진은 빌레펠트 대학교 박사 후 과정을 거쳐 1981년 귀국해 서울대학교 사회학과 교수직을 얻었다. 그러나 그는 80년대를 박사학위 논문 주제와 멀리하며 보냈다. 이 기간 그가 진력한 것은 권위주의 관료제론으로, 70년대 말 국내 일각의 비판적 사회과학계에서 중요하게 다뤄지던 것이었다. 이러한 그의 선택은 기본적으로 변혁주의와 학술적 도구주의에 공감하는 개인적 지향, 그리고 석사/박사 후 과정의 영향이기도 하지만, 또한 그의 중심부 내 주변부 위치, 그리고 딜레탕티즘과도 연결되어 있다.

한상진은 서울대학교—미국유학—서울대학교 교수라는 중심부 엘리트의 경로를 밟아왔지만, 한국에서 그에게 정당한 보상은 주어지지 않았다. 오히려 한상진의 하버마스 전공이라는 배경은 그를 중심부 내 주변부적 위치에 머무르게 했는데, 80년대까지 언어적 전회 이후의 하버마스 이론에 대한 연구는 비판이론에 관심을 가진 사람들 사이에서도 관심 밖의 영역이었기 때문이다. 주류 학계에서는 하버마스를 서구의 인기 학자 중 하나 정도로 여겼던 반면, 당시의 학생들은 하버마스의 '개량주의적' 성향을 좋아하지 않고 독재 정부를 무너뜨릴 보다 변혁적·실천지향적 이론을 원했다. 이러한 간극 사이의 자리잡기로서 권위주의 관료제론 연구로 채워진 그의 80년대 지적 궤적은 개인적 성향과 시대적 상황, 그리고 제대로 위치지어지지 못한 학술영역의 상황의 복합적 결과물이었다.*

　이러한 한상진의 선택은 단기적이고 지엽적이지만 일정한 소득으로 돌아왔다. 대학원생을 포함해 변혁지향적 학술운동 영역 참여자 학생들 중 다수가 "대화가 되는" 한상진의 주변으로 모여들어 둥지를 틀었고, 학부 수업이 이뤄지는 "대형 강의실에 학생들이 꽉" 들어찼다(한상진 외, 2018: 58, 73, 76~77, 104). 그러나 80년대 중후반에 들면 변혁주의 학술운동 진영에서 정통 마르크스주의의 심화 현상이 나타나면서 권위주의 관료제론이 학생들로부터 외면받기 시작하고, 급진화된 학생들과 한상진 사이에는 불화도 생겼다(73).

　다른 한편, 학내 교수 사회와 학계에서도 그의 자리는 협소했다. 교내에서는 "교수진 내에서 … 입지가 좁고 갑갑했던 경험"(104)과 "약간 왕따 분위기"(71),** 변혁주의적 신진 학자들과의 학술행사에서는 "그쪽 편 사람들이 쫙 와 있"는 속에 "혼자", "열심히 논쟁"해야

---

* 이와 관련해 한 언론과의 인터뷰에서 한상진은 "애당초 … 문제의식은 비판이론의 재구성 문제"였으나, "이같은 근원적 문제의식은 깊숙이 간직한 채 시대요구에 관심을" 돌릴 수밖에 없었는데, "당시 우리 현실이 너무 암울해 다소 추상적인 언술변증의 방법을 얘기하기에는 너무나 부담스러웠기 때문"(《문화일보》. 1993.6.16. "한국의 학맥, 학풍, 학파")이라 술회했다. 이는 우리의 관점에서 그의 애초 기획이 국내에서 반응을 얻을 조건에 있지 않았다는 점을, 그래서 그의 관심사의 이동은 새로운 반응을 찾아 나선 것이었음을 암시한다.

** 여기에서의 '입지'와 '왕따분위기'는 한상진과의 대담에서 그의 제자들이 당시의 상황을 질문하며 표현한 것이다. 한상진 또한 이러한 분위기를 다음과 같이 회고했다. "학과의 주류 계보도 아니고 유일한 호남 출신이었고, 반골기질도 좀 있으니 … 학과의 주류 교수들은 나를 별로 환영하지 않았어요. 그래서 '아, 여기는 어렵구나', 그렇게 생각하게 되었습니다"(같은 글, 74).

하는 상황, 주류 학계 선배들과의 대화에서는 "논쟁을 환영하지" 않는 분위기에 대한 언급(83)은 그의 중심부 내 주변부적 위치를 말해준다. 여기에서 말하는 주변부란 단지 소외됐다는 것이 아니라 그가 활동하기 위한 담론의 공간이 부재했고, 학술적 대화의 상대가 없었으며, 그래서 제도자본에 비해 상징자본(동료 학자들 사이에서 명성과 인정)이 현저히 적었다는 점을 뜻한다. 즉 장이 부재한 국내의 상황에서 한상진은 제도권 내에서 다른 학자들과 학술적 소통에 계속 실패했고, 이는 그가 상대적으로 담론의 공간이 잘 형성되어 있는 기회의 공간, 즉 막 제도권으로 진입해 들어오는 신진 학자그룹의 관심사인 마르크스주의 이후의 대안 담론에 눈을 돌리도록 했을 것이다. 이 과정에서 자신과 동일한 주제를 다뤄 주목받은 윤평중의 존재는 분명 그에게 자극제가 됐을 것이라 추정할 수 있다.

90년대에 들면 한상진은 새로 형성된 신진 학자 중심의 논의 공간에 본격 참여한다. 그런데 이때 그는 우선 권위적 관료제론(그리고 다음 장에서 다시 논의될 한상진 개인의 '중민이론' 기획)을 중단하고 포스트모던-포스트마르크스주의 이론의 소개에 나서고(1991a), 사회구성체 논쟁에도 개입했다(1991b; 1996).[21] 즉 그의 두 번째 관심 전환의 대상은 포스트모더니즘과 포스트마르크스주의 사이 어디쯤에(특히 푸코에) 있었고, 이는 정확히 윤평중과 동일한 선택이었다. 이는 90년대 초반 가장 먼저 주목받았던 인물이 푸코였다는 사실과 떼어 놓고 생각하기 어렵다. 푸코 번역자 오생근과 함께 논문모음집 『미셸푸코론: 인간과학의 새로운 지평을 위하여』(1990)를 출간해 "출판계의 '푸코

현상'을 상징적으로 보여주는"(허경, 2010b: 452) 사건으로 주목을 받은 일은 이를 잘 보여준다. 이 책에서 한상진은 다음과 같이 말한다.

> … 그러나 우리의 유동적인 현실을 고려할 때 푸코에의 관심은 상당히 고무적이고 시사적인 것처럼 보인다. 왜냐하면 권력이 벌거벗은 폭력으로 행사되는 시기로부터 정당성과 합법성의 외양을 갖춘 권력의 형태로 이전해 갈 때 푸코가 제안했던 '권력의 미시물리학'은 보다 적실성을 갖는 것처럼 보이기 때문이다. 우리가 현재 이런 전환기에 있다면 지식의 지형, 이데올로기의 지형에서 행사되는 선택과 배제의 권력효과에 대해 어느 때보다 날카롭고 심층적인 인식을 가질 것이 요구된다. (한상진 · 오생근 편, 1990: 5~6)

여기에서 한상진은 한국에서 일고 있는 푸코 '붐'에 응답해 한국사회가 푸코가 말하는 "정당성과 합법성의 외양을 갖춘" 발전 사회에서 나타나는 "권력의 미시물리학"의 대상으로 해석될 수 있다고 제안하고 있다. 푸코가 90년대 한국 사회를 잘 설명해 주는 좋은 자원이 되리라는 것이다.

그러나 그가 비록 박사논문에서 푸코를 함께 다루기는 했지만 그의 주 전공은 엄연히 비판이론이었다. 위에서 언급한 1993년의 인터뷰에서 한상진은 91년 콜럼비아 대학에서의 "연구여행"을 통해 이제 자신의 박사학위 논문에서 다룬 "언술변증으로의 복귀"를 계획하고 있고, "아직 윤곽을 그리는 단계"인 이 기획이 향후 "합리주의 계열의 하버마스나 탈합리주의 계열의 리요타르, 데리다 등이 추구하는 길이 서로 다르지 않다는 것을 밝히려는 것"이라 언급한다(《문화일보》, 1993.6.16. "한국의 학맥, 학풍, 학파"). 포스트모더니즘과 하버마스 비판이론의 생산적 결합 기획을 재개하겠다는 것인데, 이러한 박사학위 논문 주제의 재가동 기획이 얼마만큼 개인적 소신이고 얼마만큼 점차 하버마스-푸코로 모아지던 분위기를 반영한 것인지는 알 수 없지만, 분명한 것은 인터뷰가 이뤄진 1993년의 시점에서 한상진이 하버마스로의 복귀를 기획하고 있었다는 점이다. 그리고 이때는 점차 학술영역에서 하버마스에 대한 주목도 상승 현상이 나타나기 시작한 바로 그해였다. 이는 그가 한 켠에 접어두었던, 그러나 다시 꺼내보고자 했던 하버마스 탐색을 위한 조건이 비로소 조성됐음을 뜻하는 것이었다. 이제 그는 자신의 중심 전공인 하버마스야말로 중요한 상징투쟁의 수단이 될 수 있음을 확신하고 가장 적극적인 수용자 역할을 자임하게 된다.

이때 한상진의 하버마스로의 복귀의 변(辯)은 다음과 같은 것이었다. 그는 우선 70~80년대 군사독재 시기를 '관료적 권위주의'체제로 명명하고, 이 체제가 심각한 인권의 억압이 있었지만, "경제적 성취의 면에서 성공적인 사례"(한상진, 1996: 479)인 점을 분명히 인정해야 한다고 지적한다. 반대로, 한국사회의 민주적 변화는 주로 '학생운동' 세력에 의해 성취됐다. 그러나 이들은 머지않아 마르크스주의에 대한 맹신을 토대로 자신들이 사회적 "표면을 깊숙이 관통하여 사물의 본질을 과학적으로 파악하고 있다는" 확신과 "움직이는 현실과 접촉하면서 검증을 통해 사물을 유연하게 파악하기보다는 개념의 회로 안에 닫혀진 강한 확신을 신봉"(477)하는 태도를 보이며 "기존 체제의 개혁보다는 대체를 지향하는 행동주의와 이념의 급진화 현상"(476)으로 기울었다. 결국 이들은 스스로 국민적 공감으로부터 멀어지는 패착을 두었다. 결과적으로, 독재적 회귀와 급진적 변혁운동 사이에 제3지대로서 '시민사회'의 활성화가 요구되고 있으며, 이것이 하버마스가 주는 함의다(461).

> 시민사회의 '응축과 폭발'의 테마가 암시하듯이, 전환기적 상황에서 범시민적, 범민족적 연대의 실현은 진정 감동적인 것이지만, 이것을 지속하는 것은 어렵다는 점이 한국의 경험에서도 확인되었다. 반대로 자본주의적 산업화와 국제화가 현저해지는 상황에서는 시민적 연대가 위축되거나 무력화될 가능성이 더 크다. 한국의 경험에서 얻는 일반적인 교훈의 하나는 따라서 이론과 실천의 면에서 이러한 위험에 대처하는 문제를 사회과학자들이 심각히 토론해야 한다는 것이다. 결론적으로 우리는 시민사회의 기초로서 자유롭고 개방적인 공론의 장으로 되돌아온다. 사회적 합의는 이제 더 이상 관료제적으로 조정되거나 큰 목소리를 내는 사회운동으로 대변될 수는 없다. 반대로 진정한 의미의 언술적 민주주의(discursive democracy)가 요구된다. (한상진, 1996: 480~481)

요컨대, 그의 하버마스로의 복귀의 가장 중요한 이유는 경제성장을 성과로 내세우는 보수적 기득권자들과 현실감각을 상실한 급진적 학생운동 출신 변혁주의 진영 사이에 시민사회라는 제3지대의 정립이 필요하고, 하버마스가 그 이론적 자원을 제공해 주고 있기 때문이다. 여기에서 사실상 한상진의 진정한 비판 대상은 후자의 변혁주의 신진 학자들, 그중에서도 마르크스의 옹호자들이다. 90년대 초반 변혁주의 신진 학자 진영에서 벌어진 논쟁에서 관심은 누가 더 급진적 사회변혁에 용이한지를 정하고, 이를 통해 이전의 변혁적 실천을 이어가는 것에 있었다. 한상진은 이러한 생각은 어리석은 것이며* 지금 필요한 것은 건강한 시민사회 공론장의 형성이고, 그 중심역할을 학술영역에서 "사회과학자들의 토론"이 수행해야 한다며 대립각을 세웠다. 결국 운동이 아닌 학술적 논의가 중요하다는 셈인데, 이러한 주장은 한때 동반자 관계를 형성했던 학생그룹과의 분명

---

* 실제로 한상진은 변혁주의 그룹의 경향을 다음과 같이 거칠게 비판했다. "80년대에 본격화된 사상투쟁의 부작용은 꽤 컸다. … 그 특징을 정리하자면, 첫째, 맑스주의 가운데서도 인본주의적, 사회비판적, 사회민주주의적 입장을 비판하면서 맑스-레닌의 정통이론으로 복귀하려는 경향이 현저했다. 둘째, 반제국주의 노선이 강력히 대두했으며, 미국을 반제투쟁의 대상으로 설정하는 급격한 변화가 일어났다. 셋째, 혁명의 주체는 노동계급이고 학생은 그 전위세력이며 농민, 도시빈민, 중산층, 진보적 지식인 등을 보조세력으로 파악하는 시각이 널리 유포되었다. 넷째, 혁명에 대한 관심이 고조되면서 전술과 전략의 문제가 중요해졌다. 다섯째, 극좌경향도 가시화되었다. 여기서 극좌노선이란 북한의 혁명전략을 수용하여 반미, 반제노선에 입각, 프롤레타리아 헤게모니 하에 남한을 해방해야 한다는 입장을 뜻한다. 개혁의 가치를 평가절하하고 혁명의 가치를 앞세우는 이러한 경향은 정치적 민주화와 더불어 체제개혁에 기대를 걸게 된 중간층 및 국민대중의 정서와 괴리된 것이었음이 분명하다 … 이것은 정부에게 보수세력을 규합할 수 있는 좋은 명분과 기회를 제공했으며, 학생운동과 민중운동은 결국 대중성을 상실한 채 갈수록 사회적으로 고립되는 곤경을 맞게 되었다"(한상진, 1996: 478).

한 결별을 뜻하는 것이었다.

일견 명료하고 시의적절해 보이는 이러한 주장과 결별은, 그러나 그의 딜레탕티즘적 성향의 표출에 가깝다. 왜냐하면 그가 하버마스로 복귀한 이유로 제시한 근거가 '사회 흐름의 변화' 외에는 없었고, 이는 상황의 변화가 새로운 이론으로 이행을 정당화한다는 논리를 깔고 있기 때문이다. 또한 권위적 관료제론으로부터 시민사회론으로 전환의 필요성이 설명되고 있지만, 여기에서는 바로 근 몇 년 전에 자신이 몰두한 포스트모더니즘은 어느새 별다른 논의도 없이 지워져 있다. 위에서 본 것처럼 그는 90년대 초반 가장 먼저 포스트모더니즘의 '변혁적 잠재력', 그리고 푸코 이론의 한국 사회 설명력을 적극 옹호했었는데도 말이다.

마지막으로, 이러한 하버마스로의 복귀 선언에서 그의 시민사회론과 자신이 일찍이 추구했던 '언술검증' 개념이 어떻게 연결되는지에 대한 연결고리가 빠져 있다. 본래 한상진의 프로젝트는 화용론을 통한 '검증' 문제를 다루는 매우 추상적인 메타이론 영역의 것이었는데, 현 시점에서 하버마스의 논의는 현실 정치에 밀착된 매우 경험적·정치적 차원의 것이다. 물론 하버마스 이론 체계에서 양자는 연결되어 있지만, 이를 설명하는 매개 논리가 생략된 채로 이뤄진 한상진의 변화된 접근에서 전후의 편차는 매우 크다. 결국 위 글에서 '하버마스'라는 것 외에 '복귀'라는 용어가 사용될 근거가 분명하지 않고, 이는 이 복귀가 시류에 대한 반응에 가까운 것임을 보여준다.

어쨌건 한상진은 93년을 기점으로 하버마스로 귀환을 시작했고,

이 시점에서 이후 발표될 하버마스 관련 몇몇 논문들을 준비하면서 마침 94년부터 서울대학교에서 추진된 하버마스 방한 행사의 책임자를 맡게 된다. 그가 방한 행사를 통해 분과를 뛰어 넘고 주류 기성 학자들과 주변부 신진 학자들을 규합하는 프로젝트를 가동함으로써 이제 하버마스 네트워크는 정점으로 이어지게 된다. 한상진의 네트워킹이 어떻게 구체적으로 실행되었는지 살펴보기 전에, 우선 그가 다양한 학문 분과를 연결하고, 학계 제도권과 비주류 신진 학자들을 연결하고, '통일'을 열쇳말로 학계와 언론 · 정치계에까지 논의 망의 외연을 넓히려 했다는 사실에 대해 짚고 넘어가기로 하자. 이처럼 폭넓은 범위를 포괄하는 방한 행사는 국내에서 하버마스와 관련된 모든 이들이 총 집합하는 종합판이라는 의미가 있지만, 범위가 넓어지면서 논의의 공동지대 형성이 어려워지고 자칫 유통되는 논의가 지나치게 많은 분야를 포괄하는 딜레탕티즘의 경향이 될 위험성이 있었다.

하지만 이전까지 조각나 있던 관련 주체들이 모두 연결될 수 있었다는 점은 분명한 의미가 있다. 이러한 딜레탕티즘의 일환으로서 한상진의 전략을 한마디로 '연결의 정치'라 부를 수 있다. 즉 그의 단기적 전략은 자신이 이론적 탐색을 수행하는 것보다 연결망의 중심에서 핵심 수용자가 되는 것이었다. 이때 그는 자신의 좁고 깊은, 그리고 독창적인 이론 정립의 기획(중민이론의 심화)을 계속 언급했지만, 이는 연결의 정치의 추구 과정에서 자꾸만 뒤로 미뤄졌다. 윤평중이 그랬던 것처럼 이 유예된 약속은 실제로 이행되지 않을 경우 결국에는 딜레탕티즘적 실천에 대한 하나의 변명이 되고 말 위험을 지닌 것이었다. 그러나 단기적으로 이러한 연결의 정치를 통해 단숨에 중요 인물로 떠오를 수 있었다는 점에서 그의 전략은 성공적이었다.

이진우의 합류: '번역의 정치'

그런데 같은 기간, 하버마스 네트워크의 또 다른 핵심 인물 또한 빠르게 움직이고 있었다. 바로 계명대학교 철학과의 이진우였다. 이진우는 연세대학교 독문과를 졸업하고 독일로 유학을 떠나 1988년 아우크스부르크 대학에서 니체를 정치철학적으로 분석한 연구로 박사학위를 받았고, 귀국 직후 계명대학교 철학과에 교수직을 얻었다. 독일 현장에서 잘 훈련받은 그는 아우크스부르크 대학 최우수 박사 논문상을 수상하는 등 많은 상징자본을 가진, '촉망받는' 신진 학자였다. 귀국 후 그의 목표는 전통적인 주류 철학계의 일원이 되는 것이었고, 주로 주류 철학 저널에 논문을 기고했다. 하지만 국내에 실질적 장이 부재하고 서울대학교를 정점으로 하는 서울 소재의 명문대 교수 직함이 학자적 명성을 결정해 주는 상황에서 그는 계속 "소장철학자", "아웃사이더"로 불렸다.[22] 이진우는 앞의 학자들처럼 이 상황을 막 생겨난 새로운 논의의 공간, 즉 변혁주의 신진 학자들의 논의 공간, 출판시장, 그리고 언론의 주목을 받음으로써 극복하고자 했다.

이진우의 초기 연구 대상은 고전·근대 철학이었다. 마키아벨리와 니체에 관한 독일어 책, 헤겔, 아리스토텔레스, 칸트, 플라톤에 관한 연구[23] 등 귀국 전후 발표한 논문과 저술들은 이를 보여준다. 그러나 이진우는 90년대를 전후해 급변하는 국내 학술영역의 상황에 발맞춰 급격한 방향전환을 감행했다. 바로 포스트모던 이론의 수용자가 되는 것 말이다. 그것도 마르크스주의의 붕괴의 시대에 포스트모더니즘이 "약한 마르크스주의"(이진우, 1993a: 9)로서 대안이 될 수 있다는, 시류에 정확히 부합하는 문제 설정이 이뤄졌다. 그는 정통 철학으로부터 마르크스를 거쳐 바티모·푸코·바르트·로티·요나스·하버마스에까지 이르는 최신 이론을 섭렵 소개한 『탈현대의 사회철학』을 발표하면서 서문에서 다음과 같이 밝혔다.

근래 모든 영역에서 강렬하게 표출되고 있는 포스트모던적 현상들은 분명 역사의 흐름에 전환의 획을 긋고 있다. 사회주의권의 해체는 극단적 모습을 보여왔던 이념의 대립을 해소시켰다. 그러나 자유민주주의의 승리라는 자기도취적 언설에도 불구하고 평등한 삶을 열망하는 사회적 이념들이 해결된 것은 아니다 … 이 책에서 필자는 우리가 살고 있는 사회는 지표면에서 표출되고 있는 포스트모던적 현상에도 불구하고 역시 〈자본주의적〉으로 구성되어 있다는 인식에서 출발한다 … 따라서 필자는 이 책에서 후기자본주의 사회를 역사적 시각에서 바라볼 수 있는 비판적 거리를 획득하기 위해 마르크스를 탈현대적으로 재구성하고자 한다 … 이 시도는 우리가 실질적으로 처해 있는 삶의 현장에 들어가서 〈안〉의 관점에서 물질적 전제를 읽고자 한다는 점에서 〈포스트모던적〉이고, 우리의 전제를 역사적으로 형성된 자본의 논리라는 〈바깥〉의 관점에서 거리를 두고 보려는 점에서 〈마르크스주의적〉이다 … 독자는 … 마르크스의 자본주의 비판으로부터 포스트모던 사회를 비판할 수 있는 〈약한 마르크스주의〉를 발전시킬 수 있음을 새삼 깨닫게 될 것이다. (이진우, 1993a: 8~9)

여기에서 이진우는 자신이 왜 고전철학과 니체로부터 이 문제로 넘어왔는지에 대해 특별한 정당화를 하지는 않았다. 이 책은 물론이고, 90년대 초반 집필 작업들에서 그의 마르크스주의적 문제 설정과 포스트모더니즘의 필요성은 어느새 '시대적 필요성'을 명분으로 전제되어 있을 따름이다.

중요한 점은 위 서문에서 이진우가 '마르크스적 포스트모더니즘'을 통해 자신이 정확히 신진 학자그룹의 문제의식에 부응하고자 함을 암시하고 있다는 사실이다. 이러한 전환은 물론 그가 포스트모던 이론가들이 공히 영감을 받은 니체를 전공했기 때문에 가능한 것이었다. 그러나 연구관심이 니체에서 포스트모던 이론으로 발전하기까지는 마르크스주의나 구조주의, 그리고 인류학과 언어철학 등 통과해야 할 많은 단계가 있었고, 무엇보다 독일 철학과 프랑스 철학 사이에 장벽이 존재한다는 점에서 그의 행보는 분명한 방향전환이었다 할 수 있다.

분명한 것은 90년대 초반 이진우가 우선 윤평중과 한상진처럼 포스트모더니즘의 소개자가 되기 위해 열정적으로 움직였다는 사실이다.[24] 그러나 같은 시기 하버마스의 부상 조짐, 그리고 윤평중에 대한 주목은 그 또한 하버마스 수용자로 급격한 경로 재변경을 수행하도록 자극했던 것 같다. (그에게도 전환점이 된) 1993년의 첫 논문을 시작으로 이진우는 완전히 하버마스 수용자 역할로 전환하기 시작한다.

한상진이 '연결의 정치'를 수행했다면, 이진우의 전략은 '번역의 정치'라 할 수 있다. 무엇보다 시기적절한 역서들의 공급이 그를 '하버마스 전문가'로 돋보이게 했다. 이때 독일 유학 경력은 중요한 자산이 됐다. 그리고 자신의 전공과 포스트모던 이론에 대한 주목도를 활용하는 일, 하버마스에 대한 급격한 관심 전환이라는 융화되기 어려운 이해관계들이『현대성의 철학적 담론』번역을 통해 결합됐다. 이 책은 포스트모던 이론가들을 니체로부터 시작하는 상대주의 전통으로 줄 세우고, 이를 싸잡아 비판한 하버마스의 강의에서 출발했다. 이는 니체를 전공하고 포스트모던 이론 수용자 역할을 자임했지만 하버마스를 활용하고자 했던 이진우의 이해관심을 절묘하게 충족하는 대상이었다. 의도는 성공적이었다.『현대성의 철학적 담론』은 발매 후 머지않아 인문사회과학도들에게 필수 독서 교재로 떠올랐다.* 포스트모더니즘과 하버마스에 대한 관심이 고조되고 있는 분

---

* 이 책은 2002년 기준 7쇄가 출판됐고, 이후에도 판매는 꾸준히 이어졌다. 대략 90년대 초중반 기준 1만 부가량이 팔린 셈으로 추산할 수 있는데, 특히 대학원에서, 그리고 학생 연구모임들에서 집중적으로 읽혔다. 예를 들어 다음과 같은 경우가 일반적이었다. "'예술운동' 세대인 장은수씨는 동인들이 문화전반으로 관심

위기 속에서 혹자는 비판이론에 대한 관심으로 하버마스를 옹호하며 이 책을 읽었고, 혹자는 하버마스의 비판을 다시 비판하며 포스트모던 이론을 더 깊이 이해하고자 읽었다. 어쨌건 이 책은 90년대 초반 학술영역의 구도를 정확히 반영하는 성공적인 번역 작품이 됐다(나종석, 2011: 91). 이에 고무된 이진우는 바로 1995년의『새로운 불투명성』, 1997년의『담론윤리의 해명』, 2000년의『탈형이상학적 사유』의 번역 출간 프로젝트를 연달아 가동했고, 책의 출간과 함께 그는 중요한 하버마스 번역자로서 각인됐다.

이진우는 또한『현대성의 철학적 담론』의 성공과 동시에 번역활동에만 그치지 않고 본격적인 하버마스 전문 수용자가 되기 위해 폭넓게 움직였다. 한편에서, 그는 하버마스를 주제로 택한 연구논문을 작성하고 이를 주류 학회에 발표하며 기성 학자들의 관심을 환기시켰다.[25] 이때 이진우는 처음에는 정확히 윤평중처럼 보다 포스트모더니즘에 옹호적인 입장에서 하버마스에 대한 '박식한 비판자'로서 자신을 자리매김시키고자 했다. 1993년 그의「위르겐 하버마스: 비판적 사회이론과 담론적 실천」, 그리고 1995년의「하버마스는 과연 주체철학을 극복하였는가」는 모두 하버마스의 공로를 인정하되 포스트모더니즘의 관점에서 비판점을 지적하는 작업이다(1993c:

을 넓히게 된 데는 아도르노, 하버마스, 벤야민 등 프랑크푸르트학파에 대한 심취가 큰 영향을 미쳤다고 회고했다.『계몽의 변증법』,『현대성의 철학적 담론』 등 몇몇 프랑크푸르트학파의 책만큼은 필독서였다"(《동아일보》. 1996.7.24. "〈종합문화지〉 창간 러시").

241~242; 1995: 551~552).

그러나 이진우의 비판은 윤평중만큼 적극적이지는 않았고, 이것이 대부분 하버마스 이론을 잘 정리해 설명하는 작업이었던 탓에, 오히려 하버마스를 한층 중요한 인물로 만드는 역할을 수행했을 가능성이 컸다. 이러한 태도는 이후의 저술에서는 보다 옹호적인 입장을 피력하는 것으로 바뀐다. 「급진민주주의의 규범적 토대: 법치국가에 관한 하버마스의 담론이론적 해석」(1995)에서 그는 하버마스의 『사실성과 타당성』이 "급진민주주의의 이론적 기초를 마련"(1995: 87)하려는 기획으로 정의하고 설명한 뒤, 결론에서 짧은 몇 가지 의문점만을 제시할 뿐 사실상 옹호한다.

시민사회는 과연 언어적으로만 구성되는가? 시민사회는 인간욕망이 표현되고 동시에 인간욕망의 상징들이 교환되는 장소는 아닌가? 우리가 욕망으로부터 출발한다면, 주체는 여전히 문제가 아닌가? 하버마스는 이런 문제들에 대해 "공론영역은 합리화된 생활세계의 출현에 의존한다"는 말로 대답을 대신한다. 현대의 법치국가는 자유주의적 정치문화를 전제하고, 이를 보전하기 위해서는 다시금 공론영역의 의사소통적 구조를 활성화해야 한다는 것이다. … 하버마스의 다음과 같은 말은 국가의 패러다임이 소진된 포스트모던적 조건에서 정치적 연합의 가능성을 암시하고 있다. "정치적인 것을 훨씬 넘어서는 '생활세계 합리화'의 결과물이며 동시에 이를 가속화하는 촉매이기도 한 법치국가는 이제 우리의 기획이 된다." (이진우, 1995: 109)

여기에서 이진우는 이전과 동일하게(그리고 윤평중이나 포스트모던 지지자들 일반의 관점과 동일하게) 하버마스의 형식주의적 기획에 '내용'적 측면이 부재한다는 점을 다시 지적하기는 했다. 그러나 그의 결론은 국가의 틀에 갇히려는 '모던한' 기획이 해체돼야 하고, 이것이 국가를 초월한 연합체로 승화돼야 한다는 하버마스 기획 전반의 취지와 필요성, 그리고 그 가능성을 옹호하고 있다. 이러한 태도는 일견 그가 신진 전문연구집단처럼 하버마스에게 설득을 당한 것처럼 보이기도 하지만, 그보다는 서구 이론의 소개자로서, 통상 매우 다수의 이론적 자원과 다양한 주제들을 동시에 다루면서 대부분 글의 말미에 간단한 의문점만을 제기하는 형식으로 표현된, 넓고 얕은 연구를 실행한 결과로 보는 것이 타당할 것이다.

한편, 이진우는 계명대학교 철학과를 기반으로 1995년 겨울 "하버마스 심포지엄"을 개최하면서 방한을 앞둔 하버마스 관련 관심을 한층 끌어올리고, 고조된 하버마스에 대한 주목의 분위기 속에서 자신의 지위를 확보하기 위해 노력하기도 했다. 이를 기반으로 이진우가 편집한 『하버마스의 비판적 사회이론』은 하버마스 네트워크에서 그가 수행한 역할을 잘 보여준다. 이 책에는 자신을 포함, 근대철학 전공 한자경, 해석학 전공 김용일 등 주류 제도권에서 활동하는 독일 철학자들이 포함됐다. 또한 이미 주목받고 있었던 윤평중, 미국에서 하버마스를 전공했던 김득룡, 프랑크푸르트학파를 국내에 도입한 백승균이 초대되고, 신진 그룹의 김재현, 한승완, 권용혁도 포함돼 고른 모양새를 갖췄다.

『하버마스의 비판적 사회이론』의 발행은 1996년 하버마스 방한을 앞두고 가장 먼저 이뤄진 것으로, "하버마스에 대한 다양한 국내 평가를 담은" 첫 본격 연구서로서 학계와 언론의 주목을 받았다. 이처럼 이진우는 본인이 하버마스 네트워크에 참여했을 뿐 아니라, 주로 독일 철학 전공 교수들을 자신의 책에 동원하면서 자신이 하버마스 네트워크에서 독일 철학 전문가를 대변하는 효과를 얻었다. 마침내 이진우는 하버마스 전문 번역자이자 연구자로 주목받고, 특히 언론에서는 방한 시기가 다가옴에 따라 하버마스에 관해 이진우를 출입구로 해서 질문하게 된다.[26]

윤평중, 한상진, 이진우는 1993년을 기점으로 거의 동시에 하버마스 네트워크에 뛰어든 주류 제도권 핵심 학자들이다. 전략과 방법은 각자 달랐지만, 80년대에는 각자 다른 연구활동을 수행했었다는 점, 이후 변혁주의 신진 학자들의 관심에 부응해 90~93년 사이에는 주로 포스트모더니즘과 포스트마르크스주의의 소개자가 되려 했고, 다시 93년을 기점으로 94~96년 사이에는 '대표 하버마스 전문가'로 변신했다는 점에서 공통점을 지녔다. 그리고 이 변신의 기저에는 이들의 중심부 내 주변부 위치가 중요한 동기로 작동했다. 결과적으로 이러한 연구주제의 급격한 변화는 주류 학자들이 흔히 택했던 방식, 즉 주목받는 서구학자를 번갈아 소개하며 자신의 지위를 재생산하는 딜레탕티즘의 발로였다. 기성 학자들과 다른 점이 있다면 이들은 90년대 초반 당시 막 학술영역으로 밀려들어오고 있는 변혁주의 신진 학자들의 지지를 받고자 했다는 점일 것이다. 이는 기존의 서양 이론의 단순 소개자나 교육자 역할을 넘어, 다수의 학술후속세대에게 인정받음으로써 장기적으로는 자신들의 학술영역 내 위치를 상승시킬 수 있는 좋은 전략이었다.

그러나 이들의 실천 전반, 그리고 하버마스 네트워크로의 합류가 과연 딜레탕티즘 성향의 산물이었는지는 현 시점에서는 확언할 수 없다. 비록 이 시점에서도 이들은 하버마스와 동시에 다른 연구 관심을 동시에 추구하고 있었긴 했지만, 어쩌면 이들이 이 참여를 계기로 지속적인 하버마스(혹은 다른 분야의) 전문연구자로 남을 수도 있었기 때문이다. 하지만 결국 이러한 가능성은 실현되지 않았고, 이들의 주 성향이 딜레탕티즘이었으며, 하버마스 네트워크로의 합류가 그 궤적의 일환에 불과했음은 다음 5부에서 밝혀지게 될 것이다.

현 시점에서 가장 중요한 점은 이들의 참여로 말미암아 90년대 초반 변혁주의 학술운동 영역 출신 신진 그룹 사이에서 고조된 하버마스에 대한 관심이 주류 학술영역에까지 연결되었다는 사실이다. 윤평중, 한상진, 이진우의 부상과 이들의 활동 과정에서 동료학자들의 규합은 변혁주의발 이해관심을 제도권 학자들에게까지 전파시켰다. 이로써 95~96년이 되면 이제 하버마스는 주류−비주류 모두의 관심사가 됐다. 학회들의 특집이 연달아 열리고, 이것이 학술지에 논문으로 실렸다. 출판시장에는 저역서가 봇물을 이뤘고, 언론들은 주류 학자들을 출입구로 하여 학술영역의 이상 분위기를 전했다. 바야흐로 하버마스 신드롬이 다가오고 있었다.

3
—
하버마스 방한과 네트워크의 완성

지금까지 본 것처럼, 1990년대 초반 하버마스를 둘러싸고 다양한 이해관계를 가진 개인과 집단들이 형성되었다. 이는 우선 90년대 하버마스 이상열기가 가능했던 기초 조건으로 상호 연결된 연구자들의 존재 여부가 핵심적이었음을 보여 준다. 하버마스와 다른 주요 인물들의 경우에는 이 요인이 부재했다. 인기를 지탱하는 강력한 인적 자원들과 실천이 존재했다는 점은 90년대 초반 한국에서 하버마스가 가진 최고의 강점이었다.

1993년을 넘기며 하버마스 관련 연구물이 점점 더 많이 출간되고 각종 학술행사가 열리면서 신진 하버마스 연구자 그룹—변혁주의 진영 신진 학자들—그리고 주류 학자들 사이에는 이미 접촉면이 넓어지기 시작했다. 주로 신진 그룹의 사회와철학연구회, 변혁주의 그룹의 한국철학사상연구회와 한국산업사회연구회, 그리고 제도권 학자들이 소속된 대학과 학회를 중심으로 세 곳에서 덩어리지기 시작한 이들의 소집단화는 이제 각종 학회, 학술행사, 공동연구서 기획 등의 학술적 공간 곳곳에서 동시다발적으로 일어난 상호 빈번한 마주침으로 진화했다. 이는 세 집단 사이에 서로가 교차해 연결되는 네트워크가 형성되기 시작했음을 의미한다. 그리고 이 과정에서 사제 관계나 동문 관계 등의 사적인 인맥이 중요한 역할을 수행했음은 쉽게 예상할 수 있다. 특히, '서울대학교', '독일 유학', 그리고 '학술운동권 출신'은 핵심 고리였을 것이다.

이제 주류 학자들은 신진 학자들을, 신진 학자들은 주류 학자들을 자신들의 행사에 초대해 행사를 치르기 시작했고 교류를 약속했으며, 머지않아 공동연구모음집 출간으로 표출됐다. 그러나 구슬이 서말이어도 꿰지 않으면 무용지물이듯, 보다 분명한 계기가 주어지지 않았다면 하버마스 이상열기는 불가능했을 것이다. 즉 하버마스의 인기의 정점은 이들이 다방면으로 상호 연결되어 진정한 네트워크를 형성함으로써 비로소 이뤄지게 된다. 이 모든 연결을 실행한 사람이 바로 한상진이었고, 그를 중심으로 하버마스의 방한 행사가 추진되면서 네트워크의 결집이 급속화됐다. 한상진이 없었다면, 그가 하버마스 방한 행사를 추진하며 다양한 집단들을 규합하지 않았다면 분명 연결의 정도는 훨씬 미약해 멀린스의 정상단계를 벗어나지 못했을 것이다.

하버마스의 방한 논의는 (이 또한 제도권 학계의 딜레탕티즘적 실천을 보여준다) 서울대학교에서 해외석학들을 초대하는 서남강좌 시리즈의 일환으로 시작됐다. 90년대 초반 중요 인물로 떠오른 하버마스가 초청 대상으로 지목된 것은 당연했다. 이때 책임자를 맡게 된 한상진은 흩어져 있는 개인과 집단들을 연결하고 출판시장과 언론시장, 그리고 정치권과 시민운동 영역에까지 연결 대상을 확장시키면서 '판을 키웠다'.

한상진은 우선 독일로 날아가 하버마스를 만나고 방한 행사를 기획·조율하며 친분을 쌓았으며 한국에서 하버마스 네트워크를 설계하고 학술 분과와 성향을 뛰어 넘은 연결을 도모했다. 우선 한국사회학회를 움직여 방한 행사에서 사회학 분과를 중심지로 설정했다. 이에 한국사회학회에서는 하버마스를 테마로 하는 "하버마스와 정보사회" 행사가 열렸고, 또한 방한 기간에는 특별 심포지엄이 기획됐다. 한상진은 주요 이론사회학자들로 하여금 하버마스 워크숍에서 발표와 토론을 위한 준비를 내실 있게 준비하게끔 고무했다. 이에 사회학회 주류 이론학자들은 96년 방한 행사를 앞두고 하버마스 맞이 논문 준비를 위해 공을 들여야만 했다. 또한 한상진은 정치학이론 전공 교수들, 신문방송학과 법학 등의 사회과학 계열 학자들을 논의에 참여시켰다. 이로써 한상진을 출입구로 해서 하버마스 네트워크에 주류 사회과학자들 다수가 연결됐다. 또한 한상진은 철학계를 행사에 참여시켰다. 이때 그는 철학계의 주류 학자들, 그리고 70~80년대 국내에 비판이론을 도입하는 데 관여했던 인물들, 그리고 윤평중, 이진우 등을 초대하고, 이들에게 주요 임무를 청탁했다. 또한 주류 철학자들은 물론, 사실상 하버마스 수용의 중심지였던 변혁주의 학술운동 출신 신진 학자그룹을 네트워크에 참여시켰고 장춘익은 그 연결 통로였다. 이들을 통해 하버마스를 지지하는 사회와 철학연구회의 신진 학자들과 한국철학사상연구회의 비판자들이 네트워크에 연결됐고, 이로써 제도권의 주류 학자들과 변혁주의적 신진 학자들, 그리고 사회학·정치학 등의 사회과학계와 철학계가 연결됐다.

한상진은 여기에서 멈추지 않았고 하버마스와 관련된 거의 모든 분과의 사람들을 네트워크에 참여시키고자 했고 나아가 학계를 넘어 언론과 출판시장, 그리고 시민운동과 정치권에까지 네트워크의 외연을 확장시키기 위해 노력했다. 하버마스 방한 행사 중 핵심 주제를 '통일'로 설정한 것은 좋은 선택이었다. 당시 국내에서는 정치적 민주화가 이뤄지고 1994년 김일성 사망 후 핵무기 문제가 부상하는 등 북한(그리고 미국)과의 관계가 요동치면서 통일에 대한 관심도 사회적으로 매우 높아져 있었다. 이러한 분위기에서 독일 통일을 경험한 세계적 석학의 방문과 이를 주제로 한 강연은 언론과 정치권, 시민운동계에 화젯거리가 됐다. 특히 첫 강연인 통일 강의는 언론의 집중 주목을 받았고, 5월 12일 합동 기자회견에서는 통일과 한국이 나아갈 길에 대한 기자들의 질문이 쏟아졌다. 또한 하버마스는 방한 중 야당 지도자 김대중, 시민운동가 박원순과의 접견도 가졌고, 광주 방문 기간에는 5.18 묘역을 참배하기도 했다. 이 모든 행사에는 비용이 필요하다. 한상진은 포항제철·동양재단·대우재단·중앙일보사·동아일보사 등을 섭외해 후원을 유치했다. 이러한 모든 대외적 활동은 하버마스 방한 행사의 외연을 확장하고 주목도를 높이는 데 크게 기여했다. 4부 1장에서 목격한 높은 대중적 관심은 바로 이러한 과정을 거쳐 얻어진 것이다.

그러나 이 네트워크의 중심에는 바로 하버마스에 집중된 학술 출판이 있었고, 이것이 이뤄지지 않았다면 외연의 확장은 불가능했을 일이었다. 한상진에 의해 추진된 주류와 비주류, 그리고 철학과 사회과학 사이의 연결은 그 자체로 학술출판물의 생산을 고무했고, 이렇게 집중 생산된 학술적 결과물들이야말로 하버마스를 중요한 인물로 만들었다. 하버마스 방한 기간을 전후해 출간된 다섯 권의 연구모음집, 『하버마스의 비판적 사회이론』과 『하버마스의 사상』, 그리고 『하버마스: 이성적 사회의 기획, 그 논리와 윤리』, *Habermas and Korean Debate*, 『현대성의 새로운 지평: 하버마스 한국방문 7 강의』는 하버마스 네트워크가 실제로 어떻게 구성되었는지 그 윤곽을 보여주는 틀이다. 우선 다섯 권의 책을 기준으로 한 연결망의 구축은 〈그림 7〉로 표현될 수 있다.

물론 5권의 책의 저자 분석이 하버마스 네트워크의 면모를 남김 없이 보여주는 것은 아니다.[27] 책의 필진이었지만 사실은 실제 네트워크 참여자가 아닌 경우도 있었고, 네트워크 중요 행위자지만 책에 참여하지 않은 경우도 있기 때문이다. 그러나 이 저자 관계망은 우리가 하버마스 네트워크의 윤곽을 그려볼 수 있도록 충분한 도움을 줄 것이다.

먼저 이진우가 기획한 『하버마스의 비판적 사회이론』, 장춘익의

『하버마스의 사상』, 한상진이 책임지고 엮은 *Habermas and Korean Debate*는 각각 주류 독일 철학자 중심, 학술운동 영역 출신 신진 학자들 중심, 주류 사회과학자 중심의 1차적 결집을 보여준다.[28] 세 명의 편집자는 각자 자신이 속한 공간에서 하버마스를 다룰 만한 대표적인 이들을 섭외해 자신을 중심으로 규합했다. 〈그림 7〉에서 보이는 것처럼 이진우는 계명대 철학과와 중견 독일 철학자들을 중심으

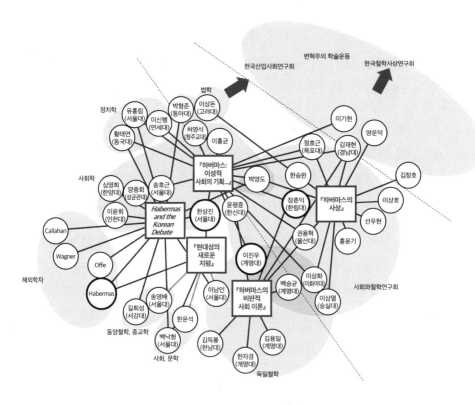

그림 7 5권의 책에서의 참여 저자들과 주요 활동 근거지

로 하되 신진 학자들을 참여시키고, 윤평중을 포함시켜 다양한 관점을 보여주려 노력했다. 그러나 이 책의 중심은 분명 주류 독일 철학자 집단이었다. 반면, 한상진의 책의 중심은 사회과학 주류 교수들이었다. 방한 기간 심포지엄을 모태로 하는 이 책에는 하버마스 본인과 행사에 직간접으로 동참한 칼라한, 와그너, 오페 등 서구학자들이 참여했고, 길희성, 백낙청 등의 중진 인문학자들도 포함됐다. 그러나 실질적인 이 책의 중심은 한상진 자신을 포함한 8명의 사회학자와 두 명의 정치학자로 이뤄진 사회과학자들이었다. 이렇게 이진우와 한상진의 책이 주류 기성 학자들 중심이었다면, 장춘익의 책은 변혁지향적인 신진 학자들을 중심으로 꾸려졌다. 법학자 1명(이상돈)을 제외한 11명의 필진은 모두 한국철학사상연구회와 사회철학연구회, 혹은 양쪽 다 관련된 학술운동 영역 출신 젊은 학자들로 이뤄졌다. 특히 이들 책 가운데 당시 이진우의 책은 9명 전원, 한상진의 책은 (국내학자) 11명 중 10명이 현직 교수였던 반면, 장춘익의 책은 필진 12명 중 절반에 해당하는 6명이 박사과정에 있거나 막 박사학위를 취득한 강사 신분이었다. 그리고 이 중 11명은 한국철학사상연구회에서 활동한 변혁지향적인 신진 학자였고, 이와 겹치는 9명은 같은 곳 출신이자 동시에 사회와철학연구회의 핵심 성원이었다.

이처럼 세 책이 각각 독일 철학, 주류 사회과학, 변혁지향적인 신진 학자 중심의 결집이었다면, 한상진의『하버마스: 이성적 사회의 기획, 그 논리와 윤리』와『현대사회의 새로운 지평: 하버마스 한국 방문 7강의』는 이들 세 곳 근거지를 두루 포괄하고 또한 외연을 더

욱 확장하려는 그의 네트워킹 노력을 보여준다.[29] 앞의 책에는 사회
와철학연구회 중심의 신진 학자들, 한상진 자신과 송호근이 포함
된 주류 한국사회학회, 황태연·유홍림·이신행의 정치학계, 이홍
균, 허영식 등의 비판지향적 한국산업사회연구회, 제도권 철학을 대
변하는 이진우와 윤평중이 포함돼 국내에서 하버마스와 비판이론에
역량이 있다고 여겨지는 거의 모든 분야의 인물들이 망라됐다. 주로
하버마스의 강의가 중심인 뒤의 책에는 연구논문은 아니지만 방한
행사와 대담에 참여했던 서울대 중심의 중견 인문학자들(길희성, 이남
인, 한운석, 송영배, 백낙청)의 짧은 비평문들이 포함돼 네트워크의 외연
을 넓혔다.

　이렇게 다섯 권의 책에 참여한 필진들은 주류와 비주류, 그리고
분과를 넘어선 광범위한 하버마스 네트워크의 얼개를 가시적으로
보여준다. 여기에서 방한 행사의 중핵이었던 주류 사회과학자 집단,
주류 독일 철학자 집단, 그리고 변혁지향적인 신진 학자집단이 중심
에 위치하고, 기타 인문사회 계열 참여자들이 포함되면서 이들이 한
상진에 의해 광범위하게 연결됐다. 또한 중요한 점은 앞서 언급한
것처럼 책에는 소수만 필진으로 포함되지만 분명히 존재했던 다수
의 비판적 독자들, 특히 변혁주의 그룹의 신진 학자들 또한 분명한
네트워크의 참여자였다는 사실이다. 위 그림에서 좌상단에서 우하
단을 가로지르는 첫 번째 점선은 이 네트워크에서 좌측의 주류 제도
권 학자들과 우측의 학술운동 출신 비주류 학자들이 연결되어 있었
음을 보여준다. 그리고 다시 우측은 두 번째 점선을 좌우로 사회와

철학연구회 중심의 신진 하버마스 연구집단과 비판적 독자 그룹으로 존재했던 한국산업사회학회와 한국철학사상연구회 중심의 변혁주의 그룹이 다수의 비판적 독자들로서 우상단의 몇몇 신진 학자들을 고리로 연결되어 있었음을 알 수 있다. 비록 일시적이었지만 이러한 연결은 전례를 찾아볼 수 없는(그리고 이후에도 없었던) 광범위한 성격의 것으로, 하버마스 네트워크가 인문사회 계열 전반에 미친 파급력을 가늠하게 해 준다.

지금까지 4부에서 우리는 90년대 네트워크가 완성되어 가는 과정을 통해 하버마스 이상 열기의 고조 과정을 살펴보았다. 방한행사와 함께 절정에 달한 하버마스 네트워크는 전례를 찾아볼 수 없는 거대한 것이었고 수많은 성과물을 산출했다. 특히 하버마스 본인까지 포함된 다섯 권의 책은 한국 지성사에서 중요한 성과물로 기록될 것이다.

여기에서 우리가 주목할 점은 하버마스 네트워크가 미약하지만 일종의 장의 효과를 가져왔다는 점이다. 이원화 기간을 거쳐 재일원화 되는 도상의 학술장 내부에 처음으로 하버마스라는 공통의 언어가 생겼다. 하버마스가 변화하는 한국사회를 잘 설명해줄 수 있는 틀인지, 그가 제시한 생활세계-체계의 이분법·공공영역·이상적 담화상황 등이 한국에 잘 적용되는 개념인지, 시민사회론이 한국에서 역동성을 발휘하고 있는 사회운동을 잘 설명해 줄 수 있는지, 그의 통일론이 우리에게 유용한지 등의 질문은 모두의 관심사가 되었다. 이는 곧 한국 인문사회과학 학술영역에서 (거의 처음이자 마지막으로) 공용어를 사용하는 담론의 공간, 즉 초기적 형태의 장이 형성되었음을 뜻하는 것이었다.

문제는 이러한 약한 담론의 공간이 깨어지기 쉬운 상태에 있었다는 사실이다. 약한 담론의 형성은 곧 네트워크가 질적으로 약하게 연결되어 있었음을 의미한다. 서두에서 이상열기의 비평가들이 말한 것은 바로 이러한 문제가 현실화되어 나타난 측면을 겨냥한 것이었다. 즉, 광범위한 연결망은 사실 질적으로 빈약하게 연결되어 있었고, 그것이 행사의 부실한 측면으로 드러났으며, 이는 또한 앞으로 방한 행사의 종료 이후 급격한 해체의 원인이 된다. 그리고 이는 공통의 언어로 인문사회과학 영역에 형성된 장의 효과가 지속되지 못하고 소멸하게 됨을 의미한다.

5부

하버마스 네트워크의 해체:

딜레탕티즘과 도구주의 사이에서
분열된 학자들

1
─

네트워크의 해체와 분위기의 냉각

하버마스가 독일로 돌아갔다. 무대는 비었고 관중석을 메운 청중도 썰물처럼 빠져나갔다. 하버마스 네트워크로 열정적으로 모여들었던 이들은 언제 그랬냐는 듯 관심을 거둬들였다. 그들이 제시했던 문제제기는 놓아둔 채 다른 곳으로 향했다. 방한 기간 극성이었던 언론은 이제 학계를 차갑게 조롱했다. 기자들은 방한 행사 이후 하버마스 방한을 핵으로 하는 1996년 '학술계 결산'을 "근대성의 길찾기와 이성 옹호 … 논의 풍성하나 '결실' 빈약"(《교수신문》. 1996.7.29.), "학술대회 풍성 … 연구성과는 빈약"(《문화일보》. 1996.12.26.), "논쟁 없는 '세계 석학들 잔치의 해'"(《중앙일보》. 1996.12.12.)라 정리했다. 하버마스 등의 방한을 계기로 "역사 · 철학 · 정치 · 사회 · 경제 등 인문사회과학의 전 분야에 걸쳐 상당한 양의 논문이 한꺼번에 쏟아졌"음에도 그 내용은 빈약했으며 학계가 "하버마스의 위광에 눌려 따라 읽기에 급급한 것이 아니냐"(《교수신문》), "하버마스에 대한 국내학자들의 태도가 '꼭 선생님으로부터 숙제검사 받는 학생 같았다'"(《중앙일보》)는 자성의 목소리가 높았다는 것이다. 결국 방한 직후 있었던 상반된 평가, 곧 학술적 축제였다 혹은 속 빈 껍데기였다는 것 중 어느쪽이 옳았는지 결정되기까지는 그리 오랜 시간이 필요하지 않았다.

핵심은 행사의 열기가 무색할 정도로 학술영역에서 아무런 후속논의가 없었다는 것이다. 하버마스를 다룬 관련 논문은 1996년에만 32편이 출간됐으나 해마다 줄어 2000년에는 단 5편만이 선보였다. 보다 대중적인 관심도를 보여주는 출판시장에서 역서와 단행본의 출간 감소 추세는 더 뚜렷하다. 96년에 단행본은 한꺼번에 8종(역서 2권, 연구서 6권) 발간됐지만 역서 출간은 97년 2권, 99년 1권, 2000년 3권, 2001년과 2002년 각 1권, 2003년 1권으로 점차 뜸해졌다. 연구서의 경우 한 해 지난 1997년 편집되어 나온 하버마스 방한 행사 모음집인『하버마스: 이성적 사회의 기획, 그 논리와 윤리』이후 더 이상의 공동연구는 없었고, 90년대 후반 새로운 하버마스 전공 박사학위 취득자의 학위 논문이 두 권(선우현, 1999; 홍기수, 1999), 해외 개론서 번역본이 한 권(발터 레제-쉐퍼, 1998; 선우현 역) 발행됐을 뿐이다.

무엇보다 중요한 사실은 1990년대 후반~2000년대 초반 사이 급격히 줄어든 하버마스 관련 출판물 중에서 1996년 방한 행사의 주역이었던 핵심 수용자 그룹 성원이 관여한 저작이 거의 없다는 점이다. 특히 위의 선우현의 저역서 두 권을 제외하면 96년 네트워크 참여자의 연구서 자체가 없었다. 연구논문의 경우, 앞에서 살펴본 5

권의 하버마스 네트워크 핵심 저작에 참여한 37명의 국내 저자 중 1997~2000년 사이 논문을 발표한 사람은 단 7명뿐이다.* 역서의 경우, 이진우와 황태연이 1997년과 2000년에 나란히 두 권씩을, 한상진·박영도가 1권을 번역하기는 했다. 그러나 이들은 이 기간 동안 번역 외에 하버마스 관련 다른 학술 논의에 참여하지 않았고, 이 책들을 끝으로 번역작업에서도 완전히 손을 떼었다. 이는 다음과 같은 중요한 사실을 가리킨다. 90년대 후반 하버마스 관련 학술 출판물 생산이 급격히 감소하는 가운데, 그나마 해마다 발표된 논문과 연구서 중 대부분이 하버마스 네트워크 참여자가 아닌 다른 이들에 의해 생산됐다는 것이다. 다시 말해, 다른 누구도 아닌 하버마스 네트워크의 핵심 주역들이 관련 논의를 가장 먼저 버렸던 것이다.

하버마스 방한 기간 동안 네트워크를 고조시켰던 40여 명 안팎의 학자들 중 90년대 말까지 계속해서 하버마스를 연구한 사람은 거의 남지 않았다. 이 당혹스러운 현상은 왜 일어난 것일까? 단순한 유행의 변화의 결과일까? 흔히 '냄비'에 비유되곤 하는, '한국인의 특성'의 결과였을까? 5부에서는 네트워크 참여자들이 택한 다양한 경로를 분석함으로써 이 질문에 대한 대답을 제공하는 것을 목표로 한다. 그런데 앞장에서 우리는 사실 그 원인을 살펴보았다. 즉 하버마스 네트워크의 중핵을 이룬 세 그룹이 사실 상이한 이해관심을 가지

---

* 5권의 책 참여자 중 1997~2000년 사이 학술지에 관련 논문을 하나라도 발표한 이는 선우현, 장춘익, 이진우, 홍윤기, 이삼열, 김재현, 장은주 7명뿐이다.

고 모여든 이질적 집단이었다는 것, 그래서 이들의 연결이 매우 미약했다는 것이다. 이렇게 약한 결속은 학술영역의 구조화된 상태가 이끄는 두 사회적 힘(social force)에 의해 분해됐다. 하버마스 네트워크 해체를 가져온 핵심 요인인 이 힘은 다시 국내 인문사회과학 학술영역 안팎에서 지배적인 실천 성향이었던 딜레탕티즘과 학술적 도구주의다. 두 성향은 하버마스 네트워크의 급속한 연결의 원인과 갑작스러운 해체를 동시에 설명해준다.

나는 5부에서 주로 1996년 방한 행사 이후 2000년 초반(대략 2005년)에 이르기까지 세 그룹의 핵심 성원들이 밟아 온 학술적 궤적을 추적함으로써 이를 보여줄 것이다. 장이론에서 궤적 개념은 핵심적인데, 부르디외는 한 학술장 내에서 학자 개인의 궤적이 그 장의 구조와 분리 불가능하게 연결되어 있음을 다음과 같이 지적했다.

사실, **사회적 궤적**은 동일한 행위자 또는 동일한 행위자들의 그룹이 연쇄적 공간 내에서 성공적으로 점유한 **일련의 위치들**로 정의된다. 한 전기적 사건의 **의미**와 사회적 가치가 매 순간 결정되는 것은 그에 상응하는 장의 구조적 상태에 관련되어 있다. 각 사건들은, 경제자본이나 상징자본과 같이 특정한 축복의 자본처럼, 이 공간 내에서의, 더 정확히는 그 장 안에서 향유되는 상이한 종류의 자본의 분배와 구조의 연쇄적 상태 안에서의 자리잡기/투자, 그리고 떠나가기/투자회수로서 이해된다 … 새로운 자리를 찾아 나서려 떠나간다는 것은 (그것이 다름 아닌 수없이 많은 대체 가능한 위치들을 배제하는 것, 그럼으로써 본래 추구될 수 있는 가능성들의 범위를 되돌릴 수 없이 좁혀가는 일을 뜻하는 한에서) 이러한 결정적인 대안들, 즉 한 삶의 이야기 위에 서 있는 나무의 셀 수 없이 많은 죽은 가지들 사이의 갈라짐의 횟수를 통해 측정될 수 있는 사회적 성숙(social ageing)의 과정에서의 한 단계를 표현한다. 따라서, 수많은 개인들의 역사들은 문화 생산 장의 핵심에서 통합된 궤적들에 의해 대체될 수 있다. (Bourdieu, 1996: 258~259; 강조는 원문)

부르디외에 따르면 장에서 개인은 언제나 한 위치를 갖는다. 그리고 이 위치는 그 장에서 다뤄지는 자본의 소유량에 의해 결정된다. 따라서 그 장 안에서 그가 한 위치를 떠나 다른 위치로 이동을 결정한다는 것은 기존에 있던 위치에서의 '투자'를 회수해 장에서 요구되는 가치 있는 자본의 더 많은 취득을 위해 전략적 새로운 '투자'를 감행하는 능동적 선택이자(Bourdieu and Wacquant, 1992: 190), 그에게 그 순간 자본의 취득을 가능케 했을지도 모를 다른 경로들의 선택을 배제하는 결정이다. 결국 이러한 개인의 선택들의 연쇄를 의미하는 궤적은 그 장에서 요구되는 자본의 취득에 유리한 특정한 방향이 어떻게 그에게 주어지고 있었는지를 보여주는 거울이다. 개인에게 장이란 그에게 주어진 '가능성들의 공간'으로 체험되기 때문이다 (Bourdieu, 1996: 234). 이를 복수의 개인들의 선택으로 확장시키면, 우리는 장의 성원들이 어떠한 선택을 집합적으로 해 나갔는지에 대한 추적을 통해 그 장이 어떠한 자본의 분배 구조를 가지고 있는지도 알 수 있다(Bourdieu and Wacquant, 1992: 231). 공시적인 차원의 장 내 위치들의 그림 그리기와 함께 통시적인 차원에서 이러한 궤적의 추적은 부르디외의 장 분석의 핵심을 이루는 중요한 연구방법이다.

부르디외의 방법을 채택하면 우리는 학술공간 행위자들의 개인적인 선택들을 들여다 보면서 이를 통해 그 공간이 개인들에게 어떠한 '가능성의 공간'들을 제시하고 있었는지를 알 수 있게 된다. 즉, 수 많은 학자들의 개인적 선택들이 거시적으로 제한된 범위 내에서 몇 가지로 묶인다는 것은 곧 어떠한 지식을 어떻게 다루는 것이 '바람직한' 학술적 실천인가라는 질문에 대한 대답이 몇 가지로 좁혀져 있었음을 의미하며, 이것이 부르디외가 말하는 '주관화된 객관', '인정의 분배구조'의 의미다. 즉 당시의 국내 학술공간이 주류 학자들과 비주류 변혁주의 학자들에게 제시한 길들은 일견 일관성이 없어 보이는 중구난방식의 경로들로 보이지만, 딜레탕티즘과 도구주의의 틀로 보면 분명한 몇 가지의 경로들로 수렴되는 가능성의 공간들이었다. 다시 말해 1990년대 한국 인문사회과학 학술영역의 전반적 구조가 제도자본과 상징자본의 분배를 통해 학자들이 딜레탕티즘과 도구주의의 경로를 택하기 쉽게 유도하고 있었고, 사실 그 경로들이 장의 구조 그 자체였다. 따라서 학자 개인에게는 그때그때 결단이 필요한 특수한 결정이었을지 몰라도, 집합적 차원에서 딜레탕티즘과 도구주의적 경로로 묶이는 복수의 선택들은 이들이 왜 하버마스로부터 떠날 수밖에 없었는지를 설명해 주게 될 것이다. 요컨대, 네트워크에 참여했던 수십 명의 학자들이 이후 '어떠한' 학술적 궤적을 그리며 분기했는지만큼 해체 현상의 '원인'을 명확하게 보여주는 증거는 없다.

　나는 이제부터 궤적 분석을 중심으로 집단 수준에서 하버마스 네트워크의 해체 과정을 추적하는 동시에 개인 수준에서 이들이 스스로 어떠한 선택으로 전환함으로써 이를 어떻게 정당화하고자 했는지를 설명하는 한편, 또한 이것이 결국 학술영역의 구조적 상태를 반영하는 '유인된 선택지'로 해석될 수밖에 없는 이유를 설명할 것이다.

2

네트워크의 성격과 특징

하버마스 네트워크의 급격한 해체 원인은 그것이 갑작스럽게 연결됐기 때문에, 한마디로 하버마스 방한을 앞두고 급하게 결성됐기 때문이었다. 그러나 단순히 '급조'됐다는 사실 자체가 빠른 해산의 원인이었다고 이해되어서는 곤란하다. 계기가 무엇이었건 얼마나 급하게 준비된 것이었건 간에, 그것이 얼마든지 지속력을 갖고 더 발달된 단계(클러스터 단계 혹은 그 이상)로 이행할 수도 있기 때문이다. 하버마스 네트워크에서 중요한 것은 네트워크 결성의 계기와 시간이 아니라 연결의 성격이다. 중요한 것은 내부의 그룹별 이질성과 그로 인한 성긴 연결이었고 이것이 급격한 네트워크 해체의 근본적인 원인이었다.

그렇다면 먼저 질적인 측면은 구체적으로 어떻게 평가될 수 있을까? 핵심 기준이 되는 것은 이 네트워크가 이론 수용그룹으로서 얼마나 촘촘한 '적대적 협력자 공동체'를 이루고 있었느냐이다. 질적인 요소를 측정하는 것은 어려운 일이지만, 간단한 몇몇 지표만으로도 '촘촘함'의 정도를 가늠해볼 수 있다. 우선 적대적 협력자 공동체의 첫째 조건인 '협력'의 기준이 되는 상호 인용의 정도를 검토해 볼 수 있다.

이 그림은 5권의 책에서 필진들의 상호 인용 방향을 화살표로 표현한 것이다. 방향은 인용자에서 피인용자를, 선의 굵기는 기본선이 1회 인용을, 굵어질수록 다회 인용을 뜻한다. 그림에서 보는 것처럼,

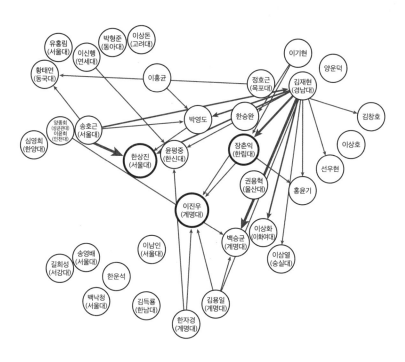

그림 8 5권의 책에서의 저자 상호 간 인용

35인의 국내 학자들 중 서로를 1회라도 인용한 사람은 전체의 3분의 1에 못 미치는 11명뿐이다. 이 중에서 다른 학자를 가장 많이 인용한 사람은 김재현으로, 3권의 책에서 국내 학자 14명을 중복 포함 총 32회 인용했다. 이밖에 네트워크 안에서 다른 학자를 인용한 10인은 대부분 한 번에 한 명, 많아야 두 명을 인용했을 뿐이다. 반대로 가장 많은 인용을 받은 사람은 네트워크의 중심 인물이었던 한상진으로 총 9회에 해당한다. 그러나 그를 인용한 사람은 실제로는 3명뿐이었다.* 이처럼 소수 학자가 소수 학자를 이따금씩 인용한 것 외에 저자들 사이 인용은 매우 부실한 것이 네트워크의 현실이었다. 이러한 빈약한 인용도를 나타내는 위 그림에서 그나마 상호인용도를 과장하고 있는 것이 김재현으로, 그를 뺀다면 그림에서 연결선은 거의 남지 않게 된다.

이렇듯 학자들이 서로를 인용하지 않았다는 것은 이들이 적대적 협력자 공동체로서 상호 비판을 수행하기 이전에 애초에 별다른 신뢰도 보내지 않았음을 뜻한다. 주요 참여자들이 국내 하버마스 '전문가'로 통하고, 각자가 80~90년대 10여 년간 각각 연구활동을 꾸준히 해왔음을 감안하면, 그들은 실제로는 서로의 연구성과를 믿지 않거나 심지어 별 관심도 없었던 것처럼 보인다. 실제로 11명에 의

---

* 이밖에 백승균이 3명에게서 9회, 윤평중이 3명에게서 5회, 이진우가 4명에게서 4회, 박영도가 3명에게서 4회, 장춘익이 2명에게서 4회, 김재현이 2명에게서 3회, 홍윤기와 황태연이 2명에게서 2회, 이상화가 1명에게서 2회, 정호근이 2명에게서 3회, 이삼열과 선우현은 각각 1명에게서 1회씩만 인용됐다.

한 인용 중 대부분은 단순 언급으로, 단락 인용과 분석·비판은 한 건도 없다. 물론 5권의 책에는 몇 차례의 비판적 논의가 발견되기는 한다. 하지만 이따금씩 발견되는 이들 '비판'(또한 단락 인용과 분석이 없는 인상비평들)은 네트워크 참여자가 아니라 하버마스에 대한 것이었다. 즉 네트워크 내부의 학자들의 시선은 오직 하버마스만을 향했고, 서로를 비판하고 견제하는 것에는 관심이 없었다. 아니, 비판과 동조를 말하기 이전에 이들 사이에는 충실한 독서와 독해 작업 자체가 없었던 것 같다.

단적으로, 37인의 저자들은 이진우의 『현대성의 철학적 담론』을 제외하면 이미 발행되어 있는 국내학자들의 번역서도 전혀 사용하지 않았다. 반대로 5권의 책에 수록된 모든 논문의 참고문헌은 하버마스의 본문, 서구학자들의 비평서, 그리고 자기 자신(자기인용)을 향했다. 특히 이 책들이 세 명의 지적 리더를 중심으로 연결됐음에도 그 리더들이 하버마스 이론에 대한 별다른 헤게모니를 발휘하지 못하고 있다는 빈약한 지적 리더십(제1부 참조)은 네트워크에 소속된 그룹들의 불안한 미래를 암시한다. 이러한 상황이 주류 학자그룹과 변혁주의 그룹은 물론, 전문연구그룹을 표방하며 하버마스 집중 탐색을 수행했던 사회와철학연구회 성원들 사이에서도 마찬가지였다는 점은 치명적이다.

마지막으로, 이처럼 그룹 내 비평이 부재한 가운데 이들과 외부 사이의 그룹 간 비평의 문제도 동일했다. 앞선 제4부에서 하버마스의 부상 과정에서 이뤄진 '상징투쟁'을 보면 그룹 간 비판과 견제가 매우 활발했던 것처럼 보이긴 한다. 실제로 하버마스 옹호자들과 비판자들 사이에는 날카로운 상호 비판 관계가 존재하긴 했지만 문제는 이 또한 국내 학자들 사이의 비판은 아니었다는 사실이다. 여기에서 내가 앞에서 신진학자들 사이의 '논쟁'이 거의 대부분 '대리전'이었다고 언급했던 것을 떠올리면 좋을 것이다. 이들 사이의 비판은 하버마스를 내세운 간접 비판이었고, 하버마스를 옹호하거나 비판하는 국내 학자들의 문헌이 직접 등장해 상호 논의를 연속적으로 주고받는 경우는 거의 없었다.[30] 요컨대, 이 연구 네트워크는 전체로서는 물론 세 핵심 소집단으로 범위를 좁혀 보아도 적대적 협력자 공동체와는 거리가 멀었다. 결국 이 모든 사항들이 말하는 것은 한마디로 이들 사이에 신뢰가 없고, 모든 준거는 하버마스와 서구 학자들에 있었으며 믿는 것은 자기 자신뿐이었다는 사실이다. 이것이 화려한 하버마스 네트워크의 실상이었다.

그렇다면 하버마스 네트워크의 성원들은 '왜' 서로를 바라보지 않았을까? 이들의 시선은 '왜' 서구를 향해 있었던 것일까? 이 질문에 답하지 못한다면 우리는 결국 서구 사상을 추종하는 식민지적 근성 비판과 동일한 비난에서 멈추고 말게 될 것이다. 주목해야 하는 지점은 이 네트워크의 주축인 세 그룹이 매우 이질적인 집단이었고, 그 이질성 자체가 사실 이들의 네트워크 참여 동기였으며, 그래서 하버마스 네트워크는 이들의 동상이몽이 만든 잠정적 연대일 뿐이었다는 사실이다. 애초에 이들 세 그룹 사이에는 동일한 '일루시오'를 공유하면서 내부 성원들 간의 협력과 상호 비판을 수행하고 외부의 그룹과는 함께 대결하는, 밀도 높은 적대적 협력자 공동체가 형성될 가능성이 낮았다. 변혁주의 그룹은 애초에 하버마스에게서 자신들이 원하는 도구적 가능성이 확인되지 않을 경우 다시 마르크스로 돌아가거나 혹은 마르크스에 더 충실한 학자 쪽으로 방향성을 굳힐 태세였다. 반면 주류 교수 그룹은 하버마스에 대한 신진 학자와 학생, 그리고 교양 대중의 관심이 잦아들거나 혹은 새로운 대안이 나타나면 언제든지 특유의 딜레탕티즘을 다시 발동할 채비가 되어 있었다. 그러므로 이들 양대 그룹은 본래 서로 약하게 연결되어 있었고 네트워크 안에서 하버마스를 지속적으로 탐색할 실질적 주체는 신진 하버마스 연구자 그룹뿐이었다. 그러나 특유의 중간적 입장(딜레탕티즘과 변혁적 도구주의 사이)과 중간적 위치(주류와 비주류 사이)는 이들 또한 언제든지 이탈하게 할 수 있는 위험 요소였다.

이러한 불안정성은 방한 시기 하버마스 네트워크 안에 이미 매우 직접적으로 학술적 언어로 표현되고 있었다. 우선 주류 제도권 교수들의 딜레탕티즘은 무엇보다 하버마스를 다루는 일이 준비되지 않은 탓에 피상적 이해로 표현됐다. 예를 들어, 대다수 주류 학자들은 비주류 신진 학자들에 비해 하버마스는 물론, 마르크스주의와 비판이론 전통 자체에 대한 탐색의 토대가 빈약했고, 이는 그들이 사용한 참고문헌에서 여실히 드러난다. 5권의 책의 저자들 중 주류 교수 그룹에 해당하는 이들의 경우, 우선 원고의 분량 자체가 매우 짧다. 또한 이들의 글에는 변혁주의적 비주류에 비해 하버마스와 비판이론 저작에 관한 참고문헌의 수가 적다. 물론 참고문헌 수가 내용의 질적 수준을 결정해 주는 것은 아니나 교수 그룹의 부실한 인용이 피상적 이해와 관련되어 있음은 잘못된 해석과 비판으로 이어지고 이는 우선 논문의 구성 형식으로 표현됐다.

주류 학자들은 거의 예외 없이 하버마스 이론의 특정 부분을 자신의 기존 전공에 견주어 풀어 해설하고, 결론에 짧은 주관적 질문과 의문점들을 제기하는, 이진우의 표현을 빌면 "평이하게 서술"(이진우, 1996: 16)하는 글들을 실었다. 문제는 주류 학자들 중 중심 인물 3인(윤평중, 한상진, 이진우)을 제외하면, 이들이 자신에게 주어진 주제와 관련해 하버마스의 저서를 한두 가지만 피상적으로 읽었을 뿐 전체 이론 기획에 대한 이해가 얕아 결론부의 의문들이 논점을 빗나가는 경우가 많다는 것이다.

예를 들어, 해석학 전공의 김용일은 하버마스가 『인식과 관심』에서 딜타이의 해석학과 프로이트의 종합을 통해 해방적 관심을 설정하는 과정을 설명한 뒤, 이것이 딜타이의 "총체적이고 추상적인 역사해석의 방법론을 철저한 자기반성의 영역으로 환원"(김용일, 1996: 53)시켰다고 평가한다. 그러나 반복해서 언급한 것처럼 하버마스는 이미 오래 전에 이 방법을 포기했을 뿐 아니라, 『의사소통행위이론』에서 가다머의 철학적 해석학을 비판적으로 활용해 인류학의 상대주의 논쟁이 거시적 차원에서 세계관들의 '지평들의 융합'이자 상호학습 과정(mutual learning process)으로 해소될 수 있음을 90여 페이지에 걸쳐 논했다(Habermas, 1984a: 43~136). 시민운동에 관심을 둔 정치학자 이신행은 하버마스의 생활세계-체계 개념이 한국에 적용되기 어렵다면서, "하버마스의 방식대로 생활세계와 체계를 나누어서, 즉 일반적인 의미에서 국가와 사회로 나누어서 문제를 분석하는 것은 발전도상국가에서 발생하는 급성적인 정치변동을 분석하는 데 적절하지 않다"(이신행, 1997: 314)고 촌평한다. 그러나 하버마스는 생활세계와 체계의 분리가 통시적 차원에서 근대 합리화가 충분히 진전된 발전사회의 전형적 특징이라 보았을 뿐 아니라, 체계를 국가로, 생활세계를 사회로 등치시킨 적도 없다. 이 개념은 횡적인 것이 아니라 종적인 것, 그리고 언제나 중첩되어 있는 상태를 가리키는 것으로, 국가에도 생활세계적 소통 영역이 있고 시민사회에도 이것이 조직화된 체계의 영역이 있다고 해야 한다.* 하버마스의 통일 강연에 대한 응답인 백낙청의 글은 민족보다 민주적 시민들의 연대가 바람직할 것이라는 하버마스의 제안에 대해, 하버마스의 기타 저작과 이론 체계에 대한 고려를 전혀 포함하지 않은 채, 오직 남북한 민족주의 세력이 연합할 경우 "민족세력과 민주세력들의 일치를 낳게 하는 연대운동을 한반도 전역에 걸쳐 창출할 수 있는 잠재력"(백낙청, 1996: 261)이 있을 수 있다고만 비판한다. 이때 백낙청의 글에는 하버마스 주요 이론 개념에 대한 이해가 누락되어 있기 때문에, 하버마스가 '왜' 대화를 통한 민주시민들의 연합체, 이른바 헌법적 애국주의

---

* 하버마스는 생활세계에서 체계의 측면이 동시에 고려되어야 한다는 점에서 이해 사회학 전통을 비판하고(Habermas, 1984b: 113~197), 반대로 체계이론에 대해서는 이것이 결국 생활세계에 뿌리내려야 함을 비판함으로써(235~282) 두 세계가 사실은 하나로 중첩되어 있음을 세밀하게 논했다.

(constitutional patriotism)가 더 바람직할 것이라 하는지에 대한 반론은 없다.

반면 변혁주의 그룹의 경우, 그들의 약한 네트워크는 주로 이들의 논조에서 드러난다. 우선, 눈에 띄는 것은 분량상 하버마스보다 마르크스주의 혹은 포스트모더니즘과 포스트마르크스주의 학자들에 대한 언급이 더 많다는 것이다. 즉 이들에게 하버마스는 마르크스주의와 대결이라는 긴장 상태 속에서 이해되고 있음이 이미 글의 형식에서 드러난다. 그리고 이는 그들이 내세우는 중심 주장에서도 나타난다. 앞의 4부에서 나는 변혁주의 그룹이 하버마스의 거대한 비판적 독자층을 이루고 있음을 언급했는데, 5권의 책에 참여한 이들의 논조는 대부분 동일한 맥락에서 전형적으로 하버마스를 네 가지 측면, 곧 노동을 무시하는 개량주의자 혹은 근대적 보편성을 포기하지 못하는 인물, 그리고 이론적으로 허점이 많거나 지나치게 이론적이라는 관점에서 비판하는 것이었다. 그리고 이 또한 궁극적으로는 깊은 탐구 전에 이미 답이 정해진, 피상적 독해의 결과이기도 했다. 예를 들어, 하버마스가 분리할 수 없는 생활세계와 체계를 분리해야 한다고 주장했다거나(이상호, 1996: 455), 이상적 담화상황이 현실에서는 작동하지 않는다는(김창호, 1996: 196; 이기현, 1997: 179), 전형적이지만 잘못된 비판들(이상적 담화상황은 반(反)사실적 전제로서 언어 소통 내에 이상적으로 '전제'되고 지향되지 않으면 대화 자체가 불가능하다는 의미만을 갖는다)이 결론부에 짤막하게 제기되는 것은 주류 학자들과 마찬가지였다.

이처럼 1996년 절정의 시점에 하버마스 네트워크의 양 날개를 이루는 교수 그룹과 변혁주의 신진 학자그룹은 이미 네트워크에 약하게 연결되어 있었다. 주류 학자와 변혁주의 학자들은 하버마스를 피상적으로 이해했고, 각자 단편적인 이론적 관심(딜레탕티즘)과 사회변혁의 활용 가능성에 대한 비판적 탐색(도구주의)이라는 다른 관심을 일방적으로 표현했다. 따라서 어쩌면 이들의 빠른 이탈은 이미 예고되어 있었다고 할 수 있다. 중요한 것은 신진 하버마스 연구집단 내에서도 균열이 발견된다는 점이다.

앞에서 우리는 신진 하버마스 연구자 그룹이 주로 독일 유학 출신 경로와 국내 수학 경로라는 구획선을 중심으로 하버마스와 정통 마르크스주의와의 단절성과 연결성을 다르게 강조하는 미묘한 차이가 있음을 보았다. 이러한 차이는 5권의 책에 참여한 이들의 글에서 다시 재현됐다. 물론 이들의 공통 주장은 대체로 하버마스가 현대 자본주의 사회와 공공영역에 대한 유효한 설명틀을 제공하고 있고, 그러므로 그가 마르크스의 대안일 뿐 아니라 현대사회를 탐구하고 변혁하기 위해 중요한 학자라는 것이다. 그러나 하버마스를 계급과 권력 개념을 중심으로 마르크스와의 연장선에서 해석하고 비판점을 도출하려는 박영도의 세 글(1996a; 1996b; 1997)과 선우현의 진단(1996), 그리고 하버마스가 마르크스를 생산적으로 확대했다는 김재현의 일관된 주장(1996a; 1996b; 1997a)은 여전히 이들의 관심사가 마르크스주의적 해방론에 있음을 보여준다. 반면, 현대 최신 자본주의 사회에서의 모더니티론과 법-민주주의론의 유효성을 옹호하는 장춘익(1996; 1997), 시민사회론의 가능성을 긍정적으로 평가하는 권용혁(1996a; 1997)과 언어철학적 전환을 분석한 홍윤기(1996), 화용론의 함의를 평가하는 한승완(1996)에게 이미 마르크스와 급진적 '해방'에 대한 관심은 사라졌고, 현대 공공영역—시민사회에서의 점진적 사회 개조의 필요성이 강조됐다.

물론 입장의 차이는 있을 수 있고 적대적 협력자 공동체 구축을 위해 오히려 해석의 차이는 필수 불가결하다. 그러나 문제는 이들의 입장 차이는 미묘하게 드러날 뿐, 서로의 차이에 대한 아무런 언급이나 참조·평가와 비판이 수반되지 않았다는 것이다. 이것이 없다면 이들의 차이는 어떠한 생산적인 효과도 만들어낼 수 없는, 단순한 차이에 불과할 뿐이다. 단적으로 이들은 마르크스와 하버마스의 관계에 대한 자신들의 이견을 주제로 한 논의를 단 한 번도 지면상으로 주고받지 않았다. 이들은 사회와철학연구회에서 수년간 하버마스를 주제로 '열정적인 토론과 상호비판'을 꾸준히 해왔다.* 그런데도 하버마스에 대한 해석의 공통지점을 발견하지 못했고, 차이점이 분명한 상호 비판으로 구체화하지 못했다는 점은 놀랄 만한 일이다. 결국 방한을 맞이한 시점에 이들 학자들 사이에 적대적 협력자 공동체의 핵심 조건은 갖춰지지 못한 상태였고, 이것이 알게 모

---

* 나종석은 사회와철학연구회가 1993년 창립되어 2001년 첫 학회지가 나오기까지 "약 60회 정도의 학술발표회를 가졌으며, 거기에서 다루어진 상당수는 하버마스 관련 주제였다"고 말했다(나종석, 2010b: 300). 이들은 스스로 "한 명의 발표자를 놓고 최소한 4~5시간, '배고플 때까지' 계속되는 잔인한 토론으로 '악명'이 높은 '사회와철학연구회'"라 자신했다(《동아일보》, 2001.4.25. "철학 전문저널 창간한 사회와철학연구회").

르게 책에 표현된 것이었다. 국내파와 해외파 사이에 지속적으로 그어지는 암묵적이지만 분명한 차이, 사실 근본적으로 상당히 다른 실천 성향과 가치관에서 비롯되는 이 차이는 생각보다 심각한 것인데, 앞으로 보겠지만 이것이 90년대 후반 각 학자들이 선택하는 경로를 대부분 결정하고 분열하게 만들기 때문이다.

요약하면, 주류 학자-변혁주의 그룹과 마찬가지로 이들 신진 학자들 또한 궁극적으로는 5권의 책 안에서 하버마스의 각자 다른 부분을 각자 다르게 조명했을 뿐이고, 공통의 공유된 문제의식과 협력적 작업은 (그것이 동의의 협력이건, 비판적 관계의 형성이건) 사실상 마련되지 못했다. 5권의 책 안에서 나타나는 이와 같은 세 그룹 사이의 차이, 그리고 신진 그룹 내 균열 조짐은 공통지대의 부재라 표현할 수 있다.

그런데 뚜렷한 쟁점과 상호간 공조와 논쟁이 존재한다면 이상적이겠지만, 모든 모음집들에서 이것이 나타나는 것은 아니다. 잘 알려진 해외 유수의 모음집에서도 각자 상이한 이해관심을 가진 필진이 특정 이론이나 쟁점의 각자 다른 지점만을 지적하는 경우도 많다. 그럼에도 하버마스 네트워크의 5권의 모든 책들에 참여한 37명의 학자들 사이에서 앞으로의 하버마스 수용의 해석적 진전과 변용, 갱신의 출발점이 될 공통 지반이 발견되지 않는다는 것은 앞으로 이뤄질 네트워크의 급격한 해체와 암울한 미래를 예고한다. 이불안한 동거의 종료는 현실이 됐고 세 그룹에 속한 수십 명의 참여자들은 놀랍도록 다양한 경로로 분기해 네트워크로부터 이탈하기 시작한다.

하버마스 네트워크의 불안한 연결은 머지않아 이곳 성원들의 빠른 이탈로 나타나기 시작했다. 하버마스에 대한 상이한 이해관심으로 모여들었던 이들은 이제 목적을 다한 순간 각자의 이해관심을 충족하기 위해 네트워크로부터 떠나게 되는데, 이때 90년대 중후반 한국의 인문사회과학 학술영역의 상황에서 이들 앞에 놓인 선택지, 일종의 가능성의 공간들은 주로 다음과 같은 것들이었다.

딜레탕티즘의 경로들

a. 최신이론의 확장: 주목받는 또 다른 신진 서구 학자/이론을 소개하는 일

b. 소재의 확장: 이론을 유지하거나 비워둔 채 소재와 사례의 범위를 확장하는 것

c. 서양 회귀: 서양 고전철학/이론으로 탐색 범위를 거슬러 올라가는 것

d. 동양 회귀: 동양철학, 한국철학이론의 발굴에 나서는 것

e. 교양화: 다양한 사상의 박식한 교양 교육자가 되는 것

도구주의의 경로들

a. 변혁이론의 안착: 마르크스주의로의 회귀, 포스트마르크스주의로의 정착, 포스트모더니즘으로의 전향 등의 경로 설정과 유지

b. 자생이론 정립: 독자적이고 자생적인 변혁이론의 정립 시도

c. 실천우선주의: 이론 자체의 무용성을 주장하고 실천으로 초점을 옮기는 것

d. 저널리즘 참여: 언론, 출판, 매체 등을 통해 사회 현안에 개입해 단기적 처방전을 제시하는 것

e. 직위 수행: 학교, 사회단체, 정부기구 등에서 지위를 획득해 참여하는 것

이 선택지들은 학자들을 한곳으로 모아주는 장이 부재한 상황에서 이들이 학술영역 내에 속한 위치에 따라 주로 택했던 실제 경로들을 취합하고 이를 유형화한 것이다. 논의 과정에서 반복해서 언급한 것처럼, 90년대 국내 인문사회과학 학술공간에서 장의 성립은 제대로 이뤄지지 못하고 있었다. 그 안에서 하버마스 네트워크의 경우 일시적으로 장의 효과와 유사한 것이 형성되기는 했었다. 그러나 사실 이들의 연결은 매우 불안정한 동상이몽에 가까웠고, 네트워크의 성원들은 공통의 해석과 공통의 문제의식을 기반으로 누가 더 나은 해석을 제공할 수 있는가와 관련한 적대적 협력자 관계를 만들지는 못했다. 만일 이것이 이뤄졌다면, 그리하여 자신들 사이에 합의된 좋은 해석이 존재하고, 그것의 제공자가 좋은 연구자라는 공동의 인정이 발생했다면, 이는 학자들의 관심이 계속해서 하버마스에 대한 더 나은 해석과 적용을 성취하려는 몰입으로 이어질 수도 있었을 것이다. 그러나 실제로 일어난 것은 반대였다. 장을 만들지 못한 상태에서 이들 앞에 제시된 선택지들은 하버마스를 중심으로 한 규

합이 아니었고, 반대 방향에서의 다른 선택지들은 이들을 유인했다. 장의 부재 상황에서 약한 네트워크는 이들에게 하버마스 연구를 통해 상징자본을 취득하고 정당한 보상을 받으리라는 비전을 전혀 보여주지 못했고, 오히려 하버마스로부터 이탈할 때에만 자신들의 학자적 위치가 유지 재생산되거나, 혹은 더 나은 보상을 제공해 줄 것으로 여기게 했다. 아니면 학술적 탐구보다 사회 이슈에 대한 개입이 더 '옳은' 길이라는 과거의 믿음이 되살아나는 경우도 많았다. 어쨌건 위에 제시된 경로들은 학자들로 하여금 하버마스 연구의 지속보다 '더 나은 기회'로서 그들에게 보인 선택지들이었다. 90년대 중후반 딜레탕티즘-도구주의 경로로 나뉘는 각 학자들의 실제 분기가 지니는 특징을 살펴보면 다음과 같다.

딜레탕티즘의 경로들

학자들의 선택은 자신이 제도권 주류에 속하느냐 아니면 비주류 그룹에 속하느냐에 따라 갈렸다. 먼저 딜레탕티즘의 경로들은 주목과 인정의 원천을 찾아 연구 관심을 지속적으로 이동시키는 제도권 주류 학자들의 선택지들을 보여준다. 계속해서 다른 새로운 유력 서구학자를 도입·소개하는 〈딜레탕티즘a: 최신이론의 확장〉의 경로는 전통적인 주류 학자들의 생존 전략이었다. 앞서 제3장에서 본 것처럼, 자생적 이론틀과 논의 공간은 물론 자생적 신규 학자 배출의 교육기능마저 없는 국내 학술영역의 열악함은 각각 외국 이론의 동향에 귀 기울이고 이들을 잘 소개할수록 이론에 밝은 것으로 여겨지게 하고 그 최신 이론을 전공하고 돌아온 해외 박사들이 대우받는 결과를 낳았다. 자생적 담론의 공간이 없는 상태에서 서구산 최신이론에 대한 이 같은 동경은 국내 학자들로 하여금 다양한 이론을 '섭렵'하고 최신이론의 도입에도 발 빠른 소개자 역할을 수행하는 사람이 '좋은 학자'로 여겨지게 만듦으로써 국내 인문사회과학 학술영역의 학자들에게 추구될 만한 좋은 선택지로 제시되고 있었다(제3부의 이규호 사례를 떠올려 보라).

그런데 이러한 최신이론 소개자의 역할은 많은 인정과 존경을 보장하지만, 쉽게 달성되기 어려운 것이라는 문제가 있다. 이 경로는 학자로 하여금 많은 '투자'를 요구하는데, 왜냐하면 기본적으로 도입·소개를 위해서는 풍부한 이론적 기초 역량과 언어능력이 잘 갖춰져 있어야 하고, 또한 지속적인 수입을 위해서는 항상 서구 학계의 동향에 귀 기울이고, 기회가 닿을 경우 해외 학술 행사에 참여해 흐름에 동참하고, 적지 않은 시간을 투자해 이를 이해하고 소화한 뒤, 다시 논문이나 도서의 형태로 집필해 출간하는 지난한 절차를 밟아야만 하기 때문이다. 실제로 〈딜레탕티즘a〉의 경로를 성공적으로 성취한 사례가 많지 않음은 이 경로를 따르는 일의 어려움을 보여준다. 이때 특정한 이론을 지지하는 관점은 유지한 채, 혹은 이론은 비워둔 채 학술적 논의의 소재 대상 범위를 확장하는 〈딜레탕티즘b: 소재의 확장〉의 경로는 경제성의 측면에서 추구할 만한 좋은 대안이 된다. 추상적인 이론 담론을 지속하는 것보다 자신의 기존 입장(주로 박사학위 취득 과정에서 습득한 기본적인 이론적 관점)을 유지한 채 그것을 다양한 경험적 현상들에 적용·설명하는 일이 훨씬 손쉽기 때문이다. 제3부에서 본 김태길, 김경동 등의 사례에서 대표적으로 발견되는 이 선택은 국내에서 한 분야의 '전문가'로 통용되는 인물들 다수의 전형적인 학술적 여정을 이룬다. 사실 동서양을 막론하고 박사학위 때 사용된 이론틀의 범위를 확장하는 이 전략은 신진 학자들이 가장 전형적으로 택하는 것이다. 그러나 이것이 이론틀 자체에 대한 고민과 갱신이 없이 경력의 심화 과정에서 계속 반복만 될 경우 바로 괴테와 부르디외가 비판했던 '소재와 범위만을 확장하는 주석가'로서 딜레탕티스트가 된다.

다른 한편, 국내 인문사회 학술영역의 주류 학자들이 취할 수 있는 좋은 선택지 중에는 학문의 원류인 동서양의 고전이론으로 회귀하는 〈딜레탕티즘c: 서양 회귀〉와 〈딜레탕티즘d: 동양 회귀〉도 있었다. 학문의 원류인 고전이론으로 거슬러 올라가는 선택은 인문사회 학자들이 흔히 채택해 온 방식이다. 이는 학문의 근원을 탐색한다는 긍정적 의미도 있을 수 있지만, 그것이 선택과 집중, 그리고 이를 통한 의미 있는 새로운 논의 생산이 아닌 '다양한 고전이론가의 섭렵'으로서 추구될 경우에는 〈딜레탕티즘a: 최신이론의 확장〉의 한 변형이 되기 쉽다. 후자의 동양 고전이론으로의 회귀의 경우 동양사상이 기본적으로 한국 이론가들의 필수 소양이기도 했지만[31] 90년대에는 더욱 활성화됐는데, 이는 국내 학술공간 전반의 상황 변화를 반영한다.

서구 이론의 반복 수입이 공회전으로 그치는 문제 상황과 지적 "사대주의"에 대한 성찰적 목소리가 점차 높아지고(신용하, 1994: 20; 백종현, 1998) 서구에 의존하지 않은 자생적 이론의 정립이 필요하다는 지적들이 지속되면서 90년대 국내 인문사회 학술영역에는 동양 이론, 특히 유학 전통에 재주목해야 한다는 움직임이 광범위하게 일었다. 특히 1991년에는 에드워드 사이드의『오리엔탈리즘』이 뒤늦게 소개됐는데, 이 책은 국내 학자들에게 '서구중심주의'의 문제를 환기시키고, 이에 대항한 전통 동양이론의 발굴과 동아시아 문명론 탐색의 필요성을 강조하는 흐름으로 연결됐다(김항 · 이혜령, 2011: 116~121; 강수택, 2001: 263). 이러한 맥락에서 70~80년대 학자들과는 달리 90년대의 학자들에게는 분과를 막론하고 동양(유학)사상을 다루는 일이 중요한 과제로서 권장됐고, 이론지향적 학자들의 90년대 행적에서 이 탐구는 매우 흔하게 발견된다.

마지막으로 이 모든 소재들을 활용해 쉬운 교양서를 집필하고 강연자가 되는 길인 〈딜레탕티즘e: 교양화〉도 유력한 방법이었다. 위에 서술한 각 경로들이 주로 학술영역 내의 논의임을 전제로 하는 것이었다면, 위의 경로들을 거친 후 교양 교육자로 변신하는 것 또한 매력적인 선택이었다. 왜냐하면 장 내에서 인정의 경로가 없는 상태에서 학술영역 외부로부터 주목과 인정은 좋은 보상책이 될 수 있기 때문이다. 특히 80년대 후반을 거치며 크게 성장한 출판 · 잡지 시장은 90년대 학자들을 위한 중요한 터전이 됐다. 이 경로를 통해 학자들은 '대중과 소통하는 학자', '어려운 논의를 쉽게 전달해 주는

석학' 등의 이름으로 호명될 수 있다. 이렇게 인문사회과학 계열 중 진 학자들이 교양 교육자로 변신해 도서출판시장, 언론매체, 혹은 독립 강좌 공간에서 학자 경력의 후반부를 보내는 경우는 특히 90년 대 들어 좋은 선택지로서 각광받았다.[32] 또한 이 경로는 위의 모든 경로들과 쉽게 결합할 수 있다는 장점도 있다. 학자 경력의 초기·중기까지 획득한 지적 자산을 교양 수준의 집필과 강연으로 전환시킴으로써 후기 경력이 안정적으로 확보될 수 있기 때문이다.

이상과 같은 딜레탕티즘의 주요 선택지들은 주류 제도권 학술공간의 상황을 그대로 반영한다. 장의 부재는 학자들에게 학계 내에서 집중된 공통의 몰입보다 위와 같은 넓고 얕은 지식의 추구자가 더 좋은 학자적 경로인 것으로 보이게 하고, 심지어 좁고 깊은 연구는 손해가 될 뿐 아니라 규범적으로 추구되지 말아야 할 편협한 자세로 비쳐지게 했다. 특히 90년대 들어 본격화된 이른바 '학진체제'의 성립은 중요한 외적 변수였다. 국내 학술공간의 낮은 생산성과 유학 의존도 심화 현상에 대한 타개책으로 외부로부터 제기된 제도적 압력인 이 체제는 위의 딜레탕티즘을 한층 가속화시켰다. 이전까지는 대학의 교수가 되기도 쉽고 한번 교수가 되면 정교수 승진이나 '명문대학' 교수직을 지속 향유하는 데 문제가 없었지만, 정량적 수치 경쟁을 표방하는 학진체제에서 학자들은 이제 그 계량 지표를 채워줄 학술활동을 어떻게든 수행하지 않으면 안 되게 됐다.[33] 이때 많은 시간과 노력을 투여한 '좁고 깊은' 공동의 연구는 기피되고 위에 제시된 모든 딜레탕티즘의 노선들이 훨씬 더 좋은 가능성의 공간으로서 제시된다. 요컨대, 90년대 들어 재일원화된 학술영역 중심부 학자들의 딜레탕티즘은 점점 더 강화됐고 심지어 90년대의 상황 변화들과 맞물려 그 경로들이 오히려 더 다양하고 풍부해지고 있었다. 이는 이러한 선택지와 경로들이 학술영역 중심부의 인정의 분배구조로서 굳어지고 있었음을 뜻한다.

도구주의의 경로들

딜레탕티즘의 경로들이 주류 제도권의 학자들에게 학술영역 내에서 지위를 재생산하는 것에 맞춰져 있었다면, 도구주의의 경로들은 변혁지향적 신진 학자들이 정치적 격변기 동안 80년대 학술운동 영역의 형성과 확산 과정을 겪으면서 체득한 강력한 습속, 즉 사회변혁적 실천 지상주의 성향의 하위 범주들이다.

첫 번째 경로인 〈도구주의a: 변혁이론의 안착〉은 경합하는 이론들 중 가장 '마르크스적'이라고 생각되는 이론들 중 한두 가지에 정착하는 길로, 이론 지향변혁주의 학자들의 가장 중심적인 경향을 이룬다. 앞의 제4부에서 본 것처럼, 한국철학사상연구회와 한국산업사회연구회의 젊은 주요 학자들은 90년대 초반 마르크스주의의 붕괴와 동시에 대안을 찾아 분기했고, 애초의 관심 혹은 분과적 성향 등에 따라 빠르게 가장 선호하는 방향의 이론을 택했다. 크게 알튀세르와 발리바르의 '포스트마르크스주의' 경향, 푸코와 들뢰즈 등의

'포스트모더니즘' 경향으로 나눠진 이들은, 자신이 선택한 대안이 가장 변혁적 실천에 도움이 되리라는 확신하에 비교적 오랜 기간 성실히 이론 작업에 몰두했다. 실제로 푸코의 양운덕과 이기현, 들뢰즈와 가타리의 이진경, 알튀세르와 발리바르의 윤소영, 라클라우와 무페를 옹호한 이병천 등은 당분간(곧 대략 1990년대부터 2000년대 초반까지) 각자가 선택한 인물에 대해 집중적으로 탐구했다(강수택, 2001: 261; 김항·이혜령, 2013: 466~492). 이는 이들에게 일정한 전문주의적 면모를 부여해 주기는 했지만, 사실 여기에는 이들 각자가 상호 원자화되어 서로 연결관계를 맺지 못하는 문제, 그리고 깊이 탐색한 그 이론과 당면한 사회 현상에 개입하는 실천 사이의 연관관계를 증명해야 하는 문제가 있었다. 그리고 이 문제의 해결은 자주 유예됐고 또한 포기됐다. 결국 이들의 전문주의는 담론의 파생 효과를 일으키진 못한 채, 그저 각 이론가의 깊은 탐색이 궁극적으로는 해방의 기획에 기여할 것임을 약속하고, 그 실현은 끝없이 뒤로 미뤄지는 도구주의였다.

그런데 이러한 변혁주의 이론연구자들의 '추상으로의 침잠'은 시간이 갈수록 소수화됐다. 90년대를 거치며 변혁주의 학자들 사이에는 이론적 논의에 대한 호응 자체가 시들해졌다. 이는 분명히 80년대 말~90년대 초, 이론으로의 지나친 몰입에 대한 반작용적 측면이었다. 90년대 초반에서 중반을 거치며 점점 더 지지받게 된 것은 서구 이론을 배척하고 자생적 이론을 구축해야 한다는 입장의 〈도구주의b: 자생이론 정립〉과 아예 급진적으로 이론적 논의 자체를 거부하고 실천에 헌신해야 한다는 〈도구주의c: 실천우선주의〉의 경로였다. 이 두 경로는 독자적 이론의 구축과 이론 자체의 거부라는 점에서 지향점이 분명히 달랐지만,* 우선 서구의 추상적 논의에서 벗어나 '우리의 구체적 경험 현실'을 다뤄야 한다는 점에서는 일치했고, 그래서 90년대 중반에는 특히 사회과학 계열을 중심으로 노동현장, 시민운동 현장의 현황을 다루는 다수의 경험연구들이 쏟아져 나왔다. 그러나 목적이 달랐기에 두 경로는 엄연히 다른 지향을 표방했고, 또한 다른 종류의 위험요소를 내포하고 있었다. 전자의 경우는 경험 연구를 통한 누적적·귀납적 결과물로서 새로운·자생적인 이론을 정립해 제시하고, (딜레탕티즘a: 변혁이론의 안착)과 동일하게) 이것이 다시 변혁적 실천에 도움이 된다는 사실을 입증해야 하는 높은 증명부담을 가지는 경로였다.** 후자의 경우는 이들이 실천의 우선성을

---

* 예를 들어, 이러한 미묘한 차이는 김동춘과 조희연의 공통점과 차이에서 분명히 드러난다. 한때 서구산 마르크스주의 이론의 가장 강력한 수용자이자 옹호자였던 두 사람은 공히 90년대 중후반, 서구산 이론의 '맹목적 수입'과 '지적 식민화'를 비판하고 나섰다. 그러나 이에 대한 대안에서 두 사람은 다른 입장을 보였다. 김동춘은 결국 정교한 이론틀의 정립이 없이는 변혁적 실천도 불가능하다는 관점 하에 자생적 이론의 구축 필요성을 상대적으로 더 역설했고, 자신이 그러한 이론을 만들어 낼 것을 약속하기도 했다. "나는 지금 본격적인 사상, 이론 연구나 경험적 연구를 통해 '나의 이론'을 세워야 할 단계에 서 있다"(김동춘, 1997b: 7). 반면, 조희연 또한 자생이론을 강조하기는 했지만 결국 모든 학술활동은 실천을 목표로 하고, 실천이 없는 논의는 공허하다며 실천우선론을 펼쳤다(조희연, 1999).
** 강수택 또한 90년대 '진보지식인'들의 '위기'의 반향 중 한 방향으로, "진보적 지식인에게 명시적으로 부여한 역할들을 살펴보면, 새로운 이론적 대안 내지는 모델을 형성하는 역할"로 분류하고, 김명인, 정영태, 조희연, 이광일, 장석준 등의 비판적 신진 지식인들을 꼽았다(강수택, 2001: 274~275). 그러나 여기에서 강수택이 이들이 각각 "한국 사회의 발전 모델을 제시할 과제를 부여", "우리 현실에 맞는 실현 가능한 이론과 실천적 대안을 형성할 것을 주문", "새로운 지적 담론과

강조하면서도 결국에는 경험연구를 하기 위한 준거점으로서 이론적 논의 자체를 피할 수 없었고, 그래서 오히려 논의과정에서 서구 이론에 대한 의존도가 더 높아지게 되는 모순점이 존재했다.* 그럼에도 아래에서 보게 되듯이 두 경로는 90년대의 변혁주의 진영 학자들에게 많은 영향을 줬고, 다수의 사회과학 계열 신진 학자들은 이들의 주장을 따라 이론보다는 경험 연구에 치중했다.

변혁주의 진영 출신 신진 학자들에게 90년대 시점에서 좋은 선택지로 보였던 또 다른 경로는 언론이나 도서를 통한 직접적인 사회개입인 〈도구주의d: 저널리즘 참여〉와 학교, 사회단체, 정부기관 등

사회 운동의 새로운 전형을 만드는 데 기여할 것을 주문"했다고(같은 곳) 표현한 것처럼, 이는 주로 당위성의 역설과 선언 수준에서 그쳤다.

* 예를 들어, '민중사회학'의 대표자인 김진균은 『한국의 사회현실과 학문의 과제』(1997년)에서 추상적 담론으로부터 탈피해 민중 속으로 들어가 "민중의 욕구를 … 포착"(김진균, 1997: 200)해야 할 것을 역설했다. 그러나 다른 한편, 그는 같은 책에서 이러한 실천에 대한 헌신이 또 다시 이론적 토대에서 출발할 수밖에 없음을 "민중사회학의 이론화 전략"이라는 챕터를 통해 상론해야만 했다. 그리고 여기에서 그는 한국 사회의 근본 문제가 "계급모순과 민족모순"으로 개념화될 수밖에 없으므로(291), 이를 포착하기 위해 "사회구성 내지 사회구조를 민중의 계급구성에 기초해서 파악하는 방법", "각 계급 내지 각 계급 내의 구성집단을 생산수단의 소유 및 생산과정에 노동을 투입하거나 통제하는 관계에 대한 직접 내지 간접적인 사회적 거리에 따라 구체적으로 객관적인 방법으로 규명"하는 일, 이를 바탕으로 한 "계급연대 및 계급동맹" 과정의 분석, "계급의 주관적 측면도 객관적으로 파악"하기, "제국주의 세력과 그 매개 지배세력의 성격, 지배역량 및 기능작용" 파악이 필요하고, 이 모든 전략은 "궁극적으로 민중에 기초해서 사회를 재구성하는 전망으로 연결되어야"한다고 주장했다. 이 모든 전략이 서구산 마르크스주의 전통의 용어들을 사용한 이론 전략이고, 그러므로 여기에서 '민중 속으로'의 기치와 그 '이론전략'이 상충하고 있음은 누구나 쉽게 간파할 수 있다. 이러한 김진균의 문제는 그를 계승한 후속세대 학자들에게 전형적인 문제로 발견된다.

에서 책임직을 맡는 〈도구주의e: 직위 수행〉*의 길이었다. 앞서 a~c의 경로가 여전히 '학술적'인 것이었다면, 이 두 경로는 보다 직접적으로 실천에 정향된 것이다. 그러나 이들이 그 개입을 위해 여전히 자신들이 습득한 학술적 지식을 활용하지 않을 수 없었고, 혹은 적극적으로 자신의 변혁주의적 이론 관심을 현실에서 구체화시키고자 했다는 점에서 이는 여전히 도구주의의 경로였다. 우선 언론이나 도서 시장을 통한 사회문제에 대한 즉각적 개입과 처방전의 제시는 변혁주의 학자들을 매우 강력하게 유인했다. 학문의 목적이 사회변혁적 실천에 있다는 신념을 강하게 유지한 이들에게 시시각각 변화하는 사회의 모습과 이에 따른 다양한 사회갈등 현상은 자신들에게 즉각적 개입을 요청하는 것처럼 비쳐지기 쉬웠다. 특히 2년 주기로 치러지는 선거에서의 정치적 노선의 문제, 그리고 90년대 문민정부–국민의정부가 시행한 신자유주의 친화적 경제정책의 문제들은 젊은 신진 학자들의 실시간 개입을 이끌었다. 잦은 신문 기고, 인터뷰, 대담, 그리고 현 시점에서 사회현상을 진단하는 짧은 글들을 모은 교

---

* 직위 수행의 경로 중에서 소속 교내 보직을 거쳐 총장이나 이사진으로 진출하는 것은 사실 주류 학자들이 자주 택하는 방안으로, 여전히 대학이라는 울타리 안에서 인정받기 위한 방법이자 활동의 범위를 넓히는 측면도 있다. 그러나 이때 자주 그의 '학자적 역량'이나 '학계의 명망'이 운영진 진출을 위한 근거로 동원되고, 이때 통상 학자들은 자신의 평소 가치관을 직위 수행을 통해 실현하는 것을 천명하는 도구주의적 면모를 보인다. 특히 변혁지향적 학자들에게서 이러한 측면은 매우 강해지고, 대학 외부에서 각종 실천지향적 기구의 직위를 수행할 때 그의 가치관과 학자 경력이 적극 동원된다는 점에서 도구주의의 경로로 분류된다.

양 대중서들은 중요한 개입의 창구였다.* 다른 한편, 90년대 연달아 민주화 정부가 들어서면서 변혁지향적 학자들에게는 정부 기관 또는 시민단체 등에서 실천적 활동에 몰입할 수 있는 많은 기회들이 열렸다. 90년대 활성화된 시민운동 영역 내에서 많은 시민단체가 변혁주의 학자들의 참여와 주도하에 설립됐다.** 또한 민주화된 정부와 변화된 정치공간 내의 정치세력들은 이들 변혁주의 신진 학자들

---

* 김동춘은 "시대에 응답하고자 한 30년의 글쓰기"를 모아 출간한 책 『사회학자 시대에 응답하다』에서 자신의 대중을 향한 즉각적 개입 수행과 그로 인한 연구의 부재 문제를 다음과 같이 고백한다. "이 책에 실린 1990년대 이후의 글 대부분은 대학이나 학계에서 학술연구 업적으로 인정받기 위해 쓴 것이 아니라, 뒤틀려 있는 한국사회의 현실에 글로써 개입하려는 것이었다. 이 종류의 글을 포함해 언론 매체에 쓴 칼럼 등을 합하면, 아마도 지금까지 쓴 글의 절반 이상은 학술논문보다는 이런 사회비평 성격의 글들일 것이다. 이 시간 동안 학술연구에 더 매진했다면 더 치밀한 이론화 작업을 할 수 있었을 것이고, 더 많은 연구성과를 쌓았을 것이라는 아쉬움이 있다. 하지만 1987년 이후 지난 30년 동안 한국 사회는 내게 이런 글쓰기와 더불어 여러 시민사회 단체 활동에 더 많은 시간을 투여하도록 요청했고, 나 역시 그런 작업에 의미를 부여하며 보람을 느꼈다."(김동춘, 2017: 4~5).
** 예를 들어, 조희연은 참여연대 설립에 자신이 주도적으로 나서게 된 계기를 다음과 같이 회고했다. "그후 나는 이 실패에 대한[진보적 학술지 『사회평론』지의 이른 폐간을 뜻함—인용자] 도덕적 책임을 지기 위해서라도 새로운 일을 벌이거나 참여하지 않고 자중하면서 '개인적으로 공부만 해야겠다'고 몇 번이나 다짐하였다. 그러나 그 수없는 다짐을 스스로 지키지 못하였다. '참여연대'를 창립하는 데 참여하게 된 것이다 ⋯ 87년을 분기점으로 하여 노태우정권 및 김영삼정부로 이행하면서, 즉 위로부터의 보수적 민주화가 진전되면서 발생한 새로운 운동의 위기상황에 어떻게 대응할 것인가 하는 문제의식이 그것이었다 ⋯ 『사회평론』 실패에 대한 자책감은 나를 대단히 소극적이게 만들었던 것이 사실이다. 그래서 '내가 하겠다'가 아니라 '이런 일을 해야 민중 운동이 삽니다', '제발 이런 일을 하십시오'라고 역설하고 다닌 것이다. 그러나 아무도 귀 기울이는 것 같지 않았고, 결국은 나 스스로가 진보적 시민운동에 뛰어드는 결과를 낳고 말았다"(조희연, 1999: 428~429).

에게 손을 내밀어 실천적 활동의 기회를 제공했다.* 사회운동론에서 전형적으로 제도화 현상이라 부르는 이런 경향은 단기적으로는 변혁지향적 학자들이 다급한 사회적 현안에 직접 개입할 수 있게 해주면서 성취감과 보람을 가져다줬지만, 이 과정에서 드러난 인적 유출이나 운동의 연성화 같은 문제들은 오히려 시민운동의 역량을 약화시켜 시민사회영역 자체의 재생산에는 문제가 됐다.[34] 특히 학자들의 잦은 사회 개입은 부르디외의 관점에서 볼 때 학술적 담론의 빈곤을 가져올 뿐 아니라 나아가 사회적 현안들이 학술공간으로 침투해 외부 의존적으로 만드는, 근시안적인 처방이 될 위험을 지닌 것이다.

결국 변혁주의 진영이 주로 택한 이와 같은 도구주의적 경로들이 지닌 근본적인 위험은 이들이 학술적 실천이 변혁의 도구로서만 의미를 가진다고 계속해서 생각하는 이상 그것이 사회적 변화의 흐름

---

* 조희연과 김동춘과 마찬가지로, 한국산업사회연구회의 이론가 중 한 명인 유팔무는 1990년대를 전형적인 '진보지식인의 사회참여'로 바쁘게 보냈다. "처음에는 비판적 학술, 교육활동 차원에서 진행되다가, 1990년대 후반부터는 '진보정당 운동'의 차원에서 진행되었다. 1994년에 참여연대 창립과 활동에 적극 참여했고 … 1999년 이후 춘천시민연대, 그 후 강원연대 활동은 관련된 연구에 도움을 주었고, 나는 종종 이러한 활동 경험을 사회운동, 시민운동, NGO, 사회학개론 등의 수업 시간에 사례로 제시하기도 했다. 1997년에는 국민승리 21 창당에 참여했고, 강령 만드는 일을 했다. 2000년에는 민주노동당 창당에 적극 참여했고, 당명 제정, 강령 제정 위원으로 일했다 … 2000년대 초에는 사회민주주의 연구회의 토론회가 매스컴을 조금 탔는데, … 결국 나와 몇몇 사람들이 참여해 한국 사회민주당을 만들었고, 후에 녹색 사민당으로 당명을 바꾸어 선거에 나갔으나 참패해 해산했다 … (이하 생략)"(2017: 193~199).

에 종속적일 수밖에 없다는 데 있다. 물론 '학자'로서 이들의 목표는 학술적 논의가 변혁에 도움을 줘야 한다는 것으로, 표면적 선후관계에서 우선순위는 분명히 전자, 즉 정치한 학술지식의 정립에 부여되어 있었다. 그러나 부르디외가 지적한 것처럼 학술적 논의는 언제나 사회적 변화를 담아낼 수 없고 그것을 좇아가게 된다. 특히 변화의 속도가 매우 급격한 한국사회에서 시시각각 변화하는 사회적 이슈들은 도구주의 지향적 젊은 학자들에게 학술적 논의보다는 즉각적인 사회 개입이 더 긴급한 문제인 것처럼 보이게 만듦으로써 자신들의 목표와는 달리 자주 선후관계를 뒤집어 버렸다. 다시 말해, 도구주의적 습속의 변혁주의 학자들에게 학술적 주제에 대한 내부로의 공동의 몰입, 특히 이론적 논의는 자주 시급한 현실 앞에서 규범적으로 '선택되지 말아야' 할 경로로 여겨졌다. 이는 이들로 하여금 90년대 중반의 세계화 문제와 신자유주의 친화적 노동정책의 문제, 90년대 후반 IMF 구제금융으로 인한 체제변화와 양극화 문제, 90년대 초반 북한 핵문제로부터 촉발된 긴장 상황과 2000년 남북 정상회담의 대화 무드 조성 등 숨쉴 틈 없는 다양한 이슈들에 헌신하게 만들었다.

이처럼 90년대 중후반 재일원화된 학술영역에서 변혁운동 출신 신진 학자들은 예전과는 다른 방식으로 자신들의 목표를 실현해야만 했다. 이전까지는 강력한 물리적 '투쟁'이 주요 수단이었다면, 어떤 식으로건 제도권의 주변부에 진입해 학자가 된 이들은 학자이자 연구자로서 새로운 단계의 변혁주의 방안을 만들어야만 했다. 이를 위해 다양한 도구주의적 경로들이 제시됐고 그것은 실현을 위한 분투 과정에서 점점 더 굳어져 갔다. 그 결과는 딜레탕티즘과 동일하게 학술적 공간의 공백이었다.

결과적으로 전혀 다른 맥락에서였지만 1990년대는 주류 제도권 학자들에게든 비주류 변혁주의 출신 신진 학자들에게든 공히 전문주의와 아카데미즘이 그 핵심 성향으로 굳어진 반면 공동의 학술적 논의의 공간은 누락된 채 전개됐다. 그리고 이것이 하버마스 네트워크의 해체라는 우리의 관심에서 중요한 까닭은 비록 딜레탕티즘과 도구주의가 한때 제도권·변혁주의 진영의 학자들이 하버마스로 모여들게 만든 주요 원동력이었지만, 동시에 그것이 얼마 지나지 않아 이들로 하여금 하버마스로부터 이탈할 수밖에 없게 만든 강력한 외적 유인 또한 제공했다는 사실에 있다.

앞으로 살펴볼 이들의 선택은 90년대 후반 재일원화가 완료된 이후 국내 인문사회과학 학술영역의 구조가 이러한 경로들로 정착됐음을 보여주는 거울이 된다. 애초에 딜레탕티즘과 도구주의는 이원화된 학술영역에서 주류–비주류가 채택한 실천 성향이었다. 이것이 재일원화가 완료된 90년대를 경과하면서 이제 학술영역의 중심부와 주변부 내에서 전형적인 특성으로 고착화되었다. 하버마스 네트워크의 해체 과정에 대한 분석은 바로 이러한 학술공간 전반의 구조화가 실제로 어떻게 진행되었는지를 학자들의 선택들을 통해 보여주게 될 것이다.

마지막으로 한 가지 더 언급할 중요한 사실은 위에 열거된 경로들이 학자들 개인에게 복수로 선택될 수 있다는 점, 시간과 상황에 따라 선택지가 바뀔 수도 있다는 점, 무엇보다 자신이 속하지 않은 영역의 경로가 선택되는 '크로스오버'가 나타나 결과적으로는 수많은 경우의 수가 가능하다는 점이다. 이는 근본적으로 어떤 계기로 인해 어떠한 경로가 선택될지는 개인의 상황과 자유에 달려 있기 때문이기도 하지만, 그만큼 한국 학술영역에 장이 부재하고 그래서 학자들이 표준으로 밟게 되는 전형적 경로가 없다는 사실을 또한 의미한다. 또한 제2부에서 본 것처럼 딜레탕티즘과 도구주의는 높은 선택적 친화성을 통해 반대편에서 서로를 유혹한다. 반면, 반대로 잘 발달된 학술장에서 장의 구조는 학자들로 하여금 몇 가지 예견 가능한 선택지로 학자들을 이끈다. 이는 특정한 이슈와 쟁점을 중심으로 상징자본의 보유 정도에 따라 위계화된 장이 존재할 경우, 장의 참여자들이 상징자본을 취득하는 데 효과적인 몇 가지 유형화된 전략을 아비투스의 형태로 체득하고 실천함으로써 결과적으로 소수의 경로들이 유력한 전범으로 정착되기 때문이다. 반대로 장의 정립이 이뤄지지 않은 한국의 경우에는 학술영역의 안과 밖에서 복수로 선택될 수 있는 수많은 길들이 존재했다.* 따라서 도구주의적 변혁지향 학자들이 즉각적인 사회 개입을 반복하며 딜레탕티스트가 되거나, 딜레탕티즘적 주류 학자가 언론과 사회적 직위를 인정의 수단으로 추

---

* 상징자본에 따라 위계화된 장에서는 학자들의 경로가 전형화되는 반면, 한국에서 학자들의 '정체성의 혼란'과 함께 이들을 이끄는 경로가 없음에 대해서는 선내규(2010); 김경만(2015a: 141~146)을 참고하라.

구하는 도구주의의 성향을 보이는 일도 흔하게 나타나기 시작한 모습이 90년대 중후반의 상황이었다.*

---

* 물론 이때 각각의 경로들이 학자 개인의 차원에서 매우 시급하고 합리적인, 특수한 선택들이었다는 것은 분명하다. 또한 어떠한 학자가 단편적으로 딜레탕티즘이나 도구주의적 경로들을 택했다 하더라도 이것이 그의 성향 일반을 전부 결정하는 것도 아니다. 예를 들어 한 학자가 개인적 사정이나 소속기관이나 전공 등 자신이 처한 특수한 여건 탓에 불가피하게 이론이나 소재를 확장한 연구를 수행하고, 직접적 사회 실천에 나서거나 기관의 책임직을 맡게 될 수도 있다. 어떠한 계기로 인해 연구의 중심점이 급격히 전환되는 일도 얼마든지 있을 수 있으며 심지어 보다 전문화된 깊은 연구의 수행을 위해 딜레탕티즘이나 도구주의가 전략적으로 선택될 수도 있다. 문제는 이러한 선택들이 그가 연구 중심을 설정하고 이와 연관돼 실행되고 있는지, 그리고 집합적 차원에서 이 선택들이 유의미한 상호작용을 이루고 있는지에 있다. 요컨대, 단순히 어떠한 학자가 위의 열 가지 경로 중 한두 가지를 택했다고 해서 그가 도구주의자나 딜레탕티스트가 되는 것은 아니다. 그의 실천 성향은 장기간에 걸친 그의 궤적을 통해서만 확인될 수 있다. 그리고 그 개별 학자들의 궤적들이 집합적으로 어떠한 물줄기를 이루고 있는지, 특히 하버마스 연구와 어떠한 관계에 있는지가 우리의 관심이다.

3

—

변혁주의 진영과 주류 이론가 그룹의 이탈

그러면 실제로 하버마스 네트워크의 참여자들이 90년대 중후반 선택한 학술적 경로들과 그로 인해 그려진 궤적들이 딜레탕티즘과 도구주의를 중심으로 모아지고, 이것이 동시에 네트워크 해체의 과정이었음을 살펴보도록 하자. 이 해체 과정은 동시다발적으로 일어난 것이었지만, 다음과 같은 순서로 재구성될 수 있다. 즉, 미묘한 시차를 두고 우선 하버마스에 대한 비판적 관심을 이미 접기 시작했던 변혁주의 그룹의 도구주의적 성향의 이탈이 이뤄지고, 이와 함께 신진 학자그룹 전반의 분위기에 민감했던 주류 학자들의 딜레탕티즘의 일환으로서의 이탈이 일어났다. 마지막으로 신진 하버마스 연구자 그룹이 유학 출신과 국내 출신의 경계선을 중심으로 각각 딜레탕티즘과 도구주의 모두의 영향을 받아 와해되는 과정을 밟았다.

변혁주의 진영의 이탈:
한국철학사상연구회와 산업사회연구회의 실천지향

먼저 변혁주의 비판적 독자층의 이탈에 대해 살펴보자. 가장 먼저, 그리고 빠르게 하버마스 네트워크로부터 이탈한 것은 이들이었다. 이들의 관심은 80년대부터 일관되게 학술지식을 활용해 사회변혁적 실천에 나서는 것이었다. 그리고 여기에서 강조점이 찍히는 것은 변혁적 실천이라는 선험적으로 주어진 목적이다. 즉 이들에게 한국사회를 총체적 문제로 규정하고 이를 변혁해야만 한다는 것은 결코 변화하지 않는, 변화되어서는 안 되는 고정된 진리이자 독립변수이므로, 학술적 경로의 선택지들은 이 목적에 얼마나 부합하느냐에 따라 종속변수로서 선택됐다.

1996년 시점에서 마르크스주의 붕괴의 대안으로서 하버마스 이론의 도구적 가능성을 비판적으로 탐색하고자 했던 이들은 1990년대 초중반 하버마스 네트워크에서 광범위한 독자층을 이루고 있었지만, 이들은 방한 이전에 이미 하버마스의 도구적 무용성에 대해 결론을 내려두고 있었다. 사람마다 그리고 집단마다 이유는 다양했지만(다시 한번 네 가지 방향에서 제기된 불만을 떠올려 보라), 하버마스의 이론은 변혁적 실천의 좋은 도구가 아니라는 결론은 동일했다. 결국 이들의 하버마스 읽기는 기본적으로 마르크스의 우회로로서 답을 정해두고 읽었던 80년대의 독해방식으로부터 별로 바뀐 것이 없었다고 할 수 있다. 그러나 신진 연구그룹의 출현과 이들의 부각과 함께 높아진 하버마스에 대한 관심은 방한을 앞두고 갈수록 고조되고 있었고, 그래서 이들 변혁주의 진영의 하버마스 비판의 필요성은 오히려 더 높아졌다. 즉, 1996년 시점에서 이들이 하버마스 네트워크의 큰 일부분이었던 까닭은 주로 신진 하버마스 연구자 그룹과의 논쟁의 연장선상에서, 그리고 하버마스가 방한을 통해 더욱 주목받으면서 그에 대한 비판적 관심이 증폭됐기 때문이었다. 만일 하버마스의 방한이 없었다면 이들의 관여는 일찌감치 종료됐을 것이다. 마르크스적 변혁주의를 수호하고 싶어 했던 이들 그룹은 하버마스 방한 행사 기간의 '이상열기'를 못마땅해하면서 지켜보았다. 마치 교통체증이 심한 도로에 갇힌 운전자가 '왜 다들 차를 가지고 나왔는지' 불만스러워하는 것처럼, 사실 자신들의 비판적 이해관심이 그 이상열기에 수행적으로 기여하고 있었는데도 말이다. 결국 이들은 하버마스가 도구적으로 무가치함을 다시 한번 확인한 뒤, 그가 떠나자 더 이상의 관심을 유지할 필요를 느끼지 못했다.

이러한 분위기와 빠른 이탈은 변혁주의 그룹의 근거지인 한국철학사상연구회, 그리고 산업사회연구회의 활동을 통해 확인된다. 앞에서 본 것처럼, 변혁주의 학술운동의 양대 축인 두 그룹은 가장 강력한 하버마스의 비판적 독자층이었다. 두 곳에서 하버마스는 90년대 초반 주로 정통 마르크스주의와 포스트마르크스주의에 대한 옹호의 기류 속에서 포스트모더니즘과 함께 등장했다. 그러던 것이, 두 그룹에서 정확히 90년대 중반을 넘어가면 하버마스의 존재는 지워지게 된다. 양대 그룹이 발행한 학술지인 『시대와철학』과 『경제와

사회』의 변화 경향은 이러한 하버마스 네트워크로부터 이탈은 물론, 그 원인까지도 잘 보여준다. 우선 하버마스의 인기가 고조되던 시기에 비판 논문이 다수 실렸던 두 학술지에 1996~2000년 사이에는 관련 논문이 한 편도 실리지 않았다. 즉 방한 행사가 이뤄지던 시점부터 이미 이들 비판적 학자들은 하버마스에 대한 비판적 관심을 철회하기 시작했다. 반대로 해석하면, 90년대 초중반 사이 이들의 관심은 하버마스의 인기가 높아진 것에 따른 분명한 반작용이었다. 그리고 이제 90년대 후반의 양대 그룹에서 하버마스는 더 이상 아무런 관심사로 여겨지지 못했다. 중요한 것은 같은 기간 단지 두 그룹이 더 이상 하버마스를 다루지 않았을 뿐 아니라, 사실 이들 그룹 전반이 전형적인 도구주의적 선택지들로 분기하고 있었다는 사실이다.

먼저 『경제와사회』에서 주로 나타난 것은 〈딜레탕티즘c: 실천우선주의〉의 경향이다. 이는 기본적으로 철학 전공자들이 주축이 된 한국철학사상연구회와 달리 한국산업사회연구회가 사회학자를 중심으로 정치학과 기타 유관 사회과학자들의 활동무대였기 때문이다. 이 학술지의 애초 성향 자체가 강한 실천지향이었고, 이들은 90년대 초반 동구권의 붕괴 이후 자신들의 관심을 시급한 사회 현상에 대한 즉각적 개입으로 옮겨둔 상태였다.

실제로 80년대 말~90년 전후 시기 『경제와사회』에는 『시대와철학』과 마찬가지로 동구권의 붕괴 현상과 마르크스 변증법 옹호 이론 논문들이 많이 실렸다. 그러다가 1993~1994년 무렵이 되면 이들의 관심은 완연히 전통적 계급투쟁·노동운동 현상 분석 연구와 시민사회 운동 현상 분석으로 양분화됐다. 결정적으로 1996년 방한 시점이 되면 『경제와사회』는 이미 하버마스는 물론 추상적 이론적 자원 전반에 별다른 관심이 없었고, 연간 내내 발행된 4권의 학회지에는 "문화적 일상성"(1996년 29권 특집), "세계의 노사관계와 한국의 노동개혁"(1996년 31권 특집), "정보기술과 군사정보사회"(1996년 32권 특집) 특집들, 그리고 1996년 봄에 있었던 국회의원 선거에 대한 분석 연구들이 호마다 13~15편씩, 60편 가까이 수록됐다. 하버마스 방한 행사장을 가득 채운 사람들 중 다수가 이들 사회과학자들이었으면서도, 정작 이들의 논의의 장에 하버마스는 지워진, 기이한 일이 벌어지고 있었던 것이다. 이는 하버마스 방한 시점에 이들의 관심이 비판적 독자층에서 무관심한 관전자로 옮겨지고 있었음을 보여준다.

이러한 분위기는 이 모임의 분과 배경과 이와 연관된 강한 실천지향성, 그리고 이론에 대한 거부 경향을 보여준다.* 그러나 이들이 처음부터 이론을 거부한 것은 아니었다. 오히려 한국산업사회연구회의 주요 인물들, 즉 김진균 · 임영일 · 조희연 · 김동춘 · 유팔무 · 김호기 · 박형준 · 정태석 등은 80년대 말 사구체 논쟁의 중심 인물이자

---

* 당시의 한국산업사회연구회 성원들은 이후 『경제와사회』 100호 기념 대담에서 이러한 경험연구 중심 전환의 분위기를 다음과 같이 회고했다. "학문의 신식민지성을 극복한다는 게 굉장히 큰 화두였던 거 같아요 … 그것은 조금 더 토착적인, 우리의 현실을 설명하는 거대이론, 기능주의 체계이론과 같은 거대이론에 의해 한국 사회를 설명하는 그런 흐름과 단절하면서 패러다임을 바꾸는 다양하고 구체적인 연구들을 추구했던 것이죠. 그 흔적이 산업사회연구회에서 비판사회학회로 이어지는 그 학술지의 구체적인 내용에 담겨져 왔다는 생각이 들고요"(김동춘 외, 2013: 25).

사회과학을 '과학'으로 끌어올려야 할 것을 역설했던 변혁그룹의 '이론적 지도자'들이었고, 마르크스주의·그람시·알튀세르 등에 관해 수많은 글을 썼었다. 그러나 이들의 이론 탐색은 이내 뜸해지고 대다수의 비판적 신진 사회과학자들은 동구권 붕괴의 돌파구를 대안 이론이 아닌 사회현실 개입과 실천에서 찾았다. 그래서 이들은 주로 서구 이론의 한계와 한국 사회과학의 '서구종속성'을 비판하며 당면한 실천에 대한 헌신을 주창하거나, 혹은 이를 더 잘 수행하기 위해 한국 현실에서 출발한 독자적 이론을 정립해야 한다고 주장했다. 그러나 후자의 길은 실질적으로 단기간에 가능하지 않았고, 이들에게 선택 가능한 방법은 주요 노동-계급-시민사회 현실이 가야할 길에 대해 언급하는 논문을 쓰거나, 혹은 언론 칼럼 등을 통해 사회 현실에 개입하는 〈딜레탕티즘d: 저널리즘 참여〉의 길, 그리고 학교·시민사회단체·정부기구의 직책을 얻어 참여하는 〈딜레탕티즘e: 직위 수행〉의 길이었다. 실제로 한국산업사회연구회 주요 성원들의 학술적 도구주의는 언론을 통한 개입과 다양한 시민사회기구의 직책을 맡는 것으로 나타났다. 그 결과 90년대 후반이 넘어가면 한국산업사회연구회에서 하버마스는 물론 어떠한 이론적 논의도 제대로 이뤄지지 않게 됐다.

반면, 한국철학사상연구회의 철학 전공자들의 분위기는 당연한 일이지만 매우 '이론적'이었다. 이곳의 학회지인 『시대와철학』의 분위기는 90년대 초반 계속해서 마르크스주의의 재조명을 밀고 나가거나 포스트마르크스주의를 지지하는 것이 대세였지만(이정은, 2009:

103~107), 90년대 중반이 되면 정통 마르크스주의는 퇴조하고 포스트모더니즘 계열 이론의 중요도가 더 높아졌다(90). 물론 앞의 이론의 지지세도 계속됐으나, 마르크스에 집착하기보다는 푸코나 들뢰즈·데리다 등의 이론가로부터 변혁적 가능성을 새로이 발굴하려는 노력이 점차 지분을 얻게 됐던 것이다. 중요한 사실은 이곳에서 적어도 90년대 말까지 이러한 경향이 각자 비교적 전문화되고 일관된 전문연구자에 의해 연속적으로 추진됐다는 점이다. 이는 한국철학사상연구회 성원들의 주 경로가 '대안이론'에 정착하는 〈도구주의a: 변혁이론의 안착〉이었음을 의미한다.

다른 한편, 『시대와철학』에는 한국 전통사상을 발굴하고 이를 마르크스주의적으로 재해석해 궁극적으로는 독자적 이론을 정립하려는 예비적 시도(이정은, 2009: 81, 137, 139)도 나타났다(도구주의b: 자생이론 정립). 핵심은 근·현대 선구적 인물들의 사상을 분석해 향후 자생이론을 만들기 위한 디딤돌을 놓아야 한다는 것인데, 이는 마르크스주의의 붕괴 과정에서 나온 "서구의 경험에서 정립된 서구 이론은 한국 현실을 잘 설명할 수 없다"는 전형적인 비판의식의 결과였다. 이는 또한 본래 한국철학사상연구회에서 동양철학과 한국철학 전공자들도 중요한 축이었고, 그래서 동양·한국철학 탐색을 통한 서구 이론의 극복이라는 목표가 꽤 일찍부터 제시되어 있었기 때문일 것이다(같은 글: 81, 96, 139).

이러한 시도는 연속적으로 또 누적적으로 이뤄지지는 못했고, 탐색 대상이 때로 조선 유학 사상과 중국철학으로 거슬러 올라가고 다시 현대 인물로 돌아오기도 하는 등 일관성은 없었지만, 그래도 지속적으로 시도됐다. 이는 비록 이들의 목표가 자생적 이론의 정립에 있었지만, 사실은 이를 위해 동양철학과 한국철학의 인물들을 계속 찾아 다니게 되면서 〈딜레탕티즘d: 동양 회귀〉의 경향으로 옮겨갈 조짐이 있는 것이었다. 마찬가지로, 이곳의 연구자들은 고전철학이론을 마르크스주의적으로 재해석하려는 노력도 계속했는데(같은 글: 133, 135~136), 그 결과는 뜻하지 않게 〈딜레탕티즘c: 서양 회귀〉의 효과를 낳기도 했다. 그러나 분명한 것은, 언제나 이들에게 모든 탐색의 궁극적 목표는 사회변혁에 있었다는 점, 그러므로 모든 이론적 탐색은 결국 이에 종속된다는 점에서 결국에는 도구주의의 일환이었다는 사실이다.

이처럼 90년대 후반 한국철학사상연구회와 한국산업사회연구회는 다소간의 차이는 있지만, 큰 틀에서 도구주의 안에서 선택지들을 밟아 나갔다. 우리에게 중요한 것은 이러한 도구주의로 인해 하버마스 방한 행사 이후로 이들이 하버마스 네트워크에서 완전히 이탈했다는 사실이다. 90년대 하버마스 인기가 고조되는 가운데 형성된 비판적 관심은 이들을 광범위한 비판적 독자층으로 만들었고, 그중 일부는 몇몇 인물들을 통로로 해서 방한 기간 동안 5권의 책에 자신들의 비판적 관점을 표출하기도 했다. 그러나 애초에 하버마스의 도구적 가치를 인정할 수 없었던 이들은 인기의 절정인 방한 행사 이후 더 이상의 비판도, 독서도 하지 않았다. 이는 한때 비판을 통해 하버마스 네트워크를 지탱했던 큰 덩어리가 떨어져 나갔음을 의미한다.

그리고 이는 신진 학자그룹의 주목을 필요로 했던 주류 학자들의 이탈로 이어졌다.

주류 이론가 그룹의 이탈: 딜레탕티즘의 강화

네트워크의 한 축인 변혁주의 그룹이 빠르게 이탈해 나가면서 이제 하버마스를 탐구하는 데 대한 주류 교수 그룹의 이해관계가 희박해졌다. 사실 본래 방한 행사를 앞두고 급하게 준비된 네트워크였기 때문에 하버마스가 떠나자 거대한 네트워크는 이미 주변부부터 부서져나간 차였다. 공항에 몰려들었던 언론과 출판시장의 관심이 행사 이후 이제 하버마스만큼 주목할 다른 대상을 찾아 나섰던 것이다. 정치권과 시민운동 영역도 통일문제를 고리로 잠시간 하버마스의 목소리에 주목했을 뿐 이내 본래의 자리로 돌아갔다. 여기에 더해 이제 네트워크의 중요한 기둥인 변혁주의 그룹이 빠르게 이탈한 것이다. 이는 본래 이들의 수요와 요구에 호응해 네트워크에 합류했던 주류 제도권 교수 그룹의 동기를 크게 떨어트렸을 것이라 추정할 수 있다. 즉 변혁주의 그룹의 이탈은 주류 교수 그룹의 이탈과 연동돼 이들의 딜레탕티즘을 재작동시켰다. 본래 스스로의 관심보다는 다수 그룹의 관심에 부응함으로써 제도권 내 지위를 재생산하는 딜레탕티즘은 언제든 다른 주제로 옮아갈 수 있기 때문에 오랜 지속적 연구를 생산하지 못한다.

그러나 문제는 사실 하버마스로부터 떠나더라도 그만큼의 주목을 가능하게 해 줄 대상은 없었다는 것이다. 만일 그런 또 다른 이론적 대상이 있었다면 주류 학자들은 그곳에서 다시 서로 만났을지도 모른다. 그러나 하버마스만큼 다양한 그룹의 이해관계가 중첩된 인물은 없었다. 아니, 정확히는 찾아지지 못했다고 표현하는 것이 맞을 것이다. 이는 어떠한 대안적 인물에게도 하버마스 연구자 집단만큼 준비된 인적 자원, 즉 주목도를 높여줄 상징투쟁의 실행자가 없었다는 사실을 뜻하는 것이기도 하다.

그럼에도 주류 제도권 학자들은 하버마스를 떠났다. 하버마스 열기가 빠르게 냉각되는 분위기가 감지되면서 이들은 계속 하버마스를 다뤄 전문화된 연구자가 되기보다는 즉시 자신들의 주목도를 올려줄 수 있는 또 다른 대상을 필요로 했다. 그래서 이들의 딜레탕티즘은 하버마스 이후 새로이 주목받는 서구 학자들, 특히 한국에 방문하는 또다른 유명인들을 향하거나, 이론은 유지한 채(혹은 이론 자체를 공백으로 남긴 채) 사람들이 주목하는 다양한 소재를 찾아 즉흥적인 분석과 충고를 제공하는 것, 혹은 동양사상과 한국 전통 사상을 발굴해 주목받거나, 서양 고전이론가들로 회귀해 권위를 찾는 것, 그리고 이 모든 일들을 도서 출판과 강연을 통해 비학술 대중에게 소개하는 교육자 등의 선택지로 표출됐다.

5권의 책을 중심으로 하버마스 네트워크에 참여했던 주요 참여자들 중 제도권 교수 그룹 대부분은 행사 종료와 함께 하버마스로부터

표 6   하버마스 네트워크 참여 주류 학자들의 학술적 궤적 (가나다 순)[35]

이름	~ 1990년대 초반	1996년 이후	2000년 이후	경로유형
김득룡 (철학)	하버마스	공공성 → 마르크스주의·종교 → 공공영역/사적영역 → 벤야민 → 감각이론		딜레탕티즘a 딜레탕티즘b
김용일 (철학)	해석학 일반	해석학 → 대중문화·하버마스·비판이론/문화 → 해석학 → 기독교 → 신라/일본		딜레탕티즘a +도구주의e
박형준 (사회학)	포스트모던· 시민사회론	시민운동·정보사회론·(대통령자문위) → 계급론 → 정보시민운동		딜레탕티즘b +도구주의e
백낙청 (문학)	민족주의· 리얼리즘	민족문학 → 분단·통일 → 예술사 → 비판영문학		딜레탕티즘a +도구주의c
백승균 (철학)	마르크스주의· 비판이론·해석학	해석학 전반 → 정보사회 철학·생명론·기독교·철학교육·자생철학		딜레탕티즘a +도구주의b
송호근 (사회학)	지식사회학· 노사관계	사회운동 → 기업노동·시민주의 → 정보민주주의·의약분업·리더십·양극화		딜레탕티즘b +도구주의d
심영희 (사회학)	여성학 일반· 하버마스	여성학 일반 (미디어·청소년·가족·정보사회·인권·통일·위안부·인터넷 …)		딜레탕티즘b +도구주의e
양종회 (사회학)	사회변동론· 아시아비교	변동이론·환경 → 과학사회학 → 문화·여가 → 아시아환경 → 문화변동·예술		딜레탕티즘a +딜레탕티즘b
유홍림 (정치학)	근대정치철학 이론	로티·미국정치철학 → 하버마스 → 자유주의철학 → 인권·민족·니체		딜레탕티즘a +딜레탕티즘c +딜레탕티즘e
이삼열 (철학)	마르크스· 비판이론·기독교	사회운동·포스트모던 → 통일·기독교 → 아펠 → 국제평화·아시아·문명론		딜레탕티즘a +도구주의e
이신행 (정치학)	시민사회·기독교· 한인사회	사회운동론 → 기독사회운동		도구주의c
한자경 (철학)	근대독일철학 일반	근현대철학 일반 → 불교철학 → 자생철학 → 인식론 → 불교·동학·유학		딜레탕티즘c (→ 전공전환)
허영식	독일정치교육	정치교육 → 초등사회교육·환경교육·민주시민교육 → 세계화·다문화교육		딜레탕티즘b
황태연	마르크스주의· 하버마스·환경	마르크스·지역주의 → 세계시민주의·하버마스 → 헤겔·선거·유교·국제환경		딜레탕티즘c +딜레탕티즘d +도구주의e

떠났다. 이후로도 일부 하버마스를 활용한 소수의 학자들도 있지만, 이들 또한 완전히 결별하기까지 오래 걸리지는 않았다. 하버마스 네트워크를 떠난 주류 학자들에게는 주로 제도권 내 위치에 상응해 딜레탕티즘을 중심으로 다양한 하위 선택지가 제시됐다. 〈표 6〉은 5권의 책에 참여했던 국내 학자들 중 윤평중, 이진우, 한상진을 제외한 인물들의 하버마스 네트워크 참여 전후 학술적 궤적을 추적한 것이다. 이 세 사람의 경로는 특히 중요하므로 아래에서 다시 논하기로 하고, 우선 다수의 경향성을 보도록 하자.

〈표6〉은 주류 학자그룹 성원들이 겪는 전형적인 딜레탕티즘의 궤적들을 보여준다. 한때 하버마스 네트워크에 참여했다는 것이 놀라울 정도로 사실 이들의 학술적 관심 변화는 천차만별로 분화했다. 어떠한 공통점을 발견할 수 없을 정도로 다양한 궤적이 그려졌지만, 그럼에도 이들을 묶어주는 것은 바로 딜레탕티즘의 전형적 특성들이다.[36] 표의 가장 우측열에 분류된 것처럼 대부분의 학자들은 또다른 주목받는 서구 학자를 소개하면서 자신이 주목받는 것(딜레탕티즘a), 소재의 확장(딜레탕티즘b), 그리고 서양 고전철학/이론으로의 회귀(딜레탕티즘c), 그리고 이들 이론의 교양 소개자 혹은 교육자가 되는 것(딜레탕티즘e)을 선택했다. 이는 학술영역에서 기본적인 딜레탕티즘 성향의 선택지로, 이를 통해 주류 학자 지위가 안정적으로 재생산될 수 있었다. 그리고 일부는 자신들의 주 무대인 서양이론 전공을 넘어 동양이론의 발굴(딜레탕티즘d)로 범위를 넓혀가기도 했다.

흥미로운 점은 이들 중 일부는 학술영역에 있으면서 사설 등 언론에 참여해 시론과 세설을 제공함으로써 외부로부터 인정을 추구하기도 했고(도구주의d), 일부는 아예 학내외와 정부기구 등에서 제도적 권위를 획득하는 길을 걷기도 했다는 사실이다(도구주의e). 이러한 '크로스오버'는 다시금 궁극적으로 국내 인문사회 학술영역에 장과, 이로 인한 학자들 세계의 위계화가 부재하기 때문에 벌어진 일이다. 학술적으로 공통의 이해관심을 공유하고 이에 따라 위계화와 보상의 분배가 이뤄지지 않는 상황에서 주류 학자들은 계속해서 탐색의 대상을 바꾸고 이를 얕은 수준에서 교육하는 선에서 학술영역 내에 안주하거나, 혹은 적극적으로 비학술적인 인정을 찾아 학계 밖으로 나서게 됐던 것이다. 이밖에 백승균·이삼열·이신행·심영희·황태연 등 주류 학자 진영에 속하면서도 변혁주의를 표방하는 소수의 학자들은 도구주의적 변혁주의 진영에서 선택되는 경로인 자생적인 변혁이론의 탐색에 나서거나(도구주의b), 혹은 이론 자체의 무용성을 주장하고 변혁적 실천에 헌신하는 선택을 하기도 했다(도구주의c). 이러한 현상은 주류 학자들의 경우 비주류보다 선택의 폭이 넓을 수 있음을 뜻한다. 즉 앞의 소절에서 본 것처럼 비주류 학자들은 자신들의 강력한 변혁주의 성향 때문에 도구주의를 고수하는 경향이 있지만, 주류 학자들은 사회적 인정을 위해 도구주의도 더 쉽게 선택할 수 있는 것이다.

여기에서 우리의 관심인 하버마스 네트워크 이탈의 문제로 돌아가 보자. 〈표 6〉은 이들이 하버마스 네트워크에 참여한 것 자체가 이미 이러한 다양한 경로의 딜레탕티즘의 일환이었음을 보여준다.

이들 15인 중 1990년대 중반 이전에 범위를 넓게 잡아 하버마스를 일부라도 다뤘던 사람은 1/3에 불과하다. 즉 이들의 네트워크 참여 자체가 하버마스에 대한 학술영역 전반의 주목도 상승에 따른 즉흥 적인 관심의 결과였다. 따라서 이들이 방한 행사 이후 딜레탕티즘적 성향에 의해 또 다른 관심거리를 찾아 떠난 것은 어쩌면 자연스러운 일이었다. 이들의 합류와 이탈이 하버마스 네트워크 해체에서 그렇게 큰 의미를 지니는 것은 아닐지 모른다. 문제는 90년대 가장 강력한 하버마스 전문가로 불린 주류 이론가들의 행보다.

누구보다 주류 학자들의 딜레탕티즘을 명확하게 보여주는 것은 하버마스 네트워크에서 중핵을 담당했던 주류 학자들인 이진우와 한 상진, 그리고 윤평중이다. 이들이 중요한 이유, 그리고 이들이 하버마스 네트워크에서 중요한 매듭을 이룰 수 있었던 근본적인 까닭은 바로 '유능'하고 '성실'했다는 데 있다. 이들은 주류 학자들 중에서도 누구보다 학술적이었고 지적으로 왕성했으며, 또한 외산 이론을 현지어로 독해해 소화하고 국내 소비자들에게 전달해 줄 수 있는 뛰어난 능력을 가지고 있었다. 실제로 이들은 유학지에서 드문 성취를 거두고 돌아온 주목받는 학자들이었다. 그래서 이들에게 있어 학술영역 내의 '인정'에 대한 의지도 매우 강했다고 추정할 수 있다.

그러나 불행은 이들이 돌아온 국내 학술영역이 그들이 수학한 현장과 질적으로 판이하게 다른 상황이었다는 데 있었다. 귀국 이후 그들이 만난 한국의 학술영역은 장이 부재한 낮은 발전단계에 위치해 있었다. 이러한 환경에서 유학지에서 단련된 이들의 능력은 쉽게 강한 딜레탕티즘으로 굴절됐고, 하버마스에서 이들은 일시적으로 만났던 것이다. 하버마스 이후 다시 이들의 왕성한 성향은 매우 동시다발적인 딜레탕티즘의 추구로 옮겨지게 된다. 〈표 6〉의 학자들의 경우 보통 2~3가지 딜레탕티즘의 경로가 채택됐지만, 세 학자는 딜레탕티즘의 모든 경로들, 그리고 학술적 도구주의의 경로들까지도 한꺼번에 추구했다. 이들의 경로를 2000년대 중반까지 확장해 추적해 보도록 하자.

윤평중의 이탈 궤적: '아웃사이더'의 자리잡기―떠나가기

1990~2000년 사이 10년간 논문 43편, 단독저서 5권, 공동저서 4편에 참여할 정도로 윤평중의 학술 활동은 왕성했다. 그러나 그 안에서 사실 윤평중은 하버마스의 담론이론에 대한 옹호와 푸코를 중심으로 한 포스트모던 이론에 대한 지지 사이에서 중심을 잡지 못하고 표류하고 있었다. 한때 하버마스에 집중했던 방한 행사 기간 이후, 그는 다시 푸코와 포스트모더니즘에 대한 글들을(1996; 1997; 1998; 1999a; 1999b; 2000) 연달아 발표한다. 그가 애초에 비판이론보다는 포스트모더니즘에 더 동조적이었던 것은 맞지만, 하버마스의 인기 시절에 비판이론 저술이 많았던 것을 감안하면 이는 분명 90년대 말 하버마스 인기가 급히 추락한 반면 포스트모더니즘의 인기는 꾸준히 상승했던 것과 관련되어 있다고 해석될 수 있다.

이러한 포스트모더니즘으로의 귀환이 '본 관심으로의 복귀'가 아닌, 딜레탕티즘의 발현으로 해석될 수 있는 강력한 근거는 2000년대로 넘어서면서 윤평중이 다시 관심을 옮겨 영미권 '급진자유주의 정치철학'을 자신의 새로운 지향점으로 설정하게 된다는 데 있다. 그는 찰스 테일러, 리처드 로티 등을 입구로 해서 국내에서 잠시 유행한 자유주의-공동체주의 영미철학 논의에 참여하게 된다(1999c; 2002a; 2002b; 2003; 2005).[37] 여기에는 몇 가지 딜레탕티즘을 자극하는 요인이 작동했다. 우선 90년대 실제로 미국에서 자유주의 정치철학 논쟁이 가열됐고, 이를 학습한 미국 유학 학자들이 국내에 논쟁을 도입하면서 주목도가 올라간 점을 들 수 있다(나종석, 2011: 97~98). 그러나 보다 직접적인 계기는 리처드 로티, 찰스 테일러, 마이클 왈쩌 등 영미권 학자들이 연달아 한국을 찾았던 것에 있는 것으로 보인다. 이는 국내 인문사회과학 학술영역, 출판시장과 언론이 이들의 관점에 주목하게 만들었고, 윤평중을 포함해 다수의 국내 학자들의 시선이 이 문제에 쏠리게 만들었다.[38] 실제로 윤평중은 1996년 찰스 테일러의 방한 때 학술행사에 핵심 인물로 참여했고, 2002년에는 철학문화연구소의 요청으로 이뤄진 재방한에서 대담자로 나섰다(윤평중, 2002b). 정확히 이 시점에 자유주의-공동체주의 논쟁을 다루기 시작한 그는 뒤이어 2000년대 후반이 되면 완연한 '급진 자유주의 정치철학자'가 된다. 윤평중은 이러한 자신의 변신에 대해 다음과 같이 그 정당성을 주장했다.

··· 근본 관심은 '한반도의 뜨거운 현실을 정치철학 안에 어떻게 녹여낼
수 있겠는가?'라는 문제의식이었다. 〈급진자유주의 정치철학〉은 이론
과 실천의 통합을 지향한다 ··· 우리가 지금 발 딛고 서 있는 현실에서
출발해 궁극적으로 그 현실로 귀환하지 않는 철학의 사유는 회색의 것
에 지나지 않는다 ··· 이 책은 필자가 젊은 철학도 시절부터 간직해온
그런 꿈의 작은 선물이다. 뜨거운 현실의 문제를 차가운 이성의 언어
로 담아내는 나의 철학적 프락시스는 앞으로도 끝없이 계속될 것이다.

(윤평중, 2009: 11~12)

여기에서 윤평중이 주장하는 유일한 변은 '현실에서 출발한 철학'
이다. 직접 언급되지는 않았지만 현실이 바뀌었으므로 그 또한 이론
적 지향을 바꾸었다는 셈인데, 그렇다면 그가 발견한 한국의 '현실'
은 무엇일까? 그것은 한국이 지나친 보수—진보의 이념 논쟁에 사로
잡혀 있다는 것이었다. 즉, 양자의 잘못이 '자유주의' 정치철학으로
교정될 수 있다는 것이다. 그는 '현실 한국사회'의 문제는 노무현 정
부와 박근혜·이명박 정부로 넘어오면서 이념 대결이 심화되고, 이
것이 "진보라는 이름의 좌파"와 "신우파(뉴라이트)의 출범"으로 대표
되는 세력들 사이의 대결로 표출되는 것에 있다고 진단한다.

자유주의의 고유한 가치들을 되살리겠다는 신우파의 등장이 나름의
의미를 가질 수 있었음에도 현실권력과의 노골적 유착과 정치공학의
과부하는 이들을 조기에 파산 상태로 내몰았다. 그 결과 한국 자유주

의의 본질이 기득권 담론이며, 보수보다 수구에 가깝다는 일반의 인식
이 오히려 강화되고 말았던 것이다 … [반대로—인용자] 마르크스주의를
비롯한 좌파의 기획, 그리고 마르크스주의로부터 미래의 비전이나 정
치적 상상력을 제공받은 진보의 강령들이 현란한 아름다움에도 불구
하고 실천적으로 실패할 수밖에 없는 큰 이유는 이들이 자유주의의 이
론과 실제의 위력을 제대로 이해하지 못하고 있다는 사실로부터 비롯
된다. … 자유주의의 역사적 실천에서 오는 풍부한 교훈을 외면한 채
편협한 계층적 이해관계에 맞추어 정치공학적으로 굴절시킨 신우파의
자유주의 찬양과, 자유주의의 부정적 측면만을 부풀려 일방적으로 매
도하면서 안이한 지적 만족에 빠져 있는 좌파적 반자유주의라는 두 극
단은 한국 지식사회의 일그러진 자화상이 빚어낸 사생적 쌍둥이라고
할 수 있다.(윤평중, 2009: 25)

주장의 타당성과 관계없이, 우리가 주목해야 할 점은 우선 그가
지금 90년대 초에 많은 효과를 거뒀던 '넘어서기' 전략, 즉 마르크
스주의를 계승한 비판이론과 포스트모더니즘 양자를 모두 비판하
고 자신은 그들을 생산적으로 갱신하겠다고 선언했던 전략을 기본
적으로 다시 사용하고 있다는 사실이다. 다만 위 글에서는 넘어서기
의 대상이 '진보 대 보수'로 바뀌었는데, 이는 실제로 한국사회에서
2000년대 중반 이념논쟁이 심화된 상황을 반영하는 것이다. 그런데
이는 그가 바로 직전까지의 자신의 입장을 별다른 설명 없이 뒤집은
것이다. 왜냐하면 제4부에서 본 것처럼 90년대 초반의 윤평중은 분

명히 "마르크스주의적인 계급 문제의식"을 중요한 것으로 삼았고, '유물론'을 무기로 하버마스를 비판했었으며, 90년대 후반에는 포스트모더니즘의 지배세력에 대한 '균열 드러내기'의 가능성을 상찬했기 때문이다. 자유주의와 마르크스주의의 결합이 불가능한 것은 아니지만 서로 어울리기 쉽지 않고, 무엇보다 자신을 '진보'로 자리매김하려 했던 과거로부터 전환이 이뤄졌다는 점에서 불과 몇 년 만에 이뤄진 윤평중의 입장은 변신에 가까웠다.

거듭되는 윤평중의 변신을 일관성 있게 설명해 줄 수 있는 유일한 방법은 그의 실천이 가능성의 공간을 찾아 이동하는 주류 학자의 딜레탕티즘 성향을 반영하고 있다는 것뿐이다. 80년대 말에는 주로 마르크스주의 계열을 옹호했고, 90년대에는 포스트모더니즘을 내세우다가 잠시간 '하버마스 학자'가 되고 다시 포스트모더니즘으로 돌아온 일, 2000년 전후에는 자유주의-공동체주의 '논쟁'을 제3자적 관점에서 다루다가 2000년대 중후반에는 '급진자유주의'의 이름으로 보수-진보 논쟁에 개입한 일련의 궤적에서 변하지 않는 것은 다름 아닌 자리잡기/투자하기-떠나가기/회수하기-자리잡기/투자하기의 반복이다. 이 궤적에서 별다른 일관성은 발견되지 않고, 각 시기별로 수행된 이행이 바로 그 시기에 사회적으로 가장 각광받는 주제였다는 것 외에는 아무런 공통점이 없기 때문이다.*

---

* 그가 당대 가장 많은 관심을 받는 주제들을 찾아 이동하는 딜레탕티즘을 반복했음을 보여주는 또 다른 주제는 '통일' 문제다. 2000년 초반 갑작스럽게 윤평중에게 중요하게 떠오른 통일의 문제 또한 그가 90년대에 집중해 다룬 포스트마르크

중요한 또 다른 지점은 윤평중의 인정 추구가 점차 학술공간 내에서 사회적 인정으로 이동하고 있다는 사실이다. 2000년대 중반 보수와 진보를 자유주의 정치철학으로 넘어서겠다 선언한 그였지만, 이 탐색 또한 머지않아 중단됐다. 이것이 그가 더 이상 하버마스와 푸코만큼의 주목을 더 이상 받을 수 없었기 때문인지는 알 수 없다. 분명한 것은 2000년대 중반이 되면 이제 그의 이론적 탐색 자체가 사실상 종료된다는 것이다. 이와 함께 결국 "푸코와 하버마스를 넘어서겠다'는 약속, '자유주의 정치철학으로 이론과 실천을 연결하겠다"는 약속, 그리고 "뜨거운 현실의 문제를 차가운 이성의 언어로 담아내는 … 철학적 프락시스는 앞으로도 끝없이 계속될 것"이란 약속은 지켜지지 못했다.

2000년대 말부터 그의 관심은 디지털 사회 · 음모론 · 헌법에 관한 철학 · 한류 · 언론 문제 · 종교 등으로 넓혀지고, 강남좌파 · 안철수 현상 등 철학 이론과는 별 관계가 없는 세간의 이목을 끄는 이슈로 계속 옮아 갔다. 즉 2000년대 중후반 그의 실천 성향은 〈딜레탕티즘 a: 최신이론의 확장〉으로부터 다양한 화젯거리를 찾아가는 〈딜레탕티즘b: 소재의 확장〉으로 전환됐다. 이처럼 전형적인 딜레탕티즘의

스주의─푸코의 지지자들이 흔히 이른바 'PD(민중민주)'였던 점, 그 또한 주로 계급 변혁, 유물론을 옹호했던 점을 감안하면 딜레탕티즘이 아니고서는 설명될 수 없는 변신이다. 무엇보다, 그가 이 논의를 시작한 것이 2000년이었고, 같은 해에는 남북정상회담이 있었다는 점은 우연의 일치가 아니다. 결국 이렇게 윤평중의 궤적을 거시적으로 재구성해 보면 그의 하버마스 연구 또한 딜레탕티즘의 소산이었고, 그로부터의 이탈 또한 딜레탕티즘에 의한 것임이 드러난다.

경로가 선택된 가운데, 윤평중이 장 내에서 계속 자타공인 '아웃사이더'로 남았다는 사실은 아이러니하다. 그는 이러한 중심부 내 주변부 위치를 계속해서 언론을 통해 보상받고자 했다(도구주의d: 저널리즘 참여). 1990년대 이미 윤평중은 주요 일간지들에서 단골 칼럼 기고자였고, 그는 이것이 '사회변혁'을 위해 철학자가 할 수 있는 일을 하는 것이라 외쳤다.[39] 그러나 일관성 없고 자주 변혁주의적 목표에 반대되는 것처럼 보이는 언론 참여는 이따금씩 벌어진 논쟁 속에 그를 고립되게 만들었고,* 결과적으로는 보상을 제공하기보다 계속 아웃사이더에 머무르게 했다.

이진우의 이탈 궤적: 장 내 '가능성의 공간들'에 대한 탐색

이처럼 윤평중이 언론을 매개로 점차 학술영역 밖으로 나아가고자 했다면, 2000년대 중반까지 이진우의 경로는 기본적으로 학술영역 내에 있었다. 우선 1990~2000년대 초까지 이진우가 기본으로 취

---

* 윤평중은 1990년대 후반~2000년대 초반, 신문과 독립잡지 지면을 통해 강준만, 홍윤기와 수 차례에 걸쳐 논쟁했다. 이때 주제는 각각 '조선일보 기고'라는 정치 이슈와 '담론이론'의 문제였는데, 여기에서 비판자들은 윤평중의 균형잡기 전략의 모호성과 관념성을 집중 비판했다. 이 논쟁은 윤평중의 『논쟁과 담론』(2001)에 수록되어 있다. 이후에도 그는 신문 투고와 지면 논쟁에 열중했고, 그 주제는 월드컵부터 이라크전쟁, 스포츠와 기여입학제까지 당대 논쟁적 이슈들을 총 망라한다(윤평중, 2004).

한 것은 번역자로서 역할이다. 이 기간 동안 그는 주로 독일어권 원서를 중심으로 18권의 책을 번역했는데, 여기에는 자신의 전공인 프리드리히 니체로부터 칼 마르크스·한나 아렌트·한스 요나스·이링 피처·울리히 뵘 등 주요 관심 대상 학자들은 물론, 예술철학자 아놀드 하우저와 정치철학자 알래스데어 매킨타이어의 영문 책까지 이르렀다.[40] 스스로 "해도 너무 많이 한다"고 회고할 정도의 이러한 왕성한 작업은 번역의 질에 대한 비판과 논쟁까지 불러일으킬 정도였다.[41]

우리의 관심에서 중요한 것은 이러한 경로가 그가 다양한 서양이론의 소개자로서 자신을 자리매김 하려는 〈딜레탕티즘a: 최신이론의 확장〉을 기본으로 했다는 것이다. 실제로 그가 자신이 "포스트모더니즘 철학을 많이" 하면서 "수입상이라는 비난도 많이 받았"(한국철학회 편집위원회, 2013: 186)다 언급한 것은 장기적 관점에서 보면 중간 정거장으로서 90년대 중후반 하버마스 저술의 집중 번역 또한 사실 이러한 맥락 안에 있음을 암시하는 것이다. 이러한 선상에서 이진우는 하버마스 방한 행사 이후 관심이 사그라들면서 자연스럽게 하버마스 네트워크에서 떠났다. 2000년 마지막 번역서와 논문 한 편(하버마스-왈쩌의 비교 연구)이 나오긴 했지만, 이것은 90년대의 프로젝트를 마감한 것, 그리고 다른 주제로의 이행의 맥락이라 할 수 있다.

이진우의 궤적의 특징은 동시다발적이고 전방위적인 이슈에 대한 개입으로 요약될 수 있다. 윤평중의 경우 집중된 탐색이 추구되다가 급격한 몇 번의 방향전환이 감행된 반면, 이진우는 매 순간 다양한 논의에 동시에 관여했다. 1997년부터 2005년까지 이진우가 발표한 논문 제목들은 그가 개입한 주제들의 다양성을 보여준다.[42] 이러한 이진우의 탐색은 매우 정치지향적이었던 윤평중과는 다소 구별되는 것이다.

하버마스 방한 이후의 이진우는 하버마스에도 여전히 일부 연결점을 유지하면서, 국내 제도권 학술영역 내에서 주목받는 모든 '가능성의 공간'들을 탐색하고 있었다. 이러한 그의 궤적은 전형적인 〈딜레탕티즘a: 최신이론 확장, b: 소재의 확장, c: 서양 회귀, d: 동양 회귀〉의 경로가 한꺼번에 채택된 것이라 할 수 있다. 이는 그가 몇 가지 기회의 공간을 발견하고 이에 관여하려 하기는 했지만, 기본적으로 전문연구보다 지나치게 '얕고 넓은' 다양한 관심을 표명하는 딜레탕트한 관심이 그 기회의 공간에 적극적으로 몰입하는 것을 방해한 것으로 해석될 수 있다. 이러한 이진우의 성향은 특유의 글쓰기 방식으로도 표출되는데, 윤평중이 비교적 명료하고 전투적으로 논의의 전선을 설정하고 문제적 대상을 비판하며 자신의 논지를 전개하기에 동일 주제를 다룬 그룹의 작업에서 글과 글 사이에 연결지점들이 존재하는 반면, 이진우의 딜레탕티즘은 예외 없이 간략한 도입부―특정 이론에 대한 소개와 개념화―결론부에서의 함의 도출의 순서로 서술되고, 글과 글이 서로 연결되지 않는 특징을 보여준다. 예를 들어, 비교적 자주 다룬 자유주의―공동체주의 관련 논의에서도 다루거나 인용하는 학자들은 물론 심지어 자신의 이전 논의에 대한 인용과 언급조차도 거의 없다.* 부정적인 의미에서, 그의 모든 글은 한 편 한 편이 완벽히 '자기충족적'이다.

이처럼 작업들 사이에 연결지점이 없는 것뿐 아니라, 오히려 그가 다소간 지속된 관심을 표명한 공동체주의 논문과 니체 연구물에서는 모순점마저 발견된다. 가령 바로 그가 니체를 옹호할 때는 '철저한 의심과 파괴'를 주문하면서, 공동체주의를 지지할 때에는 '공동의 규범과 유대관계'의 중요성을 옹호한다. 니체와 푸코를 다룬 논문에서 이진우는 다음과 같이 짧은 결론을 내렸다.

> … 어쩌면 모든 도덕적 규범의 정당성을 철저하게 해체하는 니체의 반시대적 비판과 주체를 구성하는 규칙을 예리하게 밝혀냄으로써 오히려 능동적 주체 구성의 가능성을 부정하는 것처럼 보이는 푸코의 계보학이 허무주의를 극복하기보다는 오히려 더욱 심화시킬지도 모른다. 그러나 만약 우리가 '스스로를 정당화하고, 설명하고, 긍정하는 법을 알지 못하였기 때문에 허무주의가 발생하였다'는 사실을 알게 된다면, 즉 우리가 자신의 의미의 문제로 고통을 당하고 있다는 사실을 통찰한다면, 니체와 푸코의 계보학은 '인간이 아무것도 의미하지 않는 것보

---

* 실제로 이진우가 이 시기에 발표한 모든 논문은 2페이지 이내의 문제제기, 대상 이론이나 현상을 개념화하는 본문, 1장 미만의 요약과 함의로 구성되어 있음을 확인할 수 있다. 이러한 구성은 단지 분량의 문제가 아니라, 각 논문 내에서 쟁점화나 비판, 저자의 자기주장 입증의 부재, 그리고 각 논문 사이에서의 연결 관계의 부재에 대한 가장 강력한 증거가 된다. 명료한 자기주장과 근거를 제시하고 각 연구간의 유기적 연결지점이 표현되기에는 개념 설명을 제외한 2~3페이지 이내의 분량은 물리적으로 불가능하다.

다 오히려 허무를 의지하는 존재'라는 사실을 해명함으로써 새로운 주체 구성의 가능성을 제시하는 사유일 수도 있을 것이다. (이진우, 2000: 163~164)

여기에서 이진우는 한 켠에서 푸코가 '자기해체적' 허무주의를 조장하는 듯 보이지만, 니체의 개념을 다시 한번 떠올려 볼 때 이러한 해체적 작업이 결국 '새로운 주체'를 만들 시발점이 될 수 있음을 시사했다. 즉 여기에는 구성(construction)이 아닌 해체(deconstruction)가 더 발전적이라는, 포스트모더니즘의 핵심 발상이 옹호되고 있다. 그러나 다른 한편, 같은 시기 이진우는 자유주의-공동체주의를 다루면서 정반대 편의 발상을 전개했다.

공동체주의는 공유된 가치가 없는 단순한 형식적 사회관계는 개인의 정체성을 보장하지 못할 뿐 아니라 장기적으로는 민주적 사회를 재생산하지 못한다고 말한다. … 민주주의 사회에 타당한 형식적 도덕원리들은 특정한 사회의 구성원들이 바람직하다고 생각하는 구체적 가치와 공동선들 없이는 결코 정당화될 수 없다. 이런 맥락에서 보면 자유주의의 딜레마는 사회의 구성원들이 이기적이고 개인주의적이라는 사실에 있는 것이 아니라, '좋은 삶'에 관한 의견의 불일치에 있는 것이다. 현대인의 자아가 아무리 다양한 역할과 가치들로 구성되어 있다고 할지라도 자신의 삶을 통해 실현하고자 하는 '좋은 삶'의 목적이 없다면 그의 정체성은 결코 형성될 수 없다. (이진우, 1999: 94)

앞의 글에서 이진우는 분명 공유된 담론의 폭력성을 끊임없이 해체함으로써만 삶의 의미를 획득하는, 니체의 "허무에 의지하는 존재"로서 주체 개념을 옹호했다. 그런데 여기에서는 공동의 규범과 "좋은 삶"에 대한 공유 관념이 없이는 결코 개인의 정체성도 형성될 수 없다는 공동체주의의 견지에서 마이클 왈쩌의 자유주의를 반박하고 있다. 핵심은 한 사회에서 공유된 담론에 대한 도덕적 가치 평가 문제에 있다. 즉 니체나 푸코는 사회가 공유하는 도덕 담론의 과잉을 문제삼고 '해체'하는 것에 방점을 둔 반면, 공동체주의는 그것의 부재를 비판하며 '구성'에 무게를 두었다는 점에서 대척점을 이룬다. 그리고 이는 분명 푸코와 하버마스가 갈라서는 지점의 쟁점이기도 했다.

물론 니체와 공동체주의 관점이 완전히 양립할 수 없는 것은 아니다. 이는 다시금 이론가의 매개 노력, 즉 학술적 변용과 갱신에 의해 극복될 수 있는 문제다. 문제는 이진우에게 그런 작업이 없다는 사실이다. 즉 이진우의 궤적에서 공동체주의를 다루는 글의 논지와 니체를 다루는 글의 논지는 마치 다른 저자에 의해 쓰인 것인 양 서로를 배반하면서 공존하고 있다. 이는 그가 양자를 연결하는 프로젝트를 염두에 두고 있지 못하고 그저 별개의 사안으로 별개의 맥락에서 다루고 있음을, 궁극적으로는 별개의 논의가 별도로 존재 가치를 가지고, 또한 별도의 연구가 별도의 공간에서 읽히게 될 것을 기대하는 그의 딜레탕티즘을 반영하는 것이다.

이처럼 이진우는 사실상 90년대 후반 인문사회계에 주목받는 거의 모든 주제에 개입했다. 이어 2000년대 중반이 되면서 이진우는 90년대의 윤평중처럼 신문 기고를 꾸준히 이어갔다(도구주의d: 저널리즘 참여).* 언론 기자들 또한 학술적인 사건이나 이슈가 있을 때마다 이진우를 찾았다. 항상 자신의 소신을 굽히지 않는 유능한 '소장철학자'로 호명되며 그는 중심부 내 주변부 위치의 부당함을 일부나마 보상받았다. 이러한 동시다발적 행보는 그가 2004년 48세의 나이에 "지역 언론사에서 뉴리더로 선정될 만큼 학자적 위상이 뛰어난 인물"로서[43] 계명대학교 총장으로 발탁되면서(도구주의e: 직위 수행) 잠시 중단된다. 이는 늘 소장학자였고 하버마스 이후 어디에서도 반응점을 얻지 못했던 그가 이제 학자들의 담론 공간 밖으로 나갔을 때에서야 비로소 정당한 보상을 받게 됐음을 뜻한다.

한상진의 이탈 궤적: 딜레탕티즘과 도구주의 사이

위의 학자들과는 달리 한상진은 국내 학자로서는 드물게 장기간 자신의 독창적 이론을 정립하기 위해 애썼다. 이른바 '중민이론'이 그것으로, 서구의 중산층 개념이 담아내지 못하는 한국의 독특한 중·상위 계층 집단이 사회 변동과 발전의 중요한 동력이라는 발

---

* 이진우 또한 신문지면을 통한 '논쟁'을 즐겼다. 이는 윤평중과 동일하게 《조선일보》 기고 문제를 둘러싼 강준만과의 논쟁(강준만, 2000: 93~107), 철학자 김영민과의 논쟁 등을 통해 자신의 존재를 대중에게 알렸다.

상하에(한상진 외, 2018: 162) 그는 오랜 기간 이 이론의 심화와 중민에 의한 사회 변동 논리를 설명하기 위해 노력했다. 딜레탕티즘과 도구주의의 선택지들 사이에서 한 학자가 얼마나 자신의 중심 연구 기획을 유지할 수 있는지에 대한 우리의 관심에서 볼 때, 이러한 중심점을 가지고 유지하려 했던 인물은 오로지 한상진뿐이다. 그래서 특별한 그의 궤적에 대한 추적은 매우 중요하다. 한상진은 이 틀을 이미 1980년대에 구상했고, 1980년의 『민중과 사회』를 시작으로 1987년의 『민중의 사회과학적 인식』에 이르면 그 1차적 기틀이 거의 모습을 드러냈다. 그러나 어쩌면 한국의 현실을 정확히 포착해 줄 수도 있을 독자적 이론의 가능성은 오랜 시간 동안 더 이상의 진전을 보지 못하는데, 왜냐하면 이것이 국내 학술영역에서 별다른 반향을 얻지 못했고, 이와 연관해 한상진 본인이 자주 이론의 심화가 아닌 다른 것들에 관심을 기울였기 때문이다. 장이 부재하고 그래서 자신의 제안에 대한 심도 있는 논의의 형성 기회 자체가 없는 상황에서 한상진 또한 딜레탕티즘의 경로들을 선택하게 됐다.

한상진의 제자이자 이론적 동반자인 박영도는 2011년에 「한상진의 사회이론과 성찰적 비판문법」이라는 글을 통해 중민이론 기획의 전개 과정을 정리하면서 이것이 "한국의 경험에 기초한 구체적 비판 프로그램"을 확립하려는 시도이며, "헤겔, 맑스, 하버마스로 이어지는 성찰적 비판문법을 한국의 경험을 바탕으로 재구성하고 있을 뿐 아니라, 동아시아 특색의 성찰적 비판문법의 길을 열어가고 있다"고 평했다(박영도, 2011a: 47). 여기에서 박영도가 주장하는 것은 두 가지다. 하나는 한상진의 기획이 누적적이고 일관적이라는 점, 다른 하나는 이것이 경험적으로 한국 현실에 토대한, 즉 현실적합성을 지닌 '비판이론'이라는 것이다.

두 번째 것은 차치하더라도 첫 번째 진술은 문제가 있는데, 왜냐하면 실제 한상진은 자신의 연구 범위를 확장하는 과정에서 자주 이뤄진 관심의 전환에 대한 이론적 근거에 관해 별다른 언급을 하지 않거나, 언급하더라도 정밀한 논리를 제시하지는 않았기 때문이다. 오히려 제4부에서 본 것처럼 매우 추상적인 메타이론 영역을 다룬 박사학위 논문에서 80년대 초 권위주의 관료제 이론으로의 전환, 사회조사 경험연구 결과를 분석해 중산층의 특성을 연구하고 이로부터 출발한 초기 중민이론의 기획, 90년대 초반 포스트모더니즘의 변혁적 가능성의 탐색, 90년대 중반 하버마스의 시민사회론 옹호 기획 등으로 매번의 이동에 있어 분명한 정당화가 없었고, 이것들에는 '비판적 사회이론'이라는 표제 외에 사실상 공통점을 찾기 어려웠다.

그런데 방한 행사가 진행되던 시점에 한상진은 다시 또 다른 관심으로 이동할 준비를 하고 있었다. 그가 주목한 것은 울리히 벡의 위험사회론이었다. 잘 알려진 것처럼 벡은 고도로 근대화·합리화된 사회에서 일상적으로 선택되는 작은 결정들이 (기술적 위험·윤리적 파산·자연 재해에 이르는) 예측 불가능한 거대한 위험을 초래함을 경고했는데, 한상진은 90년대 중반부터 고도 압축성장을 계속한 한국이 이러한 위험사회론이 잘 적용될 수 있는 곳이라고 보았다(1995: 148; 1998a: 18~24; 1998b). 그래서 한상진은 1994~1995년 한국 사회를 뒤

흔들었던 크고 작은 사회재난이 '위험사회'의 징후라 주장한다(한상진, 1995: 149). 성수대교와 삼풍백화점 붕괴, 대구 지하철 가스폭발 사고 등의 사건들은 한국이 고속성장을 추구해온 선택에 뒤따르는 '예측불가능한' 결과들이고, 한국사회는 "복합성"의 사회체계가 산출한 "위험지수가 매우 높"은 사회라는 것, 그러므로 벡의 개념이 매우 잘 맞는다는 것이다(149~152).

이로부터 알 수 있는 첫 번째 딜레탕티즘의 문제는 그가 하버마스 방한 행사가 준비되는 시점에서 다른 논의에 이미 진입해 있었다는 사실이다. 앞서 제4부에서 우리는 1993년의 시점에 한상진이 하버마스와 푸코 이론으로의 '복귀'를 선언한 것을 보았는데, 불과 한두 해만에, 그것도 하버마스 방한이 추진되고 있는 와중에 그는 이미 다른 이론적 자원의 탐색을 시작했던 것이다. 이는 한상진이 방한 행사 종료 직후 즉시 하버마스 논의로부터 손을 떼고 위험사회론에 집중하게 되는 이동을 설명해 준다.

두 번째 문제는 이러한 90년대 중반의 다방면의 관심이 학술적 필요와 요청보다는 비학술적 가능성의 공간에 대한 탐색의 선상에서 이뤄졌다는 점이다. 90년대 중반에도 학술공간 내에서 여전히 계속된 마르크스주의-포스트모더니즘 간의 대결은 그에게 학술적 기회의 공간이었다. 그러나 그가 택한, 반복된 충격적 사건들로 인해 고조된 사회적 재난 문제는 아직 학술영역 내의 논의 주제는 아닌, 새로운 기회의 영역이었다. 1999년 한상진은 자신의 위험사회론 기획의 시작이 명확히 성수대교와 삼풍백화점의 붕괴, 대구 지하철 가

스폭발 사고의 충격에 있었다고 회고했는데(한상진, 1999: 15), 그 진정성과 관계없이 그가 이것을 학술 언어로 가공해 제도권 학술공간에서 발표하기로 결정한 점, 그리고 이 과정에서 그 이론적 자원을 울리히 벡으로 선택한 것(1986년에 발표된 벡의 위험사회론은 1992년 영문판으로 번역되면서 영미권 학계의 집중 조명을 받았다)은 이것이 정확히 하버마스를 다루면서 얻은 것과 동일한 효과를 목표로 한 작업이었음을 말해준다.

결국 96년 방한 시점에서 공론장과 통일 문제에 대한 하버마스 입장의 강력한 옹호로부터 행사 종료 후 위험사회론으로 전격 이행은 학술담론과 사회 공간 사이에서 한상진의 선택의 결과였다. 이후 1998~1999년에 들면 그는 더욱 적극적으로 1997년 시작된 경세위기와 IMF 구제금융 신청 사태를 한국사회가 위험사회에 진입했음을 보여주는 것으로 활용했는데(1998a: 5~6; 1999: 148~150), 이때 분명한 것은 이 시기 그가 위험사회론을 90년대 한국사회의 핵심 사건들을 더 잘 설명하고 그래서 사회적 인정의 좋은 자원을 제공해줄 수 있는 이론으로 생각하고 있었다는 점, 즉 벡이 하버마스보다 더 좋은 선택이라고 여겼다는 사실이다.

한상진의 경로의 또 다른 특징은 위에서처럼 〈딜레탕티즘a: 최신 이론의 확장〉의 경로들을 택하는 가운데 특별히 국제적 교류에서 돌파구를 열려 했다는 점, 그리고 윤평중과 이진우보다 매우 강한 도구주의의 성향도 발현됐다는 점이다. 우선 한상진은 하버마스 방한 행사의 경험을 계기로 국제적 학술 교류에 힘썼다. 국내에서 벌어진 국제 학술행사에 자주 초청됐고, 그 또한 해외 학술대회에 참석해 발표하며 해외 학자들과 교류했으며 국내외 해외 저널에 영어로 투고했다. 그 내용은 주로 한국 시민사회와 관련된 것이었지만, 인권·한국학 방법론·리더십·동아시아·미디어·한미문화 등 대상은 매우 다양했다. 다른 한편, 한상진의 1990년대 후반~2000년대 후반의 학술적 궤적은 통일과 남북회담·대학교육·IMF와 기업구조조정·제2건국운동·부패추방과 신지식인·한국인의 정체성·386세대·외규장각 도서문제·복지와 국민건강·사회적 신뢰·네티즌·월드컵 등 수없이 많은 주제들에 대한 개입들로 채워졌다.[44]

하지만 이진우와 달리 이는 기본적으로 한상진이 딜레탕티즘과 함께 강한 학술적 도구주의의 성향을 견지했음을 뜻한다. 일찍부터 그에게는 학술적 지식을 활용해 사회의 변화와 진보에 기여하고자 하는 강한 실천의지가 있었다. 그러나 한상진의 변혁적 학술 도구주의는 사회운동을 독려하는 비주류 학자들의 주된 선택과는 달리 정치권과의 간접적 연결과 정부기구에의 참여(도구주의e: 직위 수행)로 구현됐다. 특히 1998년 출범한 김대중 정부에서 한상진은 노사정위원회·대통령자문 정책기획위원회·제2건국위원회 등에 참여하고, 정부 산하 한국정신문화연구원과 한국방송공사 비상임 이사직 등을 고루 거쳤다(한상진 외, 2018: 103~123). 이러한 도구주의는 또한 언론을 통한 인정이라는 〈도구주의d: 저널리즘 참여〉 노선과도 병행됐다.* 윤평중과 이진우처럼 그가 다양한 주제의 사회 현안에 대해 칼

---

* 한상진과의 대담에서 제자들은 이를 두고 "공적 지식인으로서의 선생님의 활동

럼을 제공하고 언론은 유명 학자의 입을 빌려 세태를 진단할 수 있는 협력관계가 형성됐다. 특히 90년대 초반 해외 학계의 동향을 전달한 경험은 이후로도 그가 자주 유명 석학들과의 대담과 인터뷰를 언론을 통해 소개하는 역할에 많은 시간을 할애하게 만들었다.

이처럼 한상진의 노선은 학술영역 내 딜레탕티즘을 기본으로 하되 강한 도구주의의 경로를 동시다발적으로 취한 것이었고, 이는 그만큼 한상진의 역량과 열정, 그리고 인정에 대한 강한 의지를 반영한다. 이것이 의미하는 바는 96년 방한 행사의 주역이자 하버마스 네트워크의 완성을 가능케 했던 한상진이 행사의 종료와 함께 가장 먼저 하버마스로부터 떠났다는 사실이다. 1998년 시점의 그는 완전히 '위험사회론자'가 되어 있었다. 이때 한상진은 「왜 위험사회인가?: 한국사회의 자기반성」에서 자신의 기획이 가진 '연속성'을 사후적으로 재구성해 제시했는데,* 여기에서 놀라운 점은 불과 몇 년 전까지 집중했던 하버마스가 전혀 등장하지 않는다는 점, (물론 그 이

중 단연 두드러진 것 중 하나는 칼럼니스트 활동"이었으며, 보수와 진보 신문 모두에 투고하며 생긴 잡음을 "두 집단 모두가 주목할 만한 이데올로기적 모호성을 품고 있었고, 그런 가운데 높은 수준의 현실 개입력을 가졌던 것"으로, "칼럼의 효과가 상당했다는 점에서 칼럼니스트로서의 행복"이라 평했다(한상진 외, 2018: 104).

* 그 내용은 1994년과 1995년의 재난들은 자신이 이전에 제시한 권위주의 관료제론의 연장선에 있다는 것, 즉 한국사회가 벡이 말한 고도로 발달된 합리주의 사회가 가져온 위험의 문제로 넘어와 있으며 이는 권위주의 관료제 체제가 만들어온 급격한 성장의 결과물이라는 것(한상진, 1998a: 12~19), 그리고 작금의 IMF 사태가 그 결과물이라는 것(5~6), 무엇보다 벡이 제시한 해법으로서 "성찰적 근대화"가 자신이 천착해온 중민이론 기획과 매우 잘 맞는다는 것(21)이었다.

전의 푸코도 사라져 있다는 점) 다시 말해 그가 스스로 재구성한 중민이론 구성의 '궤적'에서 하버마스(그리고 푸코)가 지워져 있다는 사실이다. 또한 2000년대가 되면 한상진은 특별히 유교사상의 현대화 문제와 동아시아 시민사회에 큰 관심을 기울이게 된다(딜레탕티즘d: 동양 회귀). 물론 그는 이 또한 중민이론의 기획 선상에서 이뤄진 것이라 말했다(209~214). 하지만 이 전환 또한 분명한 이론적 타당화가 부재한 채 선언적으로 이뤄졌다는 점에서 한상진의 장기적인 궤적은 점점 더 중심점의 표면을 맴도는 딜레탕티즘의 방향으로 전개됐다.

이상과 같이, 주류 학자들 대부분이 떠나간 가운데 하버마스 네트워크의 광범위한 연결에 가장 결정적으로 기여했던 한상진이 자신이 구축한 네트워크로부터 이탈한 상황에서 하버마스에 대한 학술 영역 성원, 특히 제도권 학자들의 관심이 지속되기를 기대하기는 어려웠다. 한상진은 2018년의 회고에서 이러한 자신의 선택에 대해 후회하기도 했다. 즉 자신의 관심이 너무 넓으며 일관성이 부족하다는 것, 그로 인해 자신의 이론의 개발이 많은 방해를 받았다는 것이다. 결국 그에게 하버마스의 비판이론이 더 심층탐구되지 못한 것에 대한 아쉬움은 다시 하버마스로 돌아가려는 바람이 됐다.* 그리

---

* 그는 다음과 같이 언급했다. "… 내가 시도한 것은 푸코와 하버마스를 연결시켜서 담론적 사회과학이라는 새로운 패러다임을 만드는 것이었습니다 … 그런데 나는 궤도를 아예 벗어나는 것은 아니지만 자꾸 새로운 것에 빠져드는 경향이 있어요. 독일로 가 박사 후 연구를 할 때는 관료적 권위주의 이론에 매달렸고 귀국한

고 이는 윤평중과 이진우의 경우에서도 마찬가지다. 윤평중이 하버마스와 푸코를 '넘어서려는' 프로젝트를 지속했다면, 이진우가 성실한 번역과 철학적 탐색을 계속했다면, 이들 세 사람의 역량만으로도 하버마스 네트워크의 운명은 달라졌을 수 있고, 적어도 그토록 급격한 네트워크의 해체는 일어나지 않았을 것이다. 그러나 '만약'을 상정하는 것은 어리석다. 왜냐하면 사실 이들의 궤적, 그리고 앞서 살펴본 모든 주류 학자들의 궤적은 그들의 하버마스 연구 지속 자체가 애초에 불가능했음을 증언하고 있기 때문이다. 장이 없는 상황에서 주류 학자들에게 선택지는 주로 딜레탕티즘의 경로들 안에서 주어졌고, 종횡무진 다양한 진로가 선택되는 가운데 '좁고 깊은' 범위의 집합적 연구를 기대하기에는 애초에 어려웠다. 앞서 제4부에서 나는 윤평중·한상진·이진우의 하버마스 네트워크 합류가 딜레탕티즘의 발로였음을 보여주지만, 합류의 계기와 상관없이 온전한 하버마스 연구자의 길도 얼마든지 선택될 수 있으므로 궁극적으로 그들의 딜

뒤에는 국내 사정에 매몰되어 논쟁하기에 바빴습니다. 그러다가 얼마 전 프랑스에서 몇 달 머무를 때 내 자신을 되돌아보며 여러 생각을 하게 되었습니다. 그러면서 갑자기 시야에 들어오는 것이 있었어요. 나는 젊은 시절 푸코와 하버마스를 연결시켜 비판이론을 재구성하려고 했는데, 오늘날 그 이론이 정말 필요한 것이 아닌가 하는 거였죠 … 그래서 내가 출발했던 지점으로 되돌아 가보려 합니다. 이제는 한눈팔지 말고 …"(한상진 외, 2018: 60~61). 이런 면모에 대해 제자들은 "모든 것을 하나의 핵심적인 비전, 즉 명료하고 일관된 하나의 시스템과 연관시키는 사람"과 대비해 "다양한 목표를 추구하는 사람", 그 "목표들은 흔히 서로 관계가 없으며 때로는 모순되기도" 하는, "생각의 방향을 좁혀 가기보다는 확산시키는 경향"의 "여우형 인간"이라 평했다(15).

레탕티즘은 합류 이후의 선택을 통해 증명될 일일 것임을 언급했다. 그리고 결국 지금 이곳에서 우리가 세 학자의 학술적 궤적을 2000년 대까지 확장 추적해 확인한 것은 이들의 딜레탕티즘이 오히려 심화 됐다는 사실이다.

결과적으로, 이는 그들이 딜레탕티즘의 성향으로부터 벗어나지 못 했으며 이러한 선택의 계기를 제공한 것이 결국 90년대 중후반 이후 고착화된 국내 인문사회과학 학술영역에서 인정의 분배 방식이었다는 점에서 이들이 속한 주류 학술공간의 상황을 여실히 보여준다.

이렇게 도구주의 성향의 변혁주의 그룹과 함께 주류 학자그룹, 그 중에서도 핵심 인물들이 딜레탕티즘의 경로를 택하며 네트워크로부 터 이탈하면서 이제 남은 것은 신진 하버마스 연구자 그룹뿐이었다.

4

신진 하버마스 연구자 그룹의 와해

방한 행사 이후 90년대 후반 변혁주의 그룹과 주류 학자그룹, 그 중에서도 핵심 유명 인물들이 모두 하버마스 네트워크로부터 이탈하면서 하버마스의 인기는 급격히 식어갔다. 그럼에도 신진 하버마스 연구자 그룹은 잠시간 하버마스 네트워크의 중심에 남아 있었다.

그러나 하버마스 연구권역 안에 있던 이들마저도 2000년대 초에 들면 이로부터 떠나게 되어 신진 연구자 그룹은 사실상 와해됐다. 여기에서 '와해'라는 표현은 정확히 규정될 필요가 있는데, 분명 사회와철학연구회는 건재했고, 2001년부터는 뒤늦은 자체 학술지 발행도 시작했으며, 이후 한동안 하버마스 연구 생산의 주요 거점 기능을 유지하기 때문이다. 이는 사회와철학연구회의 성격의 변화로 설명될 수 있다. 이 모임은 애초 전문연구자들에 의해 하버마스-비판이론 중심 연구집단을 천명하며 결성됐으나 핵심 성원들은 하나씩 하버마스 연구를 떠났고, 학회의 방향은 보다 포괄적인 '사회철학' 분야로 확대됐다. 1990년대 말~2000년대 들어 새로이 하버마스로 박사학위를 받은 사람들이 소수 유입되면서 이들이 논문을 투고하고 기존 성원들이 이따금씩 관련된 연구를 발표하면서 사회와철학연구회는 당분간 하버마스 연구 생산의 본거지로 남았다. 그러나 우리가 본 것과 같은 '전문연구' 집단으로서 90년대 신진 연구자 그룹은 실제로는 사라졌다.

신진 연구그룹이 와해된 까닭은 딜레탕티즘과 도구주의가 함께 작동됐기 때문이다. 그들이 국내 학술영역에서 주류 교수 그룹과 비주류 변혁주의 그룹의 사이에 있었기 때문이다. 위에서 본 것과 같이 주류 그룹이 주로 딜레탕티즘을, 비주류 변혁주의 그룹이 도구주의적 경로를 택하면서 하버마스 네트워크로부터 이탈했다면, 신진 연구그룹은 두 성향 모두에 영향을 받았고, 이는 어느 쪽에도 속하지 않는 이들의 불안정한 위치 때문이었다. 새로운 공간을 창출해 아카데믹한 연구도 수행하고 사회변혁에도 이바지하고자 했던 기획은 실제로는 양측의 유인력 사이에서 이들로 하여금 '갈지자'를 그리게 만들었다.

주류를 닮아간 독일 유학 출신:
권용혁, 장춘익, 홍윤기

먼저, 독일 유학 출신 학자들은 주로 딜레탕티즘의 경로를 선택했다. 이들은 국내 출신보다 평균 4~5년가량 빠르게 박사학위를 취득했고, 유학 출신이라는 이점에 의해 상대적으로 쉽게 주요 대학 교수직을 획득할 수 있었다. 80년대와 같은 강력한 정치적 동기가 사라진 90년대 중반, 이미 잘 자리잡은 이들에게 제도권 안착이라는 목표는 어느 정도 성취됐고, 사회변혁을 향한 애초의 의지는 상당 부분 희석됐다. 물론 이는 하버마스 연구집단만의 문제는 아니었다. 위에서 나는 도구주의의 경로들을 유형화하면서 변혁주의 진영의 선택지들을 분류했는데, 여기에서 이 문제를 한 걸음 더 들어가 볼 필요가 있다. 학술영역의 이원화와 재일원화, 하버마스 네트워크의 형성과 해체의 모든 과정에서의 동력은 변혁주의 진영에서 나왔기 때문이다. 90년대 말, 이제 40대를 맞이하는 이들 신진 학자들의 상황은 그래서 더 탐구할 가치가 있다. 학술운동 출신 학자들이 주류화 되면서 연구 동기를 잃는 과정에 대해서는 한국산업사회연구회의 『경제와사회』 100호 기념 대담의 다음과 같은 회고를 참고할 만하다.

… 90년대에 들어왔다면 그 시대를 뒷받침할 수 있는 연구역량이 있어야 하는데 그게 안 되고 못 따라간 거죠. 그러니까 항상 필자난에 허덕

였던 기억이 나요. 거꾸로 말하면 **초기에 문제제기를 했던 연구자들이 자기 연구를 심화해 나갈 시점이 90년대인데**, 역설적으로 **이전의 상황이 끝났다고 하고** 포스트모던이라고 하니까 연구자들이 거의 다 나자빠지면서 중심을 못 잡고 헤맸던 거죠. 그러다 90년대 중후반쯤 되면 **이 산사연 회원 상당수가 대학교수가 되고 그러면서 본인이 더 이상 다급하지 않게 되고 또 더 이상 이전의 문제의식을 유지해 가지 않게 되면서 연구하다가 마는 꼴이 된 것입니다.** 제가 평가하기에는 이게 **문제제기했던 주제는 많은데 그 주제로 본격적으로 들어가야 할 시기에 흐지부지되어 버린** 상태로 2000년대로 흘러가 버린 거 같아요. 그러니까 **학진 체제로** 가버렸고, … 이른바 범 진보진영에서 이탈하게 됩니다. 이탈하게 됐다고 하는 것은, **전통적 입장에서 본다면 자기의 문제의식을 못 가지거나 아니면 연구자로서의 입장을 포기하거나 심화된 연구를 더 이상 안 하게 되었다는 것입니다.** 그래서 … 전반적으로 **제도권 학술 체제에 편입해 들어가 버린 과정이 아니었나 생각이 들어요.** (김동춘 외, 2013: 28; 강조는 인용자)

여기에서 언급된 비판사회학자들의 성찰은 중요하다. 앞서 본 것처럼 변혁주의 진영 출신 신진 학자들은 90년대 중후반까지 강한 도구주의 성향을 유지했고 도구주의적 선택지들을 밟아갔다. 그러나 이러한 성향은 갈수록 약화됐고, 1990년대 말~2000년대 초반 사이 지점에 이르면 신진 학자들의 '이탈'이 나타나기 시작한다. 대담자들이 언급한 것처럼 비판적 진보진영의 학자들, 그러니까 변혁주의 학술운동 출신 신진 학자들 중 적지 않은 수가 90년대를 거치며 "제도권 학술 체제에 편입"되어 '주류화'됐는데, 여기에는 주로 세 가지 변수가 작동했다.

첫째, 90년대 중반에 접어들면서 학술공간을 둘러싼 외적 조건의 변화가 가속화됐다. 민주화 정부의 수립 이후 학술운동의 목표가 흐려지고 또한 다양한 이슈로 분산됐다. 이와 함께 사회 분위기의 '보수화' 경향이 심화되고 정치·경제적 변혁 문제들은 점점 중요성을 잃어 갔다.

둘째, 1990년대 중반을 통과하면서 신진 학자들의 지위가 변화했다. 비록 90년대 초반만큼 수월하지는 못했지만, 유학을 다녀온 이들도 국내 출신도 90년대 중반을 넘어서면 어떤 식으로건 대학에 자리를 잡았다. 이 두 가지 변화는 주변부 학자들이 90년대 초반 가졌던 두 가지 목적, 그러니까 학술운동도 지속하고 대학에도 진입해야 하는 두 가지 목표가 모두 사라졌음을 뜻한다. 후자는 성취된 반면, 전자는 사라진 것에 가깝지만 말이다. 어쨌건 이는 학술운동을 계속하려던 학자들의 '(변혁적) 관심의 (학술적) 번역' 의지를 심각하게 떨어뜨렸다.

셋째, 이러한 상황에서 도입된 '학진체제'는 이들 신진 학자들에게 대학과 제도권 내에서의 생존 문제를 훨씬 큰 것으로 여겨지게 했다. 정량화된 평가와 실적 반영이라는 압력은 90년대 초반까지 대학에 진입한 학자들에게도 해당됐지만, 특히 불과 몇 년 늦은 경력의 90년대 중반 이후 교수직 진입자들에게는 강력한 압박이었다. 즉 주류 학자들의 경우보다 신진 학자들에게 학진체제의 영향력은 훨씬 컸다. 그 결과는 위에서 말하는 '진보진영'의 위기, "자기연구를 심화해 나갈 시점"에 오히려 나타난 "자기 문제의식"의 실종, "심화된 연구"의 포기, 그리고 "제도권 학술체제"로의 편입이었다.

이러한 조건의 변화는 신진 하버마스 연구자 그룹의 경우 특히 일찍 교직을 확보한 유학 출신 학자들에게 크게 체감되었다. 그리고 이는 이들이 과거에 인식론적·정치적 두 가지 목표의 동시 실현을 위해 택했던 하버마스를 굳이 고집하지 않아도 됨을 의미했다. 즉 하버마스는 두 가지 목표 성취를 동시에 이뤄줄 수단이었지만, 두 목표는 성취되거나 혹은 약해져 버렸다. 이때 이들에게 하버마스 연구의 지속은 심지어 좋은 선택이 아니었다고 할 수 있는데, 이는 다시 세 가지 차원에서 추정할 수 있다.

우선 이들은 90년대 초중반 사이 나름의 전문성을 바탕으로 박사학위 논문 제출 이후 몇몇 주제에 대해 확정된 문제의식을 어느 정도 결정해 두었다. 이는 90년대 후반 이들이 '신진 학자'에서 '중진'으로 넘어가는 초입에서 진정 '전문화된 아카데미즘', 그러니까 좁고 깊은 범위를 갖는 매우 추상적인 논의로 넘어가야 하는 강한 동기부여가 필요한 시점에 있었음을 뜻한다. 이는 두 번째 차원의 문제로 연결된다. 매우 많은 시간과 노력이 필요하지만 결과를 확신할 수 없는 이러한 집중 연구는 '학진체제'에서 외면되기 쉽다. 나아가 이들은 교내에서 수행해야 하는 승진 심사 등을 위해 정량화된 점수도 필요했지만, 이뿐 아니라 사회와철학연구회를 비롯해 관여한 다수의 학회와 학술지들로부터 모임의 생존을 위해 매우 많은 '논문'을 요구받기도 했다. 이때 이들에게 매우 좁고 깊은 연구의 선택은 현실적으로 좋은 선택이 되지 못했을 것이다. 세 번째는 이들에게 여전했던 변혁주의적 성향이다. 비록 많은 면에서 주류화됐지만 이들은 오랜 시간 변혁주의 학술운동의 영향 아래 성장해 여전히 그곳에 관여하고 있었고, 각자가 다룬 내용 또한 아직은 변혁주의적인 것이었다. 따라서 현실과의 연결점을 유지하려는 이 의지는 비록 이전보다 훨씬 아카데미즘으로 이동해 있었음에도 불구하고 이들을 여전히 '전문화된 아카데미즘'보다는 '딜레탕트한 도구주의'에 가까워지도록 했다. 실제로 방한 행사가 끝난 후 유학 출신 학자들은 새로운 서구 이론의 소개자(딜레탕티즘a: 최신이론의 확장)가 되거나 다양한 주제들을 폭 넓게 다루는 작업(딜레탕티즘b: 소재의 확장)을 선호함으로써 자신들이 비판했던 기성 제도권 교수들의 선택을 좇게 된다. 그러면 지금부터 실제로 이들이 방한 행사 직후 어떠한 선택을 했고, 이를 어떻게 정당화하고자 했는지 살펴보도록 하자.

1992년 전임강사, 1994년 조교수 임용을 거쳐 울산대학교 철학과에 일찍 자리잡은 권용혁은 1997년 사회와철학연구회가 초청한 또 다른 하버마스가 될 후보, 칼 오토 아펠의 방한 행사와 뒤 이은 '아펠 연구모임'에서 중심 인물이었다(나종석, 2010b: 207). 한때 하버마스로 넘어왔던 그는 방한을 계기로 다시 아펠로 돌아와 그를 국내에 소개하는 연구서 『칼-오토 아펠과 현대철학』(1997)을 번역하고, 자신의 아펠-하버마스 연구논문 모음집 『이성과 사회』(1997)의 발간, 그리고 『철학의 변형을 향하여』(1998)에 참여하는 등의 활동을 성실하게 수행했다. 이러한 행보는 적어도 잠시간 그가 하버마스–아펠 연구를 계속하려 하는 것으로 보이게 한다. 그러나 1998~1999년의 시점에 그는 갑자기 정보화사회론, 독일 인문학 교육 연구, 한국 현대 철학자(신남철·박치우·박종홍) 연구 등 그의 직전 기획과는 직접적인 연관성이 없는 글들을 발표하기 시작했다. 이러한 전환이 권용혁의 〈딜레탕티즘a: 최신이론의 확장, b: 소재의 확장, d: 동양 회귀〉로의 이행이라 해석되기는 아직은 무리가 있는데, 왜냐하면 그가 2002년에 다시 아펠과 함께 하버마스를 다룬 두 편의 논문(2002b; 2002c)을 발표하기 때문이다.

그러나 결국 권용혁은 이 두 편의 연구를 마지막으로 사실상 하버마스, 그리고 아펠로부터도 떠났다. 우선 이 두 편의 논문은 사실 이전에 발표한 글의 내용을 반복한 것으로, 아펠의 선험화용론을 옹호하며 설명하고 의사소통의 철학이 한국 시민사회 활성화에 도움을 줄 수 있다는, 90년대 초중반의 글과 차이점이 없었다. 2002년에 동일한 논의가 반복됐다는 것은 곧 90년대 후반 본래 자신의 기획에 대한 '심화'된 탐구는 없었던 것을 보여주는 셈인데, 사실 이 기간 그는 다시 한국 철학자 사상 연구, 통일과 북한 연구, 지식기반사회 인문학 교육에 관한 연구 등을 발표했고, (2000년을 전후로 유행했던) 자유주의–공동체주의에도 참여했다. 즉 그의 관심은 이미 여러 갈래로 이동 중이었다. 이러한 딜레탕티즘의 경로가 1998년의 부교수와 2003년의 정교수 승진의 필요를 직접 반영한 것인지는 알 수 없다.

그러나 90년대 말 이후 그의 모든 연구에 이전에는 (거의) 없었던 학술진흥재단과 소속학교 연구비 지원을 알리는 표기가 붙기 시작했다는 점은 그가 다방면에서 제시되는 '요구'들에 직면해 있었음을 암시한다. 무엇보다 권용혁은 2001년 창간한 사회와철학연구회의 학술지 『사회와철학』의 중심 필진이자 편집위원장으로 적극 활동하게 되는데, 이때 이 학술지가 초반에 유지했던 매번 다른 종류의 '특집'은 학회의 중심 학자들의 참여로 유지됐고, 그는 거의 모든 특집에 참여해 논문을 기고했다(학회 10주년 결산에서 『사회와철학』지의 가장 많은 투고자는 각각 12편의 선우현, 11편의 김석수, 그리고 10편의 권용혁이었다). 이러한 참여는 학회에 대한 권용혁의 진정성과 열정을 보여주는 것이지만, 하버마스 네트워크에 대한 우리의 관심에서 볼 때 또한 그가 하버마스(그리고 아펠)로부터 멀어지게 하는 결과를 낳았다는 것이 중요하다. 실제로 이곳의 논문들은 세계화(2001; 세계화 특집), 의사소통합리성(2002; 합리성 특집), 정보화사회(2004; 과학기술시대 특집), 민주주의 가족연구(2004; 민주주의 특집) 등으로 특집 구성을 따라 갈지자를 그렸다. 그리고 이곳에서 아펠-하버마스는 물론, 이론적 논의 자체가 점점 사라져 갔다.

결과적으로 1990년대 후반~2000년대 초반의 권용혁은 한편에서 아펠과 하버마스 연구의 지속이라는 선택지와 다른 한편에서 자신에게 제기된 현실적 요청과 관여된 학술 조직들로부터의 협조 요청, 그리고 개인의 다양한 관심사라는 선택지 사이에서 후자를 선택했다. 그리고 이는 이후 이후의 동아시아 공동체 연구, 가족과 결혼 연구 등으로 이어지게 된다(딜레탕티즘b: 소재의 확장).[45] 조교수-부교수-정교수 승진 과정과 병행된 이러한 선택들이 그린 궤적은 어느새 그가 '주류화'되고 있음*을 보여주는 것이다.**

---

* 권용혁은 자신의 연구논문 모음집 『철학과 현실: 실천철학II』의 머리말에서 이 시기 자신의 고민을 다음과 같이 적었다. "박사학위를 받고 전문 학자의 길로 접어든지 벌써 십여 년이 흘렀다. … 여기 모은 글들은 그런 면에서 진중하지 못한 채 우왕좌왕하고 있는 나를 보여주는 못난 행적의 기록이다. 자신이 지금까지 해온 것을 떠나 새로운 미지의 세계, 미지의 영역을 개척한다는 것은 무모하지 않다면 도무지 엄두를 낼 수 없는 일이다. 더욱이 젊지도 않은 나이에 그것도 몇 번씩이나 그렇게 한다는 것은 결코 자랑할 만한 것이 아니다. 그래도 아직은 무언가 다른 것에 새로운 미지의 영역에 도전하고 싶은 마음이 강한 것은 아직도 젊은 무엇인가가 나에게 남아있는 것은 아닐까? 전문 철학 영역과 씨름할수록 역동적인 현실과 멀어져만 가는 나를 발견하곤 했다 … 이제 그 일은 접고 그 동안 하고 싶었지만 못했던 일을 해보자고 유혹한다. 이 유혹은 다짐으로 변하고 또 다른 글쓰기 여행을 떠난다. 이렇게 십여 년을 지내온 것 같다. 항상 밖을 바라보며 사는 삶은 그만큼 안이 부실하다. 그걸 알면서도 지금까지 배워온 글 안으로 파고들려고 하지 않는 까닭은 그럴수록 내 삶의 의미가 채워지지 않기 때문인 것 같다. 들어갈수록 줄거리가 반복될 때, 내 삶의 궤적과 연관되지 않는 걸 느낄 때, 문제의 구체성이 떨어질 때, 다시 밖을 향하게 된다. 그건 밖이 좋아서가 아니라 그 안이 내 안이 아니기 때문일 것이다. 이것이 밖으로의 일탈을 조금이나마 자위할 수 있는 이유이기도 하다"(권용혁, 2004: 8~9).

** 이러한 주류화-딜레탕티스트화 현상은 앞장에서 짧게 언급한 정호근의 경우 더 일찍, 더 전면적으로 이뤄졌다. 정호근은 1995년 목포대 전임강사를 거쳐 1997년 조교수로 임용됐는데, 이 기간은 정확히 그가 하버마스 관련 연구를 집중 생산했던 시기였다. 이후 그는 정보통신 시대의 매체론에 관한 일부 연구들을 수행했고, 1999년 서울대학교 철학과로 자리를 옮겨 비판이론 1세대, 그리고 루만에 관한 몇몇 논문을 발표한 뒤 사실상 연구 관심을 상실했다. 딜레탕티즘으로 표현된 정호근의 이러한 하버마스로부터의 이탈은 한편에서 승진과 학계 중심부로 이동 과정에서 진행된 것이고, 다른 한편에서 그의 지적 성향이 본래 신진 연구그룹과 구별되는 '아카데믹'한 것이었던 결과다. 하지만 그의 아카데미즘은 주류화 과정에서 딜레탕티즘을 거쳐 일찍 상실되어 버렸다.

1988년 이화여대 철학과에 일찌감치 임용됐던 이상화도 독일에서 하버마스를 중

반면 장춘익은 하버마스 연구에서 비교적 적게 이탈한 인물이었다. 그는 90년대 후반 두 편의 하버마스 관련 논문도 발표했고(1998a; 1998b), 2006년에 발간된 『의사소통행위이론』 I, II권의 완역을 위한 작업에도 착수했다. 그러나 장춘익이 딜레탕티즘의 경로에서 자유로웠던 것은 아니다. 아니 사실은 반대였다. 우선 1990년대 후반~2000년대 초반에 그의 학자로서 작업 자체가 다른 이들에 비해 현저히 적었다. 그런 데다가 세 편의 하버마스 관련 논문을 제외하면 다른 작업들은 생태주의, 하이데거와 헤겔, 디지털 저작권과 정보사회, 젠더 등[46] 이론과 소재를 넓히는 〈딜레탕티즘a: 최신이론의 확장, b: 소재의 확장〉의 선택들로 채워졌다. 사실 1998년의 장춘익은 이미 하버마스로부터 떠나고 있었는데, 아펠 연구서에 참여한 「동의와 당위: 하버마스의 담론윤리학」(1998b)은 하버마스 이론에 대한 나름 성실한 해설과 분석을 담고 있었지만 (1997년에 쓰인) 이 글은 사실상 그의 마지막의 진지한 연구였고, 백종현에 의해 재개된 『사회철학대계』 프로젝트에 참여한 「신뢰와 합리성」에서의 상황은 달랐다. 이 글의 내용은 신뢰가 "기능적 합리성과 실천적 합리성"의 양 차원을 지닌다는 것으로, 전자의 신뢰는 루만의 개념을 빌리고, 후자의

심으로 박사학위 논문을 집필했고, 80년대 후반~90년대 초반 하버마스와 비판이론을 계속 다루면서 활동반경이 신진 연구그룹과 겹쳤다. 하지만 그 또한 변혁주의 색채가 본래 강하지 않았고 또한 일찍 중심부에 가까운 제도적 위치를 가지고 있었던 결과 빠르게 주류화됐다. 그는 90년대 후반 페미니즘 관련 연구로 방향을 설정하기는 했지만 그 실천을 주로 소재를 넓히는 선택을 함으로써 〈딜레탕티즘 b〉의 방향으로 이행했다.

신뢰는 하버마스로부터 재구성됐다.

그는 우선 신뢰를 상호 유불리를 따지는 계산적 계약관계라고 보는 "계산적 합리성"(장춘익, 1998a: 110~113)을 비판하고, 사회 성원의 상호신뢰를 "체계역량의 확대" 차원에서 언급한 루만의 "기능적 합리성"(113~116)의 기여와 한계를 언급한 뒤, 그 대안으로 칸트와 헤겔을 결합한 하버마스의 "실천적 합리성"(116~122)을 내세웠다. 성원들 사이 상호 합의에 이르려는 노력의 결과로 간주관적으로 형성된, 타인의 합리성에 대한 믿음 사이의 상호 의존성이야 말로 현대사회에서 공동체의 존속을 위해 필요하다는 것이다(장춘익, 1998a: 129). 그러나 필자가 주장하는 바, 즉 상호성에 기반한 사회 구성이 공동체의 안정적 구성에 이롭다는 것은 전혀 새로울 것이 없는데, 왜냐하면 그가 이전에 하버마스 연구모음집 『하버마스: 이성적 사회의 기획, 그 논리와 윤리』에 참여한 하버마스의 법철학 관련 글 「법과 실천적 합리성: 하버마스의 법 대화이론」에서 동일한 내용이, 사실은 더 세밀한 분석의 형태(여기에서는 루만이 아닌 파슨스가 등장하기는 하지만)로 제시된 바 있기 때문이다(장춘익, 1997: 261~267). 1998년의 글은 하버마스 연구에 대한 심화라기보다는 오히려 그가 홉스·루만·칸트·헤겔과 함께 다뤄지는 가운데 비중이 축소된 글이다. 즉 이 글은 하버마스 중심 연구가 아니라 전형적인 이론과 개념의 부분적 동원 차원의 하버마스 연구에 해당한다. 이 글이 장춘익의 하버마스에 대한 마지막 논문이라는 점은 그래서 의미심장하다. 이 논의를 끝으로 그에게 하버마스는 당분간 사라지고, 이후에는 이 글에 등장한 헤겔과 칸트, 그리고 (훗날이기는 하지만) 니클라스 루만에 대한 관심으로 이동이 시작되기 때문이다.

이러한 하버마스로부터의 이탈과 딜레탕트한 행보는 권용혁과 거의 동일한 시점의 승진 과정과도 연결되어 있지만,* 무엇보다 현실적 요구의 충족 이후에야 가능한 그의 다양한 관심사의 산물이다. 이는 그가 같은 기간 참여한 다방면의 교양서에서도 나타난다. 1999년에 두 권, 2001년에 한 권의 공동 필진 중 한 명으로 교양서에 참여했는데, 그 내용은 서양 고전 철학과 사회 사상을 소개하는 책의 헤겔 챕터, 인문학적으로 생태주의 문제를 탐색하는 책의 서양 생태철학 챕터, 21세기를 맞아 사회 모든 영역에서 '희망'을 탐색하는 책의 정보사회 관련 챕터였다.[47] 이 책들의 특징은 우선 대중교양서라는 점 외에, 매우 다양한 주제를 다양한 학술 분과 학자들로부터 소개받는 '딜레탕트한' 기획서이기도 하다는 점이다. 필진에게 전문적 연구가 애초에 요구되지 않는다는 점에서 이 책의 참여는 부담이 적은 선택, 하지만 반응이 좋을 경우 득이 큰 선택이 된다. 즉 논문이나 저서 집필이 아닌 이러한 교양서들의 참여는 인정의 가능성을 학술공간 외부의 대중에게서 찾는 〈딜레탕티즘e: 교양화〉, 그리고 〈도구주의d: 저널리즘 참여〉가 결합된 경로이다.

또한 이 책들의 필진이 거의 모두 '주류 학자들'이었다는 점에서

---

* 장춘익은 1997년에 부교수, 2002년에 정교수로 승진했다. 그리고 90년대 후반 그의 모든 논문에도 연구지원 '사사표기'가 등장하기 시작한다.

이는 장춘익이 변혁주의 진영으로부터 거리를 두고 주류화되기 시작했음을 보여준다. 실제로 90년대 초반 신진 학자그룹 중심의 한국철학사상연구회와 사회와철학연구회에 자주 참여했던 장춘익은 90년대 후반부터는 학술연구도 주류 한국철학회의『철학』과 철학연구회의『철학연구』, 그리고 자신이 소속된 한림대학교 인문학연구소의『인문학연구』에만 발표하면서 변혁주의 출신 진영과 '거리두기'를 시작했다.*

마지막으로 지적돼야 할 점은 무엇보다 이들 학술지와 교양서 모두에서 장춘익의 글은 하버마스와는 아무 관계가 없다는 사실이다. 그는 적어도 이 시기 이미 하버마스로부터 떠나 있었다. 결국 이 모든 지점들이 시사하는 것은 권용혁과 동일하게 2000년대로 넘어가면서 장춘익이 주류화되면서 동시에 하버마스로부터 멀어졌다는 점, 그리고 이 시기가 그의 정교수직 획득 시기와 중첩된다는 사실이다. 요컨대, 이러한 개인사적 전환 시기의 그에게 하버마스 연구는 반드시 계속돼야 할 대상으로 여겨지지 않았던 것이다.

위 학자들에 주로 나타난 세 가지 딜레탕티즘의 경로에 더해 고전철학으로 회귀(딜레탕티즘c: 서양 회귀, 딜레탕티즘d: 동양 회귀)와 철학교육자 역할의 정립(딜레탕티즘e: 교양화)에까지 전방위로 관여하고 도구

---

* 나종석은 장춘익이 사회와철학연구회 결성 초기에 중요한 역할을 했지만, 점차 "학회 활동에는 큰 관심을 보이지 않았다"고 언급했다(나종석, 2010a: 212). 그는 신진그룹을 엮어내는 역할을 적극 수행하려 하지는 않은, 약하고 상징적인 리더였다.

주의적 실천도 병행한 인물이 홍윤기다. 이미 1990~1995년 사이에만 이미 십여 편의 글과 저역서 두 권을 발표했던 그는 1996~2000년 사이 논문 26편과 단행본 5권을, 2001~2005년 기간에는 논문 38편과 14권의 책(모음집 참여 포함)을 출간했다. 그리고 그 주제는 〈딜레탕티즘a: 최신이론 확장〉(알튀세르, 보드리야르, 루만, 아펠, 왈쩌와 자유주의 정치철학, 기든스, 미학, 역사철학, 울리히 벡), 〈딜레탕티즘b: 소재의 확장〉(국가정치론, 장애, 보수-진보, 정보화사회, 국가개혁, 부패, 시민사회, 신자유주의, 민족주의, 세계화, 파시즘, 생태주의, 주거, 테러리즘, 참여정부, 박정희론, 약물, 평화주의, 헌법, 동물권), 〈딜레탕티즘c: 서양 회귀〉(헤겔, 프레게, 그리스철학, 근대철학, 니체, 마르크스, 베버), 〈딜레탕티즘d: 동양 회귀〉(공자, 박종홍 철학, 김지하, 천규석, 동아시아 현대철학), 〈딜레탕티즘e: 교양화〉(철학교육 방법론, 논술교육, 토론식 학습법, 도덕윤리 교과서, 철학 중등 교사자격&교과서)에 걸쳐 총 망라되어 있다. 이러한 개입들은 사실 그 목적에 있어서 사회변혁적 관심에서 추동된 것이다. 하지만 홍윤기는 자신의 지향을 지나치게 넓은 연구 범위를 통해 실천하려 하면서 결과적으로는 딜레탕트화되고 있었다. 물론 그는 직접적인 도구주의 경로들에도 소홀하지 않았다. 다양한 사회이슈에 대한 신문 언론 토론회 참여(도구주의d: 저널리즘 참여)와 자생적 철학 정립 노력(도구주의b: 자생이론의 정립), 사회운동에의 개입(도구주의c: 실천우선주의), 교육기구참여(도구주의e: 직위 수행) 등이 학술적 실천과 병행됐다. 한마디로, 신진 하버마스 연구자 그룹을 둘러싼 딜레탕티즘과 도구주의 양 극단에서의 유인력에 가장 크게 흔들린 사람이 홍윤기였다.

이처럼 홍윤기가 딜레탕티즘과 함께 도구주의도 채택했다는 점은 앞의 학자들과의 두 가지 차이에 의해 설명될 수 있을 것이다. 우선 권용혁이나 장춘익보다(두 사람 모두 1985년) 홍윤기의 유학이 늦었다는 점(1988년), 따라서 그가 정치적 격변과 학술운동의 폭발이 일어난 80년대 중후반까지의 국내 비주류 학술공간에 더 오래 남아 있던 경험이 더 강한 도구주의 성향으로 남았을 가능성이 있다. 두 번째 차이는 앞의 것과 관련된다. 권용혁과 장춘익이 이른 유학 후 90년대 초반에 이미 대학 교원으로 자리를 잡고(1991년과 1992년) 90년대를 '승진'의 시기로 보냈던 반면, 1995년에 귀국해 1999년에 동국대 철학과에 임용되기까지 홍윤기는 90년대 중후반을 불안정한 강사 신분으로 보냈다. 이는 90년대 후반 그에게 변혁적 관심과 제도적 관심의 결합이 비교적 오래 지속됐을 수 있었음을 뜻하지만,* 실제로는 홍윤기에게 두 관심은 제대로 결합하지 못하고 별도의 노선으로 분화한 듯하다. 우리가 지금까지 본 것처럼 신진 하버마스 연구자 그룹의 공통점이 강한 변혁적 관심과 제도적 관심의 동시 성취를 이루기 위한 (정치적 관심을 학술적으로 전환한) '번역'으로서 하버마스 연구에 있었다 할 때, 홍윤기는 양자를 별도로 취급한 것처럼 보이기 때문이다. 위에 언급한 것처럼 그는 한편에서 매우 딜레탕트한 관심들을 학술적 언어로 표현하기도 했고, 다른 한편에서 변혁적 관심은

---

* 홍윤기의 90년대 후반 글에는 모두 한국학술진흥재단의 후원을 받은 박사 후 과정 연구 지원 사사표기가 기입됐다.

실천적 참여를 통해 해소하고자 했다.

그 결과, 90년대 후반 홍윤기에게서 하버마스는 일종의 흔적처럼 나타난다. 예를 들어, 매우 학술적인 주제의 관련 논문들, 「사회질서와 사회능력」(1998), 「과학적 합리성의 철학적 반성」(2000)에서 하버마스는 각각 철학사적 · 철학적 타당성의 맥락에서 수많은 학자들의 이름과 함께 등장할 뿐 아니라, 논문마다 상충되는 가치 평가를 받는다. 한편에서 그는 하버마스의 법철학이 "풍부한 역사적 접근가능성"을 "사전에 제약"하고, "지성주의적 편향을 보인다는 비판을 면하기 어렵다"(1998: 364)고 비판한다. 그러나 이는 우리가 제4부에서 본, 하버마스 법철학의 완결성과 실천성을 옹호한 1996년 논문의 주장과 정확히 배치되는 주장이다. 반면 그는 같은 시기 자연과학의 무분별한 폭주를 제어하는 이론적 자원 중 하나로서 하버마스를 옹호하거나(2000: 55), 사회비판적 학문의 지속을 촉구하면서 가다머와 논쟁한 사례(1999: 81~82)나 2001년 테러를 계기로 이뤄진 데리다와의 대담(2003: 436~446)을 비판적 학문의 전범으로서 제시하기도 하는 등, 사안마다 상이한 판단을 내리고 있다. 이처럼 홍윤기에게 하버마스는 집중 연구 대상이 아니라 자신이 다루고자 하는 내용을 설명하기 위한 이론적 자원들 중 하나로만, 그것도 선택적 평가와 함께 등장한다. 이는 그에게 하버마스가 변혁적 · 제도적 관심이 결합된 대상이 아니라, 각각의 관심을 별도로 해소하는 데 필요한 도구 정도의 의미 이상은 아니었음을 의미한다. 이 시기의 홍윤기에게 하버마스는 연구 대상으로 보여지기보다는 새로운 주제의 논의를 위해 필요한 만큼만 꺼내어 사용하는 대상이었고, 이는 사실상 그가 더 이상 '하버마스 연구자'가 아니었음을 뜻한다.

이처럼 유학출신 학자들은 대부분 딜레탕티즘을 중심으로 한 경로들에 치우치게 됐다. 이는 다름 아니라 그들이 변혁주의를 말하면서 동시에 90년대 중후반 빠르게 주류화됐음을 의미한다. 이들은 표면상 2000년대까지도 여전히 변혁적 내용들을 학술적으로 다루기는 했다. 그러나 이는 어디까지나 학술영역 내부에서 학술적 언어로 이뤄진 것으로, 사회 개입의 즉각적인 결과를 목표로 하는 도구주의적인 것은 결코 아니었다. 당시 이들은 이미 90년대 초반 강력한 변혁주의자의 면모를 잃고 주류화되어 있었고, 이는 기성 제도권 학자들이 주로 그러했던 것처럼 '얕고 넓은' 학술적 탐구들의 선택들이 그리는 궤적으로 표현됐다. 우리에게 가장 중요한 것은 이들이 하버마스를 버리기 시작했다는 것이다.

국내파 학자들의 학술운동으로의 회귀: 김재현, 선우현, 장은주

국내에서 수학한 이들은 기본적으로 더 도구주의적인 선택지들로 쏠렸다. 우선 이는 근본적으로 이들이 국내 정치사회적 변화와 학술영역의 변화 상황을 그대로 겪었고, 이 과정에서 유학 출신들에 비해 변혁주의 성향으로부터 덜 이탈한 결과였다. 또한 이들의 국내 경력은 유학출신보다 몇 년씩 늦었는데, 이 차이는 생각보다 컸다. 80년대 말~90년대 초반 크게 열렸던 교수 임용의 문이 90년대 중반이 되면 급격히 닫히기 시작하면서 이들 국내파에게 주어진 기회는 상대적으로 적었고, 국내 출신이라는 점 자체도 구직에서 불리한 점이었다.* 실제로 유학파 중 다수가 이른바 '주요 대학'에서 정교수의 길을 걸을 수 있었던 반면, 불과 몇 년 뒤쳐지는 경력의 국내 출신 학자들, 그리고 이후 2000년대에 귀국하게 될 신규 해외 박사들은 같은 기회를 가지지 못했다.

이처럼 변혁주의로부터 상대적으로 적은 이탈, 그리고 유학파보다 불리한 제도권 진입 조건은 역설적으로 이들이 하버마스를 상대적으로 더 오래 탐색하게 하는 효과를 낳았다. 부르디외의 설명틀로 보면 이들의 학계 내 상징적·제도적 위치는 주류화된 학자들보다 더 변혁주의에 기울기 쉬운 조건하에 있었다. 이는 하버마스가 여전

---

* 90년대 구직난과 국내·해외학자 사이 연합·분기 경향에 대해, 다시 한국산업사회연구회의 대담을 참고해 보자. "학계의 학자들의 교수 충원 시스템을 보면, 과거 87년 정도까지 서울대 학위자들을 중심으로 한 국내 연구자는 어느 정도 대학에 취업할 가능성이 있었는데, 90년대 말쯤 오면 거의 불가능해졌죠 … 또 초기에 문제의식을 가지고 있던 외국에서 공부하고 온 분들도 입문을 하면서 연구활동을 같이 하고 또 세미나나 월례발표회 등을 통해서 국내학자들과 교류도 했었는데, 이 분들도 대학에 정착하면서 열성도가 떨어지기 시작했죠"(김동춘 외, 2013: 31). 마찬가지로, 김재현은 국내 출신 변혁주의 철학자들의 주요 근거지인 한국철학사상연구회 성원들이 2000년대로 접어들면서 대부분 "지방대학의 전임이" 됐고, 이로 인해 "서울에서의 활동이 어려워지고, 회원의 연령이 점차 많아지면서 연구자의 재생산 메커니즘 확보가 어려워지는 문제"(김재현, 2015: 254)를 겪고 있음을 지적했다.

히 자신들의 변혁주의적 관심을 충족시키고, 또한 제도권 내로 진입할 수 있도록 해 줄 학술적 자원으로서 가치를 당분간 더 가질 수 있게 만들었음을 의미한다. 그 결과 국내 출신 학자들은 90년대 후반까지 하버마스 네트워크에 잠시간 더 남아 있었다.

김재현은 포스트모더니즘의 인기가 지속적으로 올라가고 있는(그리고 하버마스의 인기가 추락하는) 시점에서 오히려 하버마스의 포스트모더니즘 비판 논문(1998a), 이상적 담화상황 개념을 활용해 교육에서 '열린 대화'가 필요하다는 내용을 담은 교육학 논문(2002)[48] 등을 발표하며 잠시간 하버마스를 옹호했다. 그리고 이는 그에게 여전히 하버마스가 변혁을 위한 도구로서 의미를 가지는 것이었고, 그래서 계속 강조되는 것은 하버마스가 가진 '실천적' 자원이었다. 예를 들어, 「정보사회론과 하버마스의 공론영역」(1998b)에서 그는 리오타르식의 포스트모더니즘 이론은 급변하는 매체의 양상을 포착해주는 데는 도움이 될지 몰라도, 여기에는 "권력과 자본의 이해의 소유자와 대리자를 밝혀내"는 기제가 없기 때문에(1998b: 216) 변혁의 가능성을 갖지 못함을 비판하고 하버마스의 공론장이야말로 좋은 이론임을 주장했다. 하버마스는 뉴미디어가 이상적 소통의 장이 될 수 있는 공간이면서도, 또한 동시에 체계의 논리가 관철되는 곳임을 공평하게 강조하는 "양면성 테제"를 제공하기 때문에 현실을 정확히 진단하고, 생활세계 복원과 이상적 소통 구축을 향한 비판이라는 실천적 지침을 주게 된다.

하버마스의 양면성 테제에 의하면 뉴미디어를 매개로 한 정보화 역시 화폐와 권력을 조정매체로 하는 체계에 의한 생활세계의 식민지화 과정의 일부로 파악할 수 있으면서 동시에 생활세계의 요구를 체계에 반영할 수 있는 『의사소통적 권력』 형성의 중요한 과정일 수도 있는 양면성을 갖는다 … 즉 "[글로벌 뉴미디어는—인용자] 공적 의식의 파편화를 가져올 수도 있고, 먼 거리에 있는 사람들이 같은 적실성을 가진 동일한 주제에 대해서 동시에 소통할 수 있는 공론장(영역)의 성장을 촉진할 수도 있다. … 하버마스는 정보화 사회의 전망은 그 사회의 정치문화와 밀접한 연관이 있으며 따라서 바람직한 정보화의 과제는 경험적이고도 현실적인 정치적 문제임을 분명히 하는 점에서 우리에게 보다 현실적이고 풍부한 전망을 제시한다. (김재현, 1998b: 223~224)

이러한 입장 표명은 앞서 살펴본 유학 출신 학자들의 동일 시기 경로와 뚜렷한 공통점과 차이점을 가진다. 우선 차이점의 측면에서, 유학 출신 학자들이 90년대 말 이미 하버마스로부터 떠나기 시작한 것과 달리, 김재현은 당분간 하버마스 연구를 수행했고, 또한 여전히 강하게 옹호하고 있었다는 사실이 눈에 띈다. 이는 유학 학자들보다 다소 늦은 그의 경력 전개 상황과 무관하지 않은데, 앞의 장에서도 다룬 것처럼 그는 이미 1986년 전임강사를 거쳐 1990년 경남대학교 철학과에 조교수로 임용되고, 1994년에는 부교수직도 얻었지만, 아직 박사학위가 없었다. 김재현의 박사학위 논문인 「하버마스의 해방론 연구」는 1995년에 뒤늦게 제출됐고, 정교수 승진은 1998

년에 이뤄졌다. 조교수로부터 정교수까지의 안착 시점은 뒤처지지 않지만, 학자 경력에서 가장 중요한 박사학위 논문은 뒤늦게 완성된 것이다. 이는 90년대 후반 김재현의 학술적 궤적이 유학 학자들의 90년대 초중반 상황, 그러니까 박사학위 논문의 관심을 당분간 유지하며 관련 연구물을 발표하는 전형적인 패턴의 과정과 동일 선상에 있었음을 뜻한다. 그리고 이는 그가 2000년대를 넘어가면서 그간 발표한 몇 편의 관련 논문을 끝으로 하버마스를 떠나게 될 것을 예고하는 것이었다.

실제로 90년대 중반 마르크스와의 관계, 법철학, 담론윤리학 등 하버마스를 둘러싼 가장 중심적이고 이론적인 문제들을 최전선에서 다뤘던 그였지만, 위에 언급한 세 개의 논문은 모두 하버마스를 활용해 범위를 확장하는 것들로, 하버마스를 다룬 비중 자체가 현저히 낮아져 있었다. 결국 장춘익과 함께 가장 강력한 하버마스의 옹호자였던 김재현은 2002년의 논문을 끝으로 하버마스를 떠났다. 이때 중요한 것은 그 이유가 유학 출신 학자들과는 달랐다는 사실이다. 유학 학자들의 경우 대부분 승진 과정과 함께 연구 동력은 물론 변혁주의적 관심이 빠르게 약화됐던 반면, 김재현의 경우에는 하버마스로부터 떠났을 뿐, 오히려 더 강해졌다. 이는 그가 1997~2003년 사이 강력한 변혁주의 성향의 10편의 논문과 단독 저서의 발간, 두 권의 연구모음집 참여를 한꺼번에 쏟아 놓은 것으로 나타난다.[49] 박사학위 논문의 완성과 정교수 안착이 이뤄진 직후 그의 하버마스 연구가 중단된 까닭은 하버마스가 아닌 다른 연구의 수행을 위해서였다.

사실 한국철학사상연구회의 핵심 성원이었던 김재현의 일관된 관심은 일찍부터 통일 문제와 한국철학이론의 발굴을 통한 자생적 이론의 구축이었다. 그래서 그는 90년대 후반부터 자신이 이전에 관심을 가졌던 한국 마르크스주의 철학/이론의 발굴로 돌아간다. 이러한 작업은 궁극적으로 '주체적' 이론 정립을 위한 것인데, 한국 전통 사상을 마르크스주의를 중심으로 복원해 재구성함으로써 향후 자생적 이론을 위한 초석을 놓겠다는 것이 그 목표였다.* 한국의 철학이 서구의 논의를 좇는 데 급급해 자생적 이론을 만들지 못했고, 그래서 현실적합성을 잃었다는 것이다(2015: 449~450). 그의 대안은 마르크스주의 변혁주의 선상에서 한국 · 동양권의 철학 사상을 복원 · 재구성함으로써(도구주의b: 자생이론 정립) "한국에서의 주체적으로 철학함"(2002: 6; 2015: 454~455)의 토대를 쌓는 것이다. 이러한 맥락에서 김재현의 탐색은 깊고 좁은 범위의 연구로 발전하지 못하면서 〈딜레탕티즘d: 동양 회귀〉의 경향을 일부 나타냄에도 불구하고, 근본적

---

* 2002년 이러한 노력을 묶은 책 『한국 사회철학의 수용과 전개』를 내면서 김재현은 자신의 기획에 대해 다음과 같이 밝혔다. "대학 시절, 철학에 관심을 갖고 공부하면서도 나의 철학 공부가 우리 현실에 어떤 기여를 할 수 있을까 늘 고민했었다. … 그러나 우여곡절 끝에 철학 공부를 제대로 해서 사회 발전에 기여하는 것도 현실 참여의 한 방법이라고 생각하고 연구를 계속하기로 결심했던 기억이 난다. 철학과 인연을 맺은지 25년이 더 흐른 지금, 그 동안 무엇을 얼마나 했는지 돌아보니 부끄러운 마음뿐이다 … 필자는 개인적으로 '한국의 서양철학 수용'과 '동아시아의 서양철학 수용'에 관심이 많다. 그 이유는 우리 자신의 역사적 상황, 정신적 상황과 특성을 이해하려면 세계 속에서 우리 사상의 위상을 알아야 하며 이를 위해서는 특히 중국과 일본의 전통 사상과 서양철학 사상 수용에 대한 폭넓은 이해가 요구된다고 생각하기 때문이다"(김재현, 2002: 4~5).

으로는 강한 도구주의를 견지하는 것이라 할 수 있다.

이러한 궤적의 선상에서 다시 90년대 말로 돌아가 보면, 막 박사학위라는 현실적·제도적 과제를 완료한 김재현의 앞에서 그를 강하게 끌어들인 것은 이전의 연구관심으로 돌아가는 것이었다고 할수 있다. 아니, 그가 전통 사상에 천착할수록 심지어 90년대 자신의 강력한 하버마스 옹호 전력 자체가 '서구의존적' 태도의 과거로서 자기비판적으로 해석됐다. 이후 김재현은 "한국 철학의 위기를 만든 장본인임을 우리 모두 뼈저리게 반성해야 한다"(2002: 334)고 언급하는데, 이는 그가 1990년대 말~2000년대 초반 사이 '서구' 이론과 '전통' 한국 철학 연구 사이의 갈림길에 있었고, 후자의 것이 선택되면서 전자의 길은 자기비판의 끝에 배척되기 시작했음을 암시하는 것이다. 결국 다른 하버마스 신진 그룹 학자들과 마찬가지로 그에게 하버마스 연구가 제도적·변혁적 목적을 동시에 추구하는 수단이었다면, 유학 출신 학자들과는 달리 전자의 제도적 목표가 충족된 이후 김재현에게는 강력한 변혁적 목적이 더 강한 힘을 발휘했다고 할수 있겠다.

경력은 뒤쳐지지만 선우현의 경우도 김재현과 상황은 유사하다. 우선 신진 하버마스 연구자 그룹 중에서도 후배 그룹에 속하는 그는 1998년에 박사학위를 받았고, 2001년에 청주교육대학교의 윤리교육과에 자리 잡았다. 지금까지의 경우를 미루어 쉽게 예상할 수 있듯이, 이러한 상황은 1990년대 말~2000년대 초반까지 그가 「하버마스 권력론 연구」(1997), 「의사소통행위이론의 실천적 적용 가능성 탐색

연구」(1998a), 「생태주의적 활용 가능성 연구」(1998b)들을 연달아 발표
하고, 발터 레제-쉐퍼의 하버마스 개론서 번역(1998), 자신의 박사학
위 논문의 단행본(1999) 출간 등을 통해 계속해서 하버마스 연구를
생산하게 만들었다. 이 연구들에는 하버마스 연구자들 중 그 누구보
다도 강력한 변혁주의적-도구주의적 관심이 표현되어 있다.* 그가
하버마스를 계속 연구하는 이유는 하버마스 자체에 있는 것이 아니
라 궁극적으로 사회변혁에 있고, 이 목표는 전혀 변하지 않았다. 하
버마스는 변혁을 위한 도구일 뿐이다. 그래서 이 목표는 이후 이제
하버마스를 '넘어' 자신만의 주체적이고 독창적인 이론체계의 정립
프로젝트로 선우현을 이끈다. 그는 박사학위 논문 「합리성이론으로
서의 하버마스의 비판적 사회이론」의 제목을 『사회비판과 정치적 실
천』으로 고쳐 짓고 단행본으로 출간하면서, 여기에서 자신의 하버마
스 연구의 궁극적 목표가 "다양한 서구의 사회이론 유형들을 비판적
으로 검토하여 … 한국사회를 제대로 분석 · 해명하는 데 적합한 '실
천적 사회이론'의 틀을 확립하는 것"이며 "이 작업이야말로 … 평생
을 바쳐 시도해보려는 철학적 과제"라 힘주어 말했다(선우현, 1999: 6).

---

* 예를 들어, 선우현은 계속해서 하버마스 이론의 '실천적 가능성' 주제를 반복 탐
구했다. 다음의 단락은 그의 지속된 관심을 대변한다. "그러나 의사소통행위이론
단계에서 하버마스의 이론기획이 드러내는 보다 중요한 문제점은 실천적 대안을
제시할 수 있거나 현실적 난관에 대처할 수 있는 '정치적 실천력'의 확보와 관련
된다 … 비록 사회비판의 규범적 토대를 재확보하고 비판 자체의 정당성을 확증
해주는 등 많은 성과를 거두고 있지만, 그럼에도 의사소통행위이론은 구체적인
현실에 적용되어 왜곡된 사태와 구조적 모순을 바로잡는 실천적 이론의 역할을
떠맡기에는 여러모로 부족하다는 것이다"(선우현, 1998a: 240).

박사학위 논문은 "우리사회를 분석의 대상으로 삼는 본격적인 철학적 담론을 전개하기 위한 일종의 과도기적 예비작업"(7)이었다는 것이다.

3년 후에 선우현은 그간의 작업들을 묶어 다시 한번 하버마스를 갱신하겠다는 기획의 단행본 『위기시대의 사회철학』을 펴냈다. 여기에서는 2년 사이에 그에게 다시 경로 설정의 변화가 일어나고 있었음이 감지된다. 우선 여기에서 선우현은 2002년 시점의 한국 현대사회를 "위기" 상황으로 못박고(선우현, 2002: 7~10), 그 원인이 사회변화를 이끌어내지 못한 인문학의 위기에 있음을 강력히 주장한다. 그리고 그 핵심은 "현실을 주체적 시각에서 성찰하고 조망할 능력과 자격을 갖춘 실천적 이론틀로서 자생적 (사회) 철학체계가 아직 확립되어 있지 못한" 것에 있다. 즉 "서구의 최신 철학 체계를 신속히 도입하여 소개하고 그것의 내용을 보다 본래의 의미에 가깝도록 각주를 달아 해명하는" 서구종속성이 문제를 키워왔으며, 그래서 "한국 사회의 구조적 모순과 왜곡에 관해서도 정확히 해명하고 그 해결 방안을 제공해 줄 수" 있는 자생적 이론 정립이 시급하다(12)는 것이다. 이 문제 설정이 중요한 이유는, '주체적 철학'의 필요성을 강조한다는 점에서는 이전과 동일해 보이지만, 2002년의 책에서는 서구 이론의 '무분별한 수용'에 대한 비판, 그리고 '전통 철학의 발굴' 필요성에 대한 역설로 이어진다는 점에서 분명한 관심사의 이동이 발견되기 때문이다. 이전의 작업에서 그가 강조했던 것이 계급적·실천적 정교화를 통한 하버마스 이론의 수정·도구화였던 반면, 이제는 서구 이론의 거부와 전통 이론의 발굴이 옹호된다.

> … 게다가 최근 들어 우리 철학계에도 더 이상 철학 수입상의 역할에 머물지 않고 우리의 현실을 제대로 고찰하고 분석해 낼 수 있는 자생적 철학 체계를 적극적으로 모색해 보려는 시도가 — 만족스러운 상태는 아니지만 — 활발히 이루어져 가고 있다는 점에서, 작금의 철학의 위기 사태는 그리 비관적이거나 절망적인 것이라고 단정하기 어려울 것이다 … 이 같은 사정을 감안할 때, 철학함에 대한 철저한 반성과 그에 따른 — 비록 어설프고 조야할망정 — 자생적인 철학 체계의 수립에 대한 모색이 활발하게 이루어지고 있음은, 철학의 위기가 부정적, 비관적 상황이 아닌, 희망적이며 낙관적인 위기 상황임을 예시해 준다. (선우현, 2002: 16)

이곳에서 선우현이 주장하는 것은 "철학 수입상"이었던 과거 자신들의 모습을 반성하고, "어설프고 조야"하더라도 "자생적인 철학체계의 수립"이 필요하다는 것이다. 이는 이 시점에서 향후 그의 진로가 어떻게 설정되고 있는지를 예고한다. 자신이 지금까지 해왔던 하버마스 이론 연구조차 수입상으로 여기면서 성찰·반성하고, 이제는 자생 이론의 정립으로 이행해야만 한다는, '가능성의 공간'의 이동이 그것이다.

그러한 의미에서 이 책은 선우현의 마지막 하버마스 집중 연구 작업이 될 터였다. 여기에서 그는 다시 한번 하버마스 이론을 여러 측면에서 비판적으로 분석하기는 했다(2002: 96~114, 140~148, 206~212, 235~243). 그러나 자신의 반복된 약속과 달리 '한국 현실'에 토대한 '실천적 구체적 지침'은 도출되지 못하고, 하버마스가 가진 문제점만 계속 지적했다. 사실 이 책에서 하버마스에 대한 그의 비판은 90년대 초중반 제기했던 비판의 반복이었다.*

결국 하버마스를 갱신하겠다는 약속은 별다른 성과를 거두지 못한 채 계속해서 뒤로 미루어질 수밖에 없었고, 이 과정에서 그는 2000년을 전후로 확장된 "자생적 철학 체계를 적극적으로 모색해보려는 시도"들로의 합류로 자신의 방향을 정했다. 앞서 언급했듯, 변혁주의 학자들의 주요 경로 중 하나가 바로 마르크스주의 국내 철학자들과 아시아 철학, 그리고 북한 철학의 발굴을 통한 자생적 이론의 구축 시도였다. 실제로 한국철학사상연구회의 학술운동 출신이었던 그는 이 시점에서 이 학회와 사회와철학연구회의 활동을 병행하며 2000년대 전후 마르크스의 복권과 특히 통일문제와 북한 주체사상에 많은 관심을 기울였다.[50] 이는 그가 김재현처럼 점차 마르크스를 다시 옹호하는 〈도구주의a: 변혁이론의 안착〉과 자생적 이론의 구축을 모색하는 〈도구주의b: 자생적이론 정립〉의 경로로 옮겨가고 있었음을 뜻한다. 이제 그의 궁극적 목표는 북한 주체사상,

---

* 90년대 초중반 하버마스의 '한계점'에 대한 선우현의 비판은 제4부를 보라. 실제로 2002년의 책에 실린 챕터들(제3장; 제4장; 제6장)은 90년대의 글들을 고쳐 실은 것이거나, 새로운 작업이어도 이전의 논지와 변화된 점이 없는 것들로 이뤄져 있다.

특히 황장엽의 '인간중심주의 철학'을 참고점으로 하여 통일에 도움이 되는 자생적 이론을 구축하려는 것으로 설정됐다(선우현, 2002: 260~276). 이는 이후 그가 더 이상 하버마스를 다루지 않거나, 다루더라도 필요에 의해 제한적으로만 활용하는 실용주의적 자세를 취하게 될 것임을 뜻하는 것이었다.

이상과 같이 살펴본 김재현과 선우현의 경로는 국내 출신 학자들의 선택지를 대표한다. 그리고 이는 장은주에게도 마찬가지였다. 80년대 변혁주의 학술운동권에서 활동하고, 90년대 초중반에는 하버마스 네트워크의 결집에 일부 기여했던 장은주는 서울대학교 철학과 박사과정 수료 후 활동하다가 1994년 뒤늦은 유학을 떠났다. 이후 그는 1999년 요한 볼프강 괴테 대학교에서 악셀 호네트의 지도로 하버마스-그람시에 관한 박사학위를 받은 뒤 귀국해 사회와철학연구회와 한국철학사상연구회에 복귀했다. 유학 기간에 장은주는 하버마스 편역서 『소통행위이론』(하버마스, 1995)을 발행하고, 차인석에서 백종현 주도로 이어진 사회철학 집대성 기획 『사회철학대계』에서 「헤겔-하버마스-호네트의 민주주의론」(1998) 논문으로 참여하기도 했다. 귀국 후에는 하버마스의 민주주의적 활용가치를 탐색하는 일련의 논문들을 발표하고, 『인간이라는 자연의 미래』(장은주 역, 2003)를 번역하면서 하버마스 담론을 생산했다.[51] 특히, 귀국 이후 이 시기 장은주의 입장은 매우 전문주의적이고 또한 하버마스에 옹호적이다. 이러한 입장은 다시 이 시기의 그가 2002년 영산대학교 교양학부에 자리를 잡기까지의 기간과 중첩돼 있다는 점에서 설명될 수 있다.

그러나 80년대 말~90년대 초중반까지 국내 변혁주의 학술운동에 깊이 관여했던 장은주의 관심은 유학의 경험 이후에도 굴절 정도가 크지 않았을 정도로 강했던 것 같다. 또한 '비수도권'에서 '비철학 전공' 교수직을 얻은 상황 또한 그의 변혁주의-도구주의적 성향을 강화시키는 계기가 되었으리라 추정할 수 있다. 실제로 그는 임용된 후에는 독일 민주시민교육 경험을 한국에 보급하기 위한 시민단체 활동(경기도와 부산 교육청 민주시민교육 자문위원, 민주화운동기념사업회 민주시민 교육센터 운영위원 등)에 관여했다(도구주의e: 직위의 수행). 이와 함께 그는 주로 민주주의·인권담론, 실용적 민주시민교육론(도구주의c: 실천우선주의)과 실제 참여 활동, 그리고 철학 교양교육을 위한 작업(딜레탕티즘a: 교양화, 도구주의d: 저널리즘 참여) 등으로[52] 넘어가면서 하버마스로부터 천천히 떠나게 됐다.

이처럼 국내 경로를 밟은 이들은 주로 강력한 도구주의의 영향권 아래에 있었다. 그러나 사실 이들 국내 출신 학자들 또한 도구주의 경로들을 중심으로 하면서도 자주 딜레탕티즘의 영향을 받기도 했다.* 도구주의적 목표의 연구를 수행하는 과정에서 때로는 새로운

---

* 박영도의 경우는 독특하다. 우선 박영도는 1995년 박사학위 취득 이후 1998~1999년 하버마스 방한 행사에서의 인연으로 프랑크푸르트 사회조사연구소에서 박사 후 과정을 밟았지만 계속해서 불안한 제도적 지위를 경험했다. 그럼에도 그는 한상진과 『사실성과 타당성』(2000) 공역 작업, 그리고 루만과 공동체주의-자유주의 논쟁 관련 글을 제외하면, 대다수 주류 교수들 대부분이 안정적으로 선택한 딜레탕티즘b(세계화, 인권), 그리고 딜레탕티즘d(유교-성리학, 세종)의 경로를 선택했다. 이러한 행보는 사실은 궁극적으로 '공공영역' 개념에 유교적 관점을 가미한 차별화된 좁고 깊은 연구이자 자생적 이론 구축을(도구주의b) 향했

유행의 학자가 다뤄지기도 했고, 시급한 사회 현안을 다루기 위해 소재의 범위가 확장되는 일도 잦았다. 또한 비록 도구적 목적에서 출발된 것임에도 동양·전통 이론의 새로운 발굴 노력은 때로 인물만 바뀌는 결과를 낳았다. 또한 이 모든 과정이 교양교육자 역할로 나타나는 일도 자주 있었다. 요컨대, 국내출신 학자들의 경로는 주로 도구주의의 영향권 아래에 있되, 자주 딜레탕티즘의 영향을 받으며 흔들렸다. 그러나 국내 출신 학자들을 가장 강력하게 이끈 것은 결국 도구주의였다. 이들의 성향은 유학파보다 늦은 경력이나 불안한 지위와 그 성향과 맞물려 1990년대 후반~2000년대 초반까지 하버마스 연구를 잠시간 지속하게끔 했다. 하지만 이들 또한 끝내 하

다는 의미가 있다. 그리고 그러한 점에서는 다른 학자들과 차별화되지만, 큰 틀에서 이 또한 하버마스 네트워크의 해체 경향 선상에 있다는 점은 동일했다. 즉 그의 목표는 도구주의에 있었지만, 그가 실제로 수행한 것은 딜레탕티즘이었다는 점에서 유학파들의 경로와 유사했다. 서도식의 경우, 국내 출신이면서도 2000년 초 시점까지 하버마스 집중 연구를 계속하고 변혁주의보다는 아카데미즘의 면모를 보여준 사례다. 이러한 성향이 어떻게 획득되었는지는 이 책의 연구틀로는 정확히 알기 어렵지만 아마도 연구 과정에서 하버마스에 대한 강한 '상징폭력'을 겪었다고 볼 수 있을 것이다. 그러나 모든 연구자 중에서도 가장 경력이 늦고, 그래서 다소 뒤쳐진 집중 연구가 2002년 박사학위 제출 시기까지에만 이뤄졌다는 점에 있어서 그 또한 큰 경향성 안에 있었음을 보여준다. 실제로 박사 취득 전후 시기 그의 연구 관심은 넓지는 않지만 이론 자원에 있어서 루만과 칸트로, 주제에 있어서 대중매체, 사회정의, 전쟁 등으로 넓어지기 시작했다. 이후 서도식은 요한 볼프강 괴테 대학교로 박사 후 과정을 다녀온 후 서울시립대학교에 임용되면서 연구 동력이 당분간 상실됐다. 이러한 궤적은 그의 다른 이보다 늦은 학자 경력, 그러니까 인기의 고조기 90년대 초반에 하버마스 연구를 시작했지만, 박사학위를 취득하고 제도권에 진입하기 이전에 이미 연구집단 네트워크가 해산되어 버린 시기상의 불일치 상황을 중심으로 설명될 수 있다.

버마스 네트워크로부터 이탈하게 되는데, 이들이 학위 논문의 제출과 교수직의 확보 이후에 집중된 연구의 심화가 이뤄져야 할 시점에서 도구주의의 경로들을 적극적으로 택하면서 이뤄진 일이었다. 즉이 지점에서 유학파 학자들과 달리 국내 출신 학자들은 자신의 정체성을 강하게 규정했던 80년대 말의 관심으로 회귀했고, 이것이 바로변혁주의-도구주의, 특히 자생적 이론의 구축 시도 계획이었다.

나는 제4부에서 90년대 신진 하버마스 연구자 그룹 성원들이 모여드는 과정을 추적하면서 급변하는 국내 학술영역 내에서 유학파와 국내파는 다른 이들과 구별되는 매우 친화성이 높은 집단이지만이들 사이에는 변혁주의 성향으로부터 아카데미즘으로 이동의 정도에 있어서 미묘한 차이가 있었음을, 그리고 이것이 하버마스와 마르크스주의와의 관계설정에 대한 해석 차이로 드러남을 언급했다. 5부앞 부분에서는 이러한 차이가 96년 하버마스의 방한 시점에서도 여전히 존재하고 있었다는 점도 지적했다. 이제 2000년을 전후한 시점에서 이 차이는 매우 커져 있었다. 90년대 후반 본격적인 학자 경력의 궤도에 오르면서 유학 출신들이 자신들이 비판했던 주류의 모습을 닮아갔던 반면, 국내 출신 또한 자신들이 벗어나고자 했던 변혁주의로 돌아간 형국이 됐다. 그리고 이러한 점에서 주류화되어 유행에 민감했던 유학 출신 학자들이 매우 다양한 연구 관심들 사이에서부유했던 것과는 달리, 국내 출신 학자들은 2000년대 기간 동안 한정된 주제에 대해서 나름의 집중된 연구를 수행하게 됐다는 점에서도 달랐다. 결국, 유학 출신과 국내 출신의 성향 차이는 딜레탕티즘과 도구주의의 양 방향으로 이들을 분기시키면서 신진 하버마스 연구 네트워크를 해체시켰다.

2000년대 초반 '사회와철학연구회'의 성격 변화와 그 의미

이와 같이 신진 하버마스 연구자 그룹 성원 중 해외 유학파는 주로 딜레탕티즘에, 국내 수학자는 도구주의에 영향을 받고, 또한 양측은 서로 반대편 방향의 유인력에도 흔들리면서 신진 하버마스 연구자 그룹 성원들은 하버마스 연구를 스스로 놓아 버렸다. 그리고 이는 90년대 하버마스 신드롬을 이끌었던 그룹이 사실상 해체됐음을 의미한다.

그런데 일찍이 언급한 것처럼, 이들은 2000년대에도 사회와철학연구회에서 함께 활동하기는 했다. 그러나 이들은 뒤늦게 시작된 학술지 『사회와철학』에서 대부분 하버마스가 아닌 다른 학자들을 다뤘다. 주류화된 유학 출신 학자들은 90년대 후반에 이미 하버마스 연구를 포기했고, 국내 출신 학자들은 조금 늦은 2000년대 초반을 마지막으로 하버마스 연구로부터 떠났다. 제도적 학회는 남았지만, 그 학회를 가능하게 했던 애초 하버마스 연구의 상징적 연결망은 사라졌다. 그리고 90년대 중반 거대한 네트워크의 양 날개가 부서져 나간 이후 이처럼 그 중심에 있던 마지막 응집력이 사라지면서 하버마스 네트워크는 완전히 소멸하게 됐다.

1993년 설립 후 아직까지 자체 학술지가 없던 사회와철학연구회는 이러한 일이 한창 벌어지고 있던 2001년에서야 뒤늦게 『사회와철학』지의 발행을 시작한다. 나는 여기에서 마지막으로 이 학회지에서 일어난 일을 분석하려고 하는데, 이는 집합적 이론 수용그룹으로서 신진 하버마스 연구집단이 해체되는 마지막 순간을 명확히 보여준다. 이 과정에서 a. 연구자들의 이탈, b. 하버마스 연구의 연성화, 마지막으로 가장 핵심이라 할 수 있는 c. 적대적 협력자 구축의 실패가 실제로 어떻게 이뤄졌는지를 확인할 수 있을 것이다.

우선 아래의 〈그림 9〉는 우리가 주목하고 있는 2001~2005년 사이 이 집단에서 수행된 마지막 하버마스 연구 동향을 나타내고 있다. 짙은 적색은 5년간 연간 2회씩 발행된 10권의 학회지에서 각 호별로 게재된 총 논문의 수를 뜻한다. 이어 옅은 회색은 이 중에서 하버마

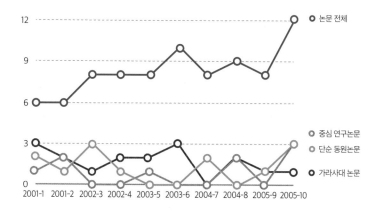

그림 9 『사회와철학』지에서의 하버마스 연구 경향 (2001~2005)

스를 중심 연구 대상으로 다룬 논문의 수를, 옅은 적색과 검은색은 각각 하버마스가 논의의 자원으로 단순 등장하는 논문과 하버마스가 간략히 언급되는 '가라사대 논문'의 수를 표시하고 있다. 여기에서 알 수 있는 점은 실제로 이 학회지는 2000년대 초반 여전히 '하버마스 연구집단'의 거점으로서 호당 적게는 3분의 1, 많게는 전부의 논문이 하버마스를 다룬 논문이 생산되는 근거지였다는 사실이다. 하지만 자세히 살펴보면, 2005년 한 해를 제외하면 정작 하버마스 중심 연구논문의 수는 전반적인 하락세에 있었다는 점을 알 수 있다. 특히 후반으로 갈수록 게재된 논문 총 숫자가 증가하기 때문에 중심 연구논문의 비율은 감소하는 반면, 단순 동원논문과 가라사대 논문은 전반적으로 증가세에 있음을 고려할 필요가 있다. 앞에서 나는 하버마스 연구의 연성화가 일어났다는 점도 언급했는데 이를 떠올려 보면, 하버마스가 연구의 중심 대상으로부터 점점 멀어져 단순 소재 정도로 격하되는 연성화 현상이 다름 아닌 바로 이곳에서 일어났던 것이다.

그러나 (하버마스 연구 관점에서) 더 좋지 못한 것은 이러한 관련 논문 숫자의 부실한 유지가 주로 이 학회의 신규 합류 학자들에 의해 충당됐다는 사실이다. 80년대에 유학길에 올라 90년대 초에 귀국한 유학 출신들과 90년대 박사학위를 취득한 국내 출신들에 이어, 2000년이 넘어가는 시점에 이 학회에는 다시 주로 유학으로부터 돌아오거나 박사학위 취득과 함께 본격 합류한 국내 출신 새로운 학자들이 충원됐다. 미국 뉴스쿨에서 한나 아렌트를 전공한 김선욱, 고려대학교 철학과에서 박사학위를 취득한 뒤 미국으로 건너가 리처드 로티와 함께 박사 후 과정을 보냈던 이유선, 2001년에 독일 유학 후 돌아온 나종석, 악셀 호네트에게 박사논문을 지도받고 돌아온 문성훈, 90년대 기간 동안 국내 하버마스 네트워크에 있었지만 2002년에 박사학위를 취득한 서도식과 김석수, 그리고 김원식 등이 그들이다.

2000년대 초반 『사회와철학』지에서 하버마스 관련 연구, 특히 중심 연구나 이론 개념을 동원·적용한 연구들은 대부분 이들에 의해 수행됐다(5년간 총 35편의 하버마스 관련 논문 중 15편이 이들의 것이다). 반대로, 90년대 하버마스 네트워크의 구 주역들은 13편의 관련 논문을 실었는데(나머지 두 편은 외부 필진의 것임), 이 중에서 하버마스 중심 연구논문은 선우현·권용혁·홍윤기가 발표한 세 편에 불과하다. 즉 90년대 주역들(앞의 세 사람, 그리고 한승완과 장은주)이 생산한 논문들 중 열 편은 하버마스가 단순 자원으로 등장하거나 간략히 언급되고 마는 정도에 불과했고, 결과적으로 필요에 의한 실용화·도구화가 하버마스에 대한 이들의 주요 활용 패턴이었다.

이러한 현상을 a. 주요 연구자들의 이탈, 그리고 b. 연구의 연성화라 한다면, 이러한 현상을 추동한 근본 원인은 사회와철학연구회가 뒤늦은 학술지 발행을 통해 만들어야 했던 c. 적대적 협력자 공동체의 구축의 실패에 있다고 할 수 있다. 그렇다면 이들은 왜 이러한 밀도 높은 네트워크를 만드는 데 실패한 것일까? 분명 이 학회는 여전히 외형상 하버마스를 중심으로 작은 단위의 적대적 협력자 공동체, 즉 멀린스가 정리한 '클러스터' 단계의 연구집단을 만들기에 상대적으로 좋은 조건에 있었다. 또한 90년대 성원들에 이어 2000년대에는 하버마스와 비판이론을 전공한 신규 연구자들까지 합류하면서 새로운 활력도 공급됐다. 그리고 이들은 예외 없이 '비판적 이론'이라는 관심사를 공유했다.

그러나 매우 높은 동질성을 공유하는 성원들의 존재에도 불구하고, 이 모임을 둘러싼 2000년대 초반 이미 고착화된 학술영역의 환경은 이들이 몰입된 네트워크를 만들지 못하도록 만들었다. 그것은 다름 아니라, 다시 한번 주류적 성향의 딜레탕티즘과 비주류 성향의 도구주의였다. 아래의 목록은 2001년 『사회와철학』 창간호부터 시작해 2004년까지 지속된 호별 '특집호' 주제들이다.

제1호(2001년): 세계화와 자아정체성

제2호(2001년): 한국사회와 모더니티

제3호(2002년): 철학과 합리성

제4호(2002년): 진보와 보수

제5호(2003년): 동아시아 사상과 민주주의

제6호(2003년): 한국사회와 다원주의

제7호(2004년): 과학기술 시대의 철학

제8호(2004년): 민주주의와 철학

제9호(2005년): 인권*

---

* 제9호의 경우 공식적인 특집 구성은 아니었으나, 다수의 논문이 인권을 주제로

여기에서 우리는 다시 한번 신진 하버마스 연구자 그룹이 주축이 된 사회와철학연구회가 여전히 주류 제도권과 비주류 성향 사이에서 정체성을 확립하지 못하고 있었음을 확인하게 된다. 이들이 '시급하다'고 생각했던 다양한 주제들은 사실 한편에서 당대 한국 사회 현실을 반영하는 도구주의적 개입의 의지(제1호, 제4호, 제6호, 제8호)를, 다른 한편에서 작금의 주목받는 철학적 주제를 다뤄야 한다고 판단했던 딜레탕티즘(제2호, 제3호, 제5호, 제7호)의 성향의 표현이었고, 이것들이 학자들을 좌우에서 흔들고 있었음이 특집 제목들에서 명확하게 보인다. 초기 이 학술지 발간을 책임졌던 권용혁은 몇 차례에 걸쳐 "책을 펴내며"라는 지면을 통해 편집위원장으로서 주제 설정 과정에 대한 고민을 표현했는데, 예를 들면 다음과 같은 내용들이었다.

> 〈제2호〉 창간호가 나온 지 6개월 만에 두 번째 호가 그 모습을 선보인다. … "한국 사회와 모더니티"라는 주제를 달고 선보이는 이번 호는 아홉 편의 논문과 한 편의 대담으로 구성되어 있다. … 이 주제를 선정한 이유는 철학계 및 일부 인문·사회과학계에서 모더니티 자체와 관련된 논의는 풍성하지만, 그것에 대한 사회철학적 접근이나 한국 사회와 관련된 논의가 너무 미약하다는 인식 때문이었다. 이러한 문제의식이 어느 정도는 이번 호에 반영되어 있다. 다만 모더니티의 범위를 근

하고 있기 때문에 특집호 목록에 추가했다. 이는 이 주제로 특집이 추구됐다가 어떠한 이유를 계기로 무산된 결과로 보인다.

대성이나 현대성 하나에 국한시키지 않고 둘 다 함께 고찰하기 위해 넓게 잡은 결과 기고 논문들의 주제가 상당히 광범위하게 전개되고 있다는 점에서 아쉬움이 남는다. (권용혁, 2001: 5~6)

이번 호 주제인 "철학과 합리성"은 그 연구 범위가 전통철학에서부터 현대 사회철학에 이르기까지 광범위하게 접근될 수 있는 것이었다 … 4호와 5호의 주제도 결정되었다. 4호에서는 "진보와 보수", 5호에서는 "동아시아 사상과 민주주의"라는 주제 하에 논문을 모으고 있다 … "진보와 보수"에 관해서는 역사적으로는 한국 사회의 20세기 후반부에 전개된 격렬했던 이념적, 사상적 지형을 보다 올바르게 자리매김하는 글에서부터, 앞으로 21세기 한국 사회가 나아가야 할 이념적 지향점을 제시하고자 하는 글 그리고 보다 구체적으로는 벌써 그 열기가 달아오르기 시작한 올해 대통령 선거를 둘러싸고 한판 승부가 예상되는 논점들에 대한 철학적 분석과 비판 그리고 대안 제시를 담은 글을 우선적으로 다루고자 한다. (권용혁, 2002a: 5~6)

위에서 확인할 수 있는 것은 이 학회지가 초기부터 한편으로는 학계의 이론 지형을 살피고 다른 한편으로는 시급한 사회 현안에 직접 개입하려는 목표 사이에서 늘 고민하고 있었다는 사실이다. 이곳의 성원들은 한쪽에서는 학계에서 중요하게 다뤄지고 있거나 혹은 다뤄지지 못한 부분을 찾아 '기회의 공간'을 탐색하면서, 동시에 다른 한쪽에서는 언제나 사회의 긴급 현안에 귀 기울이고, '철학'을 통해 즉각적 해답과 "대안제시"를 공급하길 원했다. 이는 다름 아니라 2000년의 시점에 이들이 딜레탕티즘과 도구주의의 영향 사이에서 부유하고 있었음을 보여주는 것이다.

반면 이들이 1990년대에 학술지 없이 가졌던 모임은 상대적으로 매우 집중된(전문화된) '아카데믹'한 것들이었다. 나종석은 사회와철학연구회가 1993년부터 2000년까지 약 60여 회 정도의 학술발표회를 가졌고, "거기에서 다뤄진 상당수는 하버마스 관련 주제"였다고 밝혔다(2010b: 296). 특히 1996년의 하버마스와 1997년의 아펠의 방한은 이들이 90년대의 대부분을 두 학자를 중심으로 한 독해와 해석, 연구논문의 발표와 토론으로 채우게 했다(296~297). 이는 비록 외적 계기에 의한 것이었더라도 90년대 초반 이들이 나름의 집중된 주제를 중심으로 하는 적대적 협력자 공동체의 모습을 이루고 있었음을 뜻한다. 그러나 2000년대 초반 시점에 뒤늦게 학술지가 출범했지만, 이미 이들에게 이러한 질적 네트워크는 사실상 소멸되어 있었다. 90년대 후반을 거치면서 하버마스 방한 시기 활약했던 대부분의 학자들이 각각 하버마스로부터 떠나기 시작하면서, 각각 해외 유학 출신과 국내 출신을 중심으로 딜레탕티즘과 도구주의의 분화는 심화되어 있었다. 이러한 지반 위에서 출발한 학술지가 두 성향 사이에서 고민하고, 또한 이 어려움이 실제로 학술지 특집을 뜻하는 대로 이끌어 나가기 어려운 현실에 맞부딪히게 하는 것은 어쩌면 당연한 일에 가까웠다.

이후 학회지 10년을 결산하는 논문에서 나종석은 특집이 학회를 하나로 묶어주는 좋은 기획이었으나, '등재지'가 되기 위한 "고육지책"으로 이를 포기했다는 점, 이에 따라 "학문적 논의 공간으로서의 의미가 점점 희박해지고 평가기구화로 변질되어 가고"(나종석, 2010a: 234~235) 있다는 우려를 나타냈다.

그러나 위에서 본 것처럼 현실은 반대였다. 역설적으로 들리겠지만, 오히려 특집의 구성은 소속 학자들의 하버마스로부터의 이탈을 가속화하고, 무엇보다 이들 사이에 '질적인' 대화 관계 형성을 불가능하게 만들었다. 왜냐하면 그때그때 학계의 유행에 반응하거나 혹은 변혁적인 실천의 목표 아래 급변하는 주제들을 택하게 되면서 각 특집은 이곳 소속의 주요 학자들이 그 주제에 맞는 논문을 생산하는 데 급급하게 만들어 버렸기 때문이다. 이 소절의 앞부분에서 언급했듯, 개인적 차원에서 정량화된 실적 산출의 압박, 그리고 소속 학회에 대한 도덕적 책임감, 그리고 사회 개입에 대한 의무감을 논문의 형태로 충족시키면서, 학자들은 박사학위 취득 후 교수직 취득과 안정화 기간 동안 심화시켜야 할 자신의 '본래' 연구 과제를 져버리기 쉬웠다.

그리고 신진 하버마스 연구자 그룹에서 멀어진 그 주제는 바로 예외 없이 하버마스였다. 비록 '하버마스'라는 주제를 다루거나 그의 개념을 사용하더라도, 2000년대 초반 주요 학자들이 생산한 연구는 90년대에 자신들이 약속했던 '좁고 깊은' 탐색의 약속을 실현한 경우가 없었다. 이를 대표적으로 보여주는 것이 위에서 언급했던 권용혁일 것이다. 그는 애초 매우 강한 아카데미즘을 지닌 아펠-하버마스 연구자였지만, 승진·연구프로젝트 이행 과정과 학회지 운영의 과정에서 개인의 실적이 되고 또한 학술지 운영에 보탬이 될 다수의 논문을 쓰면서 본래의 주제로부터 완전히 멀어져 버렸다. 하버마스는 차치하더라도, 2000년대 그의 연구가 예외 없이 얕고 넓은 탐색이 되어버린 것은 이 같은 습속의 결과다.

이처럼 학회의 응집력을 유지하기 위해 추진한 특집호들이 오히려 역효과를 내면서 『사회와철학』지에는 딜레탕티즘과 도구주의가 동시에 심화됐다. 무엇보다, 야심차게 추진한 아홉 번의 특집에서 그룹 내·외부에 아무런 논쟁도 발생하지 않았고, 심지어 참여 학자들 사이에 인용이나 분석, 그리고 동조나 비판이 존재하지 않았다는 점*은 치명적이다. 그룹 간 비판과 그룹 내 비판이 발전된 수준의 이론그룹 단계를 보여주는 핵심 표식이라 할 때, 이 시기의 『사회와철학』지가 말해주는 것은 이들이 '하버마스 연구그룹'은 물론, 그들이 의도한 사회철학 일반의 차원에서도 밀도 있는 연구그룹을 사실상 스스로 와해시켰다는 사실이다. 한마디로, 이들은 사회와철학연구회라는 제도적 기관, 그리고 『사회와철학』지라는 학술적 공통 공간에 함께 있었지만, 정작 이러한 상징공간에서 서로 유리되어 있었다. 그렇게 2000년대 초반 하버마스 네트워크의 핵심을 이루었던 신진 하버마스 연구자 그룹이 마지막으로 해체됐다.

---

* 학회지 제5호에서 장은주와 한신대의 이동희 사이에 '동아시아적 가치'와 '인권'을 주제로 작은 논쟁이 있었다. 그러나 이 논의는 본격적인 논쟁으로 발전하지 못하고 두 사람 사이의 일회성 대화에 그쳤다.

하버마스 네트워크에 대한
역사적 상상

우리에게 다시금 '만약에'라는 역사적 상상이 허락된다면, 다음과 같은 생각을 해볼 수 있을 것이다. 비록 학술공간의 구조적 유인력이 매우 강한 것은 사실이었지만 만일 신진 하버마스 연구자 그룹의 성원들이 이를 극복하고, 전문주의적 역량을 무기로 자신들의 변혁적 관심을 학술용어로 번역해 지속적으로 공급하려는 집합적 노력을 계속했다면 어땠을까? 실제로는 불과 몇 년 밖에 지속되지 않은 이 기획을 이들이 이어받아 네트워크의 중심에서 하버마스라는 공동지대 위에서 상호 비판과 견제를 계속했다면, 그래서 적대적 협력자 공동체를 질적으로 안착시켰다면 어떻게 됐을까? 이러한 실험이 2001년에 출범한 『사회와철학』지에서 본격적으로 추진되었다면 어땠을까?

우선 이들이 계속 하버마스의 타당성을 한국 학술영역에 관철시키려 노력했다면 적어도 하버마스 인기의 수명은 매우 길어졌을 것이다. 하버마스 신드롬의 진앙지, 그리고 90년대에 인기를 이끈 것은 결국 이곳이었기 때문이다. 하버마스를 중심 이론으로 자리매김시키려는 신진 연구그룹의 결집과 집합적 실천이 하버마스에 불만을 가진 변혁주의 그룹의 관심과 비판을 불러일으켰고, 이들이 하버마스를 주제로 논쟁하면서 그를 중요한 인물로 만들었기 때문에 핵심 주류 학자들을 중심으로 한 제도권 학계까지 하버마스 네트워크에 연결될 수 있었다. 그러나 신진 하버마스 연구자 그룹은 자신들이 만든 기회를 스스로 놓아버렸고, 이에 더 이상 비판적인 관심을 유지할 필요가 없는 비판적인 변혁주의 독자층이 떠나고 주류 학자들 또한 관심을 유지할 이유를 잃을 수밖에 없었다. 그러나 만일 신진 연구그룹이 진정한 상징투쟁을 계속했다면, 주류 그룹과 변혁주의 그룹도 하버마스 네트워크에 얼마가 됐건 더 남아 있을 수도 있었을 것이다. 나아가 그렇게 되었다면 어쩌면 다시 이들과의 협력과 경쟁 속에 하버마스 수용집단이 하버마스를 해석하고, 변용하고, 갱신해 한국의 '프랑크푸르트학파'를 태동시켰을지 모를 일이다. 결국 하버마스 네트워크의 해체, 그리고 장기적으로 하버마스 수용의 초라한 결말의 책임은 신진 하버마스 연구자 그룹에게 있는지도 모른다.

아마도 그들은 이때가 좋은 기회였음을 인지하지 못하고 있었을 것이다. 시대가 변화하고, 학자로서 개인 경력이 진전되고, 하버마스 방한 행사 열풍이 지나가면서 그들에게는 이제 각자 다른 길을 향한 모색만이 사유되고 있었다. 하지만 떠나온 그 길은 90년대 학술영역이 제공한, 장의 재생산에 유리한 집합적인 길이었다.

결과적으로 2000년을 전후로 하버마스 네트워크는 소멸했다. 하버마스가 가장 중요한 인물이라 믿었고 이를 관철시키려 했던 이들이 모두 스스로 떠나가면서 한국 학술영역에서 가장 거대했던 논의가 끝나고 이제 이는 하나의 유행으로 남고 말았다.

지금까지 우리가 본 것은 네트워크를 이뤘던 수십 명의 학자들이 얼마나 많은 경로로 산회(散會)했는가였다. 이들의 학술적 궤적은 장이 부재한 한국 학술영역의 현실을 그대로 비춰주는 거울이다. 혹여 누군가는 다음과 같이 반론할지 모른다. 연구 관심의 선택은 학자 개인의 자유이며, 반드시 하버마스 연구가 계속됐어야 할 이유는 없다고 말이다. 또한 개개인의 연구 관심의 변화는 각자의 관점과 관심의 변화에 따른 진정성을 가진 것이고, 심지어 자연스러운 것이므로 존중받아야 한다고 말이다. 혹은 다양한 현실적 이유(소속 학계에서 위치와 책임, 책임지고 있는 공동의 프로젝트, 학과와 학생들의 생존을 위한 노력 등) 때문에 학자들은 뜻하지 않게 연구 관심을 바꿔야만 하는 일도 겪는다는 사실도 지적될 수 있다.

물론 맞는 말이다. 어떤 학자들은 평생 한두 가지 이론이나 학자만을 깊이 탐구하기도 하지만, 사실 '대부분'은 학자로서 삶 속에서 많은 변화를 겪는다. 그러나 문제는 '모든' 학자들이 그렇게 한다면, 그것은 '스캔들'이 된다는 것이다. 우리가 확인한 것은 바로 이 스캔들이었다. 하버마스의 인기는 국내 학술영역에서 이전에도, 이후에도 없는 강력한 것이었다. 그러나 이러한 열기조차도 오래 지속되지 못했고, 수많은 전공자들과 전문연구자들이 하버마스를 스스로 완전히 버렸다는 것은 분명 놀라운 스캔들이다.

하버마스 네트워크는 무엇을 남겼나

이 책에서 우리는 1970년대 말 하버마스 이론의 최초 도입시기부터 시작해 80년대 번역 중심의 본격 수용을 거쳐 90년대 초중반 고조된 인기가 방한 행사 기간에 절정을 이루고 90년대 후반에 급격히 냉각되는 과정을 살펴보았다. 일련의 과정의 중심이었던 이론 수용 연구그룹으로서 하버마스 네트워크는 응집된 그룹으로 안착되지 못했고, 오히려 학술영역 중심부와 주변부에서 지배적인 성향이던 딜레탕티즘과 도구주의의 유인력에 의해 분해됐다. 이로써 1990년대 말~2000년대 초를 거치며 국내 학술영역에서 하버마스에 대한 담론은 사실상 소멸했다. 이제 마지막으로 이러한 하버마스 수용 과정과 이에 대한 분석이 지니는 함의에 관해 논하는 것이 이 책을 마무리하는 데 자연스러운 순서일 것이다.

1990년대 말~2000년대 초입에 들어 국내 인문사회과학계에는 위기 담론이 크게 유행했다. 그리고 이때 급부상해 지금까지도 계속되고 있는 것이 바로 한국 인문사회과학의 '서구종속성' 명제다.[53] 학자들이 입을 모아 지적한 것은 서구의 이론을 우월한 것으로 떠받드는 국내 학계의 잘못된 관행이었다. 그리고 이 대명제는 주로 다음과 같은 이유들로 뒷받침됐다. 우선, 서구의 이론은 서구의 환경에서 만들어진 것이므로, 근본적으로 한국 상황에 맞지 않는다는 근본적인 문제제기가 있었다. 이는 주류 제도권 학자들이 주장한 것인데, 이들은 서구 이론은 한국에 맞지 않으므로 우리의 전통으로부터 이론을 발굴하려는 시도와 함께 전통 이론을 서구 이론과 결합한 자생적 이론의 구축이 필요하다는 대안을 제시했다. 2010년 한국철학회의 『철학』지 100호 발간을 기념한 중진철학자들의 대담에서 각계를 대표하는 철학자들은 김상봉이 말한 다음과 같은 내용에 대해서 대부분 동의했다.

오랫동안 강의하면서 깨달은 건, 현실에서 철학에 대한 요구가 항상 있다는 점입니다. 대학 안에서 텍스트만 붙잡고 있을 때는 놓치기 쉬운 현실의 역동성이 있습니다. … 하지만 2000년 이후 저는 개인적으로 서양철학이 다소 고갈되었다고 느낍니다. 좋은 의미건 나쁜 의미건, 밖에서 수입하던 흐름이 약화되었습니다. 대중들이 철학자에게 답을 구하는 물음은 있는데, 외국에서 가져온 이론으로는 그게 되질 않는 것입니다 … 저는 '우리 철학'이 우리 속에 암묵적으로 이미 기초를 형성했다고 생각합니다. 대개 어떤 민족이 자기 나라 말로 철학을 하고 문학을 하고 백 년이 지나면 두드러진 성과가 난다고 생각합니다. 저는 지금이 주체적 사유를 전개해 온 재야 철학과 서양철학의 학습을 통해 방법론적 기초를 다져온 제도권 철학이 합류하여 우리 나름의 철학적 전통을 형성해 나가야 할 시기라고 봅니다. (한국철학회 편집위원회, 2010: 115~116)

지금까지 계속되어 온 서구 이론의 반복된 수용은 서구의 유행에 종속되어 '우리 이론'의 정립을 어렵게 한다. 그러므로 이제야말로 우리 현실에 적합한 자생적 이론을 발굴해야 한다는 것이 이러한 입장의 중심 내용이다. 이러한 형태의 전형적 위기 진단은 이론 자체의 문제점과 학술공간 내부의 규범에 대한 대안 제시에 집중한다는 의미에서 내재적 설명이라 할 수 있다.

그런데 부르디외의 관점에서 보면 이러한 주장에는 문제가 있다. 이들이 공히 문제 삼는 이론의 타당성과 한국 현실에 대한 설명력은 부르디외의 관점에서 보면 이론 자체에 내장된 것이 아니라, 상징투쟁에 의해 간주관적으로 창출되는 것이기 때문이다. 즉 위의 담론이 공유하고 있는 문제점은 이론의 적용가능성을 선험적인 것으로 전제하고 있다는 것이다. 따라서 서구의 이론이 서구의 현실을 토대로 만들어진, 서구에서 높은 설명력을 가진다는 지적은 맞지만, 이로부터 서구산 이론이 한국에는 적용될 수 없다거나, 한국에서는 한국산 이론만 좋은 설명이 될 수 있다는 명제는 도출될 수 없다. 오히려 부르디외의 장과 상징폭력 개념은 한 학술공간에서 외산 이론을 수입하는 일을 긍정적으로 바라보게 해 준다. 외산 이론에 매료되고(상징 폭력을 겪고), 이를 도입해 수용지 환경에서 설명력을 갖추게끔 해석·변용하는 작업은 매우 효과적인 장의 전복전략이자 때로 장의 근본적 재구조화를 통한 질적 발전의 계기가 되기 때문이다. 우리는 제2부에서 그 직접적 사례를 '외산 이론'을 적극 수입하고 변용·갱신해 '프랑스산' 이론으로 만든 레비스트로스—포스트모더니스트들을 통해 보았다. 이렇게 보면, 서구 이론이 한국에 잘 맞지 않는 것은 이론 자체가 틀려서가 아니라, 이론의 적용과 변용·갱신이라는 상징 투쟁을 거치지 않았기 때문이라 할 수 있다.

다른 한편, 부르디외의 관점과 같은 것은 아니지만, 국내 서구종속성 담론 중에는 부분적으로나마 서구산 이론의 수용 과정에서 치열한 전유 노력의 부재를 성찰하는 목소리도 있었다. 주로 수용 당사자들에 의해 제시된 이 관점이 주장하는 것은 자신들의 서구산 이론의 수용은 이미 좋은 역할을 수행했다는 것, 그러나 현실적인 이유로 그 프로젝트가 완수되지 못했다는 것이다. 예를 들어, 정태석은 '비판사회학'의 본령을 "연구의 성과", "연구자집단의 재생산", "연구내용의 현실적합성", "사회학 교육", "사회봉사(실천)" 등으로 규정하고, 다음과 같이 결론 내린다.

전체적으로 본다면, 사회학은 연구성과의 질적, 양적 팽창과 연구주제의 다양화에 따른 일정한 지적 발전이 이루어지는데도 1990년대 이후 실용과 취업을 중요시하는 사회적 분위기가 확산되면서 사회학과 사회학 연구자의 재생산 또는 충원에 어려움을 겪고, 지구화, 정보화, 환경위기 등 사회변화에 따른 주제와 관심의 다양화를 수용할 수 있는 교육여건의 개선에 한계를 지님으로써 위기에 직면해 있다고 할 수 있다. 또한 신자유주의의 위기와 사회적 불안, 비정규직의 증대, 양극화, 저출산 고령화, 교육불평등 등 사회학적 해명이 필요한 다양한 사회문제가 등장하고 있음에도 대중서적 등을 통해 이들에 대한 사회학적 지식/담론을 제시하여 대중들의 인식을 개선시키는 데 기여하지 못함으로써 한계를 보여주고 있다. (정태석, 2010: 101)

여기에서 정태석은 비판사회학이 서구산 이론을 잘 소화해 연구역량을 끌어올렸고, 그간 사회 참여에도 애써 왔지만, 이것이 주로 외적인 사회변화에 의해 지속되기 어려운 점을 학문의 위기의 원인으로 정의하고 있다(112~113). 이와 같은 입장을 가진 이들은 서양산 이론이 한국에 일정한 좋은 개념적 틀을 제시해 기여했다는 점을 강조하되, 여러 외적인 요인들로 충분히 진행되지 못했고, 이것이 향후 질적으로 보완되고 보다 주체적인 수용으로 계승되어야 한다는 점을 강조한다. 이들이 주로 문제 삼는 것은 한국사회의 변화, 주로 신자유주의 사회 체제의 심화가 이 프로젝트의 지속을 어렵게 한다는 것이다. 학생들이 더 이상 치열한 사회비판적 사유를 하려 하지 않아 학문후속세대 재생산이 위기를 겪고 있는 상황, 교원들이 매우 현실적인 문제(학과운영과 학생 충원 등)와 씨름해야 하는 현실, 또한 순수학문 전공 전문연구자가 학계에 자리를 잡지 못하는 상황과 소속

기관과 학교로부터 부과되는 과중한 업무와 연구 관심을 벗어나는 프로젝트에 매달려야 하는 현실이 그 프로젝트의 속행을 어렵게 한다는 것이다. 무엇보다, 인문사회과학의 '본성'과 어울리지 않는 학술 실천을 강요하는 학진체제의 성립은 이들의 대표적인 비판 대상이다. 이들의 대안은 크게 자생적 이론 구축 노력과 함께 학문의 대중화를 통해 그 사회적 효용을 알리고, 이를 통해 개선된 교육연구 환경을 구축해야 한다는 것이다. 이러한 입장은 문제의 원인을 학술활동 외적 요인으로 돌리려 한다는 점에서 외재적 설명이라 할 수 있다.*

이 책에서 하버마스 네트워크의 형성과 해체 과정에 대한 분석은 이러한 내재적·외재적 설명의 서구종속성 담론과 대안 제시에 근본

---

* 마찬가지로, 윤상철(2010), 김문조(2015) 등도 비판사회학의 질적인 발전의 함의에도 불구하고, 사회과학이 외적 대응에 어려움을 겪고 있다는 점, 그래서 보다 비판적이고 '공공성'을 띤 사회학을 주장한다. 위의 한국철학회 중진학자 대담에서 하버마스 네트워크의 일원이었던 홍윤기는 한국철학의 위기에 대해 다음과 같이 언급했다. "저는 지금 우리 한국 철학계가 그야말로 한국에서 철학할 수 있는 역량을 현대 역사상 처음으로 제대로 갖추는 과정을 완료했다는 생각이 듭니다. 그런데 참 운 나쁘게도 그 역량을 제대로 발휘할 장이 없어지게 된 형세와 맞부딪힌 것입니다"(한국철학회 편집위원회, 2010: 189). 여기에서 말하는 "형세"가 사회 조건의 변화로 인한 철학 인기의 하락임은 물론이다. 같은 곳에서 윤평중 또한 서구 이론 수용 행위 자체의 타당성을 옹호하면서도, "소장학자들, 즉 젊은 학자들과의 만남과 일반 대중과의 소통을 가장 중요한 작업으로 삼아야" 한다고 주장했다(132~134). 또한 이기홍은 '학진체제'하에서 사회연구가 통계중심으로 재편되고(2008: 14~20), 이로 인해 지나친 전문화를 거쳐 "일상의 일상세계를 살아가는 보통사람들과 전문용어로 무장한 학문공동체를 단절"(28~29)시키는 문제를 제기했다. 같은 맥락에서 한국철학사상연구회를 비판한 박영균(2009)의 글, 홍덕률(2006), 강수돌(2010), 천정환(2010)의 학술장의 신자유주의 식민화 비판이 있다.

적인 의문을 제기한다. 이들이 공통으로 가진 문제점은 다양한 논의의 한 가운데 가장 중요한 핵심, '적대적 협력자 공동체' 구축의 문제를 누락하고 있다는 것이다. 그리고 이는 이들이 이론 내적인 문제와 학술영역 외적인 제약요인 사이에 정작 학술적 관계 맺음의 사회적 차원에 대한 감각을 지니고 있지 못함을 의미한다. 바로 이러한 사회적 관계 맺음의 측면에 초점을 맞춘 부르디외의 관점, 그리고 이 책의 사례는 기존의 논의에 다음과 같은 질문을 제기하게 한다.

인문사회과학의 위기담론, 서구종속성 명제는 과연 적대적 협력자 공동체 구축의 문제를 고려했는가? 한국의 인문사회과학 학술영역이 크고 작은 적대적 협력자 공동체의 연쇄망을 갖추었다고 할 수 있는가? 즉 장을 형성하고 있는가?* 위 학자들이 제시한 대안, 그러니까 더 이상의 서구 이론 논의는 중단하고 다양한 동양 전통을 찾아 떠나거나, 현실문제 해결에 매진하거나, 혹은 학문의 대중화를 성취하면 '위기'는 해결되는가? 오히려 이러한 대안들은 문제를 심화시키는 것은 아닌가? 이 책이 다룬 하버마스 수용 과정은 바로 이러한 정반대편에서의 문제를 제기하게 한다. 이를 하버마스 네트워

---

* 국내에 학자들 사이 집합적 상징투쟁, 즉 토론과 상호 비판 문화가 부재하다는 지적도 새로운 것은 아니다. 다만 이 주장은 매우 파편적으로, 그리고 촌평의 차원에서 언급되고 말 따름인데, 이에 관해 매우 실증적인 사례로 국내 사회학 학술지의 미국 학술장 인용 편중을 분석한 김영기(2006)의 논문을 참고할 수 있다. 이 논문의 주장은 한국 사회학이 미국에 종속적인 '서구종속성'이 나타난다는 것인데, 그보다 중요한 것은 한국 학술 논문들이 서로 지지하지도, 비판하지도, 심지어 참조하지도 않는다는 점이다(101~105). 여기에서 미국 종속성보다 눈에 띄는 것은 국내 학자들 사이 연결망의 부재가 확연히 드러난다는 사실이다.

크 형성을 통한 장의 효과의 발생과 그 네트워크의 빠른 해체가 가져온 문제를 통해 설명하도록 하겠다.

나종석은 학회지 발행 10주년과 한국철학회 기관지 『철학』 100호 발행을 맞아 사회와철학연구회의 활동에 대한 성찰적 평가를 시도했는데(2010a; 2010b), 여기에는 하버마스 수용 문제를 중심으로 위에서 제시한 인문사회과학 위기 담론과 서구종속성 문제에 관한 거의 모든 관점이 담겨 있으므로 구체적으로 살펴볼 필요가 있다.

나종석은 학회의 공로를 다음과 같이 정리했다. 첫째, 한국 학계 (철학계)가 "다양성을 확보하는 데" 일조한 것, 둘째, 하버마스의 이론이 "한국 사회에 뿌리내리는" 데 기여한 것, 셋째, 근대성의 논의 과정에서 포스트모던 이론에 맞서 "이성주의적 학문 전통을 수립"한 것이 그것이다(2010b: 302~304). 여기에서 말하는 다양성이란, 한국 학계가 지나치게 추상적 이론에만 침잠해서 "한국 사회를 좀 더 이성적으로 변혁 내지 개혁하는 실천적인 움직임에 동참"(302)하지 못했고, 이 학회는 바로 이것을 실행했다는 점에서 학계에 다양성을 가져왔다는 것이다. 이 과정에서 학회는 하버마스를 활용해 그의 시민사회론이나 공론장론, 그리고 심의민주주의이론 개념을 적극 보급해 한국사회의 "성찰적 진보의 시도에 유용한 이론적 자원을 제공"(303)했다. 또한 동시에 이들은 90년대에 만연한 "포스트모던적 사유 경향과의 대결"을 통해 인간 이성에 대한 신뢰를 방어하고, 이를 바탕으로 "동서문명의 창조적 융합"까지 (304~305) 도모할 토대를 놓았다는 것이 나종석, 그리고 학회 성원 일반이 공유한 자평이다.

그러나 이들이 말하는 하버마스 수용의 이와 같은 긍정적 측면은 납득되기 어렵다. 이 주장의 핵심 논지는 하버마스의 시민사회론이 한국에 적실성을 이미 담지하고 있고, 그러므로 하버마스 이론이 사회변혁적 실천을 위해 좋은 도구이며, 실제로 도구적으로 활용됐다는 점, 그리고 이 과정에서 하버마스 이론이 광범위하게 한국 사회에 안착됐다는 것이다.

그러나 이 책에서 살펴본 것처럼, 이 논제들 중 어느 하나도 실제로 성취됐다고 평가하기 어렵다. 신진 하버마스 연구집단 성원들이 생산한 연구들은 예외 없이 추상적이고 이론적인 것이었고, 이것이 한국사회에 적용이 가능할 것이라는 제안에서 대부분 끝났으며, 이마저도 1990년대 후반부터 2000년대 초반 사이에 자취를 감추었다. 이들이 하버마스를 무기로 변혁주의적 목표를 직접 실천한 것도 아니었고, 이들의 제안을 실현한 다른 이들의 후속 작업도 없었다. 오히려 이 책은 90년대 하버마스의 인기와 광범위한 보급의 핵심 요인은 이론 자체가 담지한 도구적 활용가능성이 아니라, 그를 국내 학술영역에서 중요한 인물로 만들고자 했던 이들의 상징투쟁이 불러온 다양한 그룹들의 일시적 결집에 있음을 보여줬다. 예를 들어, 하버마스를 중요한 인물로 알리려는 학술적 상징투쟁을 시도한 실행자가 없었다면, 포스트모더니즘과 포스트마르크스주의 사이, 그리고 이론지향자들과 실천지향자들 사이 어느 쪽에서도 인정받지 못했던 하버마스는 전혀 유행할 수 없었을 것이다. 즉 하버마스의 이론과 그가 제시한 주요 개념들이 한국 사회에 일정 부분 보급됐다면 그 까닭은 이론에 내장된 효용성 때문이 아니라, 구체적 수용자 집단의 집합적 상징투쟁이 수행됐기 때문이고, 이는 이 투쟁이 지속된 동안 정확히 그만큼만의 유통이 이뤄졌다는 결론으로 이어질 수밖에 없다.

이는 두 번째 보다 중요한 문제로 연결된다. 이들의 집합적 투쟁이 중단된 순간 하버마스의 인기도 종료됐으며, 또한 그의 도구적 효용성은 가능성의 상태에서 끝나버렸다는 사실이 그것이다. 한국에서 하버마스 수용 열기는 어떠한 이론의 적용과 변용, 갱신도 산출하지 못했다. 그렇다면 이들의 노력은 왜 중단되었는가? 나는 이 문제를 지금까지 지식사회학적으로 분석했다. 그런데 실제 학회 성원들의 생각은 달랐다. 같은 글에서 사회와철학연구회의 한계에 대해 나종석은 대표적인 내재적·외재적 두 가지 요인인 지식의 식민성 문제, 학회의 제도화 문제를 언급했다.

> 사철연의 구성원들도 역시 서구 학문의 이식성과 지식의 식민성을 완전히 극복했다고 볼 수는 없다 … 하버마스 이론의 강한 영향력은 사철연의 내부 논의 공간을 일정한 방식으로 틀 지우는 데에서도 감지된다. 하버마스적 담론의 헤게모니 관철로 인해 보이지 않는 논의 구조의 장벽이 존재한다는 것이다. 달리 말하자면 하버마스적인 비판사회이론에 경도된 분위기로 인해 토의되는 주제들이 한정되어 있다. 이는 다른 주제들을 배제하거나 주변적인 것으로 만들어 이들의 활성화를 방해한다.

(…)

사철연이 안고 있는 또 다른 문제점은 학회의 점진적인 제도화 경향으로 인해 초래될 부정적 결과이다. 이 문제는 사철연만의 문제가 아니지만, 실천적 지향성을 목적으로 하는 학회의 취지에서 볼 때 이 경향은 우려스러운 일이다. 사철연의 공식 학회지인 『사회와철학』은 제9호 (2005년 4월)부터 특집호를 포기하고 비매품이 되었다. 이는 학회지가 한국연구재단의 등재지가 되기 위해서 취한 고육지책이다 … 현재 대학들이 경쟁력 강화라는 미명 하에 계량화된 평가시스템을 앞다투어 도입하면서 학문의 대량생산을 부추기고 있다. 특정한 방식으로 획일화된 글쓰기를 양산하도록 강요하는 제도적 압력에 대해 사철연은 물론이고 대부분의 인문학자들은 이렇다 할 대응을 보이고 있지 못한 실정이다. … 타인을 딱딱한 돌로 만들어 버리는 메두사의 눈처럼 인문학자들의 비판 및 저항 정신을 봉쇄하여 이들을 순응적 지식인으로 길들이는 힘에 편입되고 있는 학회지 및 학회의 활동을 어떻게 극복할 것인가는 심각한 문제이다 … 권력과 화폐의 논리 속에 포위되어 있는 학문 세계를 보호하기 위해서는 학문 세계의 고유성 확보도 중요하지만 그것을 유리하게 할 제반 조건들의 확보도 중요하다. (나종석, 2010a: 230~237)

우선 두 번째 인용단락에서 나종석이 문제삼고 있는 것은 등재지 제도가 불러온 규격화된 논문식 글쓰기의 폐해이다. 논자는 이어 논문식 글쓰기가 "대중의 감성"과 "사회와의 소통"을 저해하는 결과를 낳는다는 점을 지적한다(236). 학계에서 인정받기 위한 주제 선정과 논문식 글쓰기 방법이 대중과의 소통을 저해해 이것이 학회의 위기를 낳았다는 것이다. 물론 앞의 장에서 다룬 것처럼 한국연구재단 등재지 제도의 문제점이 심각한 것은 사실이다. 그러나 왜 등재지 제도가 사회의 권력과 화폐의 논리의 화신인지에 대한 비약은 접어두더라도, 이 논리의 문제점은 틀을 벗어난 자유로운 글쓰기가 대중의 관심과 소통을 가능케 하고, 이것이 궁극적으로 연구활동과 학회 운영의 활성화를 가져오리라는 증명되지 않은 전제로부터 출발한다는 데 있다. 이는 앞의 인용 단락의 문제와 연결되어 있다. 여기에서 글쓴이는 하버마스 연구를 표방하며 설립된 이 학회가 하버마스 중심적이어서 문제이고, 이것이 지식의 서구 식민성의 한계에 갇혀 있음을 보여주는 것이라고 말하고 있다. 결국 두 가지를 종합하면, 하버마스에 갇히지 말고 다양한 목소리를 반영하고, 형식상 자유로운 글쓰기를 했을 때 학회의 문제점들이 개선될 수 있다는 것인데, (하버마스–비판이론 중심 연구모임이라는) 본래 학회의 설립 정신을 배반하는 문제는 차치하더라도, 이 주장은 적대적 협력자 공동체 형성의 필요성에 대한 문제의식을 결여하고 있다는 점에서 문제가 된다.

지금까지 살펴본 것처럼, 신진 하버마스 연구자 그룹의 주 터전이었던 이 학회에서 실질적으로 밀도 높은 상호작용의 관계, 즉 적대적 협력자 공동체는 사실상 구축되지 못했다. 따라서 진정한, 몰입된 하버마스 이론 수용그룹의 구축, 그러니까 "하버마스적 비판이론에 경도된 분위기"가 실제로는 없는 상태에서 '지나친 하버마스 중심'에 대한 문제제기와 소속 학자들의 틀에 얽매이지 않는 자유로운 글쓰기의 필요성 주장은 알맹이가 없다는 것이다.

부르디외의 관점에서 보면 반대로 진정한 하버마스와 비판이론을 주제로 한 적대적 협력자 공동체로서 이론 수용그룹 형성이 이뤄졌을 때 논자가 말하는 학회의 문제점이 해결될 수 있다고 할 수 있다. 이 책은 이러한 가정을 지지해 주는데, 왜냐하면 신진 하버마스 연구자 그룹을 향한 학술영역 전반(그리고 일반 대중)의 주목은 다름 아니라 이들이 가장 집중적으로 하버마스 관련 연구를 수행했던 시절에 이뤄졌기 때문이다. 따라서 제5부의 말미에 언급한 것처럼, 이들이 '네트워크 단계'의 결집을 넘어 '클러스터 단계'에 이를 정도로 보다 밀도 높은 상호협력과 비판 관계를 형성하고, 그 결과물로서 하버마스 이론의 해석과 변용·갱신이 성취되었다면, 학회가 겪는 2000년대의 어려움은 발생하지 않았을지도 모른다. 나아가, 이렇게 성공적인 이론 수용그룹을 넘어 이들이 진정한 '학파'를 형성하고 인문사회과학 담론의 중심이 되었을 때 이로 인한 '장의 효과'는 장 외부의 사람들에게 정당한 상징폭력을 행사하고, 그럼으로써 '시급한 한국사회의 문제들'이 해결될 것을 기대할 수 있었을지 모른다. 부르디외의 관점에서 보면, 자연과학과 경제학 등 높은 자율성의 학술 분과들이 그러한 것처럼, 특정 학문의 사회적 효용은 장이 행사하는 상징폭력에 의해서만 가능하기 때문이다.[54]

그러나 나종석의 문제 진단과 대안 제시는 이러한 부르디외의 장 이론과 정반대 방향을 향하고 있다. 다양한 주제를 자유롭게 논의해 대중성을 확보하고, 이를 통해 사회변혁을 성취해야 한다는 것은 바로 부르디외가 가장 맹렬히 비판한, 낮은 자율성의 학술장 성원들의 '딜레탕트한 도구주의'에 가깝다. 학자들의 집합적 몰입의 망이 없는 상태에서 자유롭고 다양한 논의를 통해 사회변혁의 도구적 가능성을 찾겠다는 기획은 과연 얼마나 성공적일 수 있을까? 이 책은 나종석과 학회가 원하는 목표를 이루기 위해서는, 나아가 다양한 연구집단들과 수용집단들의 성공을 위해서는 그(들)의 진단과 대안 제시의 반대 방향의 실천, 그러니까 하버마스가 됐건 아니건, 특정한 주제에 대한 집합적 몰입이 필요했음을 보여준다. 그리고 이는 단지 이 학회의 문제를 넘어 한국 인문사회 학술영역의 서구종속성 문제에 대한 다른 시각을 제공한다.

사실 2000년대 서구종속성 담론의 유행은 인문사회과학 전반에 닥친 시급한 위기의 산물이었다. 제3부에서 본 것과 같은 80년대에 조성된 인문사회과학 '붐'은 90년대 초중반까지도 계속됐다. 하지만 분위기는 사실 조금씩 위축되고 있었고, 90년대 후반에 들면 그제서야 본격적으로 위기의 징후들이 발견됐다. 인문학 강좌의 좌석들은 비어 갔고, 대학생들은 경영, 경제를 필두로 한 취직에 도움이 되는 실용적 학과로 몰렸다. 대다수의 순수학문 분야에서는 학과의 존치 여부 자체가 위태로운 전공들이 속출하기 시작했다. 전문 대학원 연구분야의 위기는 더 심각했다. 한때 인문사회 대학원 석박사 과정에는 많은 학생들이 몰려들었지만, 이제 한줌 남은 인재들은 미련 없이 유학을 선택했다. 유학 출신 박사들의 공급은 많아지고 국내 학자 양성 기능은 축소되면서 교수 임용의 유학 출신 쏠림 현상이 심화됐다. 출판시장에도 위기가 닥쳤다. 더 이상 인문사회과학 책들은 팔리지 않았고, 대학마다 성업했던 사회과학 서점들은 하나 둘 문을 닫기 시작했다. 그 결과 한국의 인문사회과학 영역이 맞이하는 2000년대는 초라했다. 결국 2000년대의 위기 담론은 몰락의 뒤늦은 자각의 표현인 것이었고, 이것이 우리에게 알려주는 것은 1990년대 한국의 인문사회과학 영역이 분명한 '실패'를 겪었다는 사실이다.

서구종속성 담론은 바로 이러한 위기상황에 뒤늦게 당황한 인문사회과학자들이 사태의 원인을 진단하며 가장 중심에 내세운 개념이다. 즉 한국 학자들의 거의 대부분은 자신들이 맞이한 인문사회과학 전반의 위기의 원인을 주로 '서구종속성' 현상에서 찾았다. 그러나 이 책에서 추적한 하버마스 수용과정이 말하는 것은 이들이 문제 삼는 것의 정반대, 그러니까 한국 인문사회과학 학술영역이 어떠한 서구 이론도 충분히 몰입해 본 적이 없다는 사실이 문제의 근원이라는 것이다.

인문사회과학 영역의 위기가 확산되고, 위기담론이 시작된 것이 2000년대였고(이상주, 2001), 하버마스 네트워크의 고조와 쇠퇴 과정이 바로 이 시기와 맞물려 있음은 우연이 아니다. 이 책은 하버마스의 인기를 가능하게 한 것이 수용그룹으로서 적대적 협력자 공동체의 가능성을 보여줬던 신진 하버마스 연구자 그룹의 집합적 노력이었고, 인기의 쇠락의 원인 또한 이 공동체의 해체에 있음을 보여줬다. 더 확장해 보면, 90년대 중반 하버마스 인기의 절정기는 바로 신진 그룹이 중심이 되어 형성된 모종의 장의 효과, 즉 국내 인문사회과학 전반에 걸쳐 하버마스를 중심으로 한 공통의 언어와 공통의 관심사의 형성의 결과였다.

하버마스 네트워크의 진화에 대해 품었던 상상을 더 확장하여, 만일 사회사상에 대한 관심이 뜨거웠던 90년대의 시점에서 하버마스뿐 아니라 다양한 이론적 자원을 하버마스뿐 아니라 다양한 이론적 자원을 기반으로 한 또 다른 이론 수용그룹이 복수로 존재했다면, 다양한 이론그룹들 사이에 경합이 이뤄졌다면 어땠을까? 그리하여 1990년대 초반 떠올랐던 수많은 이론적 '후보'들에 대한 더 깊은 몰입을 바탕으로 한국 인문사회과학의 곳곳에서 크고 작은 적대적 협력자 공동체들의 망이 구축되었다면 어땠을까? 이것이 각 이론의 한국 상황에 대한 성공적 적용을 넘어 생산적 변용과 갱신을 낳고, 또한 이것이 한국 학술영역에 실질적 장의 구축으로 이어지고, 그럼으로써 장의 효과로 인해 많은 이들이 인문사회과학의 논의에 관심을 기울이고, 많은 후속세대가 유입되고, 장의 논의가 사회현실 해결에 도움을 줄 거라 믿는 장 외부의 사람들이 많아졌을 때, 인문사회과학자들이 바라는 것들이 성취될 수 있지 않았을까? 지나친 상상이라 할지라도 80년대 말~90년대 초 인문사회과학의 인기, 그리고 하버마스의 인기는 이러한 질문들을 제기하게 한다.

현실은 반대였다. 90년대 후반에 들면 대부분의 연구공동체들은 거의 동시에 심각한 위기를 맞이했다. 하버마스 수용의 급격한 해체는 바로 이 선상에 있었다. 그렇다면 다음과 같은 추정을 해보는 것은 자연스럽다. 여타의 다른 크고 작은 학술분과와 학회들, 연구모임들, 이론 수용그룹들의 '실패'가 하버마스 수용과정과 비슷한 구조적 문제점들로 인한 것은 아니었을까? 만일 그렇다면 80년대 말~90년대 초반의 한국에서는 인문사회과학의 인기를 토대로 주어진, 본격적인 학술장이 형성될 기회가 존재했고, 이것이 무산된 것은 아닌가? 그리고 한국 인문사회과학 학술영역의 지배적인 성향이었던 딜레탕티즘과 도구주의의 문제, 그리고 이로 인한 적대적 협력자 구축의 실패가 이러한 인문사회과학 영역 전반의 실패의 원인이 아닌가? 즉 하버마스 네트워크의 형성과 해체는 한국 인문사회과학 학술영역의 구조변동을 상징하는 대표 사례가 아닌가? 지금까지 무성했던 위기담론들 속에 각자의 원인 분석과 대안 제시는 넘쳐났지만, 정작 일관된 이론틀을 토대로 국내에서 실제로 일어났던 일들에 대한 치밀하고 분석적인 담론들의 해석이 뒷받침된 주장은 없었다. 이 책은 바로 이러한 지점을 겨냥한 것이었다. 나의 설명에 설득력이 있다면, 그래서 위와 같은 질문들이 유의미한 문제 제기가 된다면, 그 답변은 보다 확장된 범위를 대상으로 하는 후속연구를 통해 찾아질 수 있을 것이다.

여기서 나는 이러한 확장된 문제의식을 제기하며 책을 끝맺을 수밖에 없다. 하버마스 인기의 부침이라는 문제는 단순한 특정 이론의 수용 실패만을 말하는 것이 아니다. 하버마스의 주목과 쇠퇴는 바로 한국 인문사회과학 공간의 부침 과정에서 일어난, 한국 인문사회과학 공간의 구조변동을 가장 극명하게 나타내 준 사례였다. 우리는 하버마스 수용 과정을 추적하면서 동시에 한국 인문사회과학 학술 영역에 존재했던 어떠한 기회가 무산된 순간을 목격했다. 하버마스 인기와 쇠퇴는 모두 한국 인문사회과학 영역의 구조적 모순의 산물이었고, 수용을 주도한 학자들의 실천은 그 구조적 모순의 힘을 이겨내지 못했을 뿐 아니라, 이를 강화시킨 가장 중요한 사건이었다. 1990년대 한국 학술영역은 하버마스 수용이라는 가장 좋은 기회를 얻었지만 화려하게 실패했다. 이 실패로부터 무엇을 배울 것인가?

후기

　나는 박사학위 논문을 제출하고 짧은 시간 안에 연구에 대한 적지 않은 반응을 접하는 행운을 얻을 수 있었다. 뜻하지 않은 곳에서 예상치 않게 벌써 내 글을 읽었다며 인사를 건네 오는 사람들과의 조우는 즐겁고 설레는 일이었다. 연구가 책으로 나와 더 많은 독자들을 만날 기회를 제안 받은 것 또한 큰 기쁨이었다. 그러나 무엇보다, 특히 책에서 '신진 하버마스 전문연구 그룹'이라는 이름으로 집중적으로 다룬 사회와철학연구회 학자들과의 만남은 특별하다. 2022년 2월 11일 열린 '장춘익 기념 학술대회'에서의 소논문 발표, 그리고 박사논문 전체를 두고 토론한 6월18일 사회와철학연구회 정기학술대회에서는 많은 이야기가 오고 갔다. 책에서 다룬 선우현, 장은주, 홍윤기, 이 그룹의 주요 성원인 문성훈, 이국배, 그리고 이후의 후속 세대에 속하는 정성훈, 허성범, 이렇게 일곱 분의 선생님이 패널로 참여했고, 주제와 직간접으로 관련된 여러 분들이 함께했다. '가상적 참여자'로서 1990년대의 학자들과 나누었던 상상 속 대화가 30년의 시간을 건너 실제의 것으로 살아나는 경험은 신기하고도 감사한 일이었다. 순식간에 흘러갔다. 여기에서는 대화에서 제기된 질문들을 간략히 정리하여 다시 답하려 한다. 이와 함께 지난 일 년간 논문을 읽어준 다른 분들과의 만남에서 오간 내용들도 함께 언급하도록 하겠다. 여기에서는 대화의 현장에서 있었던 좋은 평가는 접어두고, 주로 제기된 질문과 비판들을 몇 가지로 요약하고 여기에 대해 간략히 답하려 한다.

통상의 지성사 연구들과 달리, 나는 연구 대상인 '하버마스 네트워크'를 철저히 '관찰자'의 시점에서, 최대한 집합 수준에서 사회학적으로 분석하려 했다. 애초 인터뷰나 관련자들과의 만남을 계획했었으나 집필 기획 과정에서 성찰과 비판이라는 목표가 설정된 이상 오히려 연구 대상과 철저히 떨어져 있어야 할 필요성을 느꼈기 때문이다(여기에 대해서 많은 분들이 옳은 선택이었다고 했고, 나 또한 여전히 그렇게 생각한다). 이러한 거리두기는 필연적으로 '참여자'가 아니고서는 알 수 없는, 복잡한 맥락과 속사정을 배제시키는 결과를 낳는다. 그러나 이러한 위험부담에도 불구하고 사적인 만남과 교류 없이, 오직 존재하는 자료들만을 바탕으로 조사하고 판단함으로써 얻어지는 분명한 객관화의 효과도 있다. 책의 전반에는 이러한 관점의 차이가 가져올 수밖에 없는 잠재적 긴장이 흐르고 있는데, 이는 가장 먼저 '네트워크' 개념과 그것의 실제 존재 여부에 대한 이견으로 나타났다. 즉 실제 그때 그 상황에 대한 무지로부터 오는 잘못된 해석에 관한 문제 제기들 중에서도 신진 연구그룹의 존재 자체, 혹은 그 그룹의 결합 정도에 대한 오해가 있다는 사실이 가장 먼저 지적되었다. 신진그룹 으로 호명된 학자들은 물론, 사회와철학연구회의 성격 자체가 무엇 인가 함께 해 나가려는 공동집단이 아니었고, 실제로 당시 이들은 각자 개인적 활동에 주력하고 있었다는 것이다. 그렇다면, 나의 분 석은 하지 않은 것을 한 것이라고 하며 비판한, 우스운 것이 된다. 실제로 '하버마스 네트워크가 원래 없었기 때문에 사라질 수도 없 고, 그래서 이 연구는 애초에 성립될 수 없다'는 가장 과격한(!) 비판 이 있었다.

우선 이러한 지적은 책의 초반부에서 규정한 네트워크 개념에 대 한 오해에서 발생하는 듯하다. 그러니까, 함께 공동의 어젠다를 두 고 공동의 집필활동을 벌이는 등의 활동이 애초에 추구된 적 없다는 비판의견이 상정하고 있는 상식적인 의미의 집합그룹의 개념은 니콜 라스 멀린스의 이론 틀에서 '클러스터 단계'에 해당한다. 내가 반복 해서 말하고자 했던 것은 비록 느슨하더라도 상징공간에서 분명히 상호 교류하면서 동시대 학술장 내 다른 행위자들과 뚜렷이 구별되 는 신진 하버마스 연구자들[만]의 동질성이 존재했고, 이것은 관찰자 시점에서 '네트워크 단계'로서의 분명한 '그룹'으로 지칭될 수 있다는 것이다. 그리고 이 느슨한 연결 상태가 대체 왜 우리가 익히 알고 있 는 바와 같은 종류의 응집된 그룹으로 발전하지 못했는지가 규명되 어야 한다는 것이었다.

하버마스 연구 '철학자'들 자신의 주관적 의견의 바깥에서 관찰자에 의해 이뤄진 '사회학적' 판단은 상황을 잘 모르는 오해였다는 오명을 영원히 피할 수 없을지 모른다. 하지만 쉽게 말해, 90년대 당시 학술장 내에서 신진 하버마스 연구자들이 그룹으로 여겨지지 않았다고 하는 것이 더 이상한 일일 것이다. 그럼에도 여기에서 누군가가 이들이 외부에서는 그룹으로 보여도 실제로는 책에서 분석한 수준의 상호작용조차도 사실은 없었다고 나의 해석을 거부할지 모른다. 그렇다면 비록 책에서의 분석의 일부분이 크게 수정되어야 하겠지만, 전반적으로는 하버마스 연구자들이 호기를 맞아 이를 발달된 수용그룹으로 만들지 못했다는 문제의식은 오히려 더 강화되지 않겠는가?

둘째, 부르디외의 장이론이 사용된 것의 방법론적 적합성에 대한 문제제기가 있었다. 책에서 반복해서 밝힌 것처럼, 내가 사용한 연구방법은 부르디외가 명확하게 제안한 것이 아니라 학술장 관련 논의들에서 그가 암묵적이지만 분명히 사용하고 있는 개념틀을 추출하여 재구성한 것이다. 따라서 부르디외 하면 흔히 떠올리기 마련인 계급 혹은 아비투스 등의 개념들과 나의 연구틀이 이질적으로 느껴지는 것도 당연하다. 이렇게 할 수밖에 없었던 첫 번째 까닭은 우선 이론 수용에 관한 연구 자체가 해외에서도 드물지만, 특히 실패의 문제를 다룬 경우는 거의 없었기 때문이다. 따라서 국내에서 잘 다뤄지지 않아 생소하겠지만, 장의 진화 과정과 그 성패 문제라는 큰 틀 아래에서 포스트모던 이론가 그룹과 동시대 사회학자들을 신랄하게 비판하며 전개한 부르디외의 일련의 연구 기획이 논의의 기준으로 선택될 수밖에 없었다.

이와 관련하여 보다 중요한 다른 까닭은 내 연구가 논쟁이 부재한 문제를 다뤄야 하는, 아니 그 부재 자체가 설명되어야만 하는 매우 특별한 과제를 지고 있기 때문이다. 즉 통상의 지식사회학 연구들은 논쟁의 존재로부터 시작하여 그 논쟁의 결과가 특정한 방향으로 귀결되게 만든 사회학적인 요소들을 분석한다. 하지만 하버마스 수용 문제는 물론, 한국에서는 대부분 논쟁이 없는 현상 자체가 규명되어야 할 주제가 된다. 이것이 바로 다양한 수용자 학술장들이 가진 상이한 상대적 자율성이 변수로서 다뤄져야 할 필요성과 직결되는 지점인데, 사실상 한국에서의 모든 지성사 연구는 이 문제를 직접 대면하지 않았기 때문에 핵심을 벗어나 겉돌고 있다. 그러니까, 한국에서 이뤄진 이론 수용을 발달된 장에서의 수용과 같은 수준의 행위로 상정하고 '누가 언제 무엇을 번역하고 소개했다'와 같은 단순 기술을 통해 단순 유통 과정을 다루는 경우, 그 수용이 가져온 고질적인 담론의 부재 문제가 시야에 들어오지 않아 설명은 공허한 것이 된다. 혹은 반대로 질 낮은 번역이나 국내 학자들 사이 인용의 부재, 그리고 논쟁의 부재 등을 질타하는 접근의 경우, 그 원인을 학자들의 개인적이고 규범적인 '잘못'으로 치부해 버릴 뿐 더 이상 탐색하지 않는 것이 대부분이다. 어느 쪽이건 담론 형성과 투쟁이 일상화되어 있는지 여부 자체를 관심으로 하는 장의 구조적 자율성 개념을 분석 단위로 설정하지 않아 핵심을 놓치고 있다는 점은 동일하다. 따라서 학술장의 본령인 논쟁이 부재한 원인과 그 부재와 함께 진행된 수용의 전개과정, 그리고 그 결과를 종합적으로 설명하기 위해서는 부르디외의 장의 진화에 관한 이론 틀을 채용하되 이로부터 장의 진화를 저해하는 원인으로 지목되는 개념들을 보다 명확하게 추출해 내는 것이 내게 주어진 유일한 선택지였다.

이는 다시 세 번째로 딜레탕티즘과 학술적 도구주의 개념에 관한 문제로 이어진다. 예를 들어, (내가 애써 오해를 피하려 했음에도) '연구주제를 바꾸면 딜레탕티즘이 되는가', '사회 변혁적 관심을 가지면 공부하지 않는 도구주의자가 된단 말인가', '두 개념과 (함께 대립쌍으로 제시된) 전문주의와 아카데미즘 들을 명확히 구별할 수 있는가' 등의 질문들이 계속 제기되었다. 부르디외 자신이 명확히 규정한 바 없는 개념을 재구성한 것이기 때문에 아직까지 여기에는 명료화되어야 할 지점들이 많은 것이 사실이다. 그러나 다시 말하지만 나는 90년대 후반, 하버마스 연구자들이 갑자기 연구를 왜 그만 두었는가라는 특별한 문제를 설명해야만 했다. '왜 했는가'는 대부분 사람들이 자신이 무엇인가를 연구할 당위성을 스스로 논하기 때문에 상대적으로 설명하기 쉽지만, '왜 그것을 하지 않았는가'의 경우는 난처하다. 스스로 무엇인가를 그만둔 이유를 말하는 경우는 거의 없기 때문이다. 이 경우 필요한 것은, 하지 않은 것을 왜 하지 않았는지 설득력 있게 설명해줄 일종의 우회로다.

내가 택한 방법은 한 학자가 특정한 시기 선택의 순간에서 그것 (하버마스 연구)이 아닌 다른 방향으로의 이행을 결정해 나간 점들을 이어서 한 사람의 지적 궤적을 그리고, 그 개별 궤적들을 집합적 수준에서 묶어내어 이것이 단지 개인의 문제가 아님을 보여주는 것이었다. 즉, 개인의 주관적 판단들이 사실은 장의 유인력인 딜레탕티즘과 도구주의에 의해 양쪽 반대편 방향으로 굽어지는 경향성이 있음을 집합 수준에서 객관적으로 기술하는 것, 그리고 이 과정에서 어떻게 다른 연구들이 선택되면서 자연스럽게 본래의 하버마스 연구가 기피되었는지를 보여주는 것이 나의 목적이었다. 두 개념은 한 학자가 딜레탕티스트 혹은 변혁지향적 도구주의자였는지 아니었는지를 강제 규정하는 것이 아니라, 단지 그들이 실제로 택한 것들을 토대로 그 학자들의 선택의 묶음을 만들어 낸 당시의 장의 상황을 보기 위한 이념형적 수단이다. 독자들이 발견적(heuristic) 가치를 중심으로 앞으로 정교화 시켜 나갈 두 개념을 받아들여 주면 좋겠다.

마지막으로, 학술장 내 적대적 협력자 공동체 형성에 관한 명제는 읽는 이의 관점에 따라 상이한 반응을 불러일으키는 것 같다. 특히 진보적 사회 변화 문제를 기본 관심으로 설정하는 사회철학에서, 이 명제는 쉽게 현실을 도외시한 채 상아탑 내에서 서구 이론가만을 몰입해 탐구하는 컬트 집단에 대한 이상화로 오해될 수도 있다. 사실이 또한 장의 내부와 외부 사이에 매개의 논리를 핵심으로 하는 장 이론에 대한 이해의 부족에서 비롯되는 문제인데, 여기에 대해서는 2부에서 부르디외가 '보편적인 것을 향한 조합주의' 개념을 통해 사회 개입을 다름아닌 더 성공적인 것으로 만들려 했음을 설명한 부분과 포스트모던 이론가들이 이 기획을 상당 부분 성취한 것을 긍정적으로 평가한 부분을 세심하게 읽어줄 것을 요청하고 싶다. 장이론에서 사회 변혁적 실천과 장 내 집합적 몰입은 결코 제로섬 게임이 아니라 서로를 강화시켜 줄 수 있는 동료이자 응원군이다. 그보다 여기에서 내가 말하고 싶은 바는 책의 목적이 오늘날의 시점에서 특정한 노선의 학술 실천을 모두 예외없이 따라야 할 이상향으로 제시하려는 것이 아니라는 점이다.

누구나 복종해야 하는 학문의 불변의 목표라는 것은 애초에 성립될 수 없기 때문에, 철저히 추상적 게임에 몰입하는 아카데미즘과 전문주의는 물론, 사회 변혁에 기여하려는 숭고한 정신, 심지어 박학다식한 교양지식인을 추구하는 딜레탕티즘까지도 각자의 이상에 따라 추구될 수 있고, 상황에 따라 어쩌면 이 모든 것들이 학술 공간에 필요한 지향인지도 모른다. 그러나 나는 우리 학술장에 집합적 단위의 아카데미즘과 전문주의가 과연 형성되었던 적이 있었는지, 다른 실천들은 많았어도 정작 학술장의 중심부는 비워져 있었던 것은 아닌지 묻는 것은 정당하다고 믿는다. 본문에서 언급했던 것처럼, 모두가 하버마스 수용에 몰입했어야 할 이유는 있을 수 없다. 그러나 누구도, 누구에 대해서도 제대로 몰입해 본 적이 없다는 사실은 치명적인 문제다.

이 책이 특정한 이론이나 특정한 형태의 학술 실천만을 배타적으로 옹호하려는 것이 아니라, 우리가 꼭 돌아봐야 하지만 하루하루 잊혀 가고 있는 과거를 끄집어내어 뒤늦은 대화를 시도하려는 역사적 분석으로 읽히기를 바란다. 책의 제목은 하버마스 연구망의 갑작스러운 해체 현상에 대한 문제의식을 담고 있지만 사실 이러한 '스캔들'은 우리 학술장에서 예외가 아니라 상례(常例)에 가깝다. 90년대 동안 하버마스 네트워크가 형성되고 와해되는 과정과 앞다투어 크고 작은 비슷한 일들이 곳곳에서 벌어졌다. 아니, 오히려 책을 쓰면서 내가 마주해야 했던 사실은 하버마스 스캔들이 우리가 무엇인가 배우기 위해 진지하게 들여다봐야 할 거의 유일한 사건이었고, 다른 이론 수용의 경우는 상황이 비교할 수 없이 참담했다는 점, 그리고 이 시기 인문사회과학 학술장의 상황이 매일 매일의 붕괴의 연속이었다는 점이었다. 내가 이 실패의 기록과 묵묵히 대면하려 했던 까닭은 이 과정의 끝자락에 지금의 우리가 서 있기 때문이었다. 우리가 과거의 무너진 것들 사이에서 무엇인가를 뒤적이는 일은 결국 지금 우리의 모습을 더 잘 이해하고 무엇인가를 새로 만들어 가기 위함이다. 하버마스의 지적인 스승, 아도르노와 호르크하이머, 그리고 벤야민이 말했듯 어떠한 더 나은 미래를 열어 가려면 모든 노력은 과거에서 시작되어야만 하기 때문이다. 그래서 나는 독자가 이 책을 결국에는 오늘을 바라보는 거울로 삼아 주기를 바란다. 물론 지금의 모습은 90년대와 많이 다르다. 아니, 지나친 비관론일지 모르겠지만, 거의 모든 상황은 예전보다 더 나빠 보인다. 그러나 지금 곳곳에서 역량 있는 연구자들이 묵묵히 각자의 자리에서 폐허를 뒤집어 배울 거리를 찾고, 무엇인가 새롭고 영롱하게 빛나는 것들을 공들여 쌓고 있는 희망의 모습도 본다. 결국 문제는 다시 이러한 노력들이 어떻게 서로 연결되고 그래서 대화로, 담론으로, 망으로, 장으로 발전해 나갈 수 있을지에 있다고 생각한다. 나 또한 앞으로 하버마스 네트워크의 동시대 다른 사안들로 관점을 확장하고 이것들이 2000년대로 진입하며 어떠한 모습으로 변화되었는지를 추적하는 후속 작업들로 그 연결의 계기를 만드는 데 기여하려 한다. 그러한 점에서 열린 마음으로 자리를 열어준, 이제는 머리가 희끗해진 '신진 하버마스 연구자 그룹' 학자들과의 만남은 대화의 소중한 시작이었다. 90년대의 화려한 실패의 기억은 앞으로 더 큰 대화라는 열매를 맺어내는 거름이 될 수 있을까?*

---

* 이 문제는 머지않아 발표할 서구이론 수용 현상 분석을 위한 이론적 토대를 검토하는 별도 논문에서 다뤄질 것이다.

주석

1. 이것은 내가 전 논문을 분석해 각각의 글에서 하버마스가 다뤄지는 방법과 정도에 따라 분류해 목록화한 자료에 따른 것이다.
2. 김성은(2015: 131~133), 남신동·류방란(2017: 58~62)의 자료를 바탕으로 새로 그린 것임.
3. 이규호는 총 "47권의 저서와 490편의 논문"을 남겼고, 2002년 사후 후배 교수들에 의해 "학술적 평가가 뚜렷한 작품 중심으로 선정"된 9권의 전집이 발간됐다(《동아일보》. 2005.6.27.).
4. 김태길은 1986년 퇴임 이후 '철학문화연구소'를 세우면서 자신이 "강단 철학에 종사하는 철학 전문가와 삶의 현장에서 열심히 사는 생활인들 사이에 교량을 놓고자" 하고, "연구실과 강단에서 되풀이하는 사유를 단순한 추상의 세계에 머물게 하지 않고, 그것이 생활인들의 치열한 삶 속에서 구체적 결실로 이어지도록 현실화"하고자 했다고 밝혔다(김태길; 한국철학회 기념사업편집위원회, 2003: 32). 이후로도 이어진 이러한 교양 대중화 시도는 인문사회학자들이 자주 택하는 인정의 수단이 된다. "철학 대중화 외길 김태길 전 학술원 회장 별세"(《경향신문》. 2009.5.28.).
5. 예를 들어, 이동인, 『사회학개론』(1978); 정철수 외, 『사회학개론』(1980); 김채윤 외, 『사회학개론』(1981); 이홍택, 『사회학원론: 사회학의 제이론 및 방법론』(1981); 김대환, 『사회사상사: 사상의 체계와 시대정신』(1985).

6. "국내학계 하버마스 열풍 … 서울대 강연 성료 — 관련 특집물도 잇따라 출간"(《교수신문》. 1996.05.06.).

7. 이곳에서 다루는 신진 하버마스 연구자 그룹은 물론, 이하 모든 학자들의 개별 수학 과정과 학술적 경로에 관한 분석은 한국연구자정보(kri.go.kr)를 토대로 소속학교 홈페이지, 학술연구정보서비스(riss.kr), 저역서에 표기된 필자소개란 등을 종합해 취합 조사한 것을 토대로 이뤄졌다. 또한 이 표에 등장하는 인물들은 90년대 기간에 한정해 담론 네트워크에서 뚜렷한 활동을 보여준 이들만을 포함한 것으로, 실제 신진 연구집단에는 더 많은 신진 학자들이 있었고, 또한 이들과 함께하면서 이후 후속세대가 될 대학원생들도 있었다.

8. 이상 논문들의 제목은 순서대로 다음과 같다. 「알뛰세르에 있어서 '모순'에 대한 소고」. 『철학논집』. 3(1988b); 「알뛰세르에 있어서 '이론적 실천'의 문제」. 『철학논집』. 5(1988c); 「맑스-레닌주의와 주체사상」. 『북한의 정치이념』(1990); 「소련철학에서의 '인간론'의 지평」. 『시대와철학』. 2(1991); 「일제하 해방직후의 맑시즘 수용: 신남철을 중심으로」. 『철학연구』. 24(1988a); 「마르크스에서 과학, 기술, 생산력과 인간」. 『철학논집』. 7(1992); 「하버마스의 『인식과 관심』에 나타난 해방의 문제」. 차인석 편. 『사회철학대계 I』. 민음사(1993); 「하버마스의 공론영역의 양면성」. 이진우 편. 『하버마스의 비판적 사회이론』. 문예출판사(1996a); 「하버마스 사상의 형성과 발전」. 장춘익 편. 『하버마스의 사상: 주유 주제와 쟁점들』. 나남(1996b); 「하버마스의 맑스비판과 후기자본주의론」. 정호근 역. 『하버마스: 이성적 사회의 기획 그 논리와 윤리』. 나남(1997a); 「하버마스에서 모더니티의 기획과 포스트모더니즘 비판」. 『인문논총』(1998a); "정보사회론과 하버마스의 공론영역." 백종현 편. 『사회철학대계III』(1998b).

9. 순서대로. 「하버마스 사회이론에서 사물화 문제」. 『철학』. 51(1997); 「대중매체와 계몽」. 백종현 편. 『사회철학대계IV』. 민음사(1998); 「하버마스의 사회이론적 생활세계 개념」. 『철학』. 69(2001).

10. 순서대로. 「우리 시대의 '포스트증후군'과 그 철학적 자기의식(윤평중. 『포스트모더니즘의 철학과 포스트마르크스주의』 서평)」. 『시대와철학』. 4(1993a); 「하버마스의 생산 패러다임 비판과 비판이론의 새로운 정초」. 차인석 편. 『사회철학대계III』. 민음사(1993b); 하버마스. 장은주 역. 『의사소통의 사회이론』. 관악출판사(1995).

11. 순서대로. 「하버마스의 형식화용론의 기획과 비판의 문법」. 『사회과학과 사회정책』. 13(1991); 「비판의 위기와 비판의 변증법」. 『사회평론』. 7(1992); 「마르크스주의의 약한 부활과 의사소통 합리성」. 『경제와 사회』. 24(1994).

12. 「헤겔의 정신현상학에 있어서 의식에서 자기의식에로의 이행문제」. 『철학논구』. 10(1982); 「헤겔에 있어서의 학적 인식의 전체 문제」. 『철학논구』. 12(1984).

13. 이상 순서대로, 「담화윤리학의 전개를 위한 서설」. 『한국사회윤리연구회』. (1993); 「담화윤리학의 정당화」. 『철학연구』. 35(1994); 「칼 오토 아펠의 의사소통 이론」. 『언어철학연구』. 2(1996a); 「사회철학과 현실」. 『철학』. 49(1996b); 「하버마스의 새로운 사회운동」. 『사회비평』. 15(1996c).

14. 하버마스와 새로운 비판이론의 공동 해석자 기획이 갖는 난점을 주로 하버마스의 이론적 지평과 대화 상대자의 지평 사이 대화 성립 불가능성을 중심으로 비판적으로 분석한 연구로 김경만(2005; 2015b), 민병교(2007), 이시윤(2011)의 글을 참고할 것.

15. 학회의 창립 성원과 이후 운영 과정에 대해서는 나종석(2010a; 2010b)의 정리에 잘 나타나 있다.

16. 국립중앙도서관에서 국내 박사학위 취득을 위해 제출된 논문을 조사한 결과. 김태오, 경북대학교 교육철학과, 1991년; 진기행, 부산대학교 철학과, 1992년; 설헌영, 서울대학교 철학과, 1993년; 이구슬, 서울대학교 철학과, 1994년; 하일민, 경북대학교 철학과, 1994년; 김재현, 서울대학교 철학과, 1995년; 백승대, 경북대학교 사회학과, 1996년; 문병훈, 전남대학교 철학과, 1996년; 고호상, 고려대학교 사회학과, 1997년; 이태우, 영남대학교 철학과, 1997년; 선우현, 서울대학교 철학과, 1998년; 이세구, 동국대학교 정치외교학과, 1998년.

17. 순서대로 홍은영, 고려대학교 철학과, 1997년; 이조원, 중앙대학교 정치외교학과, 1995년; 김성기, 서울대학교 사회학과, 1993년.

18. 순서대로, 「합리성과 사회비판: 비판이론과 후기구조주의를 중심으로」. 『철학연구』. 13(1988); 「근대성과 탈근대성의 변증법」. 『제2회 한국철학자 연합학술대회』(1989a); 「이해와 실천: 가다머와 하버마스의 해석학 논쟁을 중심으로」. 『한신논문집』. 6(1989b); 「탈현대 철학적 지평의 확대」. 『철학과현실』. 90(1990); 「포스트모던 과학의 탐구」. 『과학사상』. 1(1992a); 「하버마스와 탈현대논쟁의 철학적 조망」. 『철학과현상학연구』. 5(1992b); 「로티와 포스트 분석철학에의 전망」. 『한신논문집』. 10(1993a); 「포스트 맑스주의와 새로운 해방의 논리」. 『한신논문집』. 8(1991); 「포스트 마르크스주의와 해방의 논리」. 『현대철학과 사회』. 서광사(1992c); 「포스트모더니즘의 철학과 포스트마르크스주의」. 서광사(1992d); 「상호주관성과 담화의 논리: 탈현대의 실천철학을 위한 시론」. 『철학』. 37(1992e); 「형식주의적 실천철학의 의미와 한계: 칸트와 하버마스」. 『철학연구』. 51(1993a); 「시민사회론의 정치철학: 맑스주의와 포스트 맑스주의」. 『제7

회 한국철학자연합학술대회』(1994); 「객관적 선험철학으로서의 담론학」『철학』. 43(1995); 「담화이론의 사회철학」. 『철학』. 46(1996a); 같은 글. 이진우 편. 『하버마스의 비판적 사회이론』. 문예출판사(1996b); 같은 글. 정호근 편. 『하버마스: 이성적 사회의 기획 그 논리와 윤리』. 나남(1996c); 「하버마스의 현대성이론」. 『작가연구』. 1(1996d).

19. 90년대 초반. 언론은 윤평중의 『푸코와 하버마스를 넘어서』에 주목하고, 그를 두 학자에 정통한 철학자로 호명하며 대담자로 초대하는 등 그의 목소리로 소개받기를 원했다. "푸코와 하버마스 … 비판이론-계보학을 비교분석"(《조선일보》. 1990.5.9.), "세계의 첨단사상: 미셸푸코의 계보학"(《경향신문》 1990.7.21.), "미셸푸코 저 성의역사: 인간 자유와 해방에 새 지평"(《경향신문》. 1990.9.30.).

20. 한상진은 박사학위 논문 "Discursive Method and Social Theory: Selectivity, Discourse and Crisis: A Contribution to a Reflexive Sociology Critical of Domination"에서 착안한 '언술검증'이라는 개념을 독립 논문들로 발표했다.(1979; 1997) 여기에는 윤평중과 유사한 과학철학에서 증명의 문제를 언어철학에 적용하고, 하버마스와 푸코가 이 점에서 유사하다는 논지 전개가 발견된다.

21. 순서대로. 「포스트 모더니즘과 한국사회」. 『사회비평』.1(1991a); 「사회구성체론과 사회계급론」. 서울대학교 사회학연구회 편. 『사회계층론: 이론과 실제』. 범문사(1991b); 「사회구성체와 언술구성체」. 『현대사회의 이해』. 민음사(1996).

22. "소장철학자"는 이진우의 단골 수식어였다. "인식론의 위기와 현대 철학의 방향"(《교수신문》. 1994.11.16.), "〈화제의 책〉 죽음 앞에 선 인간 등"(《연합뉴스》. 1997.4.8.), "〈책〉 녹색문학과 녹색사유"(《연합뉴스》. 1998.5.19.), "현실문제에 적용가능한 철학 길잡이 … '지상으로 내려온 철학'"(《한국경제》. 2000.4.12.).

23. 발표 순서대로 『마키아벨리 정치사상에 나타난 권력과 이성』(1987), 「아리스토텔레스의 정의론」(1990), 「정치적 판단력 비판: 아리스토텔레스와 칸트를 중심으로」(1991), 「탈이데올로기 시대의 지식인과 지성인: 플라톤 '동굴의 비유'의 정치철학적 고찰」(1991), 『허무주의의 정치철학. 니체에 의한 정치와 형이상학의 관계 재규정』(1992), 「시민사회와 사회국가: 헤겔의 사회계약론 비판」(1991), 「정치적 정의론: 칸트의 초월론적 법철학을 중심으로」(1992) 등이 출간되었다.

24. 「후설과 탈현대」. 『후설과 현대철학』. 서광사(1990); 「장 프라수아 료타르: 탈현대의 철학」. 『포스트모더니즘과 포스트구조주의』. 현암사(1991); 「포스트모더니즘의 철학적 이해』. 서광사; 「포스트모더니즘과 동양정신의 재발견」. 『문화비평』. 2(1992); 「포스트모던 사회와 인문학의 과제」. 『문학과사회』. 24(1993); 「현대의 철학적 에토스: 칸트의 계몽주의에 대한 푸코의 탈현대적 해석」. 『철

학연구』. 51(1993);『탈현대의 사회철학』. 문예출판사(1993);「포스트모던 시대의 문화와 권력: 노버트 엘리아스의 문명화이론을 중심으로』.『현상과 인식』. 60(1994).

25. 「담론이란 무엇인가?: 담론개념에 관한 학제간 연구』.『철학연구』. 56(1996);「말없는 자연은 윤리적 책임의 대상이 될 수 없는가: 하버마스의 담론이론과 환경위기』.『사회비평』. 15(1996);「급진민주주의의 규범적 토대: 법치국가에 관한 하버마스의 담론이론적 해석』. 이진우 편.『하버마스의 비판적 사회이론』. 문예출판사(1996).

26. "올 4월말 방한하는 위르겐 하버마스: 이성의 빛으로 역사의 불투명성 밝히는 철인"《교수신문》. 1996.1.29.).

27. 공식 출간된 책은 5권이었지만, 이밖에 방한 기간 나온 책으로는 한국사회학회에서 발간한 논문모음집『정보화 사회와 시민사회: 하버마스와의 대화』도 있었다. 그러나 이 책은 공식으로 출판되어 시중에 유통되지 않았고, 수록된 6편의 국내 학자 논문 중 4편이(양종회·이윤희, 심영희, 송호근, 박형준) 위 그림의 책들에 포함되어 발간됐다는 점에서 분석에서는 제외했다. 포함되지 않은 두 편의 글, 전태국의「하버마스의 사회이론: 비판적 평가」, 김성국의「한국 시민사회의 미래와 하버마스」두 편을 더하면 그림은 다소 커진다. 또한 이 책에서는 정확히 90년대 중반 글과 책을 발표한 학자들만 다루었기 때문에 하버마스 수용에서 적지 않은 역할을 수행한 서규환의 역할과 의미를 조명하지 못했고 위에는 포함됐지만 마찬가지로 중요 인물인 황태연의 역할도 분석하지 못했다는 점에서 불완전한 부분이 있다.

28. 이 그림을 포함, 지금까지 분석한 인물들이 각각 주류 제도권·비주류 변혁주의 학술운동권·그 사이의 신진 하버마스 연구자 그룹 중 어디에 포함되는지는 주로 그의 직위, 학술적 성향, 그리고 그가 활동한 학술공간을 중심으로 분류한 결과를 따랐다. 물론 이 세가지 기준이 완전히 일치할 수는 없으므로 한 인물이 세 그룹 중 어디에 속하는지에 관해서는 불명확한 부분이 있다. 그러나 이 문제는 사실 거시적으로 90년대에 이미 학술영역이 재일원화 되면서 주류-비주류 분류법의 의미가 희석되고 있었다는 사실로부터 기인한다. 실제로 한때 열렬한 학술운동 성원이었다가 이 시기 주류권으로 활동영역을 옮기는 인물(예를 들어 위 그림에서는 박형준)이 나타남은 이 문제를 잘 보여준다.

29. 이 책의 공식 편집자는 정호근이다. 그러나 이 책은 한국사회학회 특별 심포지움 "정보화 사회와 시민사회: 하버마스와의 대화"와『사회비평』지의 특집호 "이성적 사회의 기획, 그 논리와 윤리"에 수록된 글들을 중심으로 여기에 여타 사

회과학·철학자들의 글이 추가된 것이다. 그리고 이 모든 연결고리가 한상진이었으므로, 실질적인 책의 구성자는 그였다고 할 수 있다.

30. 그러한 사례는 4장에서 본 장춘익의 논의 정도가 거의 유일한 것이다. 여기에서 그는 하버마스에 대한 변혁주의 학자들의 비판점을 모두 재반론했는데, 이 과정에서 그는 이국배 등의 인물을 비판했지만 이는 '각주'에서 그 이름이 실명으로 등장하는 수준에서 이뤄졌다.

31. 예를 들어, 백종현은 원로 칸트−헤겔 연구자 최재희의 철학적 탐색 과정을 추적하면서, 그가 동양철학 탐색을 병행한 것에 관해, "서양철학을 공부하는 사람들 상당수가 그러했듯이 최재희도 독일 철학을 주해하면서 전통 동양철학 내지는 한국 철학 사조를 염두에 두었다"면서, 그가 칸트를 퇴계 이황과 연결지은 사례를 소개했다. 이처럼 국내 학자들에게 동양사상에 대한 기본적인 소양, 그리고 서양 철학과의 비교 등의 표현은 중요한 덕목 중 하나였다(백종현, 1996: 24~25).

32. "학술사랑방 철학과 대중의 만남 큰 인기"(《문화일보》, 1992.1.20.); "연세대 현대사상강좌 '유토피아는 사라졌는가'"(《교수신문》, 1995.11.6.); "학교 밖에서의 철학 … 생동하다"(《동아일보》, 1998.5.7.)

33. '학진체제'의 영향으로 인한 학계 내 논의의 실종에 대해서는 수많은 비판적 논의가 있어 왔다. 홍덕률(2004), 김원(2008), 김항·이혜령(2011: 77~79; 89~91; 178~179), 윤상철(2010) 등의 지적을 들 수 있다.

34. 이 문제에 대해서는 서두원(2001: 391~404), 임현진(2001: 418~427), 권태환·송호근(2001: 550~557), 김동노(2013: 25~30)를 참고하라.

35. 5권의 책에 참여한 37인의 국내학자 중 주류 교수 그룹으로 분류되는 인물들의 연구 관심의 변화 추이를 추적해 표로 정리했다. 자료 조사는 KRI에 공개된 정보를 바탕으로 해서 소속기관 홈페이지 프로필과 riss, 국립중앙도서관 조사 자료를 취합한 것이다(KRI정보가 비공개 상태인 송호근, 정보를 전혀 입력하지 않은 이연희의 경우 뒤의 세 채널만을 사용함). 학자들의 박사학위 취득 전후 연구경향을 1990년대 초반 항목란에 넣고, 이후 논문 실적과 저역서 실적 등을 종합해 1996년 이후에서 2000년 전후 시점까지 연구관심의 변화 과정으로 표현했다. 또한 학자들이 학내 보직과 운영위원으로 진출하는 경우, 학계 단체장으로 나아가는 경우, 교양 교과서 출판 지향의 경우, 언론계로 진출하는 경우, 정부기관이나 정치권에 개입하는 경우, 시민운동에 헌신하는 경우 등에 대한 정보를 취합해 마지막 경로란에 표기했다.

36. 이 표에서는 학자들의 2000년 전후 시기까지의 궤적만 표현되어 있기 때문에

이들의 딜레탕티즘 성향 또한 이 시기 안에서만 유의미한 판단이 될 수밖에 없음을 분명히 해 둔다. 실제로 큰 틀에서 보면 한자경의 경우 전공분야를 전환한 케이스에 가깝다고 할 수 있고, 일부 학자들은 연구 소재를 넓혔다는 점에서는 딜레탕티즘의 특성을 보여줌에도 특정 전공분야 안에서 상대적으로 집중된 학술 실천을 벌였던 것도 사실이다.

37. 이상 순서대로「미셸 푸코」,『현대 철학의 흐름』, 동녘(1996);「해체주의와 그 극복: 서양의 경우」,『철학연구소 제10차 심포지움 자료집』(1997);「탈현대의 정치철학: 자유주의와 민주주의에 대한 성찰」,『철학』, 56(1998);「'근대성'의 철학적 성찰」,『현대문학이론연구』, 10(1999a);「'이성과 역사'-푸꼬를 가로질러서」,『이성과 역사 학술대회』(1999b);「미셸푸코의 역사철학」,『라 쁠륌』, 16(2000);「자유주의를 위하여」,『비평』(1999c);「한국사회와 자유주의」,『비평』, 6(2002a);「찰스 테일러, 그의 철학을 말한다」,『철학과현실』, 55(2002b);「공동체주의 윤리 비판: 급진자유주의 관점에서」,『철학』, 76(2003);「급진자유주의의 정치철학」,『철학연구』, 71(2005).

38. "세계 3대 철학자 美(미)로티교수 방한 — 대담 金(김)동식 육사교수 '모든 인간사가 철학 모델'"(《동아일보》, 1996.12.10.); "한국 온 리쳐드 로티 교수 특강 잇따라 반합리주의 기치 자유주의 옹호"(《한겨레》, 1996.12.11.); "미국판 제3의 길 한국에"(《한겨레》.1999.10.28.); "공동체 자유 인정 때 참 자유 가능"(《동아일보》, 1999.10.27.).

39. 윤평중은 90년대 말~2000년대 초반 자신의 칼럼 기고문을 모아 두 차례 책으로 묶어내기도 했다(2001; 2004). 특히 두 번째 책에서 그가 2002~2004년 사이 기고한 칼럼의 숫자는 60여 편에 이른다.

40. 순서대로. 프리드리히 니체,『비극적 사유의 탄생』(1997);『니체 전집3: 유고(1870년-1873년)』(2001); 한나 아렌트,『인간의 조건』(1996); 칼 마르크스,『공산당선언』(2002); 한스 요나스,『책임의 원칙: 기술시대의 생태학적 윤리』(1994); 울리히 뵘,『철학의 오늘』(1999); 아놀드 하우저,『예술과 사회』(1997); 알레스데어 매킨타이어,『덕의 상실』(1997).

41. 《교수신문》은 2006년 2월 이진우의 번역에 문제가 많다는 한 학자들의 비판을 그대로 인용하면서 그의 "부지런함"에 대해 "전면적으로 [재]검토"가 이뤄질 필요가 있다고 실었다("이진우 교수 번역, 의미 파악 어려워" 2006.2.1.). 이에 대한 이진우의 반박은 다음 호에 바로 실렸다("어느 번역비평 기사에 대한 반론" 2006.2.7.).

42. 1997년부터 2005년까지 이진우가 발표한 22편의 논문에서 2000년을 전후한 시

기 인기 있었던 자유주의-공동체주의 논의에 개입한 것, 그리고 자신이 주로 관심을 두었던 니체와 포스트모더니즘 개념이 이따금씩 활용된 것을 제외하면, 사실상 아무런 맥락도 발견할 수 없다. 민주주의와 노동·불교와 도교·인문학과 생태학·하이데거와 데리다·사이보그와 아시아적 사유까지, 그의 관심은 2000년대를 전후한 인문사회과학자들이 흥미를 가진 거의 모든 주제를 향했다. 즉, 2000년대를 전후로 한 국내에서의 자유주의-공동체주의 논쟁 소개와 인기, 동양사상에의 주목, 디지털-정보사회론 등이 모두 이진우의 궤적에 영향을 준 흐름이었다. 그의 박사학위 전공인 니체로의 복귀는 2000년 탄생 100주년을 맞아 니체에 대한 재조명이 이뤄진 맥락에서였다. 한국연구자정보(KRIKRI)에 수록된 1997년~2005년 사이 이진우가 발표한 논문 목록은 다음과 같다.

2005. 06	하버마스의 담론윤리와 책임. 개별적 인간은 종(種)전체에 대한 책임이 있는가?	동서철학연구	한국동서철학회
2003. 02	니체와 아시아적 사유 2: 니체의 불교관을 중심으로	철학연구	대한철학회
2002. 12	독일철학, 비판적 사유인가 아니면 관념의 유회인가?	독일연구	한국독일사학회
2001. 09	글쓰기와 지우기의 해석학-데리다의 '문자론'과 니체의 '증후론'을 중심으로	니체연구	한국니체학회
2001. 08	사회비판 논리로서의 포스트모더니즘	철학연구	대한철학회
2001. 05	니체와 아시아적 사유	철학연구	철학연구회
2000. 06	멀티미디어 정보시대의 정신과 육체-사이보그의 인간학은 과연 가능한가	영상문화	영상문화학회
2000. 05	21세기와 허무주의의 도전	범한철학	범한철학회
2000. 05	민주적 공동체의 '관계적 이성' - 하버마스와 욀째를 중심으로	철학연구	철학연구회
2000. 02	계보학의 철학적 방법론 - 니체와 푸코를 중심으로	철학연구	대한철학회
1999. 12	영상 인문학은 가능한가 - 이미지의 '실재성'과 '초월성'을 중심으로	동서문화	계명대학교 인문과학 연구소
1999. 11	하이데거의 동양적 사유 - 도와 로고스의 철학적 대화	철학	한국철학회
1999. 08	자유의 한계 그리고 공동체주의	철학연구	철학연구회
1999. 07	안과 바깥 - 세계체제의 도전과 한국사상의 변형	국학의 세계화와 국제적 제휴	안동대학교 국학부 (집문당)
1999. 07	인간해방과 계몽의 변증법	철학연구	대한철학회
1998. 07	생태학적 상상력과 자연의 미학	현대 비평과 이론	한신문화사
1998. 07	노동 없는 시대의 인간소외	철학연구	고려대학교 철학연구소
1998. 07	공동체주의의 철학적 변형	철학연구	철학연구회
1998. 07	권력과 권리 - 이성정치를 위한 인간학적 기초	신학과 사상	카톨릭대학교 출판부
1998. 07	민주적 자본주의와 탈현대적 국가이념	철학과현실	철학문화연구소
1997. 07	Princip 'zivot' u tehnoloskom dobu	Filosifsja Istrazivanja	The Croatian Philosophical Society
1997. 07	아이러니와 비극적 사유 - 로티의 포스트니체주의는 과연 니체를 극복하였는가	로티와 사회와 문화 (과학사상연구회)	철학과현실사

43. 《오마이뉴스》. 2004.6.25. "계명대 새 총장 이진우씨 선임 … 교수협 반발."

44. 이상 한상진의 90년대 후반~2000년대 초반 저술 목록은 kri.go.kr에 수록된 것들 사용했다. 분량이 방대하여 이곳에 구체적인 목록 수록은 생략했다.

45. 순서대로, 「열린 공동체주의를 향하여」.『철학연구』. 55(2001);「공동체란 무엇인가」. 이학사(2002);「정보화시대의 삶과 규범」.『철학』. 56(1998);「지식기반사회의 인문사회과학분야 지식유형에 관한 담론」.『한국문헌정보학회지』. 36(3)(2002);「정보화 시대의 지식과 정보」.『사회와철학』. 8(2004);「독일통일 후 인문학의 위상정립에 관한 연구」.『국제지역연구』. 7(4)(1999);「세계화와 보편윤리」.『사회와철학』. 1(1)(2001);「동아시아 공동체의 가능성 모색」.『동아시아사상과민주주의』(1993);「아시아적 가치 논쟁 재론」.『사회와철학』. 9(2005);「역사적 현실과 사회철학: 신남철을 중심으로」.『동방학지』. 112(2001);「철학자와 사회적 현실」.『사회와철학』. 4(2002).

46. 「생태철학 – 과학과 실천 사이의 지적 상상력」.『인문학연구』. 6(1998);「생태문제와 인문학적 상상력」. 나남(1999);「하이데거의 헤겔, 헤겔로부터 본 하이데거」.『인문학연구』. 5(1998);「디지털 환경은 공정이용fair use을 무효화하는가: 디지털 환경에서의 저작권(2001)」;「21세기 도전과 희망의 철학」. 철학과현실사(1999);「형식적 평등, 실질적 평등, 도덕적 평등」.『시대와철학』. 18(3)(2007);「젠더연구」. 나남출판사(2002).

47. 송호근 외,『시원으로의 회귀』. 나남출판사(1999); 송상용 외,『생태문제와 인문학적 상상력』.; 한국철학회,『21세기의 도전과 희망의 철학』. 철학과현실사(2001)

48. 「기조발표: 바람직한 의사 소통은 무엇이며 왜 필요한가?」.『교육이론과 실천』. 12(1): 2002.

49. 「남북한에서 서양철학 수용의 역사」.『철학연구』. 60(1997);「남북대립의 극복과 문화적 통일을 위해 철학계는 무엇을 어떻게 할 것인가?」.『문명의 전환과 한국문화(철학 별책 3권)』(1997);「사회구성체 논쟁과 철학적 담론의 변화」.『6월민주항쟁과 한국사회 10년(2)』. 당대(1997);「한국에서의 맑시즘 수용: 일제시대부터 1950년대까지」. *Korea Journal*. 39(1)(1999);「Shin Nam-chol's Adoption of Marxist Philosopy and Its Korean Characteristics」. *Korea Journal*. 40(2)(2000);「민족공동체 개념에 대한 연구」.『한국과 국제정치』. 16(2000);「열암의 초기 '철학함'의 특징」.『열암 박종홍 철학 논고 2』. 현실과 창조(2001);「김지하의 생명사상과 유토피아 의식」.『시대와철학』. 12(1)(2001);「근대적 학문체계의 성립과 서양철학수용의 특징」.『한국문화연구』. 3(2003);「철학원전 번역을 통해 본 우리의 근현대」.『시대와철학』. 15(2)(2004).

50. 「주체사상의 '변용 왜곡구조' 분석 및 변화가능성 전망」, 『북한조사연구』, 2(2)(1998); 「인간중심철학과 주체사상 비교」, 『북한조사연구』, 3(2)(2000); 「민족통일과 북한철학연구의 의미」, 『인문학연구』, 4(2000); 「인간중심철학: 주체사상에 대한 '내재적 비판'의 척도」, 『통일정책연구』, 9(2000); 「맑스주의 철학의 창조적 지양: 인간중심철학」, 『북한조사연구』, 5(1)(2001); 「인간중심철학의 철학적 기초」, 『철학』, 69(2001); 「민족통합 시대의 북한철학 −주체철학의 두 판본을 중심으로」, 『초등교육연구』, 12(2002); 「실천적 활동의 주체로서 '인간'을 내세운 자생적인 비판적 사회철학」, 『에머지』, 32(2002); 「평화 통일 시대의 '주체사상'의 의미와 역할」, 『21세기 한반도 어디로 갈 것인가』(2002); 「대북정책 및 민족통합의 성공적 완수를 위한 핵심 과제: 남한 내·남북한 간 이념적 통합」, 『청주교대 논문집』, 20(2003); 「남북한 사회체제의 '가족 내 의사소통 구조'의 양상 비교」, 『동서철학연구』, 29(2003).

51. 「시민사회의 비판적 잠재력 − '생활세계'의 민주적 차원에 대한 검토」, 『철학』, 64(2000); 「민주주의와 사회비판−하버마스의 민주주의이론적 비판사회이론 기획을 통해 본 민주주의의 의미」, 『문예미학』, 8(2001); 「포위된 민주주의, 시민사회의 우회: 하버마스의 시민사회모델과 그 한국적 적실성에 대한 소고」, 참여사회연구소(2003).

52. 「전통의 도덕적 메타모포시스 − 한국 시민사회의 '문화적 민족주의'에 대한 규범적 반성」, 『대학논문집』 27(1999); 「문화적 차이와 인권: 동아시아의 맥락에서」, 『철학연구』, 49(2000); 「인권과 민주적 연대성: 유가 전통과 자유주의−공동체주의 논쟁」, 『시대와철학』, 13(1)(2002); 「인권의 보편주의는 추상적 보편주의인가: 비판에 대한 응답」, 『사회와철학』, 5(2003); 「관용: 분열사회의 치유를 위한 쉽고도 어려운 처방」, 『철학과현실』(2004); 「대학인을 위한 논술: 이론편』(2002); 『대학인을 위한 논술: 실전편』(2002).

53. 대략 시간 순서대로 꼽아도 다음과 같은 수많은 논의들이 전개되어 왔다. 박영신(1992), 조혜정(1995), 김동춘(1998), 김영민(1998), 강준만(2000), 강수택(2001), 이상주(2001), 학술단체협의회(2003), 강정인(2004), 김경만(2004; 2005; 2015; 2016), 김경일 외(2006), 신정완 외(2006), 강수돌(2010), 정태석(2010; 2016), 윤상철(2010), 천정환(2010), 선내규(2010), 김현준·김동일(2011), 김우식(2014), 김문조(2015), 나종석(2018), 이기홍(2019).

54. 자연과학은 물론 경제학이나 심리학 등 자율성이 높은 사회과학 학술장이 사회에서 '문제를 해결해 줄 것으로 믿어지는' 상징폭력이 가능하다는 점을 분석한 연구로 민병교(Min, 2010)를 참고할 것.

참고문헌*

국내문헌

강내희. 2013. 「혁명사상 전통 계승으로서의 1990년대 한국의 문화연구」.
  『문화과학』. 2(2). pp. 3~35.
강동호. 2018. 「반시대적 고찰: 1980년대 문학과지성과 우리세대의 문학」.
  『상허학보』. 52호. pp. 9~59.
강수돌. 2010. 「인적자원 개발과 학문의 식민화」. 『역사비평』. 2010 여름호.
  pp. 43~73.
강수택. 2001. 『다시 지식인을 묻는다: 현대 지식인론의 흐름과 시민적 지
  식인 상의 모색』. 삼인.
강순원. 1990. 「1980년대 교육정책의 회고와 전망」. 『중등우리교육』. 3월호.
  pp. 21~26.

---

* 참고문헌 목록은 참고문헌에서 인용하고자 하는 내용을 구체적으로 발췌하거나
  지목해 사용한 경우에만 수록했고, 단순히 제목과 내용에 대한 언급인 경우에는
  주석에 저자명/제목/발행기관/년도 순으로 기재함.

강영계. 1983.「푸랑크푸르트학파의 전개: 하버마스의 인식과 관심을 중심으로」.『현대이념연구』. 1호. pp. 65~75.

강정인. 2004.『서구중심주의를 넘어서』. 아카넷.

강준만. 2000.『한국 지식인의 주류 콤플렉스』. 개마고원.

경제와사회 편집위원회. 1988.「책을 내면서」.『경제와사회』. 1. pp. 7~10.

권용혁. 1996a.「하버마스와 한국」. 이진우 편.『하버마스의 비판적 사회이론』. 문예출판사. pp. 271~293.

_____. 1996b.「사회철학과 현실: 하버마스의 사회이론의 한국사회 적용 가능성과 그 한계」.『철학』. 49. pp. 349~374.

_____. 1997[1996c].「하버마스와 새로운 사회운동」. 정호근 편.『이성적 사회의 기획 그 논리와 윤리』. 나남. pp. 335~356.

_____. 2001.「책을 펴내며」.『사회와철학』. 2. pp. 5~7.

_____. 2002a.「책을 내면서」.『사회와철학』. 4. pp. 7~11.

_____. 2002b.「의사소통적 합리성과 규범: 사회적 연대의 비판적 기준 모색」.『사회와철학』. 3. pp. 81~115.

_____. 2002c.「이성과 합리성」.『철학연구』. 57. pp. 213~235.

_____. 2004.『철학과 현실: 실천철학II』. 울산대학교 출판부.

권태환·송호근. 2001.「신사회운동과 정치: 정치세력화의 요인과 쟁점」. 권태환 외 편.『신사회운동의 사회학: 세계적 추세와 한국』. 서울대학교출판부. pp. 537~558.

금인숙. 1999.「억압적 정권에 도전한 지식인: 80년대 진보적 학술운동에 대한 사회학적 분석」.『경제와사회』. 제41호. pp. 208~236.

김경동. 1983.『현대사회학의 쟁점: 메타사회학적 접근』. 박영사.

김경만. 2004.『과학지식과 사회이론』. 한길사.

_____. 2005.『담론과 해방』. 궁리.

_____. 2007.「독자적 한국 사회과학, 어떻게 가능한가?: 몇 가지 전략들」.『사회과학연구』. 15(2). pp. 48~92.

_____. 2008.「사회과학에 대한 부르디외의 성찰적 과학사회학: 성과와 한계」.『사회과학연구』. 16(2). pp. 42~74.

_____. 2015a.『글로벌 지식장과 상징폭력: 한국 사회과학에 대한 비판적 성찰』. 문학동네.

_____. 2015b.『진리와 문화변동의 정치학: 하버마스와 로티의 논쟁』. 아카넷.

김경일 외. 2006.『우리안의 보편성: 학문 주체화의 새로운 모색』. 한울.

김동노. 2013.「한국의 사회운동과 국가」. 김동노 외.『한국사회의 사회운동』. 다산출판사. pp. 4~35.

김동춘. 1989.「학술운동의 현황과 전망」.『현상과 인식』. 12(4). pp. 89~106.

_____. 1997a.「1980년대 민주변혁운동의 성장과 그 성격」. 백낙청 외.『6월 민주항쟁과 한국사회 10년 I』. 당대.

_____. 1997b.『한국 사회과학의 새로운 모색』. 창작과비평사.

_____. 1998.「한국의 지식인들은 왜 오늘의 위기를 읽지 못했는가」.『경제와사회』. 37. pp. 160~178.

_____. 2017.『사회학자, 시대에 응답하다: 김동춘의 한국사회 비평』. 돌베개.

김동춘 외. 2013.「경제와 사회 25년의 회고와 전망」.『경제와사회』. 100. pp. 11~44.

김문조. 2015.「기조발표문: 복합전환 시대의 한국 사회학」. 조대엽·신광영 외.『한국 사회학의 미래: 사회학의 위기진단과 미래전망』. 나남.

김병익·염무웅·백영서. 2014.「『창작과비평』,『문학과지성』을 말한다: 김병익, 염무웅 초청 대담」.『동방학지』제165집. pp. 261~297.

김봉석. 2017.「한국사회학에 대한 번역사회학적 연구 시론」.『문화와 사회』. 24. pp. 219−288.

김석수. 2008.『한국현대실천철학: 박종홍에서 아우토노미즘까지』. 돌베개.

김성은. 2015.「한국 사회과학의 전문화와 대중화」. 서울대학교 사회학과 박사학위논문.

김영기. 2006.「저자 인용 분석을 통한 한국 사회학의 국내문헌 의존도와 국외문헌 의존도 분석: 탈식민성 담론과 관련하여」.『한국도서관 정보학회지』. 37(4). pp. 91~110.

김영민. 1998. 『탈식민성과 우리 인문학의 글쓰기』. 민음사.

김용일. 1996. 「하버마스의 비판적 해석학」. 이진우 편. 『하버마스의 비판적 사회이론』. 문예출판사. pp. 21~54.

김우식. 2014. 「한국 사회학의 위기의 원인과 처방에 대한 이론적 논의」. 『사회와 이론』. 25. pp. 331~362.

김 원. 2008. 「1987년 이후 진보적 지식생산의 변화: 진보적 지식공동체를 중심으로」. 『경제와사회』. 봄호. pp. 33~57.

_____. 2011. 『잊혀진 것들에 대한 기억: 1980년대 대학의 하위문화와 대중정치』. 개정판. 이매진.

_____. 2012. 「1970년대 『창작과비평』 지식인 집단의 이념적 계보와 민족문학론」. 『역사와 문화』. 24호. pp. 31~73.

김위성. 1976. 「인식이론에 있어서 자기반성의 문제: 하버마스의 '인식과 관심'을 중심으로」. 『논문집』. 17. pp. 114~126.

김재웅. 1996. 「1980년대 교육개혁의 정치적 의미와 교육적 의미: 졸업정원제와 과외금지 정책을 중심으로」. 『교육정치학 연구』. 제3집 제1호. pp. 42~69.

김재현. 1993. 「하버마스의 『인식과 관심』에 나타난 해방의 문제」. 차인석 외. 『사회철학대계 III』. 민음사. pp. 135~62.

_____. 1995. 「하버마스의 해방론 연구」. 서울대학교 철학과 박사학위논문.

_____. 1996a. 「하버마스에서 공론영역의 양면성」. 이진우 편. 『하버마스의 비판적 사회이론』. 문예출판사. pp. 119~150.

_____. 1996b. 「하버마스 사상의 형성과 발전」. 장춘익 편. 『하버마스의 사상: 주요 주제와 쟁점들』. 나남. pp. 19~64.

_____. 1997a. 「하버마스의 맑스 비판과 후기 자본주의론」. 정호근 편. 『이성적 사회의 기획 그 논리와 윤리』. 나남. pp. 243~266.

_____. 1998a. 「하버마스에서 모더니티의 기획과 포스트모더니즘 비판」. 『인문논총』. 10. pp. 25~39.

_____. 1998b. 「정보사회론과 하버마스의 공론영역」. 백종현 외. 『사회철

학대계 Ⅳ』. 민음사. pp. 201~226.

_____. 2002. 『한국 사회철학의 수용과 전개』. 동녘.

_____. 2015. 『한국 근현대 사회철학의 모색』. 경남대학교 출판부.

김진균. 1997. 『한국의 사회현실과 학문의 과제』. 문화과학사.

_____. 1999. 「1980년대: '위대한 각성'과 새로운 주체 형성의 시대」. 이해영 편. 『1980년대 혁명의 시대』. 새로운세상. pp. 11~24.

김창호. 1996. 「하버마스의 체계와 생활세계: 이원적 전략의 이론적 의의」. 장춘익 외. 『하버마스의 사상: 주요 주제와 쟁점들』. 나남. pp. 177~201.

김항·이혜령. 2011. 『인터뷰: 한국 인문학 지각변동』. 그린비.

김현준·김동일. 2011. 「부르디외의 성찰적 사회학과 순수성의 정치: 사회학장의 자율성과 사회적 참여를 위한 사회학자의 이중적 상징투쟁」. 『사회과학연구』. 19(2). pp. 38~75).

김호기. 1992. 「포스트 맑스주의와 신사회운동」. 『경제와사회』. 14. pp. 116~143.

_____. 1993. 「한국 비판사회학의 회고와 전망」. 『사회비평』. 제10호. pp. 72~101.

나종석. 2010a. 「학회를 통해 본 공공성과 학문성의 결합 가능성: 한국 사회와철학연구회를 중심으로」. 『동방학지』. 149. pp. 201~243.

_____. 2010b. 「한국사회와철학연구회」. 한국철학회. 『철학 100집 출간 기념-한국철학의 회고와 전망』. 철학과현실사. pp. 287~306.

_____. 2011. 「90년대 한국에서의 포스트모더니즘 수용사 연구: 학제적 주제의 사회인문학적 탐색 시도」. 『동방학지』. 120. pp. 83~107.

_____. 2018. 「사회인문학의 이중적 성찰: 대동민주 유학의 관점에서」. 『사회와철학』. 35. pp. 91~124.

남신동·류방란. 2017. 「대학졸업정원제도(1981~1987)의 구상과 폐지에 대한 구술사 연구」. 『교육사학연구』. 제27집 제2호. pp. 37~71.

문학과사회연구소. 1983. 「머릿말」. J. Habermas. 『후기자본주의 정당성연구』. 청하.

민병교. 2007. 「비판이론의 딜레마」. 서강대학교 사회학과 석사학위논문.

_____ (Min, Byoung-Kyo). 2010. "Should Sociologists Be Reflexive? : A Reflexive Critique on Bourdieu's Reflexive Sociology and a Suggestion of the Bridging Institutions". *Korean Journal of Sociology*. 44(6). pp. 1~21.

박영균. 2009. 「철학 없는 시대 또는 시대 없는 철학」. 『시대와철학』. 20(3). pp. 143~212.

박영도. 1992. 「비판의 위기와 위기의 변증법: 회귀도 탈출도 아닌 새로운 길을 찾아」. 『사회평론』. 7. pp. 168~185.

_____. 1996a. 「하버마스의 후기자본주의 사회론: 그 통찰과 맹점」. 장춘익 편. 『하버마스의 사상: 주요 주제와 쟁점들』. 나남. pp. 202~230.

_____. 1996b. "Insights and Defficiency of Habermas's Discursive Grammer of Critique: For a Stronger Dialectic of Critique". in S.J. Han. (eds). *Habermas and the Korean Debate*. Seoul: Seoul National University Press.

_____. 1997. 「하버마스에서 주체중심적 사유의 지양과 언술변증법」. 정호근 편. 『이성적 사회의 기획 그 논리와 윤리』. 나남. pp. 55~88.

_____. 2011a. 「한상진의 사회이론과 성찰적 비판문법」. 『사회와이론』. 18. pp. 45~76.

_____. 2011b. 『비판의 변증법: 성찰적 비판문법과 그 역사』. 새물결.

박영신. 1992. 『사회학 이론과 현실 인식』. 민영사.

박정하. 1993. 「서평: 『프랑크푸르트학파의 사회비판이론』」. 『시대와철학』. 4(2). pp. 257~262.

방정배. 1982. 「사회연구 방법론과 비판이론적 시각: 하버마스의 진리탐구 방법론을 중심으로」. 『사회과학』. pp. 85~115.

백낙청. 1996. 「독일과 한반도의 통일에 관한 하버마스의 견해」. 한상진 편. 『현대성의 새로운 지평: 하버마스 한국방문 7강의』. 나남. pp. 253~268.

백승균. 1983. 「하버마스의 철학 형성과 진리 이념」. 『현상과 인식』. 7(3). pp. 117~147.

백종현. 1996. 「[독일철학의 유입과 그 평가] I. 독일 이상주의 철학의 수용과 전개(1960~1980)」. 『철학사상』. 6. pp. 1~27.

_____. 1997. 「독일철학 수용과 한국의 철학(1980/90년대)」. 『철학사상』. 7. pp. 1~50.

_____. 1998. 「20세기 한국 사회와 사회철학 그리고 그 과제」. 백종현 외. 『사회철학대계V』. 민음사.

서규환. 1991. 「리오따르와 하버마스의 논쟁에 대하여」. 정정호·강내희 편. 『포스트모더니즘의 쟁점』. 도서출판 터. pp. 121~168.

서도식. 1997. 「하버마스 사회 이론에서 사물화 문제」. 『철학』. 51. pp. 273-320.

서두원. 2001. 「신사회운동의 제도화와 민주주의의 발전」. 권태환 외 편. 『신사회운동의 사회학: 세계적 추세와 한국』. 서울대학교출판부. pp. 371~406.

선내규. 2010. 「한국사회학장의 낮은 자율성과 한국 사회학자들의 역할 정체성 혼란」. 『사회과학연구』. 18(2). pp. 126~177.

선우현. 1995. 「하버마스의 '합리성이론'에 대한 비판적 연구: 개념분석적 전략과 사회이론적 전략의 상충을 중심으로」. 『철학논구』. 22. pp. 59~92.

_____. 1996a. 「진보와 보수의 공존: 하버마스 진보관의 의의와 한계」. 『시대와철학』. 7(1). pp. 33~57.

_____. 1996b. 「노동 패러다임과 상호작용 패러다임의 상호보완성」. 『철학』. 46. pp. 233~260.

_____. 1996c. 「근대성에 대한 반성적 통찰: 베버와 하버마스의 시대진단 비교」. 장춘익 편. 『하버마스의 사상: 주요 주제와 쟁점들』. 나남. pp. 377~408.

_____. 1997. 「비판적 사회이론으로서 권력-지식론 그 성립가능성에 대한 비판적 탐구」. 『철학』. 50. pp. 321-348.

_____. 1998a. 「대안적 사회이론 모델로서 합리성이론」. 『철학연구』. 43. pp. 371~394.

_____. 1998b. 「생태학적 위기와 비판적 사회이론의 역할」. 백종현 외. 『사회철학대계 IV』. 민음사.

_____. 1999. 『사회비판과 정치적 실천』. 백의.

_____. 2002. 『위기시대의 사회철학: 대안적 사회철학의 모색』. 울력.

손호철 외. 1998. 『한국 좌파의 목소리: 현대사상 특별증간호』. 민음사.

송기정. 2017. 「왜곡과 해석: 롤랑 바르트는 어떻게 학문적 정당성을 얻게 되었나?」 서강대학교 사회학과 석사학위논문.

송호근. 1991. 「사회과학의 경영학: 얻음과 잃음의 선택」. 『문학과 사회』. 4(3). pp. 1135~1149.

_____. 2013. 「학문 후진성에 대한 지성사적 고찰: 사회학 혹은 사회과학의 역사적 굴레와 출구」. 일송기념사업회 편. 『한국 인문·사회과학 연구 이대로 좋은가』. 푸른역사. pp. 89~132.

송호근 외. 1996. 「하버마스: 이성적 사회의 기획, 그 논리와 윤리 — 좌담 하버마스의 비판적 독해」. 『사회비평』. 15. pp. 238~293.

신용하. 1994. 「'독창적 한국사회학'의 발전을 위한 제언」. 한국사회학회 편. 『21세기의 한국 사회학』. 문학과지성사. pp. 39~66.

신정완 외. 2006. 『우리 안의 보편성』. 한울.

심성보. 1990. 「몸살앓는 사회과학 출판업계」. 『월간 말』. pp. 198~201.

심영희. 1979. 「비판이론의 사회학적 의미: 하버마스의 왜곡된 의사소통의 이론을 중심으로」. 『현상과 인식』. 3(3). pp. 105~121.

심윤종. 1984. 「하버마스의 언어철학적 사회분석에 관한 연구」. 『사회과학』. pp. 79~99.

양운덕. 1996. 「근대성과 계몽에 대한 상이한 해석: 하버마스와 푸코」. 장춘익 외. 『하버마스의 사상: 주요 주제와 쟁점들』. 나남. pp. 281~376.

양은경. 2006. 『한국 문화연구의 형성』. 한국학술정보.

오수연. 1991. 「대학원 강의실의 보혁구도」. 『월간 말』. 55호. pp. 204~207.

유팔무. 2017. 『사회학으로 세상 보기: 한국 사회의 현재와 미래』. 한울.

윤상철. 2010. 「한국의 비판사회학 1998~2008」. 『경제와사회』. 2010 봄호(통권 85호). pp. 121~151.

윤평중. 1992b. 「하버마스와 탈현대 논쟁의 철학적 조망」. 『철학과현상학연구』. 1992년 8월호. pp. 195~218.

_____. 1993a. 「형식주의적 실천철학의 의미와 한계: 칸트와 하버마스」. 『철학연구』. 51. pp. 33~49.

_____. 1996a. 「담화이론의 사회철학」. 『철학』. 46. pp. 261~282.

_____. 1997[1990]. 『푸코와 하버마스를 넘어서: 합리성과 사회비판』. 교보문고.

_____. 2001. 『논쟁과 담론: 담론이론의 사회철학과 급진민주주의에 대한 한 철학적 기획』. 생각의나무.

_____. 2002b. 「특별대담: 찰스 테일러, 그의 철학을 말한다」. 『철학과현실』. 2002년 12월호. pp. 144~160.

_____. 2004. 『윤평중 사회평론집: 이성만이 우리를 구원한다』. 생각의나무.

_____. 2009. 『급진자유주의 정치철학』. 아카넷.

윤형식. 1995. 「맑스-레닌주의, 정통주의의 시대」. 김수행 외. 『1980년대 이후 한국의 맑스주의 연구』. 과학과사상. pp. 9~74.

이구슬. 1993. 「철학적 해석학과 이데올로기 비판」. 차인석 외. 『사회철학대계 III』. 민음사. pp. 163~203.

이국배. 1991. 「특집 전환기의 역사유물론: 하버마스에게 마르크스주의는 무엇인가?」. 『시대와철학』. 2(2). pp. 77~95.

이규호. 1969. 「Jürgen Habermas : Erkenntnis and Interesse, Suhrkamp Verlag, Frankfurt am Main, 1968」. 『철학』. 3. pp. 126~129.

_____. 1976. 「후기자본주의사회의 제문제: 하버마스의 철학에 나타난」. 『윤리논구』. 5(1). pp. 39~53.

이기현. 1997. 「하버마스와 프랑스 후기구조주의」. 정호근 편. 『이성적 사회의 기획 그 논리와 윤리』. 나남. pp. 165~184.

이기홍. 1994. 「진보적 사회학의 위상과 과제」. 한국산업사회연구회 편. 『현대한국 인문사회과학 연구사』. 한울아카데미. pp. 42~59.

_____. 2008. 「사회과학에서 생산성 그리고 구상과 실행의 분리」. 『경제와 사회』. 2008년 봄호. pp. 10~31.

_____. 2019. 「이론 연구는 왜 필요한가?」 김경만의 『글로벌 지식장과 상 징폭력』 비판」. 『경제와사회』. 124호. pp. 79~126.

이상길. 2018. 『아틀라스의 발: 포스트식민 상황에서 부르디외 읽기』. 문학 과지성사.

_____. 2010. 「외국이론 읽기/쓰기의 탈식민적 전략은 어떻게 가능한가?: 부르디외로부터의 성찰」. 『커뮤니케이션이론』. 6(2). pp.

_____. 2011. 「학술번역과 지식수용, 혹은 '이론은 어떻게 여행하는가?'」. 『언론과사회』. 19(4). pp. 232-289.

이상주. 2001. 「인문, 사회과학의 위기와 한국학의 전망」. 『정신문화연구』. 24(3). pp. 301~314.

이상호. 1996. 「생태계 위기와 의사소통 합리성」. 장춘익 편. 『하버마스의 사상: 주요 주제와 쟁점들』. 나남. pp. 441~465.

이승환. 1999. 「황색 피부, 하얀 가면: 철학의 식민화」. 『역사비평』. 46.

이시윤. 2011. 「하버마스 대화이론의 자연주의적 오류와 동기부여 문제」. 서강대학교 사회학과 석사학위논문.

이신행. 1997. 「하버마스의 '공공권역', 1987년의 정치변동, 그리고 새로운 정당성의 형성」. 정호근 편. 『이성적 사회의 기획 그 논리와 윤리』. 나남. pp. 305~334.

이용주 · 허재영. 1997. 「이론지형의 변화: 마르크스주의의 위기와 탈근대적 문제설정」. 『한국논단』 101. pp. 66~69.

이재열 · 정진성. 1994. 「21세기를 대비하는 한국 사회학 교육의 과제」. 한국 사회학회 편. 『21세기의 한국 사회학』. pp. 39~66.

이정은. 2009. 「사회변혁을 위한 철학적 논의들: 『시대와철학』(제1호~제20권 1호)의 서양 철학을 중심으로」. 『시대와철학』. 20(3). pp. 73~142.

이정호. 1992. 「흔들리지 말고 바닥부터 다시」. 『시대와철학』. 3. pp. 241~253.

이진경. 2008[1987]. 『사회구성체론과 사회과학 방법론』. 증보개정판. 그린비.

이진우. 1993a. 『탈현대의 사회철학』. 문예출판사.

_____. 1993b. 『탈이데올로기 시대의 정치철학』. 문예출판사.

_____. 1993c. 「위르겐 하버마스: 비판적 이론과 담론적 실천」. 『독일학지』. 11.

_____. 1995. 「하버마스는 과연 주체철학을 극복하였는가」. 『철학논총』. 11.

_____. 1996. 「들어가는 말」. 『하버마스의 비판적 사회이론』. 문예출판사. pp. 7~20.

_____. 1999. 「자유의 한계 그리고 공동체주의」. 『철학연구회 학술발표논문집』. 1999년 6월. pp. 84~100.

_____. 2000. 「민주적 공동체의 '관계적 이성': 하버마스와 월쩌를 중심으로」. 『철학연구』. 49. pp. 133~154.

이진우 편. 1996. 『하버마스의 비판적 사회이론』. 문예출판사.

이해영. 1999. 「사상사로서의 1980년대: 우리에게 1980년대란 무엇인가」. 이해영 편. 『1980년대 혁명의 시대』. 새로운세상.

이홍균. 1997. 「하버마스의 이론적 전략: 의사소통행위이론으로의 패러다임 전환에 대하여」. 정호근 편. 『이성적 사회의 기획 그 논리와 윤리』. 나남. pp. 141~163.

임영일. 1988. 「사회학 연구의 동향과 과제」. 학술단체연합 심포지움 준비위원회 편. 『한국인문사회과학의 현단계와 전망』. 역사비평사. pp. 113~135.

임재진. 1983. 「옮긴이의 말」. J. Habermas. 임재진 역. 『후기 자본주의 정당성 문제』. 종로서적. pp. 171~172.

임헌영. 1997. 「진보적 학술문화운동의 산실. 『창작과비평』」. 『역사비평』. 1997년 5월호. pp. 315~325.

임현진. 2001. 「사회운동의 정치세력화는 가능한가?: 국제 경험에 비춘 한국의 현실과 전망」. 권태환 외 편. 『신사회운동의 사회학: 세계적 추세와 한국』. 서울대학교출판부. pp. 407~436.

장은주. 1993a. 「우리시대의 '포스트증후군'과 그 철학적 자기의식(윤평중. 『포스트모더니즘의 철학과 포스트마르크스주의」 서평)」.『시대와철학』. 4. pp. 291~301.

_____. 1993b.「하버마스의 생산 패러다임 비판과 비판사회이론의 새로운 정초」. 차인석 외.『사회철학대계 III』. 민음사. pp. 204~240.

장춘익. 1993.「사회철학의 위기, 위기의 사회철학」. 차인석 외.『사회철학 대계III』. 민음사. pp. 241~258.

_____. 1994a.「역사유물론과 역사유물론의 재구성: 마르크스와 하버마스 를 비교하는 한 관점」.『시대와철학』. 5(1). pp. 67~85.

_____. 1994b.「하버마스: 비판적 사회이론의 정립과 정치적 실천의 회복 을 위한 노력」.『사회비평』. 11. pp. 279~302.

_____. 1996.「하버마스의 근대성이론: 진보적 실천의 가능성과 한계에 관 한 모색」. 장춘익 편.『하버마스의 사상: 주요 주제와 쟁점들』. 나남. pp. 259~ 280.

_____. 1997.「법과 실천적 합리성: 하버마스의 법 대화이론」. 정호근 편. 『이성적 사회의 기획 그 논리와 윤리』. 나남. pp. 219~242.

_____. 1998a.「신뢰와 합리성」. 백종현 외.『사회철학대계 IV』. 민음사. pp. 105~132.

_____. 1998b.「동의와 당위」. 홍윤기 편.『철학의 변혁을 향하여: 아펠 철 학의 쟁점』. 철학과현실사. pp. 283~321.

장춘익 편. 1996.『하버마스의 사상: 주요 주제와 쟁점들』. 나남.

정민우. 2013.「지식 장의 구조변동과 대학원생의 계보학, 1980~2012」.『문 화와사회』. 제15권. pp. 7~76.

정성기. 2002.『탈분단의 정치경제학과 사회구성: 사회구성체 논쟁의 부활 과 전진을 위하여』. 한울아카데미.

정수복. 2022.『한국 사회학의 지성사2: 아카데믹 사회학의 계보학』. 푸른 역사.

정일준. 1991.「해방 이후 문화제국주의와 미국유학생」.『역사비평』. 17호. pp. 130~142.

정준영. 2014.「서평: 사회과학적 사고의 가치에 대한 세 개의 변주: 노명우, 『세상물정의 사회학』(사계절, 2013), 정태석, 『행복의 사회학』(책읽는수요일, 2013), 전상인, 『편의점 사회학』(민음사, 2014)」. 『경제와사회』. 102호. pp. 249~255).

정태석. 2010. 「사회학의 위기 논쟁과 비판사회학의 대응」. 『경제와사회』. 2010 겨울호. pp. 94~119.

_____. 2016. 「글로벌 지식장 논쟁과 사회(과)학의 의미: 무엇을 위한 지식인가?」. 『경제와사회』. 110. pp. 411~417.

정호근. 1995. 「근대성의 변증법과 비판적 이성의 기능 및 가능성: 위르겐 하버마스의 의사소통행위 이론의 비판적 검토」. 『철학』. 43. pp. 389-416.

_____. 1996. 「의사소통적 합리성과 권력 그리고 사회구성」. 장춘익 편. 『하버마스의 사상: 주요 주제와 쟁점들』. 나남. pp. 123-145.

정호근 외. 1997. 『하버마스: 이성적 사회의 기획, 그 논리와 윤리』. 나남.

조상호. 1997. 「1970년대 해직언론인의 언론적 기능으로서의 출판활동에 관한 연구」. 『한국언론학보』. 42(1). pp. 274~314.

조연정. 2015. 「세속화하는 지성: 문학과지성의 지성 담론에 대한 재고」. 『한국현대문학연구』. 45호. pp. 313~354.

조혜정. 1995. 『탈식민지 시대 지식인의 글 읽기와 삶 읽기』. 증보판. 또하나의문화.

조희연. 1999. 『한국의 민주주의와 사회운동: 비판, 실천담론의 복원과 재구성을 위하여』. 당대.

조희연 외. 1997. 「특집 좌담: 진보운동과 진보적 지식인운동의 선 자리, 갈길」. 『경제와사회』. 36. pp. 8~38.

주일선. 2010. 「예술의 종말 혹은 딜레탕트의 비극: 『빌헬름 마이스터의 수업시대』에 그려진 예술가의 죽음의 의미」. 『유럽사회문화』. 제4호. pp. 61~82.

지주형. 2010. 「영국 사회학의 사회학: 탈분과적 접근과 한국 사회학에 대한 교훈」. 『경제와사회』. 2010 겨울호(88). pp. 120~154.

진태원. 2012. 「푸코에 대한 연구에서 푸코적인 연구로: 한국에서 푸코 저작의 번역과 연구 현황」. 『역사비평』. 99호. pp. 409~429.

천정환. 2010. 「신자유주의 대학체제의 평가제도와 글쓰기」. 『역사비평』. 2010.8. pp. 185~209.

최종욱. 1991. 「그래, 아직도 마르크스냐?」. 『시대와철학』. 2(2). pp. 331~344.

최형익. 1999. 「한국 80년대 세대의 초상화: 독일 68세대와의 비교」. 이해영 편. 『1980년대 혁명의 시대』. 새로운세상.

_____. 2003. 「1980년대 이후 한국 맑스주의 지식 형성의 계복학: 사회구성체논쟁과 민중민주주의(PD)론을 중심으로」. 『문화과학』. 34호. pp. 195~213.

_____. 2003. 『우리 학문 속의 미국』. 한울.

한국철학회 기념사업 편집위원회. 2003. 『한국철학회 50년: 역대 회장의 회고와 전망』. 철학과현실사.

한국철학회 편집위원회. 2010. 『철학 100집 출간 기념 한국 철학의 회고와 전망』. 철학과현실사.

한상진. 1983. 「마르크스와 프랑크푸르트學派: 자본축적과 국가의 관계를 중심으로」. 『사회과학과 정책연구』. 5(2). pp. 107~147.

_____. 1995. 「광복 50년의 한국사회」. 『계간 사상』. 1995년 6월호. pp. 140~170.

_____. 1996. 「관료적 권위주의로부터 시민사회로 ─ 사회적 사회의 연대 조건」. 김진현 외. 『韓人, 삶의 조건과 미래』. 나남. pp. 459~482.

_____. 1998a. 「왜 위험사회인가?」. 『계간 사상』. 1998년 가을호. pp. 3~25.

_____. 1997. 「언술검증과 비판이론」. 정호근 편. 『이성적 사회의 기획 그 논리와 윤리』. 나남. pp. 21-51.

_____. 1998b. "The Korean Path to Modernization and Risk Society". *Korea Journal*. 38(1). pp. 5~27.

_____. 1999. 「한국사회 변동의 양면성: 89~99」. 『계간 사상』. 1999년 가을호. pp. 146~172.

한상진 · 김성기. 1991. 「포스트모더니즘 이렇게 보아야 한다」. 정정호 · 강내희 편. 『포스트모더니즘의 쟁점』. 도서출판 터. pp. 283~302.

한상진·오생근 편. 1990. 『미셸 푸코: 인간과학의 새로운 지평을 위하여』. 한울.

한상진 외. 2018. 『한상진과 중민이론』. 새물결.

한상진 편. 1996. 『현대성의 새로운 지평: 하버마스 한국방문 7강의』. 나남.

한승완. 1996. 「비판적 사회이론의 방법론적 전략」. 이진우 편. 『하버마스의 비판적 사회이론』. 문예출판사. pp. 151~176.

허경. 2010a. 「프랑스 철학의 우리말 번역과 수용: 미셸 푸코의 『성의 역사 2: 쾌락의 활용』을 중심으로」. 『인문과학연구』. 26. pp. 435~459.

허경. 2010b. 「'해방'에서 '담론'으로: 대한민국 푸코 '수용 초기' 지식인 담론의 한 변화」. 『인문과학연구』. 27. pp. 433~461.

허선애. 2018. 「1970년대 출판시장의 변동과 문단의 재편 — 문학과지성사를 중심으로」. 『인문과 예술』. 제5호. pp. 137~157.

홍기수. 1999. 『하버마스와 현대철학』. 울산대학교출판부.

홍덕률. 2004. 「대학평가, 학문평가를 평가한다」. 『창작과비평』. 32(4). pp. 64~80.

_____. 2006. 「신자유주의 시대의 대학과 지식인」. 『내일을 여는 역사』. 25. pp. 46~59.

홍영두. 2004. 「독일 근현대사회철학 원전 번역과 한국의 근대성: 1950년 이후 맑스와 하버마스의 사회비판이론 수용을 중심으로」. 『시대와 철학』. 15(2). pp. 363~415.

홍윤기. 1991. 「마르크스주의, 국민혁명을 위한 기본교양」. 『사회평론』. 91(7).

_____. 1995. 「비판이론에 의한 헤겔사회철학의 현대적 수용과 거부」. 『철학논구』. 23. pp. 63~100.

_____. 1996a. 「하버마스의 언어철학: 보편화용론의 구상에 이르는 언어철학적 사고과정의 변천을 중심으로」. 장춘익 편. 『하버마스의 사상: 주요 주제와 쟁점들』. 나남. pp. 65~122.

_____. 1996b. 「하버마스의 법철학: 법과 민주주의적 법치국가의 논변이

론적 근거정립」.『철학과현실』. 28. pp. 89~100.

_____. 1996c.「서평: 비판이론의 현장정치공간과 그 패러다임교체의 자기진술」.『황해문화』. 4(1). pp. 334~342.

_____. 1998.「사회질서와 사회능력」.『철학』. 57. pp. 345~373.

_____. 1999.「주석으로서의 학문과 비판으로서의 학문: 서양의 경우를 중심으로」.『철학연구회 학술발표 논문집』. 1999.12. pp. 61~77.

_____. 2000.「과학적 합리성의 철학적 반성: '제2차 과학'을 위한 예비논고」.『과학철학』. 4. pp. 35~60.

_____. 2003.「(서평)테러시대에 철학하기: 문명의 제국 안에서 문명의 경계선을 생각함」.『시민과세계』. 4. pp. 436~446.

홍윤기 · 이정원. 1982.「역자 서문」.「부록. J. Habermas. 홍윤기 · 이정원 역.『이론과 실천』. 종로서적.

Han, Sang-Jin. (eds.). 1998. *Habermas and the Korean Debate*. Seoul: Seoul National University Press.

국외문헌

Bourdieu, Pierre. 1975. "The Specificity of Scientific Field and the Social Conditions of the Progress of Reason." *Social Science Information*. 14(6). pp. 19~47.

_____. 1979[1964]. *The Inheritors: French Students and Their Relation to Culture*. Chicago: University of Chicago Press.

_____. 1988[1984]. *Homo Academicus*. Stanford: Stanford University Press. (김정곤 · 임기대 역. 2005.『호모 아카데미쿠스』. 동문선.)

_____. 1990. *In Other Words: Essays Towards a Reflexive Sociology*. Stanford: Stanford University Press.

_____. 1993[1984]. *Sociology in Question*. London: Sage Publications. (신미경 역. 2004.『사회학의 문제들』. 동문선.)

_____. 1996. *The Rules of Art: Genesis and Structure of the Literary Field*. Stanford: Stanford University Press. (하태환 역. 1999. 『예술의 규칙: 문학 장의 기원과 구조』. 동문선.)

_____. 1998. *Practical Reason: On the Theory of Action*. Stanford: Stanford University Press.

_____. 2000[1997]. *Pascalian Meditations*. Stanford: Stanford University Press. (김웅권 역. 2001. 『파스칼적 명상』. 동문선.)

_____. 2004. *Science of Science and Reflexivity*. Chicago: University of Chicago Press.

_____. 2005[1994]. *Raisons Pratiques*. (김웅권 역. 2005. 『실천이성: 행동의 이론에 대하여』. 동문선.)

Bourdieu, Pierre. and Chartier, Roger. 2015. *The Sociologist and the Historian*. Cambridge: Polity Press. (이상길 · 배세진 역. 2019. 『사회학자와 역사학자』. 킹콩북.)

Bourdieu, Pierre. and Wacquant, Loic. J. D. 1992. *An Invitation to Reflexive Sociology*. Chicago: University of Chicago Press. (이상길 역. 2015. 『성찰적 사회학으로의 초대』. 그린비.)

Collins, Randall. 1975. (review.) "Theories and Theory Groups in Contemporary American Sociology. By Nicholas C. Mullins." *Theory and Society*. 2(4). pp. 587~591.

Cusset, François. 2008. *French Theory: How Foucault, Derrida, Deleuze, & co. Transformed the Intellectual Life of the United States*. Minnesota: University of Minnesota Press. (문강형준 · 박소영 · 유충현 역. 2012. 『루이비통이 된 푸코?: 위기의 미국 대학, 프랑스 이론을 발명하다』. 난장.)

Durand-Gasselin, Jean Marc. 2018. "Introduction: The Work of Jürgen Habermas: Roots, Trunk and Branches." in J. Habermas. translated by C. Cronin. *Philosophical Introductions: Five Approaches to Communicative Reason*. Cambridge: Polity Press. pp. 1~59.

Habermas, Jürgen. 1983[1978]. "Interpretive Social Science vs. Hermeneuticism." In N. Haan. (eds.). *Social Science as Moral Inquiry*. New York: Columbia University Press.

_____. 1984a[1981]. *The Theory of Communicative Action vol. 1: Reason and the Rationalization of Society*. Boston: Beacon Press. (장춘익 역. 2006. 『의사소통행위이론1: 행위합리성과 사회합리화』. 나남.)

_____. 1984b[1981]. *The Theory of Communicative Action vol. 2: Lifeworld and System: A Critique of Functionalist Reason*. Boston: Beacon Press. (장춘익 역. 2006. 『의사소통행위이론2: 기능주의적 이성 비판을 위하여』. 나남.)

_____. 1990[1983]. "Philosophy as Stand-In and Interpreter." in *Moral Consciousness and Communicative Action*. Cambridge: Polity Press. (황태연 역. 1997. 『도덕의식과 소통적 행위』. 나남.)

_____. 1994[1985]. *Der philosophische Diskurs der Moderne*. (이진우 역. 『현대성의 철학적 담론』. 문예출판사.)

_____. 2018[2009]. translated by C. Cronin. *Philosophical Introductions: Five Approaches to Communicative Reason*. Cambridge: Polity Press.

Han, Sang-Jin. 1979. "Ideology-Critique and Social Science: The Use of Discursive Method." In S. G. McNall(eds.). *Theoretical Perspectives in Sociology*. NewYork: St. Martin's Press. pp. 292-309.

Hughes, Stuart. 2007[1975]. *The Sea Change: The Migration of Social Thought, 1930~1965*. (김창희 역. 『지식인들의 망명: 사회사상의 대항해 1930~1965』. 개마고원.)

Kauppi, Niilo. 1996. *French Intellectual Nobility: Institutional and Symbolic Transformations in the Post-Sartrian Era*. NewYork: State University of New York Press.

Kim, Kyung-Man. 2009. "What Would a Bourdieuan Sociology of Scientific Truth Look Like?" *Social Science Information*. 48(1).

pp. 57~79.

_____. 2019. "Habermas in der Republik Korea: Leidenschaftliche Begeisterung ohne kritische Auseinandersetzung." In L. Corchia and S. Müller-Doohm and W. Outhwaite. (eds.) *Habermas global*. Berlin: Suhrkamp.

Lamont, Michele. 1987. "How to Become a Dominant French Philosopher: The Case of Jacques Derrida." *American Journal of Sociology*. 93(3). pp. 584~622.

Lane. Jeremy F. 2000. *Pierre Bourdieu: A Critical Introduction*. London: Pluto Press.

Lawler, Edward J. 1975. (review.) "Definitions of Sociology: A Historical Approach. By Patricia M. Lengermann; Theories and Theory Groups in Contemporary American Sociology. by Nicholas C. Mullins; Carolyn J. Mullins." *Social Forces*. 54(1). pp. 278~279.

Love, Nancy S. 1995. "What's Left of Marx?". S. K. White. (eds.). *The Cambridge Companion to Jürgen Habermas*. Cambridge: Cambridge University Press.

Morick, Harold. 1980. *Challenges to Empiricism*. Indianapolis: Hackett Publishing Company.

Mullins, Nicholas C. 1973. *Theories and Theory Groups in Contemporary American Sociology*. NewYork: Harper & Row Publishers.

_____. 1983. "Theories and Theory Groups Revisited." *Sociological Theory*. 1. pp. 319~337.

Oromaner Mark. 1975. "Review Symposium." *Contemporary Sociology*. 4(3). pp. 225~226.

Outhwaite, William. 2009. *Habermas: A Critical Introduction*. 2nd edition. Stanford: Stanford University Press.

Popper, Karl. 2002[1959]. *The Logic of Scientific Discovery*. London: Routledge. (박우석 역. 1994. 『과학적 지식의 논리』. 고려원.)

Smith, Philip. 2001. *Cultural Theory: An Introduction*. Malden: Blackwell Publishing.

Snizek, W. E. et al. 1981. "The Effect of Theory Group Association on the Evaluative Content of Book Reviews in Sociology." *The American Sociologist*. 16(3). pp. 185~195.

Snizek, W. E. & Hughes, M. 1983. "An Empirical Assessment of the Validity of Mullins' Theory Group Classifications." *Scientometrics*. 5(3). pp. 155~162.

Swartz, David. 1997. *Culture and Power: The Sociology of Pierre Bourdieu*. Chicago: University of Chicago Press.

Wacquant, Loïc J D. 1993. "Bourdieu in America: Notes on the Translatic Importation of Social Theory" in C. J. Calhoun & E. LiPuma & M. Postone (eds.). *Bourdieu: In Critical Perspectives*. Chicago: University of Chicago Press.

Truzzi, Marcello. 1975. "Review Symposium." *Contemporary Sociology*. 4(3). pp. 223~225.

장일조 편역. 1980. 『하버마스의 이성적인 사회를 향하여』. 종로서적.

주요 용어 및 개념

주요 책명

하버마스 스캔들
-화려한 실패의 지식사회학

초판 1쇄 찍은 날 2022년 10월 25일
초판 1쇄 펴낸 날 2022년 11월 7일

지은이 이시윤
펴낸이 김일수
펴낸곳 파이돈
출판등록 제406-2018-000042호
주소 03940 서울 마포구 월드컵북로 207 근영빌딩 302호
전자우편 phaidonbook@gmail.com
전화 070-4797-9111
팩스 0504-198-7308

ISBN 979-11-963748-8-4 93300

이 도서는 한국출판문화산업진흥원의 '2022년 우수출판콘텐츠 제작 지원' 사업 선정작입니다.